权威·前沿·原创

皮书系列为
“十二五”“十三五”国家重点图书出版规划项目

中国社会科学院创新工程学术出版项目
广东省高校人文社科重点研究基地广州大学广州发展研究院、广州市首批新型智库建设试点单位、广东省高校创新团队项目“广州城市综合发展决策咨询团队”研究成果

丛书主持／涂成林

2019年 中国广州经济形势分析与预测

ANALYSIS AND FORECAST ON ECONOMY OF GUANGZHOU IN CHINA (2019)

主　编／涂成林　赖志鸿
副主编／谭苑芳　李文新　彭诗升

社会科学文献出版社
SOCIAL SCIENCES ACADEMIC PRESS (CHINA)

图书在版编目（CIP）数据

2019年中国广州经济形势分析与预测 / 涂成林，赖志鸿主编. -- 北京：社会科学文献出版社，2019. 10
（广州蓝皮书）
ISBN 978 - 7 - 5201 - 5546 - 5

Ⅰ. ①2… Ⅱ. ①涂… ②赖… Ⅲ. ①区域经济 - 经济分析 - 广州 - 2019 ②区域经济 - 经济预测 - 广州 - 2019
Ⅳ. ①F127. 651

中国版本图书馆 CIP 数据核字（2019）第205327号

广州蓝皮书
2019年中国广州经济形势分析与预测

主　　编 / 涂成林　赖志鸿
副 主 编 / 谭苑芳　李文新　彭诗升

出 版 人 / 谢寿光
组稿编辑 / 任文武
责任编辑 / 张丽丽
文稿编辑 / 邵建双

出　　版 / 社会科学文献出版社 · 城市和绿色发展分社（010）59367143
地址：北京市北三环中路甲29号院华龙大厦　邮编：100029
网址：www. ssap. com. cn
发　　行 / 市场营销中心（010）59367081　59367083
印　　装 / 天津千鹤文化传播有限公司

规　　格 / 开 本：787mm × 1092mm　1/16
印 张：25　字 数：373千字
版　　次 / 2019年10月第1版　2019年10月第1次印刷
书　　号 / ISBN 978 - 7 - 5201 - 5546 - 5
定　　价 / 128. 00元

本书如有印装质量问题，请与读者服务中心（010 - 59367028）联系

广州蓝皮书系列编辑委员会

《2019年中国广州经济形势分析与预测》
编 辑 部

主要编撰者简介

涂成林　现任广州大学二级研究员，博士生导师，广州市政协委员，广东省区域发展蓝皮书研究会会长，广州市政府第三、四届决策咨询专家。获国务院特殊津贴专家、国家“万人计划”领军人才、中宣部“文化名家暨四个一批”领军人才、广东省“特支计划”哲学社会科学领军人才、广州市杰出专家等称号。1985 年起，先后在湖南省委理论研究室、广州市社会科学院、广州大学工作。目前主要从事城市综合发展、文化科技政策、国家文化安全及马克思主义哲学等方面的研究。在《中国社会科学》《哲学研究》《中国社会科学内部文稿》《教育研究》等刊物发表论文 100 余篇；专著有《现象学的使命》《国家软实力和文化安全研究》等 10 余部；主持和承担国家社科基金重大项目、一般项目及省市社科规划项目、省市政府委托项目 60 余项。获得国家教育部及省、市哲学社会科学奖项和人才奖项 20 余项，获得多项“皮书奖”和“皮书报告奖”，2017 年获评“皮书专业化 20 年致敬人物”。

赖志鸿　现任广州市统计局党组书记、局长，分别在中山医科大学和中山大学获医学学士学位和管理学硕士学位。1993 年 7 月参加工作，历任广州市原东山区防疫站食品科副主任、站长助理，原东山区防疫站副站长，原东山区卫生局副局长，越秀区卫生局副局长，越秀区卫生局局长、党委副书记，越秀区政府办公室主任、区法制办公室主任，越秀区副区长、党组成员，越秀区区委常委、副区长、区政府党组副书记，2019 年 5 月任广州市统计局党组书记、局长。长期从事经济发展、城市管理、人力资源和社会保障、教育等方面的管理和研究工作。

谭苑芳　现任广州大学广州发展研究院副院长、教授，博士，研究生导师。主要从事宗教学、社会学、经济学和城市学等方面的理论研究与应用对策研究，兼任广东省体制改革研究会常务理事、广州市宗教文化交流协会理事、番禺区政协常委，广州市政府重大行政决策论证专家。主持国家社科基金项目、教育部人文社科规划项目、其他省市重大和一般社科规划项目10余项，独立出版学术专著1部，在《宗教学研究》《中国社会科学内部文稿》《光明日报》等发表学术论文30多篇。近年来致力于将学术理论成果应用于政策决策之中，撰写的10余篇研究报告获得广东省、广州市多位主要领导的批示或得到相关部门采纳，获得广东省哲学社会科学优秀成果奖二等奖及"全国优秀皮书报告成果奖"一等奖等多个奖项。

李文新　现任广州市政府研究室副主任。中山大学行政管理专业毕业，硕士，长期从事城市发展规划、城市管理、社区治理等方面的研究，参与广州市《政府工作报告》、街道和社区建设意见、简政强区事权改革方案、投资管理实施细则等多个政府政策文件起草工作，参与广州新型城市化发展系列丛书的编写。

彭诗升　现任中共广州市委改革办专职副主任。2003年毕业于中南大学，获法学硕士学位。先后公开发表学术论文10余篇。具有基层工作经历，长期在广州市委机关从事政策研究工作，组织或参与经济发展、改革开放创新、城乡规划建设管理、政治党建等领域的专题调查研究。

摘 要

《2019 年中国广州经济形势分析与预测》由广州大学、广东省区域发展蓝皮书研究会与广州市委政策研究室、广州市政府研究室、广州市统计局等联合主编。本书由总报告、产业发展篇、民营经济篇、财税与投资篇、大湾区研究篇、交通建设篇、专题研究篇和附录八个部分组成，汇集了广州科研团体、高等院校和政府部门诸多经济问题研究专家、学者和实际部门工作者的最新研究成果，是关于广州经济运行情况和相关专题分析、预测的重要参考资料。

2018 年，在广州市委、市政府的领导下，广州市坚持稳中求进工作总基调，贯彻新发展理念，落实高质量发展要求，经济在转型升级、动力转换中运行平稳，稳中趋优，稳中育新，高质量发展有利条件不断累积。

2019 年，广州经济将面临更为复杂的国内外环境，稳定增长、寻求突破和培育经济发展新动能将成为重点任务。因此，广州将参与粤港澳大湾区建设作为工作重点，加快建设现代化产业体系，以大项目带动经济增长，发挥民营经济的优势，引导和推动消费加快转型，推动广州经济实现高质量发展。

关键词： 粤港澳大湾区　高质量发展　广州市

目　录

Ⅰ　总报告

Ⅱ　产业发展篇

Ⅲ 民营经济篇

Ⅳ 财税与投资篇

Ⅴ 大湾区研究篇

Ⅵ 交通建设篇

Ⅶ 专题研究篇

Ⅷ 附录

总 报 告

General Report

B.1

2018年广州经济形势分析和2019年展望*

广州市统计局综合处　广州大学广州发展研究院联合课题组**

摘　要： 2018年，广州市坚持稳中求进工作总基调，贯彻新发展理念，落实高质量发展要求，经济在转型升级、动力转换中运行平稳，稳中趋优，稳中育新，高质量发展有利条件不断累积。2019年，广州将参与粤港澳大湾区建设作为工作重点，加快建设现代化产业体系，以大项目带动经济增长，发挥民

* 本研究报告系广东省高校人文社科重点研究基地广州大学广州发展研究院、广州市首批新型智库建设试点单位、广东省高校创新团队项目"广州城市综合发展决策咨询团队"研究成果。

** 课题组组长：涂成林，广州大学二级研究员，博士生导师，国家"万人计划"领军人才；冯俊，广州市统计局副局长。成员：汪文姣，广州大学广州发展研究院所长，博士；李俊，广州市统计局科长；魏绍琼，广州市统计局综合处处长；谭苑芳，广州大学广州发展研究院副院长，教授；彭晓刚，广州大学广州发展研究院特聘研究员；曾恒皋，广州大学广州发展研究院所长；梁华秀，广州大学广州发展研究院科研助理。执笔：汪文姣、李俊。

营经济的优势，引导和推动消费加快转型，推动广州经济实现高质量发展。

关键词： 经济形势　高质量发展　现代化产业体系　广州

一　2018年广州经济运行基本情况分析

2018 年，在国内经济下行压力持续加大和国际多边贸易摩擦不断加剧的双重冲击下，广州市坚持稳中求进工作总基调，贯彻新发展理念，落实高质量发展要求，加快构建现代产业体系，经济结构不断优化，新动能活力不断增强。全市经济在转型升级、动力转换中运行平稳，稳中趋优，稳中育新，高质量发展有利条件不断累积。

（一）经济增长保持平稳，主要领域发展稳定

1. 经济总量保持稳步上升

据初步核算并经广东省统计局核定，2018 年，广州市实现地区生产总值（GDP）22859. 35 亿元，位列全国主要城市的第 4 位，按可比价格计算，比上年增长 6. 2%，基本实现了预期增长目标（见图 1）。其中，第一产业增加值 223. 44 亿元，农业总产值为 407. 26 亿元，同比增长 1. 2%；第二产业增加值 6234. 07 亿元，规模以上工业总产值为 18234. 91 亿元，同比增长 3. 8%，三大支柱产业产值增长 4. 0%；第三产业增加值 16401. 84 亿元，规模以上服务业实现营业收入 9947. 71 亿元，同比增长 14. 8%。现代服务业增加值占服务业的比重为 66. 5%，同比提升 0. 4 个百分点。作为服务业的主力军，占比最大的交通运输、仓储和邮政业营业收入同比增长 13. 0%，信息传输、软件和信息技术服务业营业收入增长 26. 1%，租赁和商务服务业营业收入也增长了 12. 0%。此外，与居民服务消费密切相关的行业增长也相对平稳，其中卫生和社会工作营业收入增长 16. 8%，文化、体育和娱

乐业营业收入增长 12.3%。规模以上其他营利性服务业实现营业收入 4248.37 亿元，增长 20.9%，增速创年内各月累计新高。

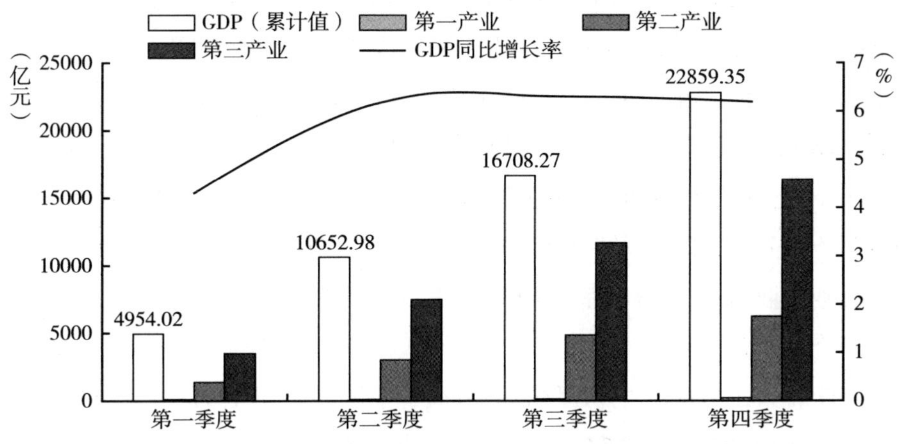

图 1　2018 年第一季度至第四季度 GDP 及其增速

2. 工业实现高质量发展

广州市的工业加速转型升级，逐步向高质量发展迈进。2018 年，广州市规模以上工业增加值增长 5.5%，利润总额达 8%。其中，先进制造业增加值占规模以上工业增加值和制造业增加值比重分别为 59.7% 和 66.1%，同比上涨 1.6 个和 0.5 个百分点，高技术制造业增加值占规模以上工业增加值的比重为 13.4%，较 2017 年提升了 0.7 个百分点。规模以上高新技术产品产值占全市规模以上工业的比重为 48.0%，同比上涨 1.0%。与新动能契合的高端、先进行业显现活力，新动能加快释放。先进制造业中的城市轨道交通设备、医疗仪器设备制造业产值分别增长 1.1 倍和 14.0%，部分传统行业也表现突出，增势较好，有色金属冶炼及压延加工业、非金属矿物制品业、保健品、化妆品制造业、家具制造业产值分别增长 25.8%、17.9%、13.7%、12.8% 和 9.8%。从企业注册类型看，国有及国有控股企业产值增长 7.3%，股份制企业产值增长 6.5%，增速均高于全市规模以上工业整体增速。2018 年，广州民营企业发展迅速，累计培育境内外上市民营企业 119 家，占全市上市公司总数的 73.9%。广州全市科技型中小企业备案入库企业8377家，占全国入库总量的6.9%，居全国城市之首。

3. IAB和NEM产业呈现爆发性增长

值得关注的是，广州市IAB（新一代信息技术、人工智能、生物医药）和NEM（新能源、新材料）产业进入加速发展期，全年IAB产业增加值同比增长9%左右，占GDP比重为6.4%，聚赛龙等一批NEM企业主营业务收入均增长15%以上。同时，创新类企业数量迎来爆发式增长。截止到2018年，广州“独角兽”创新企业近三年主营业务收入平均增长率为452.28%，其中1/3为人工智能类战略性新兴产业；“未来独角兽”创新企业主营业务收入平均增长率为281.91%，主要为信息技术、大数据、电子商务等产业的企业；“高精尖”成长企业主营业务收入平均增长率为333.45%，人工智能、生物医药和物联网占据60%以上的比例。新能源汽车制造业实现产值89.23亿元，增长2.0倍；全年产量2.82万辆，增长2.8倍。智能装备、新型显示、人工智能、生物医药、新材料等产业集群的新产品快速增长。信息技术产品中的液晶显示屏产量突破8000万片，集成电路、移动通信基站设备、服务器、智能电视产量分别增长2.3倍、34.2%、26.1%和16.9%；新材料产品中锂离子电池产量增长22.0%；高端装备类产品中的工业自动调节仪表与控制系统产量增长27.3%；专用设备中的医疗仪器设备及器械产量增长37.7%。

（二）工业投资高位运行，投资结构持续优化

1. 固定资产投资增长提速

2018年，广州市共完成固定资产投资额5938.40亿元，同比增长8.2%，比2017年上涨了2.5个百分点。其中，建设改造项目投资总额达3236.47亿元，同比增长16.2%，较2017年提升了11.1%。在富士康、乐金OLED等重点项目支撑下，工业投资高位运行，完成951.5亿元的投资额，同比增长53.8%，增速居于全省首位，占全市固定资产投资总额的比重为16.0%，同比提升3.6个百分点。其中制造业投资增长65.6%（见图2），高技术制造业投资增长1.5倍。制造业实际利用外资实现大幅增长，全

市制造业新设外商投资企业135家，同比增长33.7%。大项目引领作用显著，广州重点项目完成投资2812.8亿元，带动全社会固定资产投资增长8%。此外，广州市累计完成投资超50亿元的项目共11个，合计完成投资1207.70亿元，增长1.2倍。民间投资依然强势，据统计，截止到2018年第三季度，广州市民间投资总额为1569.23亿元，占全社会固定资产投资的39.2%，在固定资产投资中占绝对领先地位。

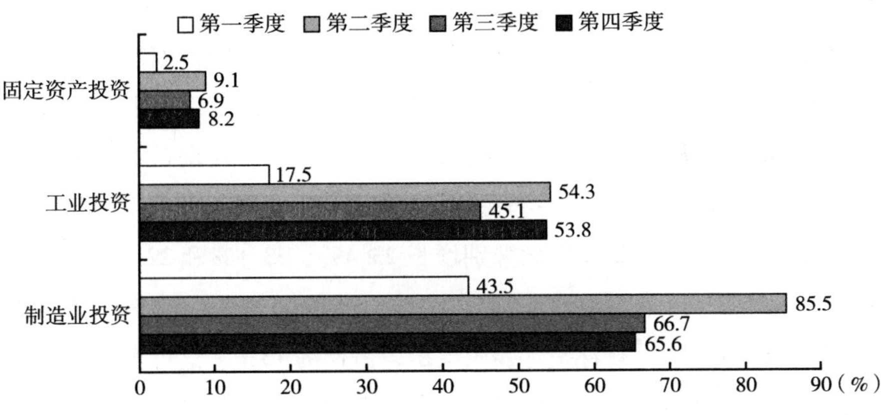

图2　2018年第一季度至第四季度固定资产投资、工业投资和制造业投资增速

2. 投资结构不断完善

广州市固定资产投资结构不断完善，第一产业投资同比下降71.5%，第二产业投资同比增长51.7%，成为固定资产投资增长的主要拉动力，第三产业投资同比增长2.6%，保持相对平稳。农业投资占比大幅缩小，工业投资比重持续上升，同比提升3.6个百分点。其中，房地产开发投资进一步放缓，增长率为6.4%，与2017年基本持平。在具体行业上，重点发展领域投资加速推进，其中电子信息制造业投资增长169.7%，医疗设备及仪器仪表制造业投资增长60.2%，计算机及办公设备制造业增长56.1%；服务业投资中，文化体育和娱乐业、教育业、水利环境和技术服务业投资分别保持了良好的增长态势，较2017年分别提升了58.5个、49.5个和40.4个百分点。随着产业转型升级步伐加快，全市工业技术改造投资额大幅提升，同比增长11.1%，扭转了2017年负增长的态势，增幅提升达19.4个百分点，位居全省第五位。民间资本"脱虚向实"成效显现，房地产业民间投资额增速由2017年的13.5%下降为5.2%；制造业、租赁和商务服务业民间投资则逆势扭转，由2017年的负增长分别转为增长12.3%和5.7%。

（三）消费品质化凸显，物价指数稳中趋缓

1. 消费实现较快增长

2018年，作为消费大市的广州社会消费品零售总额继续保持了较快增长。从数据来看，广州社会消费品零售总额达到9256.19亿元，同比增长7.6%。其中，批发和零售业商品销售总额为65140.81亿元，同比增长11.7%。批发和零售业零售额增长7.9%，住宿餐饮业增长5.8%。限额以上日用品类、粮油食品类、中医药类商品零售额分别增长23.4%、23.1%和22.7%。城市常住居民人均消费支出中，食品烟酒依然占据主要地位（32%）。其次依次为居住支出，占比为22%，教育文化娱乐支出，占比为13%，这也表明吃和住依然是广州最主要的消费支出。同时，消费需求追求品质化和个性化，限额以上通信器材类、化妆品类零售额分别增长16.5%和12.0%。新消费模式发展迅速，网络化、智能化、个性化的多层次中高端信息消费开始成为主流。据统计，广州市限额以上网上商店零售额为903.6亿元，增长15.4%，增速高于社会消费品零售总额，占全市消费品零售总额的10%左右，逐步成为主要的消费形式。此外，广州作为餐饮消费引领城市，网络餐饮和住宿预订迅猛发展，限额以上住宿餐饮业通过公共网络实现的餐费收入增长62.4%。

2. CPI稳中趋缓

2018年，广州市居民消费价格（CPI）涨幅稳中趋缓，同比上涨2.4%，涨幅比2017年同期高出0.1个百分点，并分别高于全省（2.2%）、全国36个大中城市（2.2%）和全国平均水平（2.1%）。其中，食品、非食品价格均上涨了2.4%，尤其是食品烟酒类对CPI上涨的贡献率约为33.1%，成为CPI上涨的主要推力。消费品价格上涨幅度略低于CPI，服务价格涨幅为2.6%。从具体的商品类别来看，医疗保健类上涨幅度最高，为

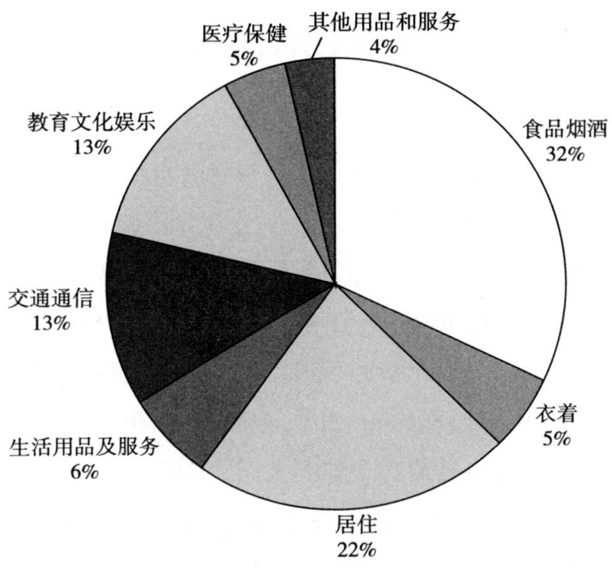

图3　2018 年广州城市常住居民人均消费支出结构

6.1%，其次为衣着类，为4.2%，食品烟酒类和教育文化娱乐类均上涨2.4%以上。从环比来看，2018年广州市的CPI月度呈现“七涨四降一平”的趋势，其中受春节影响，第一季度波动幅度最大，高达3.3%。从同比来看，2018年广州市CPI上半年波动幅度较大，7月以后则基本在2%的增长区间内。而由于食品烟酒类、衣着类、医疗保健类等价格涨幅收窄，11月和12月CPI同比出现下跌（见图4）。

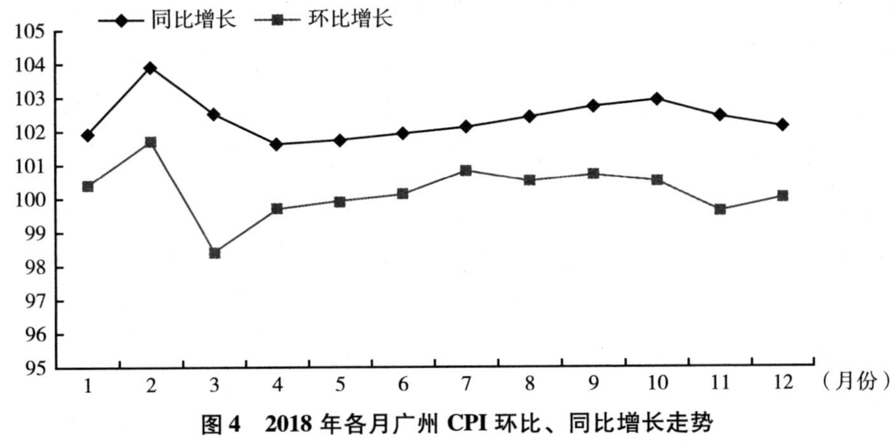

图4　2018 年各月广州 CPI 环比、同比增长走势

（四）综合枢纽地位凸显，对外贸易逐步回暖

1. 综合交通枢纽体系基本构建

为加快粤港澳大湾区发展融合步伐，构建高水平对外开放格局，广州的国际性综合交通枢纽功能进一步增强。2018 年，广州机场吞吐量快速增长，据统计，白云机场安全起降航班近 48 万架次，同比增长 2.6%；旅客吞吐量6974.32 万人次，增长5.9%，全国排名第三，全球排名第 13 位；货邮行吞吐量 249.33 万吨，增长 6.6%。其中，国际业务发展良好，年国际旅客达 1730 万人次，同比增长 8.8%，占总旅客比重接近 1/4。截止到 2018 年 8 月底，白云机场航线网络已覆盖全球五大洲共 210 多个通航点，其中国际和地区通航点超过 80 个，中国内地通航点超过 130 个，其辐射范围涵盖 29 个“一带一路”沿线国家的 48 个城市。同时，广州港开拓、布局全球集装箱航线，国际航运能力显著提升，广州国际航运中心全球排名上升到第 18 位。截至 2018 年底，广州港已开通集装箱航线 209 条，其中外贸班轮航线 103 条；全年完成集装箱吞吐量 2191.18 万标准箱，排名上升至世界第 5 位；货物吞吐量超 6 亿吨，同比增长 5.2%。

2. 对外贸易呈现回暖趋势

2018 年广州对外贸易在持续低迷的情况下出现了回暖趋势。据统计，全年货物贸易进出口总额为 9810.1 亿元人民币，同比增长 1.0%。其中，2018 年 12 月进出口总额增速首次由负转正，但比 2017 年全年 13.7% 的增幅仍回落 12.7 个百分点。其中出口总值 5607.5 亿元，同比下降 3.2%，进口总值为 4202.6 亿元，同比增长 7.1%。服务贸易进出口继续保持稳定增长，累计实现 586 亿美元，服务外包执行额为 81.6 亿美元。2018 年，广州市新设立外商直接投资企业 5376 家，较之 2017 年增长 1.2 倍，合同外资 399.59 亿美元，增长 2.0 倍，实际使用外资 66.11 亿美元，增长 5.1%。除了整体发展向好外，广州对外贸易“优进优出”格局也初步显现。从主要贸易伙伴来看，广州与“一带一路”沿线国家贸易额稳步增长。2018 年广州市对沿线国家投资新增 34 家企业，进出口累计 2463.5 亿元，占进出口总

额的25.1%。从贸易方式来看，一般贸易额为4594.2亿元，占比46.8%，同比增长4.6%，而特殊监管区域进口设备同比增长2.24倍，成为对外贸易由负转正的主要拉动力。

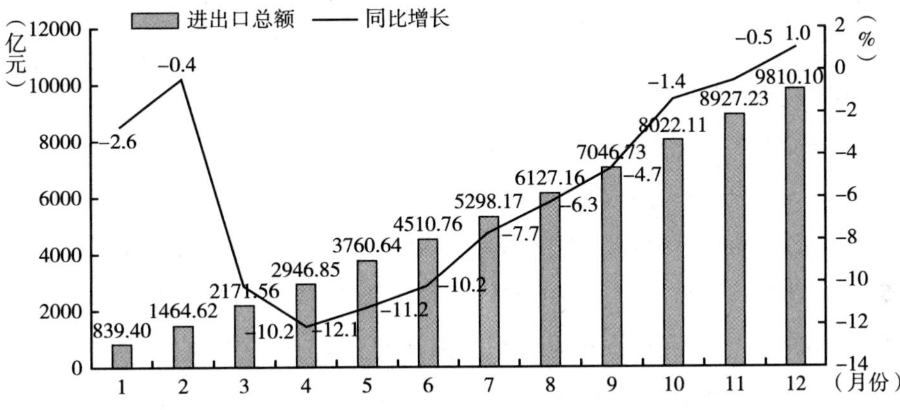

图5　2018年各月广州货物贸易进出口总额及增长率

（五）减税降费成效显著，营商环境持续优化

1. 减税降费力度加大，企业经营提质增效

2018年，广州市加大减税降费的力度，深化增值税改革，累计共减税约92亿元，加计扣除优惠金额约104亿元，办理出口退（免）税511亿元，进一步缓解了企业运营资金不足的问题，极大地释放了企业的市场活力。其中，研究开发费用税前加计扣除政策中的加计扣除比例由50%提高至75%，更是让科技型中小企业享受到了叠加的税收优惠红包。据统计，2018年广州8300家科技型中小企业共享受了高达104亿元的累计扣税优惠金额。在这一举措推动下，广州市2018年规模以上工业企业实现利润总额增长7.9%，主营业务收入利润率同比增长0.21%。其中，重点行业中的电力热力生产和供应业、燃气生产和供应业、电气机械和器材制造业、医药制造业均实现了两位数的增长。规模以上工业企业资产负债率为48.8%，低于全国和全省的平均水平，能源清洁化程度不断提高，企业提质增效步伐加快。

2. 贷款规模稳步提升，积极助力产业培育

受贷款余额增速加快的拉动，截止到2018年12月末，广州市金融机构本外币存贷款余额95537.41亿元，同比增长11.7%，增速较2017年上升0.9个百分点。其中存款余额54788.09亿元，增长6.7%，比2017年同期回落1.4个百分点，低于全省同期增速（7%），增速居于全国第三；贷款余额40749.32亿元，增长19.4%，比2017年同期提升1.2个百分点，高于全省（15.2%），贷款余额增速2018年以来实现了各月稳步提升，增速居全国第一。其中，非金融企业及机关团体长期贷款增长18.4%，增速比上年同期提高9.4个百分点。在产业培育和产业发展支撑上，2018年，广州市累计培育境内外上市公司161家，总市值2.25万亿元，其中境内A股上市公司100家，总市值1.24万亿元；累计培育新三板挂牌公司485家（其中正常存续的创新层企业32家），总市值946.67亿元，累计募资137.91亿元。

（六）财政收入质量改善，居民福祉日益提升

2018年，广州市一般公共预算收入为1632.30亿元，增长6.5%，实现了年初确定的预算目标，在全国各大城市中位列第8位。财政收入质量积极改善，其中税收收入1286.3亿元，增长8.4%，占一般公共预算收入的78.8%，较2017年提高1.5个百分点，非税收收入323.7亿元。“营改增”政策全面推行后，全市的税收收入以增值税、企业所得税和个人所得税为主，三项税种收入占税收收入的57.8%，税源结构相对较稳健。2018年全市一般公共预算支出2423亿元，增长10.8%，完成年初预算的106.3%。一般公共预算支出中，节能环保、公共安全等民生公共领域支出快速增长，增速分别为41.0%和26.3%。同时，城乡居民收入稳步增加。据统计，2018年，广州市城镇常住居民人均可支配收入为59982元，同比增长8.3%，高于全国平均增速（6.5%），位列全国第5位，但是低于全省平均增速（8.5%）；农村常住居民人均可支配收入为26020元，同比增长10.8%，居民收入增长与经济增长同步。

总体来看，2018 年广州经济运行情况保持了稳定发展态势，整体 GDP 实现了中高速增长，三产结构逐步完善，重要产业运行平稳。投资结构不断优化，消费向智能化、个性化和高端化的方向发展，进出口实现正增长，后劲势头较好，质量效益不断提升，经济稳中向好的基础和动力比较坚实。

二　经济运行需关注的问题

虽然过去的一年中广州经济实现了平稳增长，但是仍然存在许多不平衡不充分的矛盾和问题。经济下行压力较大，产业发展质量不高，传统产业仍占较大比重，新兴产业虽然取得了较快的发展但是受限于体量，对经济拉动的作用有限，尚未形成长效的新动能支撑。此外，民间投资不足，民营经济发展依然面临不少困难，外贸增长乏力，出口市场不稳定等都是广州亟待解决的重要问题。

（一）经济增长下行压力持续加大

2018 年，广州整体经济增速放缓，下行压力持续加大。从需求侧来看，消费、投资和进出口对经济的贡献度有限，且后劲不足，无法继续成为拉动广州经济增长的主引擎。

首先，从消费需求来看，虽然 2018 年广州市的消费市场有所增长，但是增长幅度较 2017 年下跌了 0.4 个百分点。根据消费的商品类别来看，在限额以上法人单位 22 类商品中，有 8 类商品零售额增速同比回落。其中，汽车消费依然占据主导地位，限额以上汽车类商品零售额超千亿元，占全市批发零售业零售额的 12.8%。但是，受市场日趋饱和以及进口车关税下调等因素影响，汽车消费疲软，汽车类零售额仅增长 6.4%。服装鞋帽、针纺织品类，化妆品类和金银珠宝类零售增长也放缓。大型超市、百货店等消费传统动力增速不理想，限额以上零售业大型超市零售额下降 3.5%，百货店零售额仅增 1.1%，新业态零售业呈现出布点越多、关停倒闭越多的特征，实物消费总体偏冷淡。

其次，从投资需求来看，固定资产投资的实际增速依然相对较低，民间固定资产投资增速虽有回升但势头并不稳固。2018 年广州市固定资产投资在工业投资的带动下，增长 8.2%，增速虽比上年有较明显提升，但支撑点不多，后劲不足。从主体看，作为衡量实体经济投资动能的民间投资持续低位增长，同比下降 9.1%，未能扭转负增长态势。从领域看，基础设施投资增速同比回落 3 个百分点，房地产开发投资受商品房销售低迷，房企开工建设意愿减弱的影响，全年投资额与上年持平，其中土地购置费大幅增长 53.4%，而反映房地产投资对经济整体带动作用的建筑工程投资同比下降 29.9%，近 5 年来首次出现负增长，对房地产行业上下游产业的带动作用持续减弱。工业、教育、公共卫生等行业投资集中于个别大项目，工业投资更是集中在富士康 10.5 代显示器、乐金 OLED 两个大项目上，两大项目完成投资 440.39 亿元，占工业投资比重达 46.3%。全市投资项目缺乏有力支撑，后劲不足，若没有新的大项目及时接续，保持较快增长的难度很大。

最后，从出口需求来看，2018 年广州市对外贸易虽然有所好转，但是受国际经济环境的影响，商品出口总值持续走低，除 2 月小幅上涨 2% 外，其余月份均出现了大幅下跌，截至 12 月，同比下降 3.2%。从全年的进出口主要贸易伙伴来看，广州对非洲、欧洲和大洋洲的进出口总额分别下降了 9%、0.2% 和 8.4%，对亚洲的进出口总额增长率也仅为 1.4%。缺乏具有竞争力的特色品牌，是限制广州出口规模的主要原因之一。此外，广州的服务贸易特别是金融、信息和技术等现代服务业的国际竞争力依然较弱，金融业、租赁和商务服务业等投资额在国际直接投资总额中所占比重明显低于制造业，旅游业的外汇收入与国内旅游收入也存在明显差距。虽然目前国际局势有所缓解，但是随着贸易环境的不稳定因素增多，广州市的出口市场仍然前景不明。

（二）新兴产业比重仍在低位徘徊

虽然广州近年来致力于培育高技术制造业和战略性新兴产业，但是整体上仍然没有培养起在国内具有核心竞争力的新兴产业，过早收缩工业化削弱了广州经济增长潜力，新产业尚未形成新的经济驱动力。纵观广州的经济结构，目前还停留在国有经济板块、基础产业、石化、汽车、贸易业上，随着广州传统制造业与传统贸易受到冲击，其优势地位不断下滑。目前，广州市依然面临旧动能后劲缺乏，新动力蓄力不足和转换期过长的尴尬局面。

从新兴产业发展来看，目前广州市的新兴产业体量小、核心产品少，整个产业链仍处于中低端环节。高技术制造业增加值占规模以上工业企业增加值比重一直在13%左右低位徘徊，占比不仅略低于全国平均水平（13.9%），远低于北京（66.3%）、深圳（67.3%）、杭州（57.2%）和上海（26%），也低于东莞（38.9%）、天津（13.3%）、佛山等市，增速也低于北京（13.9%）、深圳（13.3%）、重庆（17.5%），未能成为引领工业发展动能转换的先导产业（见图6）。虽然广州的先进制造业近年来发展势头良好，但是和同一梯队的其他城市相比，仍然略显不足。从数据来看，广州先进制造业增加值占规模以上工业企业增加值比重为66.1%，落后于北京的66.3%、深圳的72.1%和上海的68.9%。

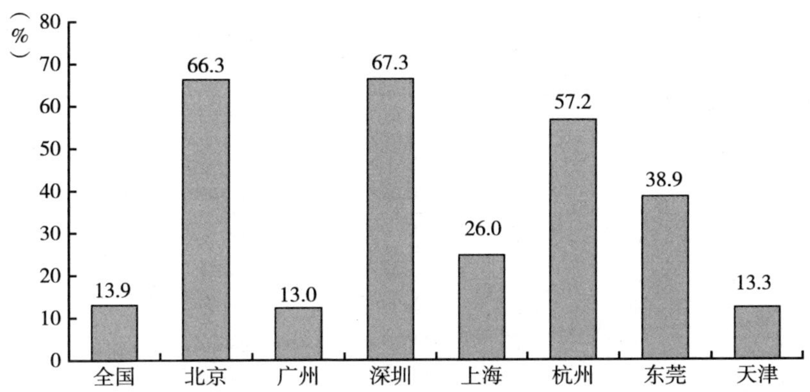

图6　2018年主要城市高技术制造业增加值占规模以上工业企业增加值比重

从服务业来看，2018年广州的批发零售业、住宿餐饮业增加值占地区生产总值的比重合计为16.4%，金融业、信息软件服务业增加值占地区生产总值比重仅为9.1%和6.3%，与北京（金融业占16.8%，信息软件服务业占12.7%）、上海（金融业占17.7%）等差距仍较大，服务业结构还有待优化。商业新模式增势有所放缓，限额以上网上零售额增速同比回落3.9

个百分点。以共享经济为代表的新兴商业模式发展面临大洗牌，市场发展前景不明；新增市场主体以传统商业为主，现代服务业增量不足，服务业高端化发展仍显滞后，国际化、专业化的高端服务业人才相对缺乏，对经济的带动作用仍显不足。

从创新驱动来看，近几年来，虽然广州市 R&D 经费支出增长速度较快，占地区生产总值比重有所提升，但广州都没有明确公布 R&D 经费支出占 GDP 的比例，说明在一定程度上取得的成效进展不大。2018 年，广州 R&D 经费支出水平为 2.8%，虽然略高于全国的平均水平（2.15%），但是仍然落后于北京①、上海（3.98%）、深圳（4.17%）依然未跻身第一梯队，且总支出约为 640.33 亿元，与上海（1316 亿元）、深圳（超过 1000 亿元）相比仍有较大差距（见表 1）。此外，虽然有大量创新类政策密集出台，但是成果转化率不高，对经济增长的带动效应也尚未凸显。科技创新投入相对不足，特别是企业研发投入偏少，科技创新短板明显，造成广州高端产业发展滞后。

表 1　2018 年国内主要城市 R&D 经费支出及其增长率

单位：亿元，%

城市	2018 年	2017 年	增量	增长率
北京	—	1595	—	—
上海	1316	1205.20	110.80	9.19
深圳	>1000	>900	100	11.11
广州	640.33	537.58	102.75	19.11
苏州	524.45	489.00	35.45	7.25
武汉	472.04	429.13	42.91	10.00
南京	393.58	378.89	14.69	3.88
成都	358.40	320.00	38.40	12.00

（三）工业生产投资增长压力依存

首先，广州市的整体工业支撑比较单一。2018 年，电子信息制造业、

① 未公布具体数据，但是北京 R&D 强度占全国首位。

汽车和石化这传统三大支柱产业合计实现产值占全市规模以上工业的比重为55.5%，而电子信息制造业和石化产业近年来基本处于产能过剩的发展阶段，对广州经济发展的贡献度极为有限，因此主要依靠汽车制造业的支撑和拉动。但受国内汽车产、销市场整体逐步降温及国六排放标准即将施行的影响，中国汽车市场整体呈现负增长，因此2018年广州的汽车制造业未能延续2015年下半年以来的快速增长态势，产值增速逐月放缓，支撑作用明显减弱。其中，番禺汽车制造业的增长也因此“失速”，一定程度上也拉低了番禺的规模以上工业增长情况。而广州提出的用于构建现代产业体系的六大产业，尚未真正形成强有力的工业经济推手，对整体工业的支撑作用有限。

其次，工业投资比重持续偏低。广州工业投资占总固定资产投资的比值，从2007年之后就持续下降，从21.1%一路下降到2017年的12.4%。虽然2018年广州市工业投资占固定资产投资的比重略有上升，到16.0%，为近年来较高水平，但占比与全省平均水平（24.8%）相比仍有较大差距。广州的国有企业比重较大，多数国企的设备和工艺面临转型升级的压力，自主发展的产业基础有所削弱，以纺织类企业为代表的广州市属国企深加工产品少，高附加值和高技术含量的产品比重也相对较低，因此工业技改的需求迫切。但是，从数据来看，2018年广州市工业技改投资占全市投资的比重仅为4.3%，远低于全省（10.1%）平均水平。工业投资规模偏小，在数据上，2017年广州第二产业占比，已经从2000年的44%逐年坚定地下滑到28%。这个数据，只比北京的19%高，低于上海的31%、深圳的41%。实体经济领域的增长缺乏后续支撑。与此同时，广州对房地产依赖程度较高，房地产开发投资占比持续提升，到2017年已经上升到45.6%的史上最高值（见图7）。

最后，工业产品出口仍然低迷。2018年全市规模以上工业企业出口交货值下降1.2%，降幅虽比前三季度收窄1.4个百分点，但工业出口形势仍然低迷。全市1742家工业出口企业中，有47.0%的企业出口交货值为负增长。从出口重点产品来看，截至2018年12月，广州市的汽车出口额为

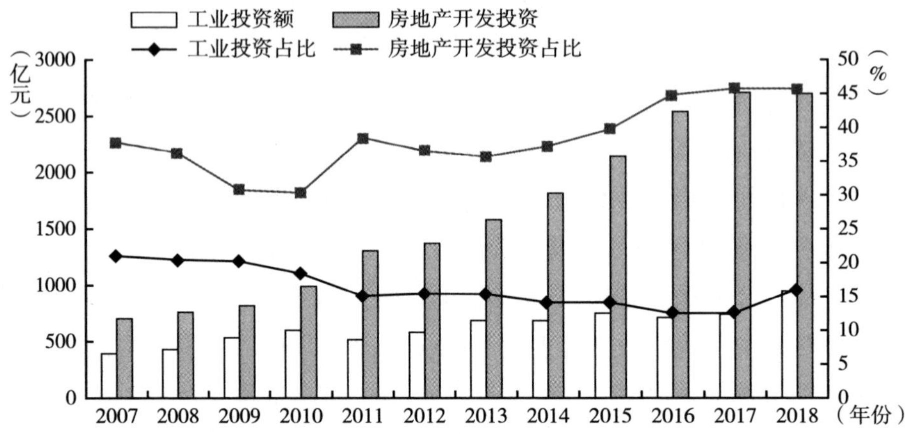

图7　2007～2018年广州工业投资比重及房地产开发投资比重

19.24亿元，与2017年相比减少了22.6%，机电产品出口额为2820.55亿元，同比下降5.1%，高新技术产品的累计出口额为863.45亿元，同比下降13%。2018年第111届广交会总成交额呈现下降的趋势，从统计数据来看，该届广交会累计出口成交360.3亿美元，与上一届相比下降了4.8%。其中，欧盟和美国市场的成交额分别下降了5.6%和8.1%，而金砖国家和非洲市场的成交额有所增长，增长幅度分别为4.1%和13.5%。出口形势不稳依然是未来几年影响广州市工业经济增长提速的因素之一。

（四）公共预算无法支撑政策优惠

从表2可以看出，2018年广州一般公共预算收入不足上海的1/4、北京的1/3、深圳的半数，甚至远不及天津和重庆两大直辖市，也不如苏州，与杭州差不多，仅居于全国第8位，且居于第9、10位的武汉和南京增速远高于广州，大有超越之意。正是由于“囊中羞涩”，广州的税收优惠力度在各大城市中略显不足，能提供的税收优惠不如北京、上海和深圳，也落后于杭州、成都等地，直接影响了广州对高端企业和高端人才的吸引力。

表2　2018年主要城市一般公共预算收入排名

单位：亿元，%

排名	城市	2018年	同比增长
1	上海	7108.1	7
2	北京	5785.9	6.5
3	深圳	3538	6.2
4	重庆	2266	0.6
5	苏州	2120	11.1
6	天津	2106.10	-8.83
7	杭州	1825.1	16.44
8	广州	1632.30	6.5
9	武汉	1528	8.9
19	南京	1470	15.6

由于吸引力的不足，广州城市资本竞争力也远远落后于同类型城市。从表3中可以看出，北京、上海和深圳的A股上市公司数量均已突破280家，是目前我国仅有的3个拥有200家以上上市公司的城市，杭州也有172家，而广州只有98家，排名第6位，约为北京的30%。就互联网行业而言，广州一直是中小公司居多，大的互联网公司总部极少设在广州，广州本地的中型公司成长起来之后也有一部分将总部迁往优惠力度更大的城市。此外，从上市公司的市值规模来看，广州的A股市值为1.18万亿元，也落后于北京（12.14万亿元）、深圳（4.73万亿元）、上海（4.23万亿元）和杭州（1.45万亿元）。

表3　2018年主要城市资本竞争力排行

排名	城市	上市公司数量	排名	城市	上市公司数量
1	北京	317	4	杭州	172
2	深圳	285	5	苏州	135
3	上海	283	6	广州	98

另外，优惠政策的乏力也使得广州缺乏对高精尖人才的吸引力。从《2018春季人才流动报告》竞争指数排名来看，北京、上海在严格控制人口

规模的大环境下，仍旧分别占据第1位、第3位，足见其强劲的人才吸附力，而广州仅居于第13位，在人才吸引力方面远不如天津、武汉、重庆等市。在“抢人大战”的背景下，面对各地纷纷通过优惠力度极大的政策吸引人才，广州似乎心有余而力不足。

三　国内外经济发展环境分析

从国际情况来看，尽管世界经济延续复苏态势，但受贸易不确定性、融资环境收紧、地缘政治冲突等因素影响，经济增长动能仍显不足，多数国家经济增速开始下滑，世界经济增长下行风险加大。全球失业率相对处于低位，充分就业状况和大宗商品价格上涨使得各国均面临通货膨胀的压力。世界经济开始重塑发展秩序，经济互动也开始了新一轮的调整。此外，国际贸易增速放缓，国际直接投资活跃度不足，金融市场也开始呈现动荡的迹象等。据分析，2020~2035年，全球的经济增长平均速度大约在2.6%上下。其中，主要发达国家的经济增长速度将持续放缓，整体增长速度在1.7%左右，低于过去50多年的平均增长速度；发展中国家增长速度也不再保持高速，而是逐步放缓，年均增长速度在4.9%左右。因此，国际货币基金组织（IMF）将2019年和2020年全球经济增长预期分别下调至3.5%和3.6%，预计2019年增速为三年来最低。

从国内经济运行态势看，我国经济增速创历史新低，就业前景趋于紧张，货币宽松政策也未能扭转企业融资需求的虚弱困境。我国虽然明确经济发展从高速增长阶段转向高质量发展阶段，但是，仍然处在质量变革、动力变革、效率变革的阵痛期，对外贸易政策方面的一些调整仍存在不确定性，发达经济体需求走弱，出口环境不理想，实体经济发展困难重重，国内有效需求不足，市场微观主体的活力尚未完全释放，产业升级面临的阻力较大。加上金融降风险、房地产调控力度加大、环保治理等多重因素叠加，经济运行稳中有变、变中有忧，未来一年保持经济持续较快增长难度加大。

2019年，广州经济发展将面临更为复杂的国内外环境，稳定增长，寻求突破和培育经济发展新动能将成为重点任务。随着经济稳增长措施的有力推进，广州市营商环境将进一步改善，招商引资将进一步加强，消费、投资、出口的工作力度将进一步加大，加上有比较完善的市场经济体系，2019年经济运行有较好的支撑基础和条件。一是新动能加快发展带动实体经济稳定增长。富士康、乐金 OLED、广汽智能网联新能源汽车、广州云润生物科技等一批重大项目将陆续投产达产，琶洲互联网创新集聚区产业导入已初见成效，新经济新动能产业继续保持快速增长，将带动实体经济保持稳定增长。二是 2018 年有较多项目结转到 2019 年继续建设，可为 2019 年投资带来持续增量。三是随着新消费模式成熟、新技术产品上市、产品升级换代，将带动新一轮消费增长。此外，粤港澳大湾区规划纲要的提出，明确了广州的发展定位，如何发挥自身和粤港澳大湾区其他城市在经济领域的协同创新发展也将成为广州 2019 年工作的重点。

四　2019年广州经济发展展望与对策建议

（一）全力参与粤港澳大湾区建设

一是大力发展商贸业，打造国际商贸中心。粤港澳大湾区是复合叠加型经济体，将为湾区内城市经济发展带来新的差异化的刺激点，成为新的经济引擎。2019 年，广州要将粤港澳大湾区建设作为首要任务和重点工程，充分发挥自身在粤港澳大湾区的核心引擎作用，以城市协同推动产业升级，重点建设国际商贸中心。大力建设网上商都，结合国家跨境电商综合试验区建设，通过通关、检验检疫、税收、外汇等方面的政策创新以及政策的叠加整合，推动 B2B 一般贸易朝电商化方向发展，推动跨境电商发展，保持跨境电商进出口规模在全国处于领先地位。推动传统“千年商都”向现代“网络商都”转型，加快电子商务、电子结算方式的普及与发展，转变商业运作模式和社会消费方式，积极抢占流通技术与业态创新“制高点”，大力提升广州资源配置功能和商贸中心辐射力。

二是活用港澳创新资源，培育新的经济增长点。作为四大核心城市之一，广州要充分发挥枢纽作用，以南沙自贸区为载体，实现创新资源的聚合反应，瞄准全球500强和国内外行业领军企业，增加高效优质资源供给，吸引集聚高端生产要素，加速广州新动能转换。广州市各区要根据自身发展，着力在数字经济、现代服务业、绿色金融和产业园合作等领域实现与港澳的协同发展。同时，广州要推进粤港澳大湾区合作机制创新，不断完善穗港、穗澳对接合作机制，重点打造中新广州知识城、广州科学城、广州国际生物岛、鱼珠CBD四大战略创新平台，发挥各城市之间的产业协同效应，以实现产业链上下游的合理分工。

三是培育国际竞争新优势，推动广州进一步提升全方位对外开放水平。广州要抓住粤港澳大湾区建设重大机遇，统筹推进《广州市参与“一带一路”建设三年行动计划（2018～2020年）》，结合自身的外贸结构特点和对外交往网络，进一步提高对外开放水平。广州还应当积极应对当前国际贸易摩擦增多和国内出口低迷的不利环境，提升出口产品附加值，更好发挥对外开放平台作用，促进外贸结构优化升级。继续加强与“一带一路”沿线国家的贸易往来。广州的出口企业要主动调整结构，积极拓展国际营销网络，培育出口新优势，稳定出口市场。此外，广州还要重视对外开放中人才的互通，深化与港澳在人才培养、资格互认、标准制定等服务贸易领域的合作。

（二）加快建设现代化产业体系

一是在新兴产业、中高端消费、创新引领、绿色低碳等领域积极培育和引进重大项目。以市场为导向，以全域旅游、现代供应链、人力资本服务、现代金融、科技服务为重点，加快谋划一批现代服务业项目，推动现代服务业加快发展。聚焦IAB（新一代信息技术、人工智能、生物医药）、NEM（新能源、新材料）等符合广州发展定位的重点领域出台创新举措和务实政策，加快推进已经落户、开工建设的龙头项目尽快投产形成规模效应，加速形成创新型支柱产业集群。密切对接粤港澳大湾区发展战略，建立穗港重大创新科技合作项目扶持计划。2019年，广州要以建设制造业强市为主要目标，出台系列产业扶持政策，一方面，支持汽车、电子、电力、石化等传统优势产业在重大项目引进上下功夫；另一方面，释放数字经济潜能，建设4K超高清视频示范社区，推进5G技术研发与商用，加快互联网协议第6版升级改造。

二是深入实施创新驱动发展战略。完善科技创新体系，提升科技创新能力。继续将自贸区、广州高新区作为实施创新驱动发展战略的主战场。开展高新技术企业树标提质行动，激发企业创新潜力。提升重点实验室、工程技术中心等创新平台建设水平，加快发展产业技术创新战略联盟，实现产业创新资源的高效配置。持续加大研发投入，以北京、上海、深圳为标杆，提高研发投入强度，为创新提供资金支持。充分发挥民营企业作为创新主力军的作用，增强科技创新奖励政策精准性。同时，运用好广州市的高等院校、科研机构集聚的优势，密切与港澳高校的科研往来，搭建协同创新平台，以香港科技大学（广州）、香港科技大学霍英东研究院为依托，促进广州和港澳在科研创新领域的互动，进而促进科技成果的转化，建立科研成果的全链条综合转化服务平台，实现资源的交流融合。

三是加速实现金融和科技的有效融合。广州市要大力发展资本市场，通过资本力量助推产业转型升级，进而构建现代化经济体系。具体而言，首先，广州要继续探索金融科技融合方式，从立法角度对金融科技创新融合实行有效引导。加大税收支持的力度，允许科技企业在并购过程中形成的无形资产分期递延，抵扣当期所得税，以此降低企业的税负成本，使企业能够更好地专注于科技创新。同时，加大知识产权保护力度，注重企业无形资产良性整合过程中产生的知识产权纠纷。其次，广州市要着力完善金融体系，做大做强地方金融机构，吸引国内外银行、保险、证券、基金等金融机构入驻广州市，打造多层次金融服务供给体系。围绕产业链部署资金链，实现金融与产业发展紧密结合，为科技型企业提供全流程、系统性投融资综合解决方案，切实破除科技型中小企业在融资过程中面临的知识产权评估难、质押难、处置难的问题，增强现代金融服务实体产业发展的能力。

（三）大力推进重大项目“攻城拔寨”

一是加快推进重点建设项目建设，解决阻碍项目推进的重点难点问题，确保工程进度。积极贯彻省委“1+1+9”工作部署，落实市委“1+1+4”工作举措，聚焦新兴产业，着力引进有重大带动作用的龙头项目和强链补链延链的专精尖配套项目，为工业投资提供新的支撑点。各区稳步推进重点建设项目，出台详细的进度表。广州市要明确各个项目推进的“军令状”，并强化监督检查，确保项目按期按质完成。同时，按期按质完成2019年预定的592个重点项目，大力推进重大项目“攻城拔寨”行动。

二是强化用地保障，提升土地利用效率。贯彻落实广州市出台的《提高工业用地利用效率实施办法》，全面分析、积极探索土地高效利用新模式，强化工业园区规划管控和项目入园合同约束，建立扶持政策与企业投资强度等相挂钩的制度体系，防止土地闲置低效利用。统筹纯技术效率和规模效率，以调节工业用地的利用效率。同时，在对现有存量工业用地利用效率进行科学评估的基础上，广州市各区也要进一步注重土地、资产和劳动力等投入要素的结构平衡，将工业用地更多用于发展先进制造业，引进新产业、新业态落户。此外，鼓励企业联合竞买土地，以提升土地的整体利用效益，以空间聚集促进产业升级。

三是放宽市场准入，营造权利平等、机会平等和规则平等的公平市场环境。充分调动民间资本积极性，要尽快制定或修订鼓励和引导民间资本投资进入相关细分领域的方案和指引，鼓励和引导民间投资进入基础设施、医疗、养老、教育、文化、体育等重大项目领域，有效激发民间投资活力。在坚持市场化原则的前提下，保证民间资本和国有资本享有平等公平的市场竞争权利，支持民间资本参与新一轮的混合所有制改革，在充分竞争的行业和领域，鼓励民间资本控股，充分发挥国有资本和民营资本的优势和协同效应。此外，广州市也要注重保护企业家人身和财产安全，为民营企业依法经营合规发展提供有力支持。

（四）引导推动传统消费转型升级

一是以消费者为中心，努力营造安全放心、文明健康、公平公正的良好市场消费环境。全面贯彻落实《广州市完善促进消费体制机制实施方案（2019～2020年）》，继续稳定城乡居民的消费规模和水平，逐步培养广大消费者的理性消费和科学消费，结合消费领域新形势、新趋势，进一步激发居民消费潜力，继续完善肉类蔬菜等重要产品追溯体系，让居民“放心”消费。积极开展每年的“3·15”行动，努力化解消费纠纷，以消费者为中心，着力做深做细做实消费维权工作，切实保护消费者的利益。优化布局全市商业网点体系，着力构建综合化、立体化和便利化的大型商业设施，提升网络通信、停车场所、公共厕所、母婴室等配套设施建设品质，提升商业企业的整体经营服务水平，提升消费者的消费体验，为消费者营造更好的消费环境。

二是借助互联网技术、科技创新和文化艺术因素运用，满足个性化、多样化、不断升级的消费需求，挖掘新的消费热点，推动整体消费结构的提升。同时，抑制“消费外溢”现象，结合广州自身特色，挖掘具有广州特色的消费产品，并吸引来穗旅游者在广州更多消费。鼓励推陈出新，加大对新型经营模式和经营业态的探索。从供给侧的角度来看，要不断提供更多的消费产品类型，丰富产品内容，深化产品层次，继续拉动消费。从需求侧的角度来看，在保持城市居民的基本消费稳定增长的基础上，加大对消费需求类型的提升，不断扩大旅游、文化、体育、健康、养老、教育培训等领域的消费。此外，广州还应当深入连接供给侧和需求侧的消费市场，要不断优化消费结构，注重开发梯度市场，促进城乡居民的消费满意度继续提升。

三是以打造国际商贸中心为契机，加快推动传统消费转型升级。加紧制定《广州市建设国际消费中心城市三年行动计划》，引导百货商场、连锁超市、便利店等实体商品交易市场转型升级，优化零售业态结构，赋予门店更多的体验功能和社交功能。注重对广州非遗产品和非遗品牌的保护和建设，推动老字号和新兴商业模式相融合，例如，推动老字号与旅游、文化产业融合发展，使其焕发新的活力。加强特色商圈建设，以天河路、北京路等大型消费商圈为试点，引导构建线上商圈商城，门店以沉浸式体验场景为特色，吸引顾客、留住顾客，打造线上线下融合的供应链交易平台，加快推进广州迈入零售新时代。借助 K11 等高端艺术购物中心，加快推进广州传统消费模式向中高端转变，扩大广州时尚消费、品质消费的规模。鼓励扩大广州的中高端商品的进口，并巩固广州跨境电商发展优势。

（五）减税降费助推民营经济发展

一是实施更大规模的减税降费，优化民营经济发展的营商环境。学习贯彻习近平总书记关于民营经济的重要论述，加大对民营经济发展的支持和引导，优化民营经济发展的营商环境。落实好国家扶持中小微企业的税收优惠、“营改增”等减税清费政策，以减税降费联席会议制度为依托，更大规模地为广州市实体经济减压、轻负、松绑，削减制度成本。以进一步缓解长期制约民营企业发展的融资难融资贵的瓶颈，促使民营企业消除后顾之忧，重新焕发活力。同时，要对已经出台的“民营经济 20 条”的实施效果进行科学有效的评估，并在此基础上继续推出实质性突破性的改革举措。目前，以人工智能为代表的广州高新技术企业大都属于中小微企业，力度更大、涉及面更广的减税降费政策能够为广州高新技术产业的发展提供更有活力的市场环境。因此，广州要以 IAB（新一代信息技术、人工智能、生物医药）、NEM（新能源、新材料）等高端、新兴产业为引领，利用技术改造、自主创新、节能环保等财政专项资金，大力培育特色带动能力强、符合产业政策的民营产业项目。

二是积极对接粤港澳大湾区，鼓励民营企业发挥创新主体作用。打造粤港澳大湾区三地协同创新的发展格局，深入研究国内外民营企业科技创新的先进发展模式，建设创新平台和研究基地，打造行业高端智库。设立民营经济发展专项资金和科技经费，用好补助、奖励等优惠措施鼓励企业加大研发投入，大力引进人才、培育技术团队和开展产学研合作。持续推进创新企业倍增计划，争取做大做强更多的独角兽企业。集中优势资源，支持龙头民营企业加强技术改造，发挥龙头企业作为产业创新市场主体的辐射作用，鼓励在广州落地生根的民营企业的创新成果推广实施，打造公共服务型科技产业创新中心，服务创新企业全生命周期成长，加强质量管理和提高服务水平，推动民营经济高端化高质量发展。

三是扶持中小型企业，促进民营经济协调发展。学习贯彻习近平总书记在民营企业座谈会上的重要讲话精神，继续贯彻执行新修订的《中小企业促进法》、广东省出台的“民营经济高质量发展十条”以及广州市出台的“民营经济 20 条”等法规政策，针对广州市民营企业数量多而不强的特点，发挥大型企业领军作用，重点培育广东聚华印刷及柔性显示创新中心、京信通信、欧菲影像、广州数控和奥翼电子等民营企业，打造骨干工业企业、“两高四新”企业、“小升规”企业等“三个一批”企业。同时对中小企业发展给予更多关注，在企业融资、税费征收、劳动力培训、人才认定等方面给予更多政策倾斜。通过建设十大价值创新园区和促进低效园区提质增效，推动广州市民营中小企业集聚发展，打造若干个千亿级产业集群。把广州民营企业、中小企业的数量优势转化为更强大的质量优势。

（审稿人　彭诗升　刘妍　谭苑芳）

产业发展篇

Industrial Development

B.2 2018年广州市两化融合发展水平研究*

刘小龙　孙延明　彭　贝**

摘　要： 本报告概括了国内外两化融合发展的四个阶段和主要政策举措，基于企业两化融合自评估得分，刻画了2018年度广州市两化融合发展现状、趋势、发展重点、特征模式和融合关键指标。报告提出了区域和企业两个层面的两化融合发展评估模型并进行了评估实践，总结了评估实践中发现的四个层面的广州市两化融合问题：①政策迭代过快，驱动效果待提升；②部分区域两化融合主动性不足，贯标水平待提升；③工业互联网基础相对薄弱，关键领域技术待突破；④企业两化融

* 本报告受广州市工业与信息化委员会委托“广州市两化融合发展水平评估”项目支持，同时感谢合作单位广州市两化融合服务联盟。

** 刘小龙（执笔），管理学博士，华南理工大学讲师，主要研究方向为两化融合与智能智造；孙延明（指导），工学博士，广州大学副校长，教授，主要研究方向为企业信息化与智能智造；彭贝，广州市两化融合服务联盟副秘书长。

合投入高、协同差，专用人才较缺乏。报告对比了广州市两化融合发展的优劣势，提出了广州市持续推动两化融合的指导思想、发展方向和实现路径，探讨了进一步推动融合发展的政策建议。

关键词： 智能制造　两化融合　广州市

一　国内外两化融合发展趋势及动态

（一）国外两化融合发展状况与动态

国外两化融合的发展，按照关键事件可以区分为两化融合的起步、两化融合的快速发展、两化融合的新阶段、贸易战引发的秩序重构四个阶段。当前，西方主要发达国家的两化融合呈现出一些新动态。

（1）美国工业互联网的融合布局侧重点：通过操作系统、联盟等布局工业互联网，依靠其数据积累的优势，根据消费需求海量数据进行大数据处理和云计算，大数据信息流通过互联网在智造设备交会，由其分析、调整、决策，开展面向产品服务全生命周期的智造过程。当前，美国工业互联网联盟（IIC）发布1.8版的工业互联网参考架构（IIRA），美国正聚焦工业互联网在智能交通上（侧重于车联网和智能网联汽车ITS）的垂直行业领域应用进行布局。

（2）德国企业偏重设备的智能化，强调将知识固化到设备中。德国工业4.0采取双重策略，成为智能制造技术的主要供应商和CPS（信息物理系统）技术及产品的领先市场，产业联盟是其重要抓手，战略核心就是通过CPS网络实现人、设备与产品的实时连通。当前，工业4.0平台和工业互联网联盟推出了工业4.0参考架构模型和工业互联网参考架构，并制定了确保可互操作的技术路线图。

（3）日本在实现向智造转型的过程中，侧重于突破 3D 打印、工业机器人、机器对机器通信技术、物联网、虚拟现实、人机交互等技术，侧重对员工的培训，促进精益生产与智造的结合，以及利用机器人实现全自动智造。日本将 3D 打印、人工智能、自动化与智能制造、物联网作为主要资金和政策扶持领域。当前，日本工业价值链促进会（IVI）推出智能工厂，IVI 在德国汉诺威工业博览会上针对参考架构、信息物理平台、生态系统框架进行了推广。

美、日、德推进两化融合的政策举措包括以下相互关联的六个方面：

①注重标准建设；

②加强基础突破和关键共性技术供给；

③强化机制保障，注重机制设计的精准长效；

④产业联盟打通技术壁垒，注重智造商业模式创新；

⑤推进智造所需职业技术人才培养；

⑥多种运作模式完善智造服务体系。

（二）国内两化融合发展状况与趋势

我国的两化融合发展，按照政策驱动的时间也可以划分为两化融合的孕育萌芽阶段、快速发展阶段、深入发展阶段以及实体经济与互联网、大数据与人工智能的深度融合阶段四个部分。

当前，国内两化融合整体发展状况可以概况为：两化深度融合政策体系日趋健全、企业两化融合发展较为迅速、两化融合能力逐级提升、不同区域融合水平差异逐渐缩小、不同区域融合推动成效差异较为明显等。

未来我国两化融合的发展趋势是将两化融合作为制造强国建设的主线，通过“两化融合评估诊断和对标引导”和“两化融合管理体系评定”两大融合推进创新作为抓手，以评估诊断进行对标，进而发现问题、找准方向，以两化融合管理体系本质贯标为抓手，引领企业创新发展。为此，确定政策基调为：将智能制造作为两化深度融合的主攻方向，将大数据、工业互联网作为当前阶段的主要着力点，加速工业软件的“云化”，推动行业应用的云服务模式。

工信部赛迪研究院于2015年开展了第四次两化融合区域发展水平评估，并沿用了之前的指标体系和评估方法，指标体系包括基础环境、工业应用、应用效益三类共23项指标。目前在国内主要城市所采用的两化融合发展评估体系中，上海从2009年起就建立了上海市“两化融合”发展水平评估体系，形成相应的评估指标，其评估体系由融合支撑环境指数（占30%的权重）与企业融合水平指数（占70%的权重）两个一级指标构成；浙江基于赛迪的两化融合区域发展水平评估指数进行评估，改动了部分指标。

国内各地区在推进两化深度融合方面各具特色，相应的主要举措可以概括为：强化顶层设计、形成区域性融合总体战略部署；强化两化融合示范作用，注重“样板输出”；全力推进两化融合项目落地，注重“重点工程实施”；强调创新驱动策略，注重“自主化”发展；推动平台整合，注重平台建设；实现互联互通，注重“融合创新”。

二　广州市两化融合数据地图

（一）广州市两化融合发展现状

2018年，广州市两化融合发展现状呈现以下四个特点。

1. 2018年广州两化融合发展水平较高

2018年，广州企业自评得分均值为59.17分，处于较高发展水平，高于广州市近四年全部企业的得分总平均值53.5分，其中，荔湾（72.98分）和从化（66.48分）超过了天河（63.03分），分别位列第一和第二名。2018年，荔湾区企业自评得分均值增长较快，天河区企业起点较高，自评得分增长较为平缓（见表1）。

2. 单项覆盖比例大，离散型制造企业是融合主体

截至2018年9月，广州市参加两化融合自评估企业中，大部分处于单

表1　广州市各区参评企业历年自评均值

单位：分

区域	2018年	2017年	2016年	2015年
天河	63.03	63.37	64.52	63.26
越秀	56.48	63.33	62.16	61.6
从化	66.48	61.21	56.84	61.78
黄埔	61.9	57.02	60.84	60.75
荔湾	72.98	58.61	46.75	64.7
番禺	59.46	52.73	59.63	65.08
增城	56.36	52.97	60.8	69.41
南沙	59.28	51.67	60.11	64.3
海珠	58.46	50.25	50.4	60.12
花都	55.61	37.96	55.09	58.64
白云	48.36	29.98	56.06	59.85

项覆盖阶段，占比约48%，自评得分均值为51.69分（见表2），稍低于近四年全部企业的得分均值53.5分。离散型制造企业自评得分均值为50.57分，占比44.11%（见表3），是现阶段广州市两化融合发展水平提高的主要制约因素。离散型制造企业是下阶段两化融合推进的主体。

表2　广州市企业两化融合自评所处阶段及其得分情况

所处阶段	起步建设	单项覆盖	集成提升	创新突破
企业占比(%)	16	48	31	5
自评均值(分)	18.46	51.69	68.11	85.61
中位数(分)	17.4	52.82	67.83	85.5
得分区间(分)	1.54～72.62	21.73～80.81	53.4～84.17	78.85～95.17

表3　广州市不同生产类型企业两化融合现状

生产类型	离散	服务	纯流程	混合	软件信息	其他
占比(%)	44.11	28.34	14.17	5.14	5.83	2.4
自评均值(分)	50.57	57.14	55.45	50.93	56.38	50.35

3. 各区融合水平差异大

对各区历年的参评企业总数和参评企业自评得分进行计算，发现天河区企业两化融合发展水平最高，白云区企业两化融合发展水平最低，两区其得分均值相差26.71分（见表4）。

表4 广州市各区参评企业总数和评价得分

区域	天河	越秀	从化	黄埔	荔湾	番禺	增城	南沙	海珠	花都	白云
均值(分)	63.51	61.64	60.92	59.48	57.59	56.77	56.17	55.55	54.19	42.71	36.8
数量(家)	86	46	18	229	27	111	41	58	37	99	145

4. 企业年销售额与其贯标成功率呈正相关

对广州市已经获得两化融合管理体系证书的74家企业进行研究发现，90%以上的企业其年销售收入处于6200万元以上，82%的企业其年销售收入处于8000万元以上。部分较低年销售收入且通过贯标评定的企业，其本身就是软件企业，信息化投入较大，或属于细分行业的龙头企业，企业本身较为重视信息化投入等，该批企业的年销售收入处于2000万~5000万元。由此可见，年销售收入处于8000万元以上的企业是两化融合贯标的主力军，其贯标需求和成功率较高。

（二）广州市两化融合发展趋势

2018年，广州市自评企业数量与之前相比，呈明显下降趋势，但其融合水平得分均值上升到59.17分，两化融合实现数量向质量的转型。考虑到企业规模300人以下的企业自评数据相对可靠性较差，项目组对企业规模在300人以上的企业两化融合的自评得分情况进行统计分析发现，2018年参评企业得分均值最高，达到了63.92分，高于2017年广州市企业的自评得分均值56.38分（见图1），远高于广东省同期的自评得分均值55.7分，广州市企业的两化融合处于新高度。其中300~1000人规模的自评企业数量占300人以上规模企业中自评企业数量的63%（见

图2)，这批企业的信息化投入相对增加，其两化融合发展水平的提升也相对较快。所以，300～1000人规模的企业将是广州未来两化融合发展的主力军。

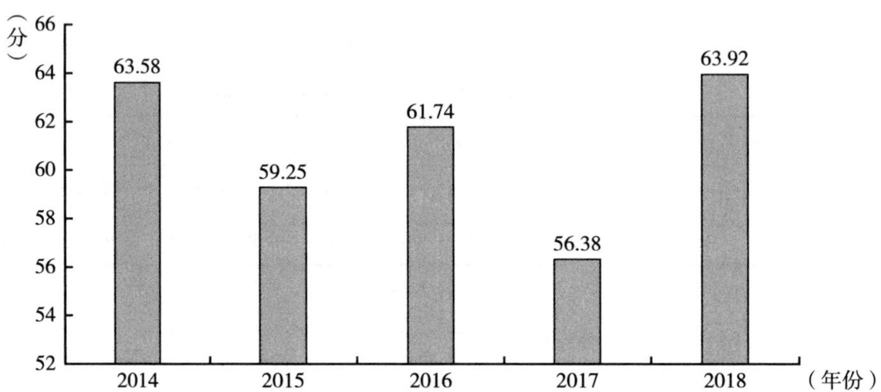

图1　广州市企业自评年度得分均值（300人规模以上）

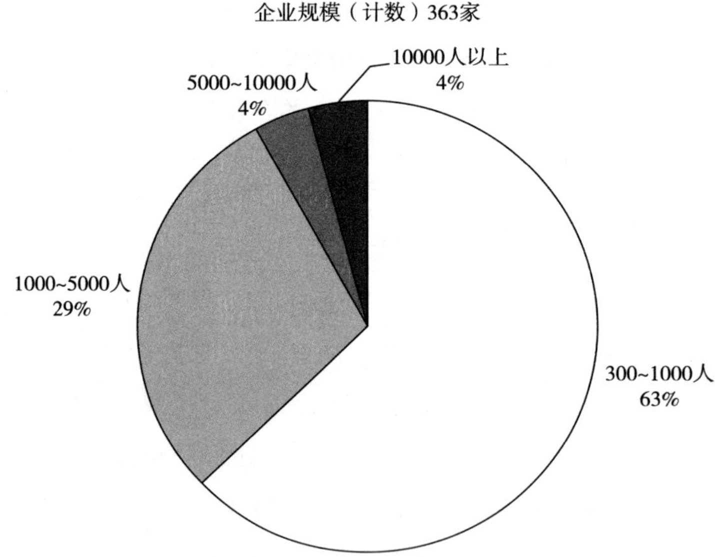

图2　广州市300人以上规模企业中自评企业数量占比

（三）广州市两化融合发展重点和特征模式

1. 发展重点

从两化融合政策来看，广州市印发的《关于印发广州市加快 IAB 产业发展五年行动计划（2018～2022 年）的通知》（穗府〔2018〕9 号），指出重点发展领域和方向包括新一代信息技术产业、人工智能产业、生物医药产业等。

广州市两化融合和先进制造的推动政策覆盖的重点领域包括：新一代信息技术产业、人工智能产业、智能装备及机器人等，具体产业包括生物医药、新能源汽车、新材料、环保装备、轨道交通、高端船舶与海洋工程装备、航空与卫星应用等。

现对 2018 年参与两化融合自评估的典型行业发展程度、综合集成水平、协同创新水平和竞争力水平等反映价值链能力情况的指标进行评估，相关数据如表 5 所示。

表 5　广州市典型行业价值链层次情况评估

单位：分

细分行业	自评均值	综合集成	协同创新	竞争力
生物医药	62. 52	52. 75	53. 00	75. 54
仪器仪表	56. 07	46. 20	37. 39	63. 57
智能装备	72. 95	65. 35	58. 13	66. 51
轻工家居	60. 03	54. 40	39. 50	60. 38
轨道交通	57. 37	51. 49	42. 13	69. 74
精细化工	73. 48	60. 94	62. 38	82. 53

由图 3 可知，智能装备行业的综合集成和协同创新能力较强；仪器仪表、轻工家居、轨道交通的综合集成能力和协同创新能力相对较低，需要持续加强，可以考虑进一步推进 AI 在这三个细分行业领域的应用。生物

医药行业的企业参与度高、竞争力强，综合集成和协同创新能力居中，可以作为人工智能、工业互联网深入行业的典型应用示范。

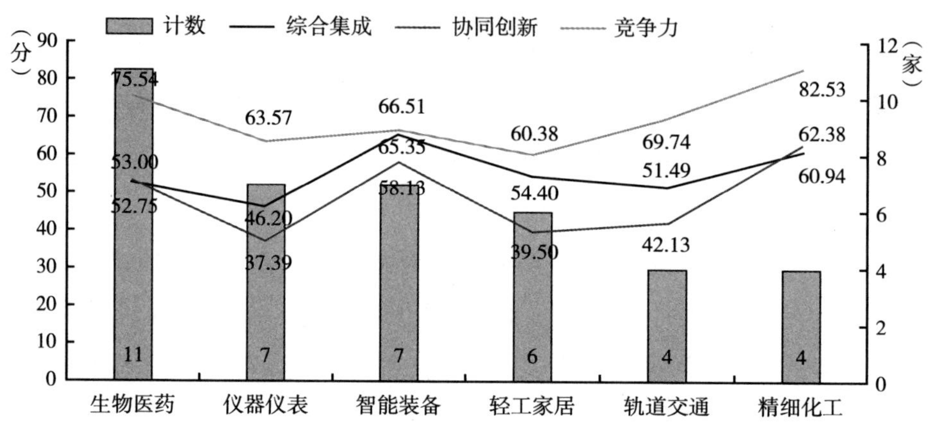

图3　广州市2018年细分行业应用及绩效水平

2. 特征模式

目前，广州市的两化融合呈现如下特征：其一是政策驱动、宣贯引导、自主参与。企业对两化融合的认知与重视程度日益提高，有基础、有能力的企业均积极申报两化融合贯标，企业参与数量逐年上升。其二是融合示范、精准施策、谋求突破。处于集成提升和创新突破阶段的317家企业，按照年度对其自评得分均值进行统计，发现处于集成提升和创新突破阶段的企业，其年度自评得分均值呈逐年上升趋势。

广州市和各区政府积极出台两化融合政策，成效斐然。从宏观层面来看，我国通过评定的企业数量2016～2018年增长率依次为99%、133.4%、27.34%。截至2018年8月，全国通过评定的企业总数为2710家，广东的占比为16.83%，成效较为显著，居全国第二，仅次于福建。截至2018年，广州市通过评定并获得有效证书的企业为70家，占广东省比重为15%，仅次于深圳市的142家（占比为31%）（见表6）。

表6 广东各地级市通过两化融合评定的企业数（截至2018年8月）

单位：家，%

地区	深圳市	广州市	东莞市	佛山市	珠海市	惠州市	汕头市	其他地级市
通过评定数	142	70	53	37	28	26	21	79
占比	31	15	12	8	6	6	5	17

（四）广州市两化融合发展关键指标分析

通过对2018年149份企业两化融合自评估问卷两化融合发展关键指标分析如下。

1. 广州市两化融合发展关键指标情况

（1）基于均值统计的两项（共三项）主要指标比广东均值低。截至2018年8月，广东的生产设备数字化率、数字化研发设计工具普及率和关键生产工序数控化率（加权）值为46.10%、70.5%、46%，采用简单均值方法计算，广州上述三项指标的值为27.47%、71.14%、28.08%（见图4）。分别对关键生产工序数控化率、信息化投入占比和生产设备数字化率指标进行降序排列，77家企业的关键生产工序数控化率为0，62家企业的信息化投入占比小于1%，67家企业的生产设备数字化率为0。

（2）非服务行业的三项关键指标相对提高。将含有服务行业和不含有服务行业的三项关键指标数值进行对比，广州非服务行业生产设备数字化率、数字化研发设计工具普及率和关键生产工序数控化率（简单平均）三项指标的值为38.98%、81.90%、39.85%，均高于广州市（全部行业）的均值，除数字化研发设计工具普及率比广东省的值高以外，生产设备数字化率和关键生产工序数控化率（非加权，采用简单平均）指标值均比广东省的相应指标值低，差距相对降低11.51个百分点和11.77个百分点（见图5）。

2. 广州市各行业两化融合发展关键指标情况

（1）各行业三大指标差异不明显。统计不同行业的关键指标发现，各

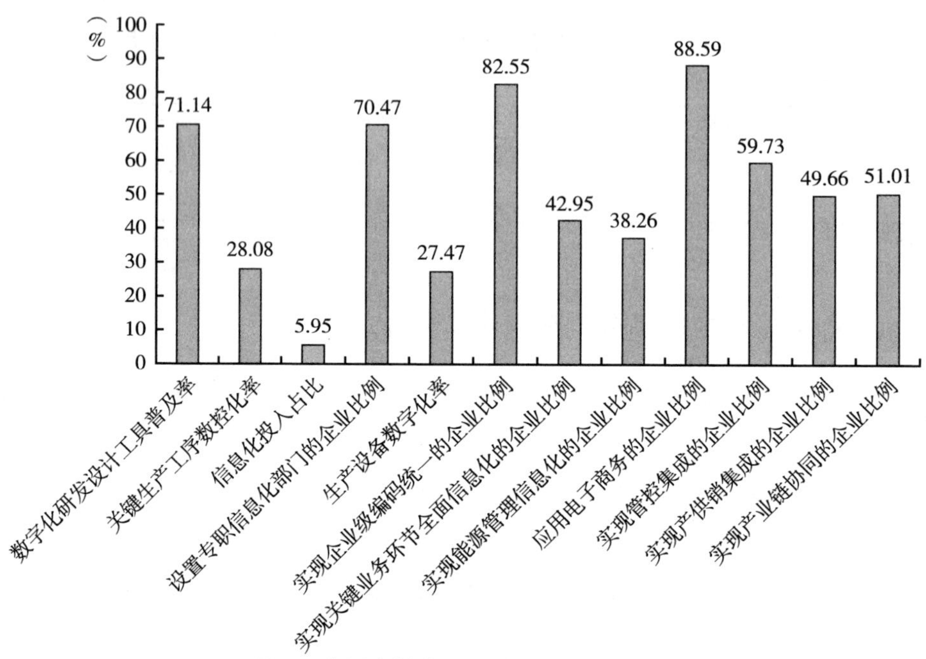

图4　广州市样本企业的12项关键指标

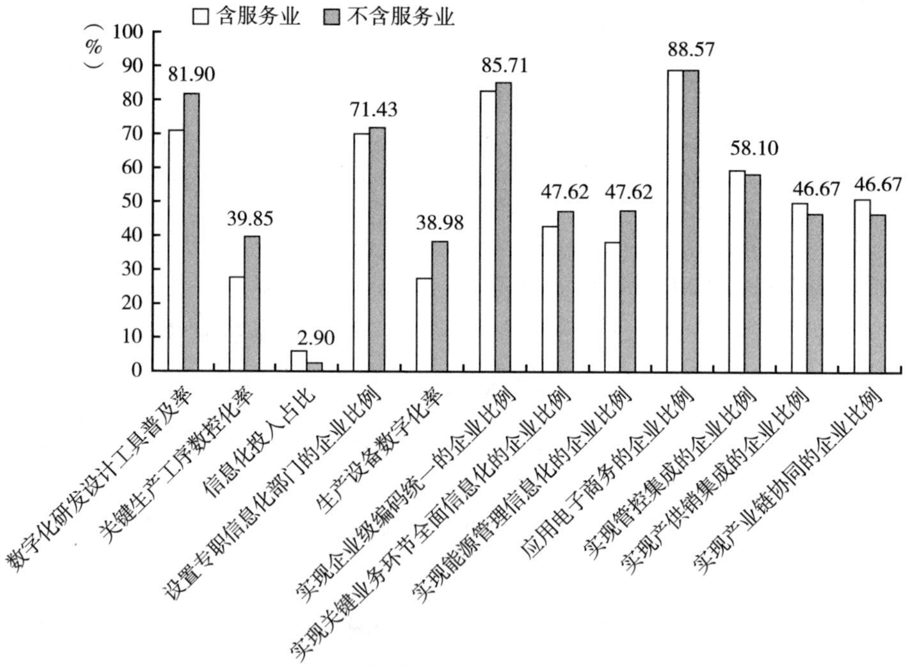

图5　广州市样本企业的12项关键指标

行业生产设备数字化率和关键生产工序数控化率指标差异不大。典型制造行业中，医药行业的生产设备数字化率最高，为49%，轻工行业最低，为30%；电子行业的关键生产工序数控化率最高，为51.0%，机械行业，最低为36%。各行业数字化研发设计工具普及率普遍较高，其中电子和轻工行业最高，为100%，其他行业相对较低（见表7）。

（2）各行业其他指标值均有差异。对其他9项指标进行均值统计分析，就信息化投入占比指标而言，服务行业的投入较多，为13%，其他行业的相对投入较小，医药和机械行业的投入最小，分别为1%和2%（见表8）。

表7　广州市各行业三项关键指标对比

单位：%

行业	生产设备数字化率	数字化研发设计工具普及率	关键生产工序数控化率
电子	47	100	51
服务	0	45	0
机械	36	89	36
交通设备	34	92	38
轻工	30	100	42
医药	49	67	50
其他	40	66	36

表8　广州市各行业其他关键指标对比

单位：%

行业	信息化投入占比	设置专职信息化部门的企业比例	实现企业级编码统一的企业比例	实现关键业务环节全面信息化的企业比例	实现能源管理信息化的企业比例	应用电子商务的企业比例	实现管控集成的企业比例	实现产供销集成的企业比例	实现产业链协同的企业比例
电子	4	64	82	73	36	91	73	64	55
服务	13	68	75	32	16	89	64	57	61
机械	2	74	78	56	44	85	41	41	44
交通设备	3	46	92	62	54	77	62	54	46
轻工	6	9	9	4	3	100	80	60	50
医药	1	67	75	0	5	92	67	25	33
其他	3	78	94	47	56	91	56	47	5

三　广州市企业两化融合发展评估解决方案

（一）广州市区域两化融合发展评估

按照赛迪研究院制定的《区域“两化”融合发展水平评估指标体系和评估方法》，依据企业在线填写的数据和汇总统计年鉴数据，计算出广州市2017年区域两化融合指数。其中在针对重点行业的挑选过程中，考虑到当前样本框中的软件和医药销售服务性行业企业数量较少，且这两个行业的企业在下文“表12　广州市2017年区域两化融合发展水平评估”序号为“8至15”的指标方面，其自填数值过低，很多为0，不具有足够的代表性，故而删除相关这两个行业的企业数据，仅保留机械和交通设备等典型制造企业数据，计算可得广州区域两化融合指数为89.40，相对于广州市2015年的区域两化融合指数94.76稍有下降（见图6）。

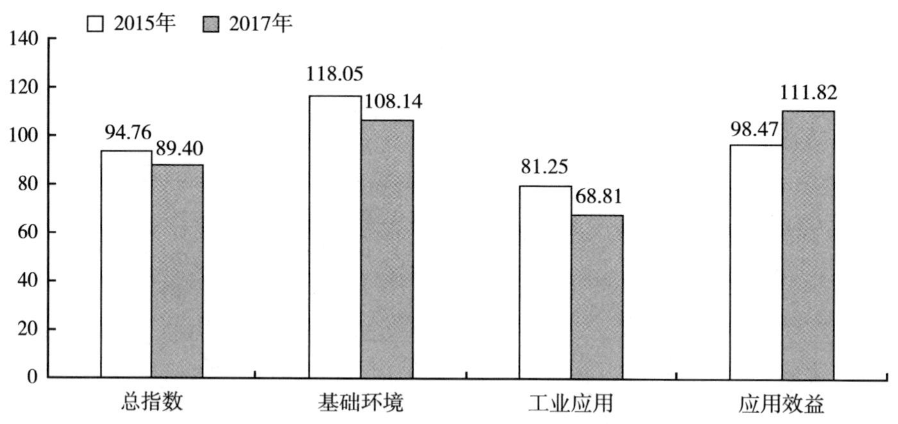

图6　广州市区域两化融合水平分项指数年度对比

对广州市的两化融合指数进行纵向比较发现，相较2015年，广州市2017年的两化融合基础环境指数有所下降，其中移动电话普及率、互联网指数和中小企业信息化平台数均有一定程度的下降。两化融合的工业应用指数为68.81，相对于2015年的81.25下降较为明显。其中，企业工业应用指数整体下滑，制造行业典型ERP、MES、PLM、SCM、数控化率等均呈现一定程度下降，其中SCM下降最为显著，下降率为50%。典型环节采购环节的电子商务比率有所上升，销售环节的电子商务比率有所下降。广州市的工业应用效益指数增加到了111.82，相较于2015年的98.47，增长13.56%，工业总体效益较好。

（二）广州市两化融合发展水平评估模型

参照《工业企业信息化和工业化融合评估规范》国家标准，结合两化融合服务平台的《企业两化融合评估调查问卷》，针对广州市产业发展特征、评估范围和对象的特点，提出广州市企业两化融合发展水平评估指标体系（见表9）。

表9　广州市企业两化融合发展水平评估指标体系

融合程度	一级指标	二级指标来源
融合水平(90%)	基础建设(25%)	征求两化融合服务联盟意见后,决定按照企业规模划分,针对不同规模企业求取其相应一级指标算术均值。
	单项应用(40%)	
	综合集成(20%)	
	协同创新(5%)	
融合效益(10%)	竞争力(7%)	
	经济和社会效益(3%)	

参考两化融合服务联盟按照规模进行加权分析的思路，同时考虑到企业每年都在变化，故借鉴质量管理QC中的问题要因诊断分析中的权重计算方法，提出采用累计企业规模分布的年度动态相对加权方法。权重公式为：$D=2\left[m(n+1)-R1\right]/mn(n+1)$。式中，$n$为专家个数，本文表示规模种数；$m$为专家最高评分，本文表示规模数量与规模种类的比值；$R1$为

专家评分，本文表示企业规模下的计数值。按照 2018 年数据计算权重，据此可得企业规模权重如表 10 所示。

表 10 广州市两化融合评估的企业规模权重

企业规模	*RI*	重要度	标准化为权重
300 人以下	521	0.07	0.049
300 ~ 1000 人	220	0.26	0.181
1000 ~ 5000 人	105	0.33	0.229
5000 ~ 10000 人	16	0.39	0.271
10000 人以上	13	0.39	0.270

以 2018 年数据为例，按照上述权重计算广州市的两化融合发展水平为 67.05 分，各一级指标得分情况如表 11 所示。2017 年广州区域两化融合指数及各分项指数如表 12 所示。

表 11 广州市两化融合发展水平评估

单位：分

总体水平	一级指标得分	评分
67.05	基础建设(25%)	77.40
	单项应用(40%)	66.89
	综合集成(20%)	61.15
	协同创新(5%)	54.54
	竞争力(7%)	66.42
	经济和社会效益(3%)	63.53

（三）广州市企业两化融合发展评估跟踪

为了更为真实地反映广州市企业两化融合发展的演变情况，项目组对 33 家企业持续多年填报的数据进行跟踪比对，广州市上述企业历史数据的

表 12　广州市 2017 年区域两化融合发展水平评估

序号		指标名称	2010 年基数	2017 年实际数据	单项数据	权重数据	分项数据	广州 2017 年融合指数
1	基础环境	城(省)域网出口带宽(单位:Gbps)	1630.85	157696	330.51	3.31	106.93	89.40
2		固定宽带普及率(单位:个/人)	0.08	0.36	122.97	4.92		
3		固定宽带端口平均速率(单位:Mbps)	4.69	25.3	133.83	5.35		
4		移动电话普及率(单位:部/百人)	64.30	212.6	105.33	4.21		
5		互联网普及率(单位:%)	33.30	75.77	85.59	3.42		
6		“两化”融合专项引导资金	100.00	0	0.00	0.00		
7		中小企业信息化服务平台数(单位:个)	14.29	50	108.50	3.25		
8		重点行业典型企业信息化专项规划比率	44.67	82.5	75.47	2.26		
9	工业应用	重点行业典型企业 ERP 普及率(单位:%)	48.89	77.50	68.51	4.11	68.81	
10		重点行业典型企业 MES 普及率(单位:%)	21.96	35.00	68.76	4.13		
11		重点行业典型企业 PLM 普及率(单位:%)	37.50	42.50	54.65	3.28		
12		重点行业典型企业 SCM 普及率(单位:%)	56.25	32.50	32.90	1.97		
13		重点行业典型企业采购环节电子商务应用(单位:%)	17.07	52.35	101.20	6.07		
14		重点行业典型企业销售环节电子商务应用(单位:%)	13.10	37.58	97.59	5.86		
15		重点行业典型企业装备数控化率(单位:%)	44.40	55.03	58.15	4.07		
16		国家新型工业化产业示范基地两化融合发展水平(单位:%)	33.97	59.2	72.79	5.10		

续表

序号		指标名称	2010 年基数	2017 年实际数据	单项数据	权重数据	分项数据	广州 2017 年融合指数
17	应用效益	工业增加值占 GDP 的比重(单位:%)	43.48	25.39	33.18	1.33	111.82	
18		第二产业全员劳动生产率(单位:元/人·年)	96659.05	209877.185	83.25	3.33		
19		工业成本费用利润率(单位:%)	8.42	7.01	43.70	1.75		
20		单位工业增加值工业专利量(单位:件/亿元)	0.55	7.81	196.30	7.85		
21		单位地区生产总值能耗(单位:吨标准煤/万元)	1.15	0.447744	91.76	2.75		
22		电子信息制造业主营业务收入(亿元)	399.33	2136.18	133.33	4.00		
23		软件业务收入(亿元)	126.22	3000	231.52	6.95		

总均值为 65.46 分，按照前述设计权重进行汇总，可得区域均值为 72.82 分。从年度变化视角进行分析，可追踪得到企业近三年两化融合发展水平由 2016 年的 70.04 分稳步上升到 2018 年的 75.43 分，具体数据如表 13 所示。

表 13 广州跟踪企业分规模、分年度融合水平评估

单位：分

企业规模	2016 年	2017 年	2018 年
300 人以下	59.94	66.13	63.98
300～1000 人	62.14	68.79	67.06
1000～5000 人	62.72	66.22	73.2
5000～10000 人	64.97	65.2	61.55
10000 人以上	70.41	73.93	79.49
发展水平(权重和)	70.04	73.6	75.43

另对被跟踪企业的发展阶段进行分析，2016～2018年，处于单项覆盖阶段的企业比例从58%下降到30%，处于集成提升阶段的企业比例从33%上升到52%，处于创新突破阶段的企业比例由9%上升到15%（见图7）。

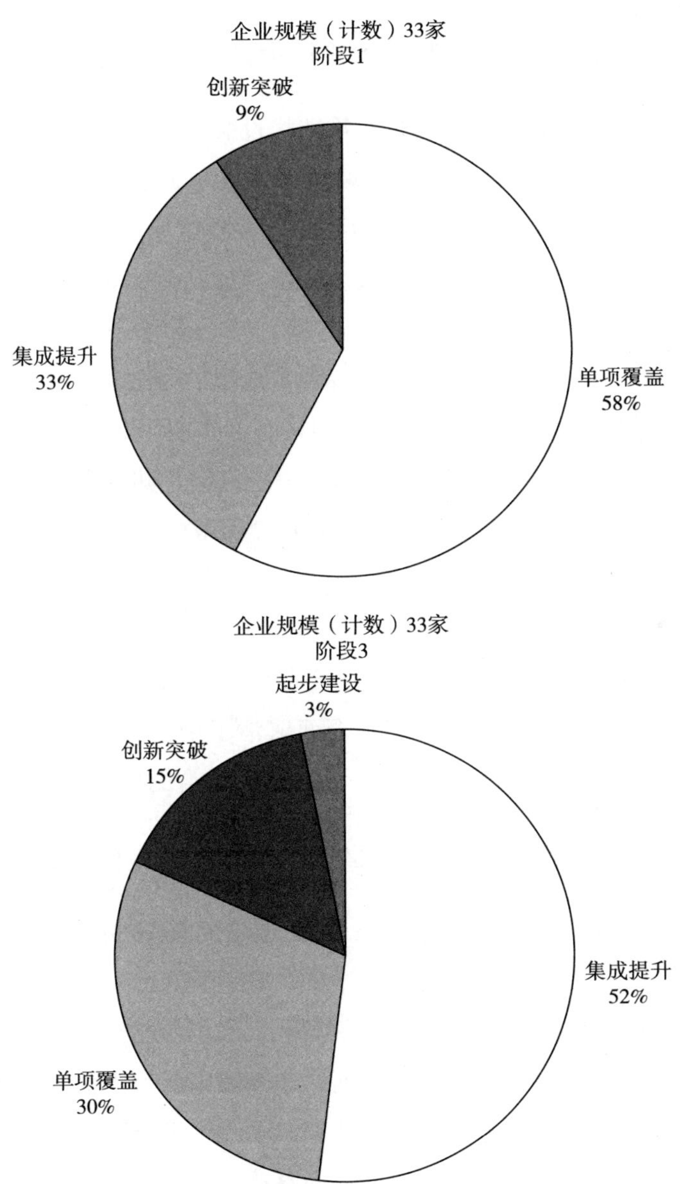

图7　广州市跟踪企业的发展阶段变化

四 广州市两化融合问题分析

（一）政策迭代过快，驱动效果待提升

调研表明，广州市的贯标补贴政策迭代过快，许多已经获得示范但来不及获得补助的企业，因为贯标补贴取消，采取了中断贯标评定的工作；还有很多来不及获得示范的企业，在获知贯标补贴政策取消后，基于 IT 投入的成本考虑，其贯标意愿急剧下降。很多企业对政府突然取消两化融合贯标补贴不知情或表示很受挫，2018 年的新增两化融合自评企业数量处于年度低谷，仅与 2016 年持平。广州与深圳贯标评定通过的差距越来越大，广州市政策驱动效果待提升。2018 年，广州市通过贯标评定的企业总数为 36 家，全省占比 16%，位列广东省第二名，深圳居第一位；但广州与深圳的差距，则由 2016 年的 2% 的相对差距，上升到 2018 年的 21% 的差距。另外，也有许多细分行业龙头企业对两化融合贯标政策不了解，例如广州数控、广州中设机器人等对两化融合比较陌生，说明对广州市企业两化融合的宣贯工作不彻底、不深入、不细致。针对已经通过贯标的企业调研显示，其政策享受方面的荣誉感和社会地位差异不大，广州甚至全面取消了融合示范试点的补贴政策，这就导致企业在两化融合资质过期后，对于两化融合的再认证意识不强。

（二）部分区域两化融合主动性不足，贯标水平待提升

调研显示，有一半多的企业还是希望政府能够持续实施贯标补贴政策。

其一，各区企业对贯标补贴、退税等政策的依赖性较大，部分区域企业的两化融合主动性不足。就各区情况而言，黄埔区的政策宣传效果较好，其他区域企业两化融合发展水平和认识水平待提高。数据显示，越秀、从化、天河和黄埔的企业发展水平相对较高，而荔湾、从化、越秀、海珠的参与企业数量相对较少。各区企业针对两化融合作用的认识也有差异，番禺区是所

有区里面调研企业最多也最愿意配合调研的区，被调研企业有6家。越秀区和荔湾区被调研的企业相对偏少，企业针对两化融合访谈的配合度不高，并表示因为两化融合示范的贯标补贴突然取消，后续政策缺乏，企业继续推进贯标评定工作没有意义。

其二，宣贯、资金和人才是各区两化融合面临的首要问题。调研发现，广州市不同区域企业的普适性问题是缺乏有效宣贯，从化、番禺、花都、海珠、白云和黄埔区的企业都有提到。针对缺乏资金扶持问题，从化、花都、海珠、黄埔和开发区的企业都有谈及，最后针对融合人才问题，番禺、花都、黄埔和开发区的企业都有涉及。广州市不同区域企业两化融合调研问题与政策期望如表14所示。

表14　广州市不同区域企业两化融合调研问题与政策期望

序号	区域	企业名称	企业痛点与期望
1	白云区	广州市迪士普音响科技有限公司	试点交流、退税补贴、贯标培训
2		广州万宝集团压缩机有限公司	贯标宣传、政策补贴、IT能力不足
3		广州市白云化工实业有限公司	对口示范、贯标宣传、公共服务
4	从化区	广州市明兴电缆有限公司	多系统难融合、扶大扶强扶优、重点示范
5		万力轮胎股份有限公司	缺人才、技改补贴、统一标准、示范学习、宣贯、IT诊断
6	番禺区	合众创联(广州)包装有限公司	税收优惠、成本限制、不愿推进
7		广东奥迪威传感科技股份有限公司	缺人才、宣贯、公共服务、应用辅导
8		广州立白(番禺)有限公司	基础资金扶持、示范交流、税收支持、运营支持
9		广州莲旺纸品有限公司	上下游融合、加强宣贯、贯标补贴、税收优惠
10		广州市珠江灯光科技有限公司	缺人才、资金扶持
11		广州至信药业股份有限公司	精准扶持、示范交流
12	海珠区	广州广一泵业有限公司	缺资金
13		广州白云山天心制药股份有限公司	上下游融合、贯标指导性不强、示范学习
14		广州白云山陈李济药厂有限公司	设备数据接口和兼容问题、中成药缺标准、缺人才、资源统筹对接、缺少鼓励措施、加强宣贯和培训、示范交流

续表

序号	区域	企业名称	企业痛点与期望
15	花都区	国光电器股份有限公司	网络、数据和安全标准，试点示范政策
16	花都区	广州市万世德智能装备科技有限公司	协议标准、融资难、上下游融合、补贴、政府归口部门
17	花都区	广州市远能物流自动化设备科技有限公司	缺人才、补贴、大企业示范
18	花都区	广州戈兰迪新材料股份有限公司	投入大融资难、大企业示范、配套补助
19	黄埔区	高新兴科技集团股份有限公司	行业示范、标杆学习、工业互联网、政策扶持
20	黄埔区	广州数控设备有限公司	数据规范、缺人才、融资难、项目监管、龙头示范、一企一策
21	黄埔区	广州中设机器人智能装备股份有限公司	数据接口和兼容、宣贯、贯标作门槛、行业标杆、融资支持、标准问题
22	黄埔区	乐金显示(中国)有限公司	缺技术和人才、加强宣贯
23	荔湾区	广州汉光电气股份有限公司	缺人才、贯标补贴、税收
24	南沙区	广州弘高科技股份有限公司	政策游离于中小企业、税收减免、技改补贴
25	南沙区	广东芬尼克兹节能设备有限公司	缺人才、标杆扶持、底层人才补贴
26	南沙区	广州华凌制冷设备有限公司	补贴政策不连续、培训辅导、数据共享
27	天河区	广州南方卫星导航仪器有限公司	政策稳定性、缺人才、资金补贴、宣贯、分行业出精准政策
28	天河区	广州薇美姿实业有限公司	政策稳定性、资金补贴
29	天河区	广州亿航智能技术有限公司	成本大、资金补贴
30	越秀区	广州中浩控制技术有限公司	无补贴难推动、培训、宣贯
31	增城区	博创智能装备股份有限公司	协议标准、缺人才、补助资金、上下游融合、前期扶持、中小企业培训
32	增城区	索菲亚家居股份有限公司	宣贯力度、贯标作为门槛、税务补贴
33	增城区	广州长仁工业科技有限公司	资金扶持

（三）工业互联网基础相对薄弱，关键领域技术待突破

通过对典型行业调研表明，由于智能制造系统、工业互联网集成等整体解决方案的供给能力不足，还缺乏与美国、德国等西方发达国家相媲美的系统集成解决方案提供商，造成区域企业两化深度融合升级的工业互联网基础较为薄弱。另外，智造高端人才较为稀缺，许多企业处于单一应用领域，广

州现有机器人应用、工业互联网等系统集成提供商规模较小，因核心技术受制于人、关键领域技术待突破等关键问题，目前不能提供具有较强竞争力的系统解决方案。项目组对典型行业骨干企业的调研访谈发现，在智能制造、工业互联网领域的关键核心技术、高端智能装备、工业基础软件等还严重受制于以德国、日本、美国等为代表的西方发达国家，它们牢牢掌控、垄断了智能制造转型或发展的关键环节与领域。调研显示，广州企业对工业互联网、工业云和大数据应用等领域的相关标准与协议制定还没有话语权，工业互联网设备与系统研发实力整体比较落后，典型行业工业云和大数据应用处于产业链低端，导致构建工业互联网实验验证平台和标识解析系统的能力缺失，网络安全保障体系基础薄弱，工业云和大数据平台建设尚处于起步阶段，支撑工业 4.0 的高速移动安全的全新一代信息网络基础设施尚未形成。

（四）企业两化融合投入高、协同差，专用人才较缺乏

首先，企业两化融合投入成本过高、负担较大。企业热衷于购买先进的机器装备进行设备更新，对设备的信息化集成改造不够重视，不愿投入。比如工业互联网集成，需要大量资金投入，企业短期看不到投入后的成效，迫切需要政府发挥宏观调控作用进行政策引导。其次，产业链融合协同能力较差。调研显示，供应链制造企业由于所处工业发展的阶段不同，供应链协同差异较大，行业骨干企业的整体协同推进步伐受阻。行业骨干企业的产业链协同主要来自西方发达国家知名企业或国内上下游知名企业，这就对广州整体制造企业转型升级发挥不了作用，地方政府尽管做了很多工作，但政策与举措的针对性、精准性与持续性不容乐观，最终延缓了广州本地制造业两化深度融合的产业集聚效应形成。再次，广州两化融合专用人才资源较缺乏。调研显示，企业的信息技术人员占企业员工人数的比例较低，企业即使配备了信息化人才，大多数也是停留在简单操作、维护的水平，员工整体 IT 素养不足，许多企业甚至都没有 IT 部或者信息部。目前较为缺乏的人才类型包括四类：一是能够带领企业突破智造转型的关键技术、关键领域、关键部

件的高层次领军人才；二是擅长制造管理，熟悉信息技术的应用型人才；三是能够开展深度融合的智能车间、工业互联网应用、大数据和云技术等专业技术人才；四是制造车间技艺精湛、爱岗敬业的高技能工匠。

五　广州市两化融合优劣势分析

（一）优势分析

1. 工业化与信息化基础较好

作为全国重要的工业基地、华南地区的综合性工业制造中心，广州的工业门类较为齐全、轻工业较为发达、重工业有一定基础，产业发展的综合配套能力、科研技术能力和产品开发能力较强。广州在全国一线城市中首个获批“中国制造 2025”试点示范城市，创建了全省首个国家制造业创新中心，入围全国数字经济“五大引领型城市”。

2. 智能制造具备较好的发展基础

广州开发区拥有广州数控、广州启帆、巨轮智能、瑞松、明珞等一大批国内知名的智能装备企业，以及中国（广州）智能装备研究院、国家机器人检测与评定中心广州分中心等以智能装备共性技术研发为主的产业公共服务平台。已形成中新广州知识城、云埔工业园和黄埔机械谷三大核心区。

3. 跨界融合应用成效显著

一是工业化与信息化深度融合。支持制造企业面向产业链关联配套企业建设智能互联工厂，开展智能制造、工业大数据等应用示范，推动省、市共建工业互联网产业示范基地，36 家企业入选省首批工业互联网产业生态供给资源池，数量居全省首位。二是制造业与服务业深度融合。培育出 3 家国家级工业设计中心、16 家省级工业设计中心、21 家省级工业电子商务试点企业、34 家省级供应链管理试点示范企业，数量均居全省第一。

4. 科技人才队伍雄厚

广州作为广东省会城市、华南地区的科技与教育中心，拥有中山大学、华南理工大学、暨南大学等一批国内外知名高等学府，人才培养和人才再生能力强，科技人才队伍雄厚。广州深入实施人才强市战略，目前累计引进创办企业的留学人员超 1100 人，全力支持“千人计划”南方创业服务中心发展。

（二）劣势分析

1. 两化融合重视程度不够

相较于上海、重庆、深圳等两化融合后发展速度较快的城市，广州对新常态下的两化深度融合认识相对不足，没有设立相关专项资金，制约了广州在两化深度融合上的战略行动，两化融合水平正在被深圳、重庆、杭州等城市超越。

2. 两化融合行业发展不均衡

不同行业、不同规模企业间的两化融合发展水平参差不齐，主要表现为大企业两化融合情况普遍比中小企业要好，典型行业骨干企业也普遍存在信息集成与共享水平不高，能够提供机器人等智能化装备但自己的信息化水平不高的问题。

3. 两化融合服务供给不足

通过对重点行业骨干企业的深入调研发现，现有的众多中介服务机构在推动区域整体智能制造转型过程中的能力还是比较薄弱，成效还是不够显著。

六　广州市两化融合发展建议

（一）广州市持续推动两化融合的指导思想

以新时代中国特色社会主义思想和基本方略为指导，贯彻落实习近平总书记对广东工作做出的“四个走在全国前列”重要批示精神，持续推动两化融合作为企业信息化建设的方法论，加快构筑“智能制造生态系统”。遵循发挥“比较优势和错位竞合”的发展思路，优先发展工业互联网，将工业互联网平台作为实现两化深度融合升级的关键抓手。在广东省工业互联网的“建平台、用平台”政策上，推动互联网、大数据、人工智能和实体经济的深度融合，促进相关产业向全球价值链中高端转型，实现本地产业发展动力的根本转换。

（二）广州市持续推动两化融合的发展方向及路径

明确两大发展方向、三条发展路径。

1. 发展方向

一是构建基于新一代信息技术的“互联网 + 制造”产业生态。利用“互联网 +”的信息经济优势，融合数字化网络化制造技术，搭建开放式、跨空间的协同智造平台。利用物联网和大数据技术，推动全产业链的互联网化及制造服务化。

二是以智能机器人和工业互联网为重点政策突破方向，推动智造示范企业、信息产业龙头企业利用产业整合、资本运作等方面的优势，推动制造业向大规模、高效定制的智能制造新业态转型。在工业数据采集、核心芯片控制、工业网络互联标准方面实现关键共性技术突破，实现核心工业芯片、软件及控制系统的国产化，支撑传统产业升级、转型。

2. 发展路径

一是推动高端制造服务化。基于“互联网 + 人工智能 + 大数据 + 制造”，推动琶洲互联网价值园区、天河大数据产业园区、番禺智能汽车产业园区、黄埔智能装备产业园区、南沙人工智能产业园区的智造企业转型服务发展，促进互联网龙头企业基于新一代信息技术进行横向整合，以 ICT 传统信息通信企业助推产业整合，推动广州市制造业向涵盖设计与服务的产业价值链中高端转移、向高效定制的国际化智能制造新业态转型，打造高端制造服务化产业生态。

二是开展“智造龙头引领计划”。鼓励各区典型行业龙头企业的跨国并购和国际研发合作，在智能制造业先进材料、先进工艺和先进技术等智能制造的前沿领域，并购拥有核心智能制造技术和知识产权的国外企业。扶持各区典型智能制造业领域的龙头企业加大技术投入，加强自主创新、设备更新、工艺更新。

三是建立智能机器人、工业互联网的产业应用体系。以黄埔区为核心，增城、南沙和白云为依托，通过区域行业典型产业，选择广州重点打造的智能装备制造、机器人、汽车制造、数控机床等典型产业领域，着力推进数字化车间、智能工厂等应用融合；推动龙头企业整合上下游各方资源，建立起智能机器人和工业互联网应用的系统化产业应用体系，大力提升企业和行业上云、用云积极性，提升产业链企业云解决方案供给能力。

（三）广州市持续推动两化融合的政策建议

1. 出台政策，开展两化深度融合攻关计划

（1）发展互联网 + 服务型制造融合新业态。发展供应链管理、定制化服务、总集成总承包、信息增值服务等服务型制造新业态，出台服务型制造专项行动计划，在智能装备、汽车、船舶、消费品、IT（信息技术）等领域遴选一批服务型制造创新示范企业、示范平台，开展网络制造、在线监测诊断、远程运维、融资租赁、工业大数据、智能物流、智慧园区等应用示范，推动一批制造企业开展 O2O、全生命周期管理、柔性制造、众包众设、大规模个性化定制等服务型制造模式创新试点，促进传统制造模式向服务型制造模式转变。

（2）加快培育工业互联网应用关键攻关项目。在黄埔区先行先试加快推进云埔工业区、黄埔机械谷智能产业园、工业机器人产业园的工业互联网产业示范基地建设，再由区及市推动国家工业互联网创新中心（广东）投入运营，培育工业互联网应用关键攻关项目，打造工业互联网体验展示中心。支持互联网企业与智造企业的共享联合，在重点行业、重点企业，引导开展工业大数据应用，在新一代信息技术产业（如 LED 显示技术行业）和人工智能应用产业（如机器人企业、AI 家居、AI 汽车、AI 服务等），加快培育智能化管理水平高、创新能力强、市场竞争力和产业整合能力强的“示范型工业互联网”企业和“示范性人工智能应用”重大关键项目，打造

市场渗透力强的智造知名品牌，充分发挥示范企业的带动作用，以示范企业为引领形成良好的智造产业生态系统。组织行业联盟、行业协会、研究机构和典型制造企业共同协商建立统一的工业互联网应用行业标准，促进制造企业跨系统应用、跨平台集成的标准建设，制定工业互联网应用的标准化路线图。推动国机智能、广州数控、博创智能、白云电器等在工业大数据关键技术领域取得突破，培育出一批国内外知名的工业互联网、大数据应用领军企业，形成基于大数据的智能制造产业集群和生态体系。

（3）推进制造“母机”国产化。以增城区、黄埔区的智能装备和机器人产业为核心，大力发展高端智能装备产业，解决智能制造“母机”的国产化问题，突破西方国家的壁垒。在白云区、番禺区、花都区、南沙区推动实施传统产业“智能提升工程”，将智能制造核心技术、自动化机器人、工业互联网应用等融入柔性制造，加快推进机器换人、数字工厂、智能工厂和无人工厂的智造升级步伐。

2. 资金扶持，提升不同层次企业融合水平

（1）推进两化融合试点示范。积极推进两化深度融合专项示范行动，支持智能制造、工业互联网、大数据上云等两化深度融合落到实处。通过智能装备、精细化工细分行业龙头的供应链融合和示范，进一步推动仪器仪表、轨道交通和生物制药产业链上下游两化深度融合发展，推进 AI 人工智能在仪器仪表、轻工家居、轨道交通等典型行业的应用融合示范。

（2）鼓励面向全产业链的融合改造。设立专项资金推动全产业链协同融合水平提升，引导智能装备、生物制药、仪器仪表等产业链龙头企业主动实施智造转型和深度融合。以专项、示范工程等形式鼓励流程型制造业和离散型制造业实施机器换人、智能物流、智能楼宇等智能工厂的改造工程。以供应链金融、示范工程等形式扶持和鼓励离散型制造业龙头企业带动上下游企业实现产业链协同的智能生产模式。

（3）增强两化融合管理体系贯标实际意义。对已通过两化融合管理体系的贯标企业在项目申报、资金补贴、活动评选、荣誉授予等方面应给予优先或优惠权，以吸引更多企业积极进行贯标并持续推进体系运行和年度监督

工作。如在科技项目申报时设立两化融合门槛，对进行两化融合信息系统建设、公共技术服务平台建设以及自主创新融合示范项目建设的有关企业，给予加分或者优先支持。

3. 多措并举，加强两化融合服务体系供给

（1）打造两化融合平台服务功能。针对产业链融合信息衔接问题，推动广州两化融合服务平台的建设和完善，提升服务功能，促进机器人、智造企业、系统集成商与最终端产品用户的产业上下游企业互联互通，推动软硬件制造企业之间的合作，吸引金融机构助推两化融合深度发展。

（2）鼓励两化融合中介机构发展壮大。鼓励专业机构为企业提供两化融合技术服务，相关的技术转让、开发、咨询、服务获得的收入，可按国家规定免征营业税。

（3）加强两化融合政策及意义宣贯。创新宣传方式，通过政策牵引先让更多企业了解“两化融合”，积极进行贯标，促进辖区企业对两化深度融合、智能制造发展的认识，发挥企业对两化融合工作的重要推动作用。

（四）广州市持续推动两化融合的主要举措和建议

1. 完善两化深度融合工作机制

（1）继续加强组织领导。改变现有多科室、多部门的九龙治水局面，统筹建立并不断完善跨部门、地区和行业的两化深度融合实施协同推进机制，抓好专项行动部署，推进相关政策落实和融合示范项目的实施和宣传。

（2）注重互联网+制造业的工作融合。积极展开智能制造、工业互联网的宣讲，对符合条件的企业进行有效政策动员，积极推动相关企业开展两化深度融合、智能制造试点和工业互联网建平台、用平台工作。注重工作融合，寻找两化深度融合升级的新切入点，在平台建设示范、平台数据运用等方面，形成行业经验。

（3）推动两化融合体系本质贯标。针对两化融合贯标过程中存在的突出问题，通过两化融合服务联盟和行业协会进一步营造工作氛围、深化各方认识，加大辖区内工业企业两化融合管理体系贯标试点宣传工作，开展两化

融合示范企业的成效展示，开展本质贯标。

2. 继续两化深度融合资金支持

（1）新设两化融合财政扶持资金。在工业振兴专项资金中，单列两化融合专项资金，扶持两化融合共性关键技术开发、公共服务平台建设、工业互联网示范项目、两化融合贯标示范项目，对推动信息化本质贯标的企业进行事后补助，分行业、选龙头推动企业两化深度融合。

（2）设立两化融合贯标的企业标准。建议优先鼓励销售额为 8000 万元以上的制造企业或针对信息化投入占比销售额较高的细分行业龙头销售额为 2000 ~ 5000 万元区间的其他行业企业进行贯标。推进两化融合和智能制造试点、工业互联网平台建设和使用试点，务实推进行业龙头和典型企业的标杆示范。

（3）加大产融结合推进力度。省市联手成立专门的金融委员会，在两化融合服务联盟（国家联盟）的支持下，市联盟或行业协会可以与该金融委员会深入合作，推动优质企业的两化深度融合，针对优质企业的智能制造项目，注入智能金融服务，解决优质企业的融资问题。

（审稿人　李俊）

B.3

广州市2018年工业和信息化发展情况及2019年展望

肖泽军*

摘　要： 2018年，广州市工业和信息化发展总体平稳，高质量发展扎实推进，完成工业投资额951.5亿元，同比增长53.8%，增速领跑广东省；软件和信息服务业实现营业收入3598亿元，同比增长15.56%；先进制造业增加值占规模以上制造业增加值的比重达66.1%。广州市成功创建了广东省唯一的国家制造业创新中心和智能网联汽车与智慧交通应用示范区，以及广东省首个4K电视应用示范社区、工业互联网产业基地，数字经济发展指数在全国排第三位。2019年，广州继续全面贯彻落实习近平总书记对广东省重要讲话和重要指示批示精神，抢抓粤港澳大湾区建设重大机遇，深入实施"制造强市"战略，推动制造业高质量发展，加快构建具有国际竞争力的现代产业体系，推动新时代广州实现老城市新活力。

关键词： 工业和信息化　数字经济　高质量发展　广州

一　2018年工业和信息化主要发展情况

2018年，全市工业和信息化系统攻坚克难、主动作为，统筹推进稳增

---

* 肖泽军，广州市工业和信息化局综合与政策法规处主任科员，经济学硕士，主要研究方向为工业经济、信息产业。

长、促改革、调结构、提质量、惠民生等各项工作，工业和信息化发展总体平稳，高质量发展扎实推进。2018 年，广州市成功创建成为首批国家服务型制造示范城市，广东省唯一的国家制造业创新中心、智能网联汽车与智慧交通应用示范区，以及广东省首个 4K 电视应用示范社区、工业互联网产业基地，并且正式开通工业互联网标识解析国家顶级节点（广州），数字经济、绿色制造等方面的指标位居全国前列。2018 年，广州市规模以上工业增加值同比增长 5.5%；完成工业投资额 951.5 亿元，同比增长 53.8%，增速领跑广东省；技改投资额同比增长 11.1%；软件和信息服务业实现营业收入 3598 亿元，同比增长 15.56%；先进制造业增加值占规模以上制造业增加值的比重达 66.1%。2018 年广州突出抓好七项重点工作并取得较好成效。

（一）顶层设计取得新进展

出台实施 IAB、价值创新园区、低效园区提质增效等重点产业和园区的政策规划，谋划发展数字经济、民营经济、智慧城市等重点领域，超前研究布局量子通信、区块链、石墨烯、5G 等未来产业，打造了六大千亿级新兴产业集群，包括新能源汽车、智能装备、新型显示、人工智能、生物医药、互联网等产业集群。全年以市政府或部门名义印发政策性文件 23 份，编制研究报告 32 份。

（二）创新驱动集聚新动能

打造了一批以企业为主体的创新平台，启动建设了广东聚华印刷及柔性显示国家制造业创新中心，获工信部 1.5 亿元资金扶持，已完成 4.8 英寸印刷 AM - OLED 器件结构等核心技术开发。打造轻量化高分子材料创新中心、机器人创新中心、广汽智能网联汽车创新中心等 4 个省级制造业创新中心，推动组建省级企业技术中心 326 家（数量居全国前列）。建设一批价值创新园区，十大价值创新园区已全部完成控制性详细规划，新入驻园区的企业（项目）超 900 个。开展新一轮工业企业技术改造行动，推动汽车、石化、电子等传统产业转型升级，589 家企业（项目）获得各级技术改造类扶持资金18.8亿元。引进和建设一批新项目，全年在谈和新引进重点工信项目107个，预计达产后单体产值（营收）超100亿元项目有6个，推进超视堺、乐金显示、百济神州、粤芯等一批重大产业项目加快建设，全年IAB产业增加值同比增长8.7%，占GDP比重为6.4%，新的增长点和综合竞争优势正在形成。推进绿色制造示范试点，开展清洁生产行动，全市153家工业重点用能单位完成“十三五”期间能耗总量和强度“双控”目标，推动规模以上工业单位增加值能耗下降4%。

（三）数字经济引领新发展

加快中国软件名城建设，创建以区块链为特色的中国软件名城示范区，发展互联网、人工智能、云计算、大数据、区块链等数字产业。以发展工业互联网为重点深化“互联网+先进制造业”，推动树根互联、阿里云等20多家工业互联网平台集聚广州，67家企业入选“广东省工业互联网产业生态供给资源池”（数量居全省首位）。培育推广工业互联网标杆、试点示范及创新应用项目36个，成立工业互联网产业联盟，发布工业互联网产业投资基金，揭牌首家工业互联网企业医院，全市有395家国家级和省级贯标试点企业（数量居全省首位）。9个项目获得工信部智能制造综合标准化与新模式应用项目支持，成功获批全国基于宽带移动互联网的智能网联汽车与智慧交通应用示范区。

（四）新业态催生新优势

加速实现了制造业和服务业的融合发展，着力发展生产性服务业，如工业设计、现代物流、电子商务等，推动国家服务型制造示范城市成功创建。树立一批新模式、新业态全国行业标杆，尚品宅配、欧派、索菲亚、好莱客等企业打造“家具定制看广州”行业口碑。加快打造“国际设计之都”，建设白云区“广州设计之都”综合体、从化区“生态设计小镇”，全市5家企业成为国家工业设计中心。深入推动军民融合产业发展，中电科华南电子信息产业园启动建设、太赫兹安检安防设备在广州地铁试用。

（五）民营经济呈现新活力

贯彻落实《中小企业促进法》和“民营经济20条”，扶持发展壮大民营企业，全市民营经济增加值同比增长6.7%，新登记私营企业25.57万户，占新增市场主体数量的比重为62.19%，数量同比增长36.21%。建立“三个一批”企业（制造业骨干企业、两高四新企业、小升规企业）培育库，搭建政、银、保、园及中介服务机构和企业的直接对接平台，促使全市完成“小升规”的企业数量达734家。全市中小微企业贷款余额13153亿元（同比增长14.3%），市工业和信息化发展基金累计实缴规模达33.17亿元（投资项目32个）进一步缓解了融资难、融资贵、融资慢问题。中小企业服务体系进一步完善，全市国家级中小企业公共服务示范平台新增2家、国家级小微企业双创示范基地1家、“市、区、园区”三级服务网络基本建成，中小企业服务网络实现11个区全覆盖。

（六）智慧城市建设迈上新台阶

全面落实信息基础设施建设三年行动方案，广州市宽带建设发展水平在广东省的综合排名从第21位提升到第11位，光纤接入用户占比达91.6%，同比提高24.3个百分点。启动智慧灯杆试点，8个试点区域全部进入建设阶段。推进超高速无线局域网小区试点应用和4K电视网络应用，全市4K签约用户超150万户，4K试点示范城市、超高清视频产业基地加快建设。推进“数字政府”建设，强化政府数据信息共享，广州市政府信息共享平台已覆盖市直主要部门和11个区，市政府数据统一开放平台开放66个政府职能部门数据，“信用广州网”企业行政许可和行政处罚信息“双公示”实现常态化，全市电子政务网络总体运行平稳。

（七）惠企惠民工作取得新成效

强化政策落实和企业服务工作，“中国制造2025”产业发展资金全年共拨付19.31亿元支持企业（项目）735个，为制造业企业降低成本约80亿元，11个服务工作组服务企业近6000家次。加快“散乱污”场所清理整治工作，建成大数据监控系统和信息报送系统，排查1.6万个“散乱污”场所，推动停产关闭一批、整合搬迁一批、整改提升一批。两轮村级工业园摸查完毕，村级工业园基础数据库初步建立。统筹协调电动汽车充电基础设施建设，累计建成各类充电设施2.6万个，建成公交充电站点164个、充电终端6820个，全市电动汽车充电网络基本形成。加强各行业用电需求保障和成品油市场管理，推进电力市场改革，为企业降低用电成本27.63亿元。查处危及电力设施安全行为30宗，处置电力线路周边环境隐患122处。加大无线电频率台站、黑广播、伪基站管理执法力度，全年共发现“黑广播”线索3个，监测鉴定“伪基站”设备12套，完成两会、春运、台风山竹等重要时期应急通信和安全保障工作。精准扶贫工作进展顺利，龙口村相对贫困人口年人均可支配收入超1.1万元，现行标准下实现100%预脱贫。

二　2019年工业和信息化发展重点任务

全面贯彻落实习近平总书记对广东重要讲话和重要指示精神，保持战略定力、提振发展信心，推动新时代广州实现老城市新活力。

（一）抓稳增长

发挥投资关键作用，加快开工建设一批重大项目，引导企业加大技术改造和增资扩产力度，加大价值创新园区建设和产业导入力度，激发各类市场主体活力，形成大中小企业融通发展格局。加强经济运行监测，紧盯产值百强工业企业、市属工业集团企业运行动态，提高预警预判水平，采取有效应对措施，稳定工业经济增长。强化清单管理，制定“三个一批”（引进一批、扶持一批、培育一批）企业清单和“四类稳增长”项目（挂图督战项目、十亿元以上在建项目、前期工作项目、拟引进项目）清单，跟踪问效、精准施策。

（二）抓结构优化

大力发展IAB、NEM等先进制造业，市区联动开展评估和督促，谋划创建“制造业高质量发展国家级示范区”。大力发展数字经济，出台实施《促进数字经济发展的指导意见》，探索建设部市共建国家级软件产业基地和国家大数据综合试验区、超高清产业特色小镇。大力发展工业互联网，加快建设工业互联网标识解析国家顶级（广州）节点，支持工业互联网平台建设，推动工业企业“上云上平台”。大力实施“穗芯”计划，加快发展集成电路产业，主动参与并争取国家集成电路产业基金支持，加快粤芯半导体项目建设，打造集成电路产业生态圈。大力推进绿色制造和清洁生产改造，推进绿色制造体系建设工作，做好国家循环经济示范城市验收和重点用能企业双控考核工作，建设一批绿色制造示范项目，持续强化“散乱污”场所清理整治工作。

（三）抓融合发展

高标准建设国家服务型制造示范城市，推动先进制造业和现代服务业深度融合，培育一批国家级和省级服务型制造示范企业平台、工业设计中心、电子商务试点，打造“国际设计之都”。加大智能制造推进力度，做强省机器人创新中心，高质量建设国家基于宽带移动互联网的智能网联汽车与智慧交通应用示范区。扩大两化融合贯标试点规模，支持引导利用新技术、新产业、新业态改造提升传统产业，加快制造业向数字化转型，推动两化融合试点示范。加快新型智慧城市建设，落实信息基础设施建设三年行动计划，加快建设4K超高清视频示范社区，积极布局5G移动通信网络，加快互联网协议第六版（IPV6）改造，推动智慧灯杆试点和智能电网建设。推动军民融合产业深度发展，加快中电科华南电子信息产业园和宏大爆破HD－1项目建设，打造军民融合产业发展的“广州样板”。

（四）抓园区载体

高标准实施价值创新园区建设三年行动计划，重点打造十大价值创新园区，培育6个千亿级产业集群，包括新能源汽车、智能装备、新型显示、人工智能、生物医药、互联网等产业集群。大力推动低效园区提质增效三年行动，抓好首批19个试点园区改造，力争一批试点园区单位面积产出实现倍增。扎实开展村级工业园整治提升行动，制定村级工业园整治提升实施意见，启动一批试点示范项目，围绕产业升级激发老城市新活力。

（五）抓开放合作

协同构建粤港澳大湾区现代产业体系，以IAB、NEM等广州本土优势产业为重点，加强与粤港澳大湾区城市的产业合作交流，携手打造以珠江东西两岸为重点的高端电子信息制造产业带和先进装备制造产业带，创建穗港澳产业合作示范区。提升广佛同城化“一核一带两轴五片区”产业合作层次，共建广佛产业合作示范区，联手打造广佛同城装备制造、汽车、新一代信息技术、生物医药与健康领域万亿级产业集群。积极引进新动能，聚焦产业科技前沿开展产业链招商，引进一批有影响力、成长性好的企业（项目），带动全产业链要素集聚。

（六）抓民营经济

落实习近平总书记在民营企业座谈会上的重要讲话精神，抓好6个方面政策举措落实，切实加大企业减负力度，着力缓解企业用地难和负担重等难题。建立政银企常态对接机制，用好中小企业发展基金，完善中小微企业融资再担保体系，有效解决企业融资难、融资贵、融资慢问题。深化暖企服务，健全领导干部与企业家沟通协商机制，推广企业首席服务官制度，深入企业做好调研服务，构建“亲”“清”新型政商关系。启动强企增效试点，会同专业机构开展诊断改进工作，带动中小企业转型升级，抓好新升规企业纳统和奖励工作。

（七）抓政策落实

持续抓政策聚焦点，围绕先进制造业、数字经济、人工智能、生物医药、集成电路、新型显示等重点产业及其细分领域，出实招出硬招，形成最佳政策组合，着力解决“中梗阻”和“最后一公里”问题。开展政策评估，会同相关部门对相关条款逐条进行细化，对责任和目标进行明确，对落实情况进行及时跟踪和反馈，适时组织行业协会、第三方咨询机构对政策措施的实施效应进行评估。强化责任担当，牢固树立责任意识，协同全市各部门加强资源统筹、政策统筹，建立协调联动机制和高效精干的执行机制，定期研究解决政策落实推进过程中的重大问题。

（审稿人　汪文姣）

B.4

推动构建支撑广州经济高质量发展的现代产业体系

彭建国　朱洪斌*

摘　要： 广州经济正处于转型升级的关键阶段，本文首先分析了广州建设现代产业体系的三大优势，一是产业基础实力不断增强，二是产业结构升级成效显著，三是产业发展环境持续改善。立足于优势，剖析了建设过程中存在的三大短板，包括产业整体水平不高、产业创新能力不强、高端要素集聚效应不明显，最后提出了有针对性的政策建议。

关键词： 现代产业体系　高质量发展　广州市

当前，广州经济正处于转变发展方式、优化经济结构、转换增长动力的紧要关口。构建现代产业体系，既是广州作为国家重要中心城市和省会城市的责任担当，也是推动经济迈向高质量发展的必然要求。研究构建现代产业体系的对策措施，加快发展高端高质高新产业，对于培育广州产业竞争新优势，为建设现代化经济体系提供有力支撑，力争在全省实现“四个走在全国前列”、当好“两个重要窗口”中的排头兵具有重大意义。

---

* 彭建国，广州市人民政府研究室综合处处长，长期从事宏观经济、政策咨询研究；朱洪斌，硕士研究生，广州市人民政府研究室综合处副调研员，从事产业经济、区域经济等研究。

一　广州建设现代产业体系基础雄厚

产业是广州建设国家重要中心城市的关键支撑，关乎广州的核心竞争力和发展后劲。广州作为改革开放的排头兵、先行地、试验区，一直处在经济社会发展的快车道，具有独特的先发优势。改革开放40多年以来，广州产业发展成绩显著，形成了建设现代产业体系的坚实基础。

一是产业基础实力不断增强。广州的经济总量一直稳居全国城市前列。2018年，广州地区生产总值（GDP）22859.35亿元，同比增长6.2%，约占广东省的1/4。工业门类齐全、结构完整，41个工业行业大类中，广州有35个。产业规模壮大，形成了汽车、电子、石化、电力热力、电气机械等5个产值超千亿的工业行业，批发零售、金融、房地产、租赁和商务服务、交通运输、信息服务等6个增加值超千亿的服务业行业。三大支柱产业产值增长4.0%，先进制造业中的电气机械、医药制造业产值分别增长9.2%和8.1%，传统行业中的有色金属冶炼及压延加工业、非金属矿物制品业、家具制造业产值分别增长25.8%、17.9%和9.8%。2018年工业增加值达到5621.73亿元，从2015年至2018年年均增长6%左右，工业总产值在全国主要城市中排第7位，高于北京，低于上海、天津、重庆、深圳、苏州、佛山。2018年服务业增加值16401.84亿元，从2015年至2018年年均增长9%左右，服务业增加值在五大城市中居第3位，低于北京和上海，高于深圳和天津。2018年实现农业总产值407.26亿元，农业增加值247.59亿元，农民人均可支配收入达2.58万元，同比增长10%。

二是产业结构升级成效显著。三次产业发展更趋均衡，三次产业比重分别由2015年的1.42∶33.56∶65.02调整为2018年的0.98∶27.27∶71.75。工业结构调整稳步推进，2018年先进制造业和高技术制造业增加值占规模以上工业增加值的比重分别为59.7%和13.4%，同比分别提高1.6个和0.7个百分点。其中，高技术制造业活力增强，增加值同比增长10.2%。规模以上高新技术产品产值占全市规模以上工业的比重为48.0%，同比提高1.0

个百分点。在全国一线城市中首个获批“中国制造2025”试点示范城市，创建全省首个国家制造业创新中心，入围全国数字经济“五大引领型城市”。服务业向高效优质发展方向迈进，现代服务业增加值占服务业的比重为66.5%，同比提升0.4个百分点。“互联网+”相关服务迅猛发展，规模以上服务业中互联网和相关服务企业营业收入增长58.2%，软件和信息技术服务业企业营业收入增长25.9%。战略性新兴产业加快成长，2018年新一代信息技术、人工智能、生物医药等IAB产业增加值增长8.7%，高技术制造业投资增长154.3%，新能源汽车、集成电路等新产品产量分别增长2.8倍、2.3倍。都市型现代农业加快发展，大力实施乡村振兴战略，建设国际种业中心，发展乡村旅游、休闲观光、民宿等新业态，粮经饲统筹、种养加一体、农林牧渔结合的现代农业格局初步形成，农林牧渔业总产值达到440亿元，同比增长2.4%左右，农林牧渔业增加值达到261亿元，同比增长2.2%左右。

三是产业发展环境持续改善。从软环境来看，广州营商环境建设取得明显成效。2010年以来，广州五度荣居《福布斯》“中国大陆最佳商业城市”第一名；2016~2017年连续两年被普华永道与中国发展研究基金会评为中国“机遇之城”之首；世界城市组织（GaWC）发布2018年世界城市名册，在55个世界一线城市中，广州的排名由2016年的Alpha-级（第40位）上升到Alpha级（第27位）；对标世界银行营商环境11项指标，广州在“开办企业”“办理施工许可”“纳税”等指标方面走在全国前列，2018年企业开办时间压减至4个工作日以内，政府投资工程建设项目审批时间压减至90个工作日以内，社会投资项目压减至50个工作日以内，企业退税时间和清税申办时间大幅压减。从硬环境来看，广州城市综合承载力快速提升。城市通达性显著增强，2018年白云机场旅客吞吐量6974.32万人次、居全国第3位，广州港口货物吞吐量6.12亿吨、居全国第3位，港口集装箱吞吐量2191.18万标箱、居全国第4位；城市环境质量明显改善，2018年PM2.5平均浓度35微克/立方米，连续两年达到国家二级标准，森林覆盖率达42.31%，建成区绿化覆盖率达42.54%，人均公园绿地面积17.06平方米；民生和社会事业全面发展，城乡收入差距逐步缩小，农村居民收入增速连续8年快于城市居民，广州图书馆等一批文化设施建成，13个儿童公园建成开放，医疗卫生服务体系进一步健全，社会保持和谐稳定。

二 广州建设现代产业体系仍存在短板

近年来，广州高端高质高新产业体系建设取得明显成效，但与国内先进地区及世界一流城市相比，在不少方面仍然存在明显差距，整体质量和竞争力仍需增强。

一是产业整体水平不高。工业发展不足，工业总产值在全国排名与城市地位不相适应，而且占比持续回落。增长动力单一，高度依赖汽车、电子、石化三大支柱产业，特别是汽车产业。低端产业占比大，纺织服装、食品饮料、化工行业占工业总产值两成左右，转型升级压力大。新兴产业体量小，还不能完全挑起大梁。服务业大而不强，质量效益不高，含税量低，主要是广州的优势集中在传统服务业，而创税能力强的现代服务业产业规模仍然较小。

二是产业创新能力不强。表现为“三少一低”，即高新技术企业少、研发投入少、发明专利等科技创新成果少，“一低”是指科技成果转化率低。比如：广州拥有全省77%的科研机构和2/3的高校，但由于没有解决好“产学研用”体系协同和科研成果本土转化落地“最后一公里”等问题，科技成果转化机制仍然不畅，一些瓶颈问题没有得到很好解决，创新活动和成果转化应用仍存在短板。

三是高端要素集聚效应不明显。金融、人力资源发展滞后，企业发展能级有待提升，对产业转型升级的支撑力度不够。金融方面，广州金融机构资本实力和竞争力不强。广州金融业增加值占GDP比重不到10%，仅有广发银行、广州农商行、广州银行等本地银行总部，其他金融企业很多都是地区总部或分行，缺少有全国影响力的金融市场交易平台。人力资源方面，广州产业高端人才集聚能力减弱。近年来中山大学等“双一流”大学人才留广州人数呈递减趋势，广州对高端人才吸引力在下降。特别是缺乏科技领军人才，广州两院院士和“千人计划”人数都不多。企业发展方面，缺少具有国际影响力和行业控制性的旗舰型领军企业。广州世界500强企业仅3家，500强企业不仅数量少，而且规模也不大，世界500强企业户均营业收入和利润与国内一线城市比都有差距。

三 广州建设现代产业体系的对策建议

党的十九大报告指出，我国经济已由高速增长阶段转向高质量发展阶段。当前及未来一段时期是广州发展的黄金期、窗口期、机遇期。推动构建支撑经济高质量发展的现代产业体系，必须抓住新一轮科技革命和产业变革机遇，把着力点放在实体经济上，努力推动质量变革、效率变革、动力变革，提高全要素生产率，增强产业核心竞争力。

（一）培育壮大支柱产业，打造建设现代产业体系的主引擎

目前广州汽车、电子、石化三大传统支柱产业支撑作用减弱，战略性新兴产业体量小、还没有形成有力支撑，处于产业接续转换的关键时期，必须多措并举培育壮大支柱产业。一是优化提升传统支柱产业。以数字经济、智能制造等方式推动汽车、电子、石化三大传统支柱产业优化升级，推动产业向价值链高端发展。汽车产业立足产业前沿，注入科技、品牌、互联网等元素，优先发展动力总成、变速器、电子控制系统等关键零部件，战略布局新能源汽车、智能网联汽车。电子产业以5G、智能制造、新型信息消费为导向，着力推动软硬融合、制造与服务融合、网络与产品融合，构建5G产业链，支持推进未来计算、人工智能与信息经济和电子信息产业的融合发展。石化产业按照“重整、绿色、集群、安全”的思路，重点推动龙头企业升级改造，加快培育化工新材料、专用化学品、现代煤化工等新兴产业，大力发展绿色石化。二是构筑现代产业体系新支柱。聚焦新一代信息技术、人工智能、生物医药和新能源、新材料五大重点产业，打造万亿级产业集群。新

一代信息技术以“芯、屏、机、核”为重点，大力发展新型显示、集成电路、新一代通信、数字视听等产业，构建“终端设备设施—基础网络服务—信息应用服务”完整产业链。人工智能产业重点发展智能制造，在流程型制造、离散型制造、智能制造装备、智能产品、智能服务、智能制造新业态等方面发力，打造人工智能产业链。生物医药产业重点发展生物制药、化学药、现代中医药等产业，开展创新药物、基因工程、细胞治疗等技术和产品研发。新能源产业重点发展节能通用设备、节能电器及电气机械、半导体照明材料、新型建筑材料和节能装备制造。新材料产业重点发展先进高分子材料、先进无机非金属材料、先进复合材料、先进合金材料等，打造具有国际竞争力和影响力的新材料产业基地。三是强化经济功能区的集聚效应。坚持错位发展、协调发展，形成经济增长的动力源和增长级。广州开发区以广州科学城、中新知识城、国际生物岛为核心，重点发展新一代信息技术、生物医药、智能装备、检验检测等产业。南沙新区以自贸试验区建设为核心，着力构建国际高标准投资贸易规则，加快发展高端装备等大型临港工业和航运、特色金融等高端服务业。空港经济区以白云机场国际航空枢纽为核心，加快建设临空经济示范区，发展壮大航空总部、航空物流、飞机修造、融资租赁、跨境电商等产业。“黄金三角区”大力发展总部经济、科技服务等现代服务业。10 个价值创新园区重点加快产业导入，建成科技、知识、人才、资本全球密集度最高和单位产出率最高的创新园区。

（二）加快创新成果应用转化，使科技创新成为建设现代产业体系的驱动力

创新成果转化不足是广州科技创新的突出短板。要深入实施创新驱动发展战略，突出抓好科技创新成果转化产业化工作，推动科技创新与产业协同发展。一是推进突破重大产业技术。组织重大科技专项，参与国家和省重大科技项目研发，在空天海洋、信息网络、生命科学、核技术等面向未来的核心领域，超前谋划布局，开展深海勘察、无人驾驶、量子通信、干细胞与再生医学、新一代核电装备系统等关键技术攻关，实现前瞻性基础研究、引领

性原创成果重大突破，争取未来培育一批领跑全球产业。二是推动企业加快建立研发机构。开展企业研发机构“灭零行动”，用好创新券、研发投入后补助等政策，推动主营业务收入5亿元以上工业企业研发机构全覆盖。支持组建一批国家级、省级产业创新中心、制造业创新中心、技术创新中心和综合性产业创新中心，试点组建市级产业创新中心。建立健全产学研用协同创新联盟，构建政府、科研机构、企业“三位一体”的创新研发“金三角”格局。三是完善科技成果转移转化体系。制定更有竞争力的科研人员发明成果转化创业、科技成果收益分配、股权期权激励等政策，推动科研机构与企业双向交流。深入促进高校、科研机构科技成果转移转化，加快建设一批技术转移中心。加强科技企业孵化器建设，构建“众创空间 - 孵化器 - 加速器 - 科技园区”的科技企业孵化育成体系，建设一批以特定科技基础设施、行政服务体系、人居环境为支撑的科技创业社区。

（三）推动高端要素向实体经济汇聚，形成建设现代产业体系的强大支撑

广州经过改革开放40多年的发展，已经积累了丰富的人才、金融等要素资源，而且地域广阔。要落实支持产业发展政策措施，更好发挥人才、资金、土地等要素支撑作用。一是强化人才第一资源作用。实施更加积极、更加开放、更加有效的人才政策，实施重大人才工程，大力引进和培育战略科学家、企业家、创业家、产业领军人才等6类“高精尖缺”人才。用好“人才绿卡”制度，规划建设一批人才公寓，健全人才服务保障机制。保护和激发企业家创业精神，积极培育具有全球视野和创新思维的优秀企业家。大力加强技能人才培养，大量培养掌握精密制造技术的工程师和工匠人才。二是增强金融服务实体经济能力。加快发展天使投资、创业投资、风险投资等股权投资基金，撬动引导更多社会资金投入高端高质高新产业。大力发展科技金融，引导更多金融资源进入战略性新兴产业和高技术产业，促进科技与金融协同发展。加快发展普惠金融，加大对小微企业、大学生创业就业等的金融支持力度。积极发展绿色金融，对企业节能减排、清洁生产、循环经

济等项目提供绿色信贷，支持绿色发展。三是激活用好土地资源。加大产业用地用房供应力度，用好新增的建设用地规模，重点支持工业项目用地。盘活利用旧厂房。鼓励社会资本参与成片连片村级工业园区改造，以“工改工”或“工改科”方式促进园区转型升级。降低产业用地成本，实行工业用地先租赁后出让、弹性年期出让，鼓励企业利用现有存量工业用地兴办国家支持的新产业新业态。

（四）优化产业发展环境，打造全球企业投资首选地和最佳发展地

要最大限度地减少政府对市场资源的直接配置和对市场活动的直接干预，更好地服务企业，激发微观主体活力。一是深化“放管服”改革。继续推进简政放权，再精简和下放一批行政许可备案事项，完善政府部门权责清单，推行并联审批、信任审批。全面实施市场准入负面清单制度和公平竞争审查制度，大幅放宽市场准入，完善外商投资备案事中事后监管机制。建立以“信用+监管”为核心的新型市场监管体系，形成联合奖惩长效机制。继续推进“互联网+政府服务”改革，构建“管运分离”的“数字政府”建设管理新体制。二是深入推进要素市场化配置改革。持续构建利于各类企业进行公平竞争的制度环境，深化国有企业改革，创造民营与国有、内资与外资、大企业与中小微企业之间更平等的发展机会。继续完善要素市场化配置，通过财税、金融、投融资、户籍制度等方面改革，实现劳动力、土地、资本、技术、信息等要素自由流动，推动要素向优质产能、优秀企业流动。三是加快完善现代产权制度。强化企业合法权益司法保护，加大对侵犯民营企业产权和财产权益犯罪的打击力度。创建国家知识产权强市，开展知识产权运用和保护综合改革试验，打造全国性知识产权交易中心。建立健全快捷公正的多元商事争议解决机制，建立与境外仲裁机构合作机制，加快建设以国际仲裁为特色的国际商事纠纷解决中心。

（五）发挥外资对产业提升的积极作用，努力营造产业开放新优势

对外开放是广州的最大优势和最鲜明特征。要继续发挥对外开放门户枢

纽作用，有效利用两个市场、两种资源，坚持引进来和走出去并重，推进重点产业领域国际化布局。一是进一步扩大开放领域。积极落实国家大幅度放宽市场准入和放宽外资股比限制等政策，支持外资参与“广州制造 2025”“广州服务创新 2025”。加快汽车、航空、高端船舶制造等制造业对外开放，引导外资进入信息、科技服务和会计、教育、文化、医疗、养老等服务行业，鼓励跨国公司在广州设立地区总部和采购中心、营运中心、结算中心等功能性机构。发挥龙头企业辐射带动作用，支持资本雄厚的企业并购有品牌、技术、资源和市场的国外企业，开展全球高端资源和价值链整合。二是推动存量外资优化升级。引导现有外商投资企业增加研发、销售、总部等职能，鼓励企业从制造环节向服务延伸，加强对产业链前端设计企业的培育和扶持，鼓励本土企业与跨国公司构建战略联盟，探索外资企业和本土企业融合发展机制，推动外资企业加快转型升级。三是加快企业“走出去”步伐。深化贸易往来和双向投资合作，推进在沿线国家和城市布局产业合作园区、重点投资项目和企业销售网络，鼓励对海外科技企业实施并购，推动有实力的企业在欧美等发达国家建立研发中心，支持金融机构为“走出去”企业提供完善的金融服务，加大对企业海外投资的政策指导和扶持力度。

（审稿人　谭苑芳）

B.5
广州工业经济高质量发展研究

陈 贝*

摘 要： 工业经济作为国民经济重要组成部分，是当前高质量发展需要重点转变方式、优化结构、转换动力的关键领域。本文以广州为例，从广州工业经济高质量发展的现状出发，参考国家统计局工业司提出的工业经济高质量发展指标体系，选取25个代表性指标作为广州工业经济高质量发展的评价指标，尝试得出广州近年来工业经济高质量发展提升指数，通过提升指数分析广州工业经济在高质量发展中的亮点及存在的困难和问题，提出相关政策建议。

关键词： 工业经济 高质量发展 熵值法

一 工业经济高质量发展含义

（一）对工业经济高质量发展的解读

习近平总书记在十九大报告中指出，我国经济已由高速增长阶段转向高质量发展阶段，正处在转变方式、优化经济结构、转换增长动力的攻关期，建设现代化经济体系是跨越关口的迫切要求和我国发展的战略目标。李克强

* 陈贝，经济学硕士，国家统计局广州调查队主任科员，统计师，主要研究方向为工业统计和专项统计。

总理在2018年《政府工作报告》中指出，大力推动高质量发展，是解决我国一切问题的基础和关键。要着力解决发展不平衡不充分的问题，围绕建设现代化经济体系，坚持质量第一、效益优先，促进经济结构优化升级。可见，从高速增长转向高质量发展是我国经济迈入新时代的基本特征，高质量发展是我国今后经济工作的总体要求。

工业是国民经济的主导行业，是振兴实体经济的主战场，推动工业经济高质量发展是实现经济高质量发展的重要内容。国家发改委主任何立峰（2018年）认为，要在推动工业经济发展质量变革、效率变革、动力变革方面采取一些具体措施，按照新发展理念，推动创新发展、协调发展、绿色发展、开放发展和共享发展。国务院国资委主任肖亚庆（2018年）认为落实高质量发展要求，要推动制造业快速转型升级，在高端装备制造业方面向世界高端看齐，同时要使资源更多投向战略性新兴产业，形成新的增长点，满足高质量发展的要求。工业和信息化部赛迪研究院院长秦海林（2018年）认为，工业经济高质量发展，就是将新发展理念贯彻到工业领域中，以供给侧结构性改革为主线，以提高工业供给体系质量为主攻方向，以协同发展为基础，以工业基础能力和创新能力为核心驱动，增强地区工业经济质量优势为目标的多元发展模式。

（二）对工业经济高质量发展的研究

工业和信息化部赛迪研究院孟凡达博士（2018年）通过对标德国工业经济高质量发展的实践经验，提出要始终将实体经济作为国民经济高质量发展的主战场，工业经济高质量发展离不开政府的调控引导以及要以创新为驱动力，深入推进智能化和信息化的融合等观点。《工业经济研究》研究员张会文（2018年）指出构建工业经济高质量发展评价体系，有利于引导各地政府更加重视对质量效益的考核，引导各地政府转变观念，以新的工业经济高质量发展评价指标为指引，转变发展方式，强化对质量、效益、效率等的考核。通过构建包含多个分类指标的评价体系，各地区能够准确识别自身推进工业经济高质量发展过程中的短板和问题，并通过正向激励和反向倒逼，促进各地政府提出改进方向和推进路径，逐步推动工业经济高质量发展。广东省统计局副局长刘志华等（2018 年）通过参考国家统计局工业经济高质量发展评价指标体系，建立了评价广东工业经济高质量发展的指标体系，以量化的方式，通过将广东与江苏、浙江和山东等省的工业经济高质量发展进行对比，得出广东工业经济高质量发展的优劣势，找出促进广东工业经济高质量发展的合适路径。

（三）工业经济高质量发展的内涵

结合对工业经济高质量发展的解读以及对工业经济高质量发展的研究，我们认为，工业经济高质量发展，应从新发展理念出发，在深刻理解新发展理念的根本要义上，明确工业经济高质量发展的内涵，具体来讲，工业经济高质量发展包含了五大方面内容。

（1）工业创新能力的提升。创新是引领工业经济发展的第一动力，历次工业技术革命中取得先发优势的国家和地区都能在未来引领经济发展，因此工业创新的重要性不言而喻。工业只有在科技和创新上积极投入和产生有效产出，才能保持工业经济的竞争能力和持续发展能力。

（2）工业协调发展。这里的协调发展主要是指工业经济以及工业企业各项主要指标的协调发展，努力实现工业经济协调、平稳增长，是工业经济稳步发展的必然要求，也是工业经济高质量发展的必然要求。应注重工业企业总体盈利水平以及工业企业各项指标的均衡度，实现协调发展，稳步发展。

（3）工业可持续的绿色发展。充分发展绿色、节能、集约的工业经济发展方式，提高工业经济发展的综合环境效益，为自然环境和人民生活提供空间，既是工业经济可继续发展的重要条件，也是工业经济高质量发展的重要标志。

（4）工业对外开放的格局。工业出口经济是广州工业经济重要的组成部分，工业对外开放的深度和广度，有助于评判促进工业经济发展的动力类型，也有助于理解工业经济面临的外部市场格局。

（5）工业经济成果的共享。工业经济发展的成果的分配，不仅体现了工业经济各类成果受益者的获得程度，也体现了各类成果受益者的公平程度。实现工业经济成果的共享，是工业经济高质量发展的最终目标。

二 工业经济发展现状

（一）产值稳步增长，新动能大力引进

随着市场经济的发展，广州工业总产值稳步增长，2017 年广州工业总产值达到22691.06 亿元，与 2007 年对比，十年平均年增长 10.1%。其中：轻工业产值达到 7093.08 亿元，十年平均年增长 8.9%；重工业产值达到 15597.98 亿元，十年平均年增长 10.8%。

以 2017 年为例，35 个工业大类行业中有 23 个行业总产值实现增长①。汽车制造业，计算机、通信和其他电子设备，电力、热力的生产和供应业 3 个千亿级行业增长平稳，分别增长 17.4%、4.0% 和 3.3%。产值超百亿元级的主要行业中，顺应自主创新、智能生产、市场需求升级等转型方向的燃气生产和供应业、有色金属冶炼和压延加工业、家具制造业、电气机械及器材制造业和专用设备制造业等行业产值均实现 10% 以上的增长（见表 1）。

表 1 2017 年广州工业产值分行业情况

行业名称	工业产值(亿元)	增长(%)
汽车制造业	5117.04	17.4
电力、热力的生产和供应业	4314.99	3.3
计算机、通信和其他电子设备	2177.08	4.0
化学原料和化学制品制造业	1433.00	-5.7
电气机械及器材制造业	835.42	12.0
通用设备制造业	612.03	3.9

① 本文统计指标中的年度增长（提升）均指与上年相比的增长（提升）。

续表

行业名称	工业产值(亿元)	增长(%)
石油加工、炼焦和核燃料加工业	510.01	0.3
食品制造业	458.76	3.0
橡胶和塑料制品业	422.50	5.0
烟草制品业	392.88	2.0
黑色金属冶炼和压延加工业	389.95	-5.0
铁路、船舶、航空航天和其他运输	388.94	-16.6
农副食品加工业	363.39	3.0
金属制品业	307.46	-0.1
有色金属冶炼和压延加工业	291.49	15.1
医药制造业	290.31	2.3
纺织服装、服饰业	289.20	-19.5
燃气生产和供应业	285.27	152.2
专用设备制造业	246.99	11.4
非金属矿物制品业	244.65	2.4
家具制造业	231.98	13.0
酒、饮料和精制茶制造业	218.17	7.9
皮革、毛皮、羽毛及其制品和制鞋业	190.16	-3.9

近年来，广州加大力度引进新动能，引领工业经济高质量发展。一是引进一批重大项目。成功引进宝能新能源汽车产业园、中电科华南电子信息产业园、粤芯半导体等项目138个，预计投产后新增产值近3500亿元，其中产值超百亿元的先进制造业项目9个。二是吸聚一批总部项目落地。引进新松机器人南方总部基地及广州国际机器人产业园、TCL集团华南总部、中国汽车技术研究中心华南总部基地、三一重工集团广州基地、树根互联全国总部、科大讯飞华南总部、阿里工业互联网总部等10多个总部项目。三是开工建设一批重大项目。如推动富士康10.5代显示器、乐金8.5代OLED面板、广汽智能网联产业园等重大项目开工建设。

（二）结构优化提升，新产品释放潜力

近年来，广州加快IAB产业[①]发展、促进民营经济发展、降低制造业企

① IAB产业，即新一代信息技术、人工智能、生物医药产业。

业成本等政策，制定价值创新园区、新一轮技术改造和新型显示、集成电路、工业互联网、数字政府等规划，工业结构得到优化提升。以 2017 年为例，广州规模以上先进制造业和高技术制造业增加值占规模以上工业增加值比重分别为 58.1% 和 12.2%，分别提高 1.8 个和 0.2 个百分点。高新技术产品产值增长 9.3%，占规模以上工业总产值的比重为 47.0%，比 2016 年提高 1.0 个百分点。

2017 年广州装备制造业总产值增长 10.9%，占规模以上工业总产值的 47.7%，增速和比重分别比 2016 年加快 2.2 个百分点和提高 3.8 个百分点，带动作用进一步增强。其中，环保专用设备制造业增长 33.7%、城市轨道交通设备制造业增长 32.2%、医疗仪器设备业增长 13.8%、铁路运输业增长 9.1%。另外，率先升级的时尚类消费品制造业增势良好，如保健食品业增长 28.7%、木质家具制造业增长 22.5%、化妆品业增长 10.3%，反映了在创新驱动发展战略下，广州工业结构实现优化提升。

符合产业结构和消费需求升级方向的产品增势良好，如 2017 年广州运动型多用途乘用车（SUV）产量达 147.33 万辆，增长 31.2%，占汽车产量的 47.4%。随着广州智能、绿色、高端产业的加快发展，光电子器件增长 58.3%、新能源汽车增长 55.0%、工业自动调节仪表与控制系统增长 37.6%、工业机器人增长 21.0%、液晶显示屏增长 13.7%，其他类似新兴产品产量均保持较快增长。

（三）加大技术改造力度，企业效益提升

近年来，广州鼓励工业企业运用新技术、新生产模式对传统产品升级换代，向智能制造、绿色制造和服务型制造转型。实施增品种、提品质、创品牌“三品”计划，建设质量品牌技术创新和企业技术中心，截至 2017 年末，广州拥有中国驰名商标 131 个、省级工业名牌 296 个，居全国前列。

以 2017 年为例，规模以上工业企业实现主营业务收入增长 8.5%，利润总额增长 11.8%，应交增值税增长 6.8%。规模以上工业企业资产负债率

为50.6%，产成品存货周转天数为14.3天，产品销售率为99.0%，主营业务利润率为7.3%。

三 工业经济高质量发展所需要素情况

工业经济的发展需要各类要素的供给，根据柯布—道格拉斯生产函数，工业经济发展所需的要素主要包括劳动力要素、资本要素和技术要素三大类。从这三类要素看，广州工业劳动力总量保持稳定，但劳动者素质结构相对偏低；资本投入平稳增长，工业资本积累不断增强；重视创新投入，创新投入不断增加。

（一）工业劳动力总量保持稳定，但劳动者素质结构相对偏低

从工业用工情况看，2007年为231.60万人，2017年波动上升至256.02万人，在全部就业人口中所占比重2007~2017年平均为33.8%。随着服务业蓬勃发展，服务业从业人员人数上升明显，虽然近几年工业从业人员总人数增加，但工业从业人员占全部从业人员的比重有所下降，2017年占比为29.7%（见图1）。

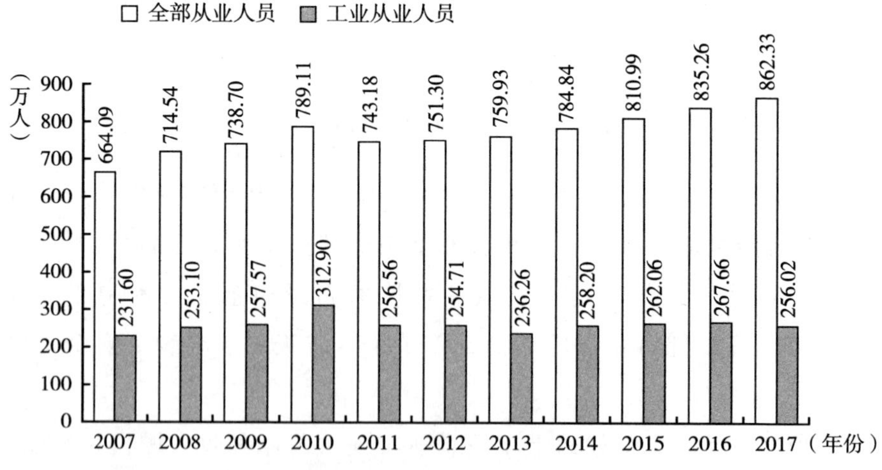

图1 2007~2017年广州全部从业人员和工业从业人员情况

根据2015年1%人口抽样调查数据，广州大学专科及以上水平就业人口所占比重为30.8%，而工业行业这一水平的就业人口所占比重仅为17.4%（见图2），可见，工业从业人员受教育程度低于平均水平，劳动者素质结构相对偏低，制约广州工业进一步转型升级。

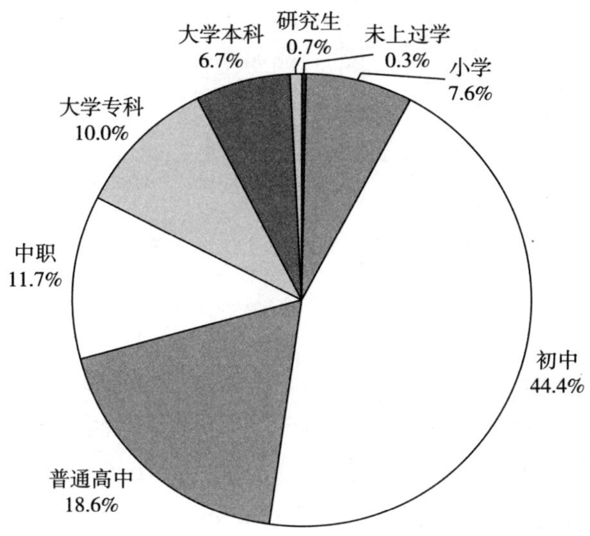

图2 广州工业行业就业人口学历分布

（二）工业资本投入平稳增长，工业资本积累不断增强

从广州规模以上工业年末资产合计看，工业企业的资本积累在不断增强，从2007年的8041.27亿元上升至2017年的17907.62亿元，年均增长8.3%（见图3）。平均每家规模以上工业企业年末资产从2007年的1.61亿元上升至2017年的3.84亿元，年均增长9.1%。

规模以上工业固定资产原价年末数从2007年的3778.10亿元上升至2017年的8342.08亿元，年均增长8.2%。平均每家规模以上工业企业固定资产原价年末数从2007年的0.76亿元上升至2017年的1.79亿元，年均增长8.9%。可见，近十年来广州工业资本投入保持了比较平稳的增长态势。

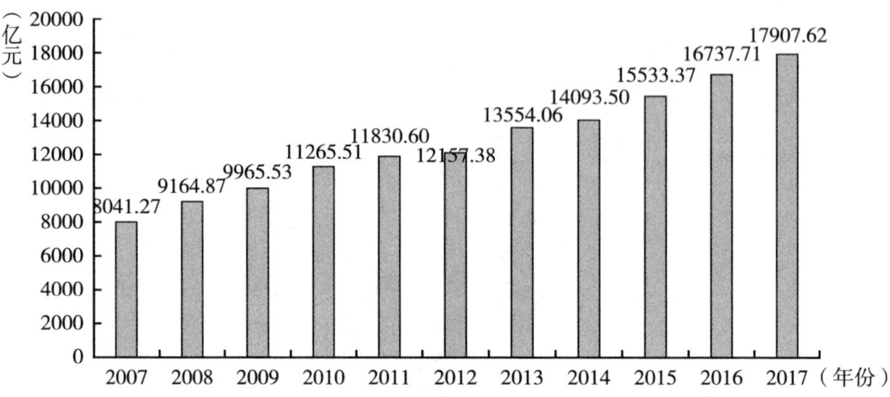

图3 2007～2017年广州规模以上工业年末资产合计走势

（三）重视研发投入，创新投入不断增加

创新是工业企业提高技术，提升产品核心竞争力的重要手段。在规模以上工业企业中，有研发机构的企业数量2009年①为358家，2017年上升至1790家，占比2009年为5.1%，2017年上升至38.4%（见表2）。研究与开发（R&D）人员2009年为4.13万人，2017年上升至9.79万人，年均增长11.4%。规模以上工业企业R&D经费内部支出合计2009年为103.05亿

表2 2009～2017年广州规模以上工业企业创新投入指标情况

	2009	2010	2011	2012	2013	2014	2015	2016	2017
规模以上工业企业数(个)	7020	6969	4438	4373	4812	4774	4643	4659	4664
#有研发机构的企业数(个)	358	344	433	346	371	393	707	1157	1790
R&D人员(人)	41275	47296	58905	64394	66165	80196	79930	79686	97894
R&D经费内部支出合计(亿元)	103.05	118.77	140.67	158.06	165.69	189.62	209.80	228.98	254.86
专利申请量(件)	3501	4051	5312	6957	8540	9715	10194	16820	22764

注：2011年1月起，纳入规模以上工业统计范围的工业企业起点标准从年主营业务收入500万元提高到2000万元。

① 2009年以后广州企业创新类的指标统计口径统一调整为规模以上工业企业，与2009年之前的统计口径为大中型企业有些区别，故本文选择2009年之后的数据进行阐述。

元，2017 年上升至 254.86 亿元，年均增长 12.0%。专利申请量 2009 年为 3501 件，2017 年上升至 22764 件，9 年间共提出专利申请超过 8.79 万件。可见，广州工业企业对研发的投入十分重视，对科技创新的投入不断增加。

四　工业经济高质量发展评价指标体系的构建

（一）指标选取

本文采用综合评价法来衡量广州工业经济高质量发展情况，结合指标的科学性、系统性、导向性和可操作性等原则，参照国家统计局工业司提出的工业经济高质量发展指标体系，设立了创新、协调、绿色、开放、共享五个一级指标，每个一级指标选取了 5 个有代表性的二级指标，共 25 个二级指标，其中正向指标 18 个，负向指标 7 个（见表 3）。

表 3　广州工业经济高质量发展评价指标

一级指标	代码	二级指标	正反指标	单位
创新	A1	规模以上企业(R&D)经费内部支出	正	万元
	A2	规模以上企业 R&D 人员	正	人
	A3	规模以上企业专利申请数	正	个
	A4	高技术产业产值占比	正	%
	A5	工业高新技术产品销售收入	正	万元
协调	B1	总资产贡献率	正	%
	B2	工业产品销售率	正	%
	B3	规模以上民营等其他企业工业产值占规模以上工业产值占比	正	%
	B4	企业亏损面	负	%
	B5	规模以上企业资产负债率	负	%
绿色	C1	单位工业增加值能耗	负	吨标准煤/万元
	C2	单位工业产出工业废水排放量	负	万吨/亿元
	C3	单位工业产出二氧化硫排放量	负	吨/亿元
	C4	单位工业产出固体废物产生量	负	吨/亿元
	C5	规模以上单位工业产值电力消费量	负	万千瓦时/亿元

续表

一级指标	代码	二级指标	正反指标	单位
开放	D1	工业高新技术产品出口销售收入占高新技术产品出口销售收入比重	正	%
	D2	工业出口交货值	正	万元
	D3	广州出口交货值占全国比重	正	%
	D4	规模以上三资企业实收资本占规模以上工业企业实收资本比重	正	%
	D5	规模以上三资企业主营业务收入占规模以上工业企业主营业务收入比重	正	%
共享	E1	工业全员劳动生产率	正	元/年．人
	E2	制造业城镇非私营单位在岗职工平均工资	正	元
	E3	劳动者报酬占工业增加值比重	正	%
	E4	工业企业营业收入利润率	正	%
	E5	规模以上工业企业应交增值税	正	万元

（二）模型选择

本文采用熵值法进行权数计算。熵值法是一种在综合考虑各因素提供信息量的基础上计算一个综合指标的数学方法，作为客观综合定权法，主要根据各个指标传递给决策者的信息量大小来确定权重。熵值法是一种客观赋权方法，它通过计算指标的信息熵，反映相对变化程度大的指标具有较大的权重。其基本计算原理如下。

（1）假设评价对象工业经济高质量发展有 n 个评价指标，包括 m 年的数据，可得到每年各个指标的评价指标统计值，其矩阵为：

$$R = (x_{ij})_{m\times n}(i = 1,\cdots,m_n,j = 1,\cdots,n)$$

（2）由于各指标的量纲、数量级均有差异，所以为消除因量纲不同对评价结果的影响，需要对每个指标进行标准化处理：

$$x_{ij} = \frac{x_j - x_{min}}{x_{max} - x_{min}}\text{（处理正向指标）}$$

$$x_{ij} = \frac{x_{max} - x_j}{x_{max} - x_{min}}\text{（处理逆向指标）}$$

其中 x_j 为第 j 项指标值，为 x_{max} 第 i 项指标的最大值，x_{min} 为第 i 项指标的最小值，x_{ij}为标准化值，不同类型的指标采用不同的公式进行标准化处理。

（3）计算第 j 项指标下第 i 个评价值占该指标的比重：

$$y_{ij} = \frac{x_{ij}}{\sum_{i=1}^{m} x_{ij}} (i = 1, \cdots, m_n, j = 1, \cdots, n)$$

（4）计算第 j 项指标的信息熵：

$$H_j = -K \sum_{i=1}^{m} y_{ij} \ln y_{ij}$$

其中 K 为常数，$K = \frac{1}{\ln M}$，H_j 为第 j 项指标的信息熵。

（5）计算第 j 项指标的权重：

$$w_j = \frac{1 - H_j}{\sum_{j=1}^{n} 1 - H_j}$$

根据前面建立的工业经济高质量发展评价指标体系和权重计算方法，从历年《广州统计年鉴》和广州有关部门收集的其他统计数据，得到广州工业经济高质量发展评价指标体系指标权重（见表4）。

表4　广州工业经济高质量发展评价指标权重

单位：%

评价模块	代码	评价指标	正反指标	二级指标权重	一级指标权重
创新	A1	规模以上企业(R&D)经费内部支出	正	3.66	18.55
	A2	规模以上企业 R&D 人员	正	3.62	
	A3	规模以上企业专利申请数	正	3.18	
	A4	高技术产业产值占比	正	3.79	
	A5	工业高新技术产品销售收入	正	4.30	
协调	B1	总资产贡献率	正	3.24	18.99
	B2	工业产品销售率	正	3.96	
	B3	规模以上民营等其他企业工业产值占规模以上工业产值占比	正	4.19	
	B4	企业亏损面	负	4.07	
	B5	规模以上企业资产负债率	负	3.53	

续表

评价模块	代码	评价指标	正反指标	二级指标权重	一级指标权重
绿色	C1	单位工业增加值能耗	负	4.51	20.22
	C2	单位工业产出工业废水排放量	负	4.16	
	C3	单位工业产出二氧化硫排放量	负	3.54	
	C4	单位工业产出固体废物产生量	负	4.39	
	C5	规模以上单位工业产值电力消费量	负	3.62	
开放	D1	工业高新技术产品出口销售收入占高新技术产品出口销售收入比重	正	3.93	21.33
	D2	工业出口交货值	正	4.32	
	D3	广州出口交货值占全国比重	正	4.52	
	D4	规模以上三资企业实收资本占规模以上工业企业实收资本比重	正	4.08	
	D5	规模以上三资企业主营业务收入占规模以上工业企业主营业务收入比重	正	4.48	
共享	E1	工业全员劳动生产率	正	3.87	20.91
	E2	制造业城镇非私营单位在岗职工平均工资	正	4.13	
	E3	劳动者报酬占工业增加值比重	正	3.94	
	E4	工业企业营业收入利润率	正	4.52	
	E5	规模以上工业企业应交增值税	正	4.45	

（三）评价方法

根据2013～2017年广州工业经济高质量发展的各项指标数值，按照熵值法计算步骤，对原始数据进行处理，计算出各项指标的权重。再分别计算每个指标的提升指数。正向指标，第 i 个指标 j 年份的提升指数 $y_{ij}=x_{ij}/x_{i(j-1)}\times100$；负向指标，第 i 个指标 j 年份的进步指数为 $y_{ij}=1/(x_{ij}/x_{i(j-1)})\times100$，再根据各个指标的权重得出 j 年份的工业经济高质量发展提升指数 $Y_j=\sum Y_{ij}z_i\times100$，指数大于100表示当年有提升，指数小于100表示下降，年均提升指数由每年提升指数相加再进行算术平均而得。

五　实证评价广州工业经济高质量发展亮点和存在问题

（一）评价结果

通过广州工业经济高质量发展指标计算广州工业高质量发展提升指数，2013～2017年，广州工业经济高质量发展提升指数分别为110.91、105.26、102.46、109.19、105.12，五年综合平均提升指数为106.59（见表5）。可见，近五年来，广州工业经济朝着高质量发展逐步提升，虽然每年提升程度不一，但平均来看，广州工业经济表现出较好的高质量发展提升水平。

表5　广州工业经济高质量发展提升指数

单位：%

指数	2013年	2014年	2015年	2016年	2017年	平均
综合提升指数	110.91	105.26	102.46	109.19	105.12	106.59
创新提升指数	109.37	110.89	102.89	117.38	112.03	110.51
协调提升指数	112.45	98.87	97.63	106.27	106.10	104.26
绿色提升指数	117.66	115.38	108.34	127.55	112.37	116.26
开放提升指数	102.66	99.83	97.67	96.35	93.05	97.91
共享提升指数	112.79	101.80	105.67	99.92	103.42	104.72

从一级指标年均提升程度看，五项一级指标中除了开放提升指数之外，其余四个一级指标在这五年都有发展提升。从五年提升指数的平均值来看，随着广州“退二进三”，淘汰落后产能以及引进新产能，广州工业经济绿色提升指数为116.26，提升速度最快。创新提升指数紧追其后，为110.51，与绿色提升指数一起成为工业经济高质量发展提升最快的两大类指标。共享提升指数为104.72，说明随着工业效率的提高，劳动者、企业和政府各方均对工业发展成果得到了比较公平的分享。协调提升指数为104.26，说明从总体上看，工业企业各项主要生产经营指标处于一个较为

稳定提升的阶段，但进一步提升存在困难。开放提升指数为 97.91，是五项一级指标当中唯一逆向表现的指标，表明近五年来广州工业对出口和外商企业等方面的依存度持续下降。广州作为改革开放的前沿地，工业领域的国际交流非常频繁，近五年来开放提升指数下降，和国际贸易的大环境密切相关。

（二）工业经济高质量发展主要亮点

（1）工业科创水平明显提升。近年来，广州工业创新能力明显提升，研发投入不断增加。从资金投入上看，规模以上工业企业研究与试验发展（R&D）经费内部支出从 2012 年的 158.06 亿元上升至 2017 年的 254.86 亿元，从整体上看，规模以上工业企业对创新的投入力度越来越大。从人员配备上看，规模以上工业企业 R&D 人员从 2012 年的 6.44 万人上升至 2017 年的 9.79 万人。从创新成果上看，规模以上工业企业专利申请数从 2012 年的 6957 件上升到 2017 年的 22764 件；高技术产业产值占工业总产值的比重从 2012 年的 42.2% 上升至 2017 年的 46.3%；工业高新技术产品销售收入从 2012 年的 6118.47 亿元上升至 2017 年的 8229.90 亿元。对工业经济创新领域给予持续的资金和人员投入，取得了较为丰厚的创新成果，有力地拉动了广州工业经济高质量向前发展。

（2）绿色发展稳步推进。近年来，广州非常重视工业领域的绿色发展，淘汰了一批落后产能，倡导工业企业绿色生产，同时加强环保生产监督，绿色发展成效显著。从能耗看，单位工业增加值的能耗从 2012 年的 0.69 吨标准煤/万元下降至 2017 年的 0.37 吨标准煤/万元①，单位工业增加值能耗持续下降，五年平均工业能耗效能提升率为 114.40。规模以上工业企业单位产值电力消费量从 2012 年的 238.53 万千瓦时/亿元下降至 2017 年的 181.43 万千瓦时/亿元，五年平均规模以上工业企业电力效能提升率为 105.71。从

① 2015 年起广州取消了工业增加值能耗统计，改为工业能耗下降率统计，2017 年工业增加值能耗数值由工业能耗下降率测算而得。

污染排放物上看，单位工业产出工业废水排放量从2012年的1.33万吨/亿元下降至2017年的0.91万吨/亿元；单位工业产出二氧化硫排放量从2012年的0.38吨/亿元下降至2017年的0.07吨/亿元；单位工业产出固体废物产生量从2012年的359.77吨/亿元下降至2017的235.87吨/亿元。

（3）工业成果多方共享。随着工业经济的不断发展，广州工业吸纳就业的人数虽然不及服务业，但也是吸纳就业的主力军，工业从业人员数从2012年的254.71万人波动增加至2017年的256.02万人。与此同时，工业全员劳动生产率也持续攀升，规模以上工业企业全员劳动生产率从2012年的27.27万元/人提升至2017年的40.54万元/人，五年平均提升指数为108.29。在工业劳动力薪酬方面，广州制造业城镇非私营单位在岗职工年工资从2012年的48835元增加至2017年的80313元，五年平均提升指数达到110.50。从企业收益来看，规模以上工业企业营业收入利润率从2012年的5.2%上升至2017年的6.5%，五年平均提升指数为105.23。此外，工业企业应交增值税从2012年的435.43亿元波动增加至2017年的522.90亿元，五年平均提升指数为104.08。可见，随着工业全员劳动生产率的提升，广州工业劳动者、企业和政府三方成果的获得均得到了一定程度的增加。

（4）企业亏损面减少，民营企业贡献大。随着供给侧结构性改革的推进，广州关停了大部分“僵尸企业”和亏损企业，工业企业的亏损面有所下降，工业企业亏损面从2012年的17.0%下降至2017年的12.5%。同时，民营企业对广州工业的贡献越来越大，规模以上工业民营企业产值占规模以上工业产值比重从2012年的29.7%上升至2017年的50.7%，工业企业亏损面的减少以及民营企业的壮大，表明广州工业经济在朝着更加健康的方向发展。

（三）工业经济高质量发展存在的问题

（1）外向经济表现乏力。在创新、协调、绿色、开放和共享五个一级发展指标中，五年平均广州开放发展指标为97.91，表现居末位。出口方面，虽然五年中工业高新技术产品出口占高新技术产品出口的比重均保持在

98.5%以上，但规模以上工业企业出口交货值从2012年2847.22亿元波动下降至2017年的2695.44亿元，广州出口交货值占全国的比重从2012年的2.7%下降到2017年的2.2%，五年平均广州出口交货值占全国的比重提升指数仅为96.25，下降趋势较为明显。从外资企业的角度上看，规模以上三资企业实收资本占规模以上工业企业实收资本比重从2012年的49.7%下降到2017年的43.9%，五年平均提升指数为97.70；规模以上三资企业主营业务收入占规模以上工业企业主营业务收入比重从2012年的57.7%下降至2017年的48.4%，五年平均提升指数为96.70；可见，由于国际经济形势的变化以及国内需求的增加，广州出口交货值占全国的比重持续下降，外资企业在广州的贡献和作用有减弱的趋势，近年来广州外向经济表现乏力。

（2）协调发展遇瓶颈。广州工业经济部分协调发展提升指数处于比较弱的位置，且进一步提升难度较大。规模以上工业企业总资产贡献率从2012年的14.2%下降至2017年的13.7%，五年平均提升指数仅为99.60，呈负向发展趋势，表明广州工业在持续加大资产投入的同时，资产的经济效率尚未得到有效的提升。规模以上工业企业资产负债率从2012年的53.0%下降至2017年的50.8%，企业负债的压力有所减轻，但减轻程度不明显，五年平均提升指数为100.89。可见，从企业的部分协调指标看，虽然工业企业在朝着更加健康的方向发展提升，但是从总体上看工业企业五年来各项主要协调指标提升程度不大明显，还有待加强。

（3）工业劳动者薪酬比重有待进一步提升。虽然广州制造业城镇非私营单位在岗职工平均工资提升指数达到110.50，但是从劳动者报酬总量看，劳动者报酬占工业增加值比重从2012年的47.8%下降至2017年的37.2%，劳动者报酬增长速度明显低于工业增加值的增长速度，导致工业劳动者报酬比重下降，工业成果还需要进一步与劳动者共享。

六　政策建议

从前面的分析我们可以得出，广州工业经济正处在高质量发展提升的轨道上，表现出较强的工业创新能力和绿色发展能力，具有较高的工业劳动生产效率，企业亏损面在减少，工业成果也在朝着多方共享的方向发展。但也存在着工业外向经济表现乏力，总资产贡献率等部分工业经济高质量发展协调指标不甚理想，以及劳动者素质结构偏低，工业劳动者报酬占工业增加值比重持续下降等问题。因此，本文建议，结合广州实际，运用新发展理念，从推进工业供给侧结构性改革、大力发展先进制造业以及推动工业开放合作发展三个方面，进一步推进广州工业经济高质量发展。

（一）着力推进工业供给侧结构性改革

（1）着力优化供给结构。政府要发挥政策引领作用，着力优化广州工业供给结构，提高工业供给质量和效益。一方面，支持食品、轻工、建材等传统行业企业提高设计、工艺、装备、能效等水平，推进食品、轻工等传统行业生产线智能化改造升级，以市场为导向，提高质量效益为目标，实施新一轮技术改造重大工程。另一方面，大力发展智能穿戴、智能家居、智能医疗等智能产品，强化对智能化产品的在线监测、跟踪和管理，延伸产品的售后服务功能。支持医药、家电、家具等行业企业开发适应市场需求和满足消费升级需要的新产品，提高产品有效供给能力和水平，引导企业增强品牌意识，夯实品牌发展基础，提升产品附加值和软实力。

（2）推动工业绿色发展。绿色发展是工业经济高质量发展的必由之路，一是要积极对接国家“绿色制造”工程，推动企业实施清洁生产。组织实施传统制造业能效提升、清洁生产、节水治污、循环利用等专项技术改造，加大节能环保技术、工艺和设备的应用，推进企业产品和包装强制回收，推行废弃物源头减量化。二是要积极构建绿色制造体系。支持企业开发绿色产品，推行生态设计，显著提升产品节能环保低碳水平，引导绿色生产和绿色消费。三是发展再制造产业。在汽车、电子产品等领域实施高端再制造、智能再制造，推进产品认定，促进再制造产业持续健康发展，争创国家制造业创新中心。

（3）积极稳妥淘汰落后过剩产能。一是要分类处置“僵尸企业”，重点处置国有“僵尸企业”，根据国有企业出清重组“僵尸企业”促进结构优化，优先兼并重组，积极稳妥做好出清工作。运用市场机制、经济手段、法治办法，稳妥推进非国有“僵尸企业”有序退出。二是要加快淘汰落后产能。对能耗超过现有国家和地方限额标准的，实行惩罚性电价、水价政策，倒逼落后产能退出。加强对城中村、城乡接合部“五小场所”的清理整治，坚决淘汰严重污染环境、有重大安全隐患的落后产能。三是要严禁新增低端产能。严格执行国家投资管理政策，严禁违规建设钢铁、水泥、平板玻璃、船舶等行业新增产能项目。提高产业准入的能耗、物耗、水耗和生态环保标准，以及投资强度、土地产出率等指标要求，杜绝低端产能项目上马。

（二）实施先进制造业创新行动

（1）发展创新型企业。一是要引进创新型龙头企业，优先引进智能装备及机器人、新一代信息技术、新能源汽车、生物医药等高端创新型企业。设立市级中小微企业发展基金，支持创新型中小企业发展，培育一批创新型中小企业。二是要发展引领产业变革的颠覆性技术。实施前瞻性产业技术创新专项，组织企业承担国家、省重大科技专项，突破并掌握一批核心关键技术。

（2）建设创新型产业技术研发机构。一要鼓励企业自主设立新型研发机构，重点推进中国（广州）智能装备研究院、国家机器人检测与评定中心（广州）、广州中国科学院工业技术研究院、中国科学院广州生物医药与健康研究院、华南生物医学研究院、清华大学珠三角研究院等建设。引导支持已经设立专门研发机构的企业创建国家、省、市级企业技术中心及工程（技术）研究中心、重点实验室、工程实验室等，开展研发创新活动。二要着力构建创新生态圈。围绕工业重大共性需求，采取企业主导、院校协作、多元投资、成果分享的新模式，聚焦十大重点领域创建制造业创新中心。建立起以制造业创新中心为核心载体，公共服务平台、工程技术中心为重要技术支撑的创新网络，带动产业整体创新能力提升。三要推进创新成果转化。

建立有利于成果转化的体制和机制，发挥广州产学研协同创新联盟平台作用，推动广州地区高校、科研院所科技成果在广州转化，实施一批协同创新重大项目。

（3）完善创新支撑服务体系。一是提升企业知识产权保护和运用能力。引导高新技术企业、大型骨干企业和国有企业等提升知识产权管理水平，掌握一批重点产业核心专利技术，培育一批国家级知识产权优势示范企业。支持企业开展知识产权创造，鼓励企业申请专利、注册商标、登记著作权。发挥广州知识产权法院作用，实施严格的知识产权保护制度。二是加强品牌培育和创新。指导企业建立健全品牌经营管理机构，提高企业品牌运营能力；开展工业企业品牌培育试点，建立品牌培育工作机制，完善品牌管理体系，提高品牌管理效率。

（三）推动制造业开放合作发展

（1）抓好工业引资引智工作。一是积极向境内外投资者宣传广州市场化、法治化、国际化投资环境，引进一批海外工业龙头企业来穗投资创新发展。二是落实集聚产业领军人才政策，用好用活中国留学人员广州科技交流会、中国创新科技成果交流会等高端平台，组织实施国家“千人计划”、广东省“珠江人才计划”、“羊城创新创业领军人才支持计划”，围绕先进制造业重点领域，集中力量培养和引进领军人才和团队。三是加快推进广州人才绿卡、租赁住房计划以及人才创新创业等相关政策落实，吸引经营专业技术人才在广州安居乐业。

（2）加快建设先进制造业中外合作区。构建以广州开发区为核心区，南沙经济技术开发区、增城经济技术开发区、广州国际创新城、天河智慧城为辐射带动区的“一核四区”中国（广州）中小企业先进制造业中外合作区。依托广州开发区，促进中欧政策合作试点区、中欧合作示范园区建设，深化中欧区域政策合作；加快推进中新广州知识城建设，积极吸引新加坡企业来穗投资发展高端制造业及生产性服务业，加快推进电子政府、教育培训等中新软件合作项目落地；积极打造中国与以色列合作示范区，支持广州中以生物产业基金、广州中以机器人研究院、广州中以机器人与智能制造产业基地等的发展，完善与以色列的经济合作机制。通过以上先进制造业中外合作区的建设，打造工业经济高质量发展新基地。

（3）加强“一带一路”海外拓展。加强与“一带一路”沿线城市合作，鼓励企业积极参与周边国家互联互通基础设施建设，赴境外投资和承包工程，打造海上丝路对外开放的“桥头堡”。积极推动国际产能合作，支持广州机械、电子、家电、汽车、纺织、食品、医药、家具等产业到泰国、越南、马来西亚、印度尼西亚等合作设立生产基地、营销网络和区域总部。鼓励企业在海外建立研发中心和加工组装、国际营销网络，全球维修体系。

参考文献

［1］王奎荣：《用新发展理念引领工业经济高质量发展》，《云南日报》2018 年 3 月 4 日。

［2］孙世芳：《加快新旧动能转换推动工业高质量发展》，《经济日报》2018 年 8 月 16 日。

［3］《嘉兴工业经济迈向高质量发展　这些数据全省名列前茅》，《嘉兴日报》2018 年 10 月 29 日。

［4］原磊：《适应新常态，重塑工业经济增长动力》，《中国发展观察》2015 年第 3 期。

［5］张卫华、江源、原磊、于建勋：《中国工业经济增长动力机制转变及转型升级研究》，《调研世界》2015 年第 6 期。

［6］刘世锦：《供给侧改革的主战场》，《党政论坛》（干部文摘）2016 年第 1 期。

［7］《用好监测考核这个“晴雨表”和“指挥棒”》，中国江苏网，2018 年 6 月 11 日。

［8］《高质量发展具体该怎么做？江苏制定考核指标体系》，微信江苏，2018 年 5 月 29 日。

［9］张会文：《我国工业高质量发展的内涵、评价与路径研究》，《工业经济研究》2018 年 5 月 5 日。

［10］孟凡达：《德国工业高质量发展的实践经验与启示》，《工业经济研究》2018

年 5 月 5 日。
[11] 刘智华等：《广东工业经济高质量发展评价指标体系及路径选择研究》，广东统计信息网，2018 年 10 月 30 日。

（审稿人　李俊）

B.6

2018年广州市房地产市场运行分析

谢璇　王方东*

摘　要： 2018年，广州市在坚持房地产调控目标不动摇、力度不放松的基础上，因城施策，分类指导，使得房地产市场运行以稳为主。全年房地产开发投资平稳运行，企业到位资金较为充裕，销售市场趋于冷静，区域发展有张有弛，但房地产开发投资增长支撑不足等问题仍存在，建议多措并举，保障房地产市场健康平稳运行。

关键词： 房地产　开发投资　到位资金　区域发展

2018年，广州市认真贯彻落实习近平总书记在十九大报告提出的“坚持房子是用来住的，不是用来炒的”定位，以“坚决遏制房价上涨，加快建立促进房地产市场平稳健康发展长效机制”为主基调，因城施策，分类指导。全年房地产开发投资平稳，企业资金充裕，商品房销售趋冷。

一　房地产开发投资保持平稳

（一）房地产开发投资与上年持平，总体呈现先高后低态势

2018年，受房地产调控政策持续深化的影响，广州市完成房地产开发

* 谢璇，广州市统计局投资处主任科员；王方东，广州市统计局投资处科员。

投资2701.93亿元，与上年持平，但增幅较上年下降6.4个百分点，较全市固定资产投资低8.2个百分点；房地产开发投资占全市固定资产投资的比重为45.50%，同比下降3.75个百分点。与此同时，制造业投资占比同比提高4.6个百分点，固定资产投资出现从房地产开发业向制造业等实体经济转移的迹象。

从月度变动情况看，前8个月（除3月受上年基数影响出现大幅下滑外）房地产开发投资总体保持5%以上的增长幅度，而进入9月以来，新开工项目补充不足的影响逐渐显现，房地产开发投资同比增幅逐月回落（见图1）。

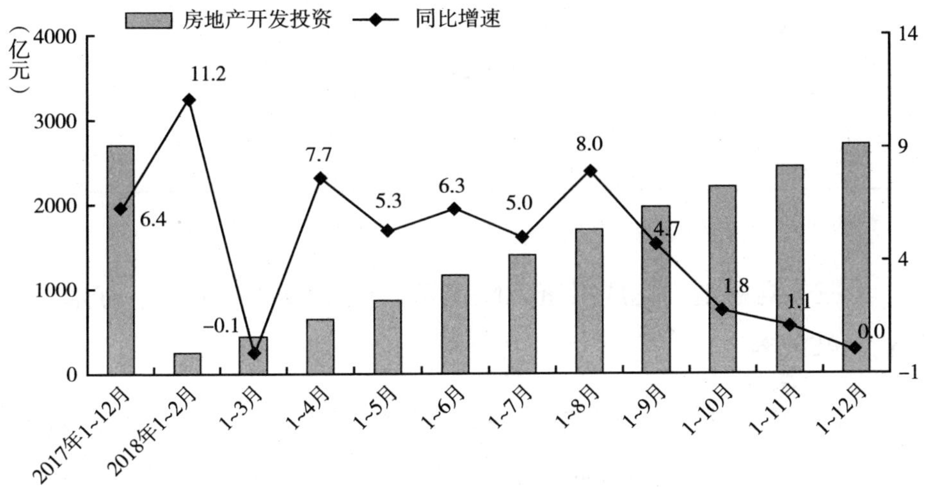

图1　广州市房地产开发投资完成情况

（二）建筑安装工程投资首现负增长，土地购置费占比达历史新高

从投资构成看，由于购房者和开发商观望情绪加重，开发商开发意愿有所减弱，导致开发投资出现了较大的结构性调整，开发投资对土地成本的依赖度提高，土地购置费首次超过建筑安装工程投资，占比接近五成，成为房地产开发投资的最主要构成部分。2018年，广州市房地产开发企业建筑安装工程完成投资1122.40亿元，同比由升转降，大幅下降29.8%，为近5年

首次出现负增长，占房地产开发投资的比重也首次跌破五成，从上年的59.18%缩小至41.54%，影响全市房地产开发投资增幅下降17.7个百分点；土地购置费1336.39亿元，同比大幅增长53.4%，增幅同比提高46.5个百分点，占比达到历史新高，由上年的32.23%提升到49.46%，拉动全市房地产开发投资增长17.2个百分点，是广州市房地产开发投资增长的主要拉动力。

表1　2018年广州市房地产开发投资构成情况

投资构成	完成投资(亿元)	同比增速(%)	增速增幅(个百分点)
1. 建筑安装工程	1122.40	-29.8	-35.5
2. 设备购置	10.99	-34.2	-20.5
3. 其他费用	1568.55	44.4	36.6
#土地购置费	1336.39	53.4	46.5
合　计	2701.93	0.0	-6.4

（三）商业地产完成投资大幅回落，住宅中90~144平方米户型投资一枝独秀

从投资用途看，受2017年“3·30新政”和整体经济大环境下行因素影响，一方面，开发商放缓商业地产开发进度，办公楼和商业营业用房完成投资同比收缩一成以上；另一方面，销售市场遇冷，为提升产品品质和竞争力，开发商加大了对项目配套的投入，其他房屋完成投资是四种房地产开发投资用途中唯一出现大幅增长的种类，是广州市房地产开发投资能与上年持平的重要影响因素。2018年，广州市住宅完成投资1733.76亿元，同比下降2.0%；商业地产完成投资555.26亿元，下降11.7%，占比从上年的23.26%下降为20.55%，其中办公楼完成投资287.48亿元，下降12.9%，商业营业用房完成投资267.78亿元，下降10.3%；其他房屋完成投资412.91亿元，增长35.5%，增幅同比提高21.1个百分点，增速高于全市房地产开发投资增速35.5个百分点，拉动全市房地产开发投资增长4.0个百分点。

从住宅户型结构看，在二胎政策和限购政策的双重影响下，90～144平方米的三房住宅成为住宅销售中最受青睐的户型，完成投资972.07亿元，占住宅完成投资的56.07%，在90平方米及以下和144平方米以上户型住宅投资分别下降14.1%和31.4%的情况下，一枝独秀，出现了19.9%的增长，拉动住宅投资增长9.1个百分点（见表2）。

表2　2018年广州市房地产开发投资用途情况

用途	完成投资(亿元)	同比增速(%)	增速增减(个百分点)
1. 住宅	1733.76	-2.0	-13.0
(1)90平方米及以下	515.24	-14.1	-2.2
(2)90～144平方米	972.07	19.9	-31.7
(3)144平方米以上	246.45	-31.4	-26.1
2. 办公楼	287.48	-12.9	-21.5
3. 商业营业用房	267.78	-10.3	10.3
4. 其他房屋	412.91	35.5	21.1
合　计	2701.93	0.0	-6.4

二　商品房施工和新开工面积补充不足

（一）商品房施工面积增势放缓，仅办公楼增幅提高

2018年，全市商品房施工面积10999.01万平方米，同比增长3.2%，增速较上年回落2.7个百分点。从施工面积构成看，四类房屋施工面积虽然均有不同程度增长，但除办公楼外，住宅、商业营业用房和其他房屋增幅同比均有下滑。其中，住宅施工面积为6507.73万平方米，增长1.7%，同比回落3.1个百分点；办公楼施工面积为1207.40万平方米，增长7.6%，同比提高3.4个百分点；商业营业用房施工面积为1260.17万平方米，增长0.1%，同比回落2.6个百分点；其他房屋施工面积为2023.71万平方米，增长7.7%，同比回落5.8个百分点（见表3）。

表3　2018年广州市商品房施工情况

类别	施工面积(万平方米)	同比增速(%)	增速增减(个百分点)
1. 住宅	6507.73	1.7	-3.1
2. 办公楼	1207.40	7.6	3.4
3. 商业营业用房	1260.17	0.1	-2.6
4. 其他房屋	2023.71	7.7	-5.8
合　计	10999.01	3.2	-2.7

（二）商品房新开工面积补充不足，住宅和商业营业用房新开工面积回落明显

受销售市场趋冷的影响，开发商对项目新开工持谨慎态度，2018年全市商品房新开工面积1775.45万平方米，同比下降4.2%，但降幅较上年收窄8.8个百分点。从新开工面积构成看，住宅仍是开发重点，住宅新开工面积为994.06万平方米，占新开工总量的55.99%，但比重同比下降4.37个百分点；其他房屋新开工面积增长最快，新开工面积达423.10万平方米，增长16.2%，增幅同比提高10.3个百分点，项目配套设施不断完善。

表4　2018年广州市商品房新开工情况

类别	新开工面积(万平方米)	同比增速(%)	增速增减(个百分点)
1. 住宅	994.06	-11.2	-0.1
2. 办公楼	172.04	5.3	42.8
3. 商业营业用房	186.25	-10.2	12.5
4. 其他房屋	423.10	16.2	10.3
合　计	1775.45	-4.2	8.8

三　房地产开发到位资金较为充裕

（一）企业到位资金平稳增长，资金投资比达高位

2018年，广州市房地产开发企业本年到位资金4030.88亿元，同比增

长6.4%，增幅较上年回落1.4个百分点，增速高于房地产开发投资增幅6.4个百分点；资金投资比为1.49，为近5年的最高值，全年月度资金投资比均高于1.35，企业资金较为充裕。从各月资金投资变动情况看，房地产开发企业资金投资比从年初逐月下调，在10月（资金投资比为1.36）探底后，受国内贷款和自筹资金大量补充的影响，企业资金投资比也逐月回升至1.49。

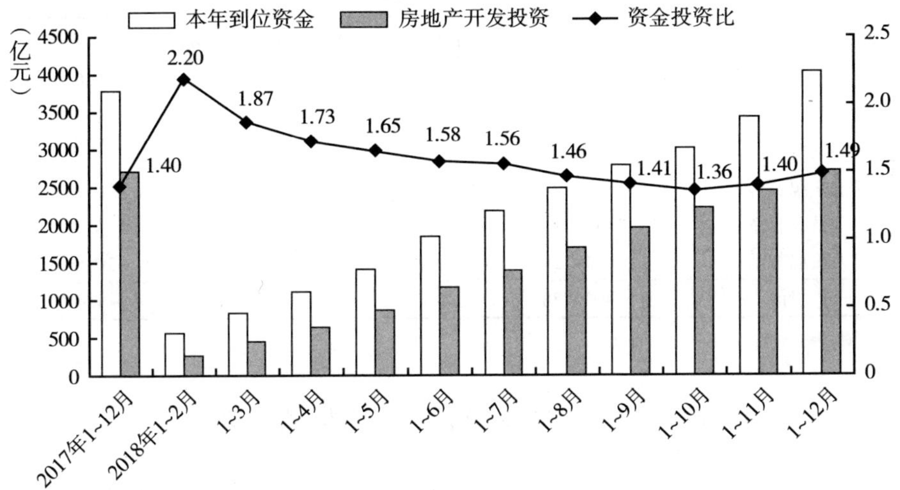

图2　广州市房地产开发企业到位资金和投资情况

（二）企业筹措资金多元化，三大资金均有所增长

从到位资金构成情况看，一是构成到位资金的三大主要部分：定金及预收款、自筹资金和国内贷款均有增长，尤其定金及预收款和自筹资金增幅提高，是广州市房地产开发企业资金压力缓解的重要原因之一。2018年，广州市房地产开发企业定金及预收款到位1415.70亿元，同比增长6.9%，增幅较上年提高4.5个百分点；自筹资金到位1296.06亿元，增长8.8%，增幅同比提高7.1个百分点。二是房地产市场调控力度加大，银监会对流入房地产市场的资金加强监管，房地产企业的国内贷款和个人按揭贷款均受到不

同程度的影响，国内贷款到位 805.37 亿元，增长 5.2%，增速同比大幅回落34.6 个百分点；个人按揭贷款到位314.59 亿元，下降21.9%，降幅同比扩大20.5 个百分点。三是企业通过多种途径筹措资金，大量发行债券使其他来源资金倍增。其他来源资金到位 195.25 亿元，增长 1.1 倍，增幅同比提高78.2 个百分点。

表 5　2018 年广州市房地产开发企业资金到位情况

资金构成	到位资金(亿元)	同比增速(%)	增速增幅(个百分点)
1. 国内贷款	805.37	5.2	-34.6
2. 利用外资	3.91	-56.8	-4.9
3. 自筹资金	1296.06	8.8	7.1
4. 其他来源资金	195.25	1.1 倍	78.2
5. 定金及预收款	1415.70	6.9	4.5
6. 个人按揭贷款	314.59	-21.9	-20.5
合　计	4030.88	6.4	-1.4

（三）房地产开发贷款增长明显，购房贷款增势放缓

从房地产信贷运行情况看，2018 年 12 月末，广州市中外资银行机构人民币房地产贷款余额为 10770.48 亿元，比年初增加 1527.83 亿元，同比增长 16.5%。

12 月末，房地产开发贷款余额为 2614.55 亿元，比年初增加 604.47 亿元，增长 30.1%，占房地产贷款余额的比重为 24.28%，比上年末增加 2.53 个百分点。其中，地产开发贷款 14.46 亿元，比年初减少 4.78 亿元，下降 24.8%；房产开发贷款 2600.09 亿元，比年初增加 609.25 亿元，增长 30.6%，其中住房开发贷款 1750.06 亿元，比年初增加 557.06 亿元，增长 46.69%。

12 月末，购房贷款余额为 7964.11 亿元，比年初增加 832.32 亿元，增长 11.7%，增幅同比下降 11.6 个百分点，占房地产贷款余额的比重为 73.94%，比上年末下降 3.22 个百分点。其中，个人购房贷款 7669.09 亿元，比年初增加 828.07 亿元，增长 12.1%。

四　商品房销售市场趋于冷静

（一）新建商品房销售面积降幅收窄

2018 年，广州市新建商品房销售面积 1550.28 万平方米，同比下降 11.8%。年初开始，全市商品房销售市场就出现疲态，一季度商品房销售面积大幅下降 50.3%；二季度受基数影响销售面积降幅有所收窄；三季度交易市场仍不活跃；四季度市房地产调控政策微调，住宅和商服类项目网签量增加，商品房交易市场活跃度提升，全年商品房销售面积止跌回稳，降幅收窄（见图 3）。

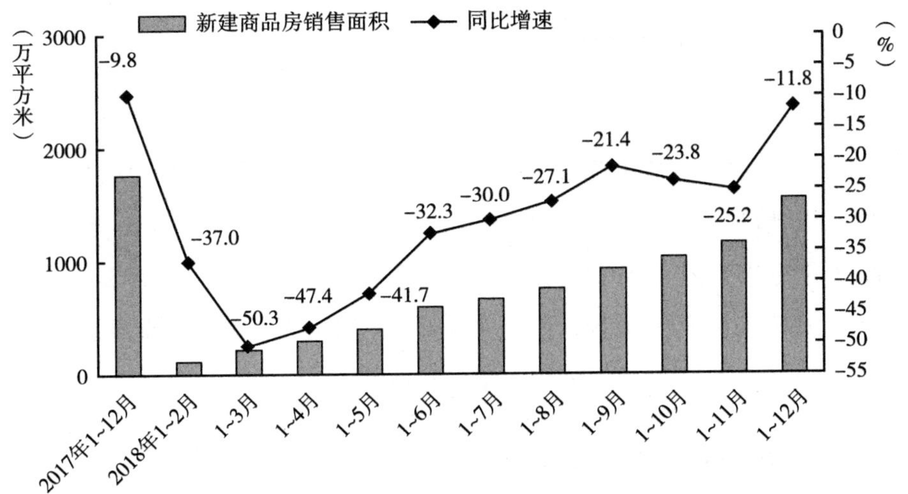

图 3　2018 年广州市商品房销售面积情况

从新建商品房销售面积构成情况看，作为房地产市场调控主要对象的住宅市场销售面积大幅回落；办公楼和其他房屋由于销售条件的限制，销售面积虽同比有所增长，但增幅同比回落；商业营业用房作为不限购物业，销售面积增速由负转正。2018 年，广州市新建住宅销售面积 1138.20 万平方米，同比下降 16.8%，降幅较上年扩大 1.0 个百分点；办公楼销售面积 189.25 万平方米，增长6.9%，增幅同比下降8.7个百分点；其他房屋销售面积120.84万平方米，增长0.5%，增幅同比下降129.2个百分点；商业营业用房销售面积101.99万平方米，增长9.6%，增幅提高31.8个百分点（见表6）。

表6 2018年广州市新建商品房销售情况

商品房构成	销售面积(万平方米)	同比增速(%)	增速增幅(个百分点)
1. 住宅	1138.20	-16.8	-1.0
2. 办公楼	189.25	6.9	-8.7
3. 商业营业用房	101.99	9.6	31.8
4. 其他房屋	120.84	0.5	-129.2
合　计	1550.28	-11.8	-2.0

（二）二手房网签面积下行

2018年，广州市二手房网签面积1083.11万平方米，较上年减少287.45万平方米，同比下降21.0%，交易量同比萎缩了两成。从各月二手房网签变动情况看，各月二手房市场交易量均大幅减少，月均交易量仅90.26万平方米，较上年减少23.95万平方米，其中3月、10月和12月月均交易量更不足80万平方米，二手房网签面积进入下行通道，交易量同比下降20%～30%，购房者观望情绪浓厚（见图4）。

（三）新建商品房库存充足

2018年末，广州市新建商品房可售面积突破1550万平方米，达到1568.07万平方米，较上年同期增加155.54万平方米，同比增长11.0%。从各月变动情况看，前5个月新建商品房可售面积基本在1400万平方米上下浮动，6月增城区、黄埔区、花都区和南沙区大量房源入市，下半年可售面积总体保持在高位，销售市场库存充足。

2018年末，广州市新建商品住宅可售面积872.26万平方米，较上年增加126.61万平方米，同比增长17.0%。从各月变动情况看，5月新建商品

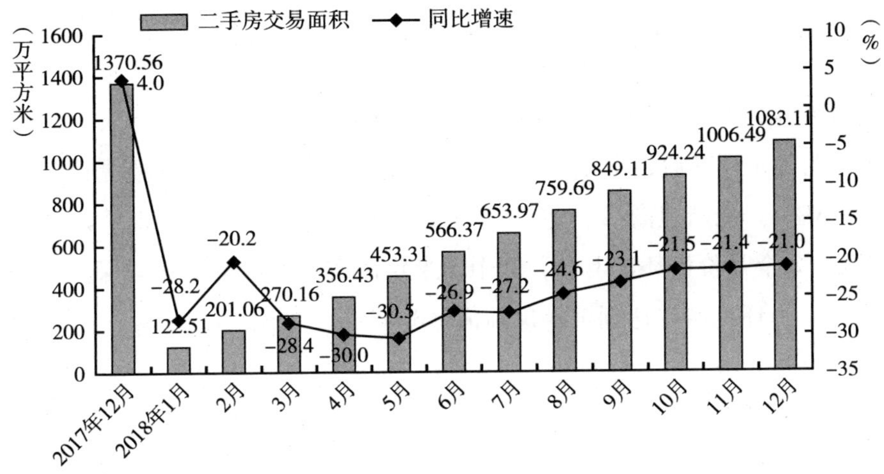

图4　广州市二手房网签情况

注：资料来源于广州市住房和城乡建设局。

住宅可售面积突破750万平方米，11月新建商品住宅可售面积突破800万平方米，12月新建商品住宅可售面积更突破850万平方米，住宅销售市场得到了极大的补充。

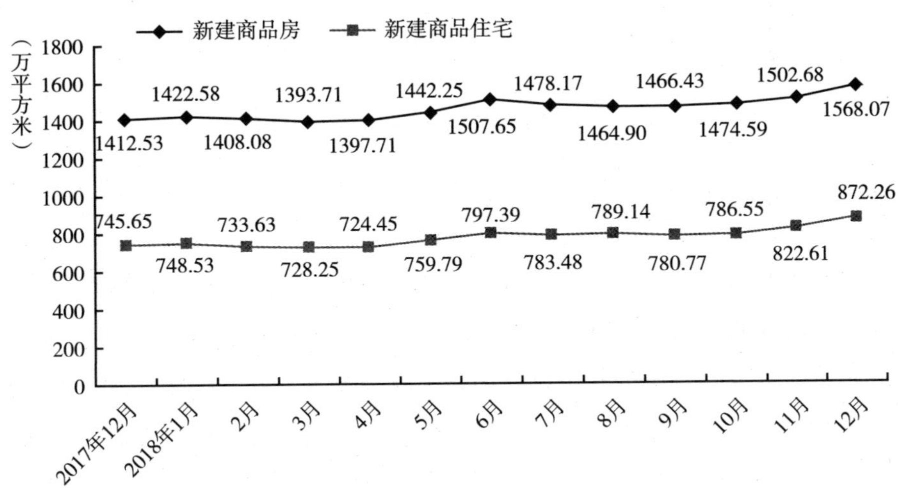

图5　广州市新建商品房和住宅库存情况

注：资料来源于广州市住房和城乡建设局。

（四）一、二手住宅销售价格走势出现分化

2018 年，广州市新建商品住宅价格同比（除 4 月外）基本表现出增长态势，尤其 5 月以后，增幅呈现出逐月攀升的趋势，12 月增幅更达到最高点（8.3%）。从新建商品住宅价格环比变化情况看，全年有 4 个月价格环比下降，8 个月价格环比上升，其中下半年住宅销售价格环比均保持增长或不变，12 月环比增幅达到全年最高值（3.0%）（见图 6）。

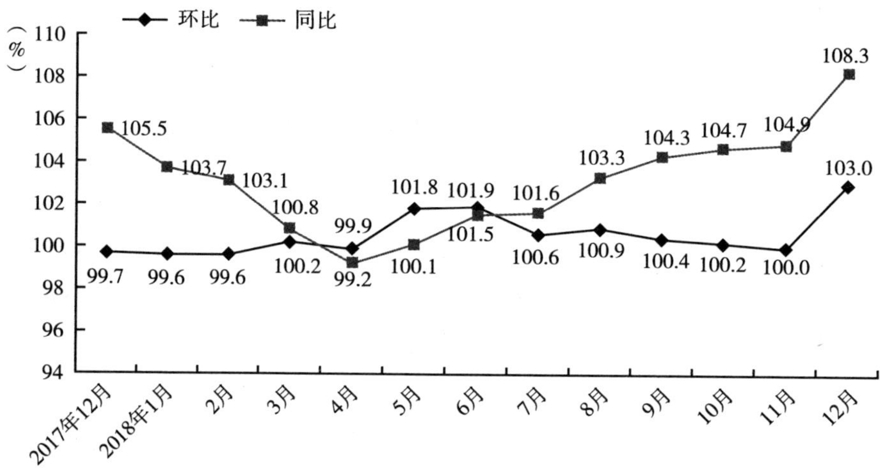

图 6　广州市新建商品住宅销售价格指数

注：①环比价格指数以上月价格为 100；②同比价格指数以上年同月价格为 100；③数据来源于国家统计局。

二手住宅销售价格环比出现下行趋势。2018 年前三季度，全市二手住宅价格环比（除 1 月下降 0.1% 以外）基本保持在 0.2% 至 1% 之间波动，进入四季度后价格环比进入下行通道，出现负增长，并且降幅逐月扩大。从二手住宅价格同比变化情况看，住宅价格同比仍保持增长，但增幅 1～4 月出现大幅回调，由年初的增长 7.6% 回落至 4 月的 1.8%，5～12 月基本以 2% 左右的增幅上下轻微浮动（见图 7）。

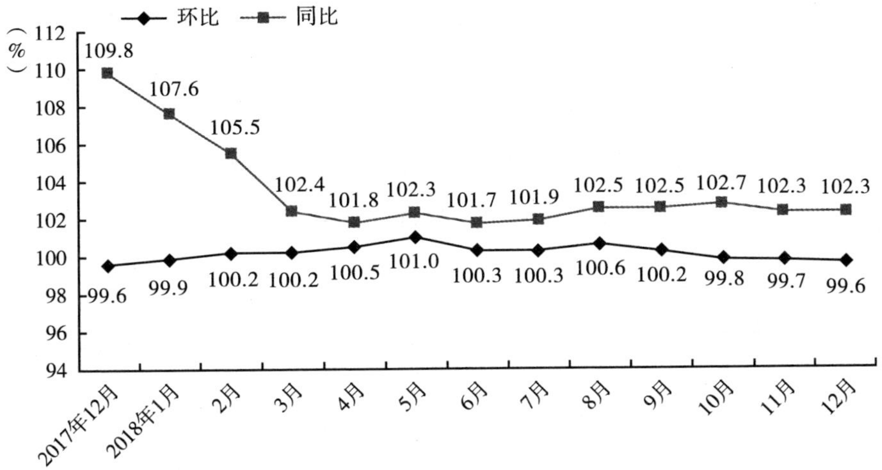

图7　广州市二手住宅销售价格指数

注：①环比价格指数以上月价格为100；②同比价格指数以上年同月价格为100；③数据来源于国家统计局。

五　区域发展有张有弛

从房地产开发投资区域分布情况看，中心城区除越秀区外，增幅较上年均有不同程度增长；周边地区中白云区和增城区因近几年供地充足，完成投资增长情况较好。从各区新建商品房销售情况看，在销售面积下行的大环境下，中心城区仅海珠区一枝独秀，其中广纸地块贡献了海珠区四成的销售面积；周边地区中白云区、黄埔区和番禺区有所增长，其余四区销售面积下降。

（一）增城、番禺、黄埔为投资重点，荔湾、海珠、白云同比增速居前三

2018 年，房地产开发投资总量前三位分别为增城区（587.10 亿元）、番禺区（362.00 亿元）和黄埔区（319.07 亿元），占全市的46.94%，同比下降0.45 个百分点；开发投资同比保持增长的共有 7 个区，分别为荔湾区

(48.6%)、海珠区(43.1%)、白云区(37.5%)、增城区(34.9%)、天河区(6.1%)、花都区(3.0%)和番禺区(1.9%),共完成投资2000.58亿元,同比增长21.2%,拉动全市房地产开发投资增长13.0个百分点;开发投资增幅较上年提高的共5个区,分别为荔湾区(98.8个百分点)、海珠区(68.6个百分点)、花都区(21.8个百分点)、白云区(14.2个百分点)和天河区(7.6个百分点)(见表7)。

(二)增城、黄埔、南沙为销售热点,荔湾、白云、番禺同比增速居前三

2018年,新建商品房销售面积总量前三位分别为增城区(347.03万平方米)、黄埔区(346.72万平方米)和南沙区(215.17万平方米),占全市的58.63%,同比提高4.93个百分点;销售面积同比保持增长的共4个区,分别为荔湾区(33.0%)、白云区(19.7%)、番禺区(15.8%)和黄埔区(6.1%),共销售商品房673.85万平方米,同比增长12.4%,拉动全市房地产销售面积增长4.2个百分点;销售面积增速增幅居前三位的为番禺区(50.6个百分点)、荔湾区(48.3个百分点)和白云区(44.4个百分点)(见表7)。

表7 2018年广州市各区房地产开发投资和新建商品房销售情况

地区	房地产开发投资			新建商品房销售面积		
	总量(亿元)	同比增速(%)	增速增幅(个百分点)	总量(万平方米)	同比增速(%)	增速增幅(个百分点)
1. 中心城区	672.04	19.6	44.8	226.44	-15.0	23.6
(1)荔湾区	210.93	48.6	98.8	75.37	33.0	48.3
(2)越秀区	27.51	-45.7	-40.2	7.79	-63.8	-20.6
(3)海珠区	162.24	43.1	68.6	46.29	-25.2	39.9
(4)天河区	271.36	6.1	7.6	96.99	-23.2	-6.5
2. 周边地区	2029.89	-5.2	-24.9	1323.84	-11.2	-9.6
(1)白云区	190.97	37.5	14.2	49.07	19.7	44.4
(2)黄埔区	319.07	-35.0	-51.2	346.72	6.1	-9.4
(3)番禺区	362.00	1.9	-25.2	202.69	15.8	50.6

续表

地区	房地产开发投资			新建商品房销售面积		
	总量（亿元）	同比增速（%）	增速增幅（个百分点）	总量（万平方米）	同比增速（%）	增速增幅（个百分点）
(4)花都区	215.98	3.0	21.8	100.01	-30.9	-7.5
(5)南沙区	254.38	-35.0	-68.4	215.17	0.0	4.6
(6)从化区	100.39	-16.3	-14.7	63.15	-66.2	-67.9
(7)增城区	587.10	34.9	-9.4	347.03	-13.6	-42.7
全市合计	2701.93	持平	-6.4	1550.28	-11.8	-2.0

注：①房地产开发投资口径为按项目所在地；②新建商品房销售面积口径为按法人在地。

六 市场运行中需要关注的几个问题

（一）土地购置费占开发投资比重较大

房地产开发投资主要有两大部分构成：一是建筑安装工程投资，其主要受项目开工量和人工、建筑材料等成本变动的影响，在整个建设开发工程中均有反映；二是土地购置费投资，主要受项目开工量和楼面地价的影响，为一次性投入。从2018年各月建筑安装工程投资和土地购置费投资占比情况看，建筑安装工程投资占比从上年的59.18%逐步下降到41.54%，而土地购置费投资占比从上年的32.23%逐步提升为49.46%，接近房地产开发投资的五成（见图8）。土地购置费投资的影响因素和支付方式决定了这个指标的不稳定性，同时其增长对开发投资可持续增长的边际效用逐渐下降。从长远看，房地产开发投资对土地购置费的过度依赖，将使开发投资的稳定增长缺乏支撑点。

（二）房地产市场出现下行迹象

从交易情况看，2018年广州市一、二手房交易量较上年均大幅下降。其中，新建商品房销售面积1550.28万平方米，下降11.8%，二手房网签

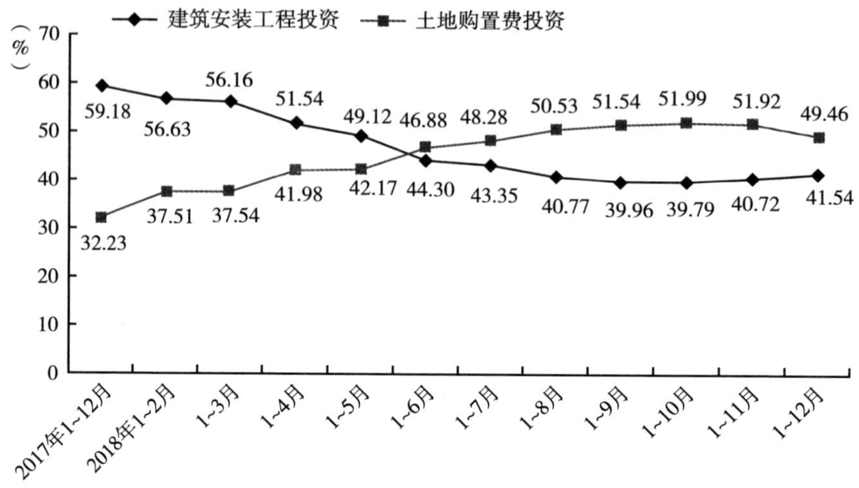

图8　广州市房地产开发投资主要构成占比情况

面积1083.11万平方米，下降21.0%，房地产交易市场降温态势显现。从销售价格变动情况看，由于开发商资金仍较充裕，一手房价格仍保持环比持平和微涨的态势，但对市场交易波动更加敏感的二手房价格，已经连续3个月出现环比下降，商品房价格下行压力不断增大。从库存情况看，新建商品房可售面积突破1550万平方米，住宅可售面积突破850万平方米，商品房供应量充足。从市场表现看，一手房市场上开发商通过全员出动、一二手中介联动、免费看房一日游等多种形式推货；二手房市场购房者看多买少，房屋挂牌时间延长，大幅降价急售房源增多，买家议价空间加大。

（三）土地公开出让市场热度有所退减

在融资成本增加和销售市场受限的双重压力下，广州市房地产开发企业拿地愈加谨慎。2018年，全市完成国有土地使用权公开出让173宗，与2017年持平；成交面积962.33万平方米，增长5.7%；成交金额1385.38亿元，增长35.8%。其中，底价成交149宗，占出让地块总量的86.1%，底价成交成为常态；溢价率超过20%的高溢价地块成交时间集中在前两个季度，共有6宗，分别为一季度2宗，二季度4宗。

七 多措并举保障市场健康平稳运行

2018 年以来，受调控政策持续影响，广州市的房地产市场逐步趋于理性，开发商和购房者入市保持了较为谨慎的态度，商品房销售面积全年都持续了负增长的态势。2019 年，建议进一步完善房地产调控细则，多措并举，确保房地产市场健康平稳运行。

一是要完善多渠道市场供给，大力推进保障性住房建设，加快共有产权型住房的市场供给，创新住房租赁模式，加快住房租赁市场发展。探索建立健全多主体供给、多渠道保证体系，保障房地产市场健康平稳运行。

二是根据广州市销售和库存情况，进一步细化房地产调控政策，对于全市库存去化周期较长的商服类地产项目，在保障市场平稳运行的前提下适当调整调控细则，化解库存压力，防范市场风险。

三是要继续增加普通商品住房土地有效供给，保证住宅用地成交开发量与一手住宅成交面积基本持平，确保市场供需平衡，并根据房地产市场的变化和市场发展需要，科学合理确定土地供应规模。

四是大力推进城市更新和综合环境整治，着力加快重点功能区、交通枢纽站点周边城市更新。

五是要继续支持房地产市场刚需和改善型需求置业者入市，对于首套和换房的刚需置业者，可以适当调整首付比例，给予相关的房贷利率优惠、税收优惠等。

六是要继续加快人才引进，进一步降低优秀人才的落户门槛，推进实施人才强市战略。

（审稿人 汪文姣）

B.7 2018年北上广深规模以上服务业比较分析

广州市统计局课题组*

摘　要： 近年来，北京、上海、广州和深圳四大一线城市规模以上服务业①（以下简称“规上服务业”）发展较快，规上服务业对经济增长的支撑作用越来越突出。四大城市主体行业类同，但行业发展各有侧重，交通运输、仓储和邮政业，信息传输、软件和信息技术服务业，租赁和商务服务业，科学研究和技术服务业这4个行业作为四大城市主体行业，其营业收入合计占四个城市规上服务业比重均在87.0%以上。广州规上服务业在四大城市中增长速度最快，增加值占GDP比重高，但总量规模不具备优势，总部经济与北京、上海差距明显，科研创新能力相对薄弱。本文通过对四大城市规上服务业对比分析，寻找差距和短板，为促进广州服务业发展、推动广州市经济高质量发展和提高城市综合竞争力提供经验借鉴。

关键词： 规模以上服务业　经济增长　北上广深

---

* 课题组成员：黄平湘，广州市统计局副局长；罗奕洋，广州市统计局服务业处处长；钟炳基，广州市统计局服务业处副处长；莫广礼，广州市统计局服务业处主任科员。执笔：莫广礼。

① 规模以上服务业企业统计范围包括国民经济十大门类：①交通运输、仓储和邮政业，②信息传输、软件和信息技术服务业，③房地产业（不含房地产开发经营），④租赁和商务服务业，⑤科学研究和技术服务业，⑥水利、环境和公共设施管理业，⑦居民服务、修理和其他服务业，⑧教育，⑨卫生和社会工作，⑩文化、体育和娱乐业。规模以上服务业统计标准：年营业收入在1000万元及以上或年末从业人数在50人及以上，执行企业会计准则的法人单位。其中，从事居民服务、修理和其他服务业，文化、体育和娱乐业执行企业会计准则的法人单位，年营业收入在500万元及以上或年末从业人数在50人及以上。

一　四大城市 GDP 及服务业主要指标对比

（一）北京、上海 GDP 超3万亿元，广州第三产业增加值总量和增速均排名第3，高于深圳

从 GDP 看，北京、上海领先优势明显。2018 年，北京和上海 GDP 均踏上 3 万亿元台阶（年快报数，下同），广州（22859.35 亿元）、深圳（24221.98 亿元）GDP 均不足北京（30320.0 亿元）、上海（32679.87 亿元）的八成；广州与深圳 GDP 差距进一步扩大，2018 年广州 GDP 比深圳少 1362.63 亿元，比 2017 年差额增加 375.72 亿元。从增速看，由于深圳第二产业增长快，拉动深圳 GDP 快速增长，2018 年深圳 GDP 同比增长 7.6%，比北京（6.6%）、上海（6.6%）和广州（6.2%）分别高 1.0 个、1.0 个和 1.4 个百分点；广州由于第二产业增速低于深圳，第三产业发展不如北京、上海迅速，GDP 增速在四大城市中排名末位。

从产业结构看，第三产业已成为四大城市主体产业。广州第三产业占 GDP 比重超七成，北京占比最大。2018 年，广州三次产业结构为 1.0∶27.3∶71.7，第三产业占 GDP 比重达 71.7%，比 2017 年提高 0.7 个百分点；北京继 2016 年超八成后，2018 年继续上升至 81.0%；上海、深圳第三产业占比分别为 69.9%、58.8%，比 2017 年分别提升了 0.7 个和 0.3 个百分点。从增速看，上海第三产业增长最快，同比增长 8.7%，比北京（7.3%）、广州（6.6%）和深圳（6.4%）分别高 1.4 个、2.1 个和 2.3 个百分点。广州第三产业总量和增速均居第 3 位，总量为 16401.84 亿元，分别比北京（24553.6 亿元）、上海（22842.96 亿元）少 8151.76 亿元和 6441.12 亿元，比深圳（14237.94 亿元）多 2163.9 亿元；增速为 6.6%，分别比北京（7.3%）、上海（8.7%）低 0.7 个和 2.1 个百分点，比深圳快 0.2 个百分点（见表 1）。

表1　2018 年北上广深 GDP 分产业增加值

指标	北京			上海		
	增加值（亿元）	增长（%）	占 GDP 比重（%）	增加值（亿元）	增长（%）	占 GDP 比重（%）
地区生产总值	30320.0	6.6	100.0	32679.87	6.6	100.0
第一产业	118.7	-2.3	0.4	104.37	-6.9	0.3
第二产业	5647.7	4.2	18.6	9732.54	1.8	29.8
第三产业	24553.6	7.3	81.0	22842.96	8.7	69.9
指标	广州			深圳		
	增加值（亿元）	增长（%）	占 GDP 比重（%）	增加值（亿元）	增长（%）	占 GDP 比重（%）
地区生产总值	22859.35	6.2	100.0	24221.98	7.6	100.0
第一产业	223.44	2.5	1.0	22.09	3.9	0.1
第二产业	6234.07	5.4	27.3	9961.95	9.3	41.1
第三产业	16401.84	6.6	71.7	14237.94	6.4	58.8

注：上述数据采用北、上、广、深 2018 年快报数据，没有分行业增加值。

（二）北京、上海规上服务业营业收入总量优势明显，广州增速居首位

从规模来看，2018 年，北京规上服务业实现营业收入 35108.19 亿元（2018 年快报数，下同），处于绝对领先地位，上海 27529.19 亿元，居第二位；广州、深圳规上服务业营业收入分别为 11114.77 亿元和 11177.35 亿元，两市规模相当。广州规模相当于北京和上海的 31.7% 和 40.4%。从增速来看，广州增速最快，2018 年广州规上服务业营业收入同比增长 15.4%，比北京、上海和深圳增速分别高 5.7 个、3.8 个和 2.5 个百分点。近年来，广州大力引进国内外互联网知名企业，企业规模大，发展迅速，对规上服务业增长拉动明显。

其中，其他营利性服务业①广州增长最快，同比增长 20.3%，比北京

① 其他营利性服务业统计范围包括规上服务业两个大类：A. 互联网和相关服务，B. 信息传输、软件和信息技术服务业；三个门类：①租赁和商务服务业，②居民服务、修理和其他服务业，③文化、体育和娱乐业。

（12.4%）、上海（11.0%）和深圳（16.6%）分别高 7.9 个、9.3 个和 3.7 个百分点。但广州其他营利性服务业总量最小，2018 年营业收入为 4759.49 亿元，比北京（19397.65 亿元）、上海（13679.65 亿元）和深圳（5862.40 亿元）分别少 14638.15 亿元、8920.16 亿元和 1102.91 亿元（见表2）。

表 2　2018 年全国、广东及北上广深规上服务业营业收入增长情况

地区	规上服务业		#其他营利性服务业	
	营业收入(亿元)	同比增长(%)	营业收入(亿元)	同比增长(%)
#广东省	27122.00	14.0	12231.70	18.0
北京市	35108.19	9.7	19397.65	12.4
上海市	27529.19	11.6	13679.65	11.0
广州市	11114.77	15.4	4759.49	20.3
深圳市	11177.35	12.9	5862.40	16.6
全国	194174.22	11.4	78016.54	15.1

（三）四市规上服务业主体行业类同，但发展各有所侧重

从规上服务业发展情况来看，北京、上海、广州和深圳均是以交通运输、仓储和邮政业，信息传输、软件和信息技术服务业，租赁和商务服务业，科学研究和技术服务业这四个行业为主导行业，上述四大行业营业收入占四大城市规上服务业比重均在 87.0% 以上，分别是北京（88.4%）、上海（92.3%）、广州（89.1%）和深圳（87.7%），其他行业规模相对较小，但行业发展各有侧重。北京在信息软件、科学研究和文化体育方面底蕴深厚，相关行业发展领先全国。上海作为国际航运中心、商贸中心，交通运输、仓储和邮政业，商务服务业总量居全国首位。广州规上服务业以交通运输、信息软件、商务服务相关行业为主，增长较快。深圳作为创新型城市，互联网信息产业、科学研究和技术服务业等现代服务业发展迅速，创新型经济已成为深圳经济发展的“主引擎”。下面主要从规上服务业十大行业来比较四大城市发展情况（见表3）。

表 3　2018 年北上广深规上服务业分行业发展情况

行业	北京			上海			广州			深圳		
	营业收入（亿元）	同比增长（%）	占比（%）	营业收入（亿元）	同比增长（%）	占比（%）	营业收入（亿元）	同比增长（%）	占比（%）	营业收入（亿元）	同比增长（%）	占比（%）
规上服务业	35108.19	9.7	100.0	27529.19	11.6	100.0	11114.77	15.4	100.0	11177.35	12.9	100.0
交通运输、仓储和邮政业	5441.90	8.7	15.5	9298.13	13.0	33.8	4118.36	12.7	37.1	2587.14	6.2	23.1
信息传输、软件和信息技术服务业	10828.36	16.0	30.8	5094.30	12.7	18.5	2836.76	27.3	25.5	4510.85	18.1	40.4
房地产业（不含房地产开发经营）	1619.16	6.7	4.6	728.30	8.2	2.6	580.26	8.3	5.2	839.28	9.4	7.5
租赁和商务服务业	8547.56	7.0	24.3	8673.26	9.8	31.5	2064.84	9.7	18.6	1603.01	13.8	14.3
科学研究和技术服务业	6200.28	4.1	17.7	2330.18	16.0	8.5	876.45	12.9	7.9	1105.42	13.0	9.9
水利、环境和公共设施管理业	467.47	11.7	1.3	402.81	4.0	1.5	117.93	26.3	1.1	95.40	13.4	0.9
居民服务、修理和其他服务业	181.08	10.6	0.5	298.63	9.7	1.1	72.21	7.9	0.6	115.33	14.0	1.0
教育	356.05	22.9	1.0	129.02	6.5	0.5	112.47	10.6	1.0	81.18	16.0	0.7
卫生和社会工作	247.68	14.9	0.7	154.93	13.1	0.6	93.40	17.4	0.8	75.54	9.4	0.7
文化、体育和娱乐业	1218.67	9.3	3.5	419.60	1.8	1.5	242.09	12.3	2.2	164.21	-2.3	1.5

1. 交通运输、仓储和邮政业

上海营业收入一枝独秀，广州比重最大。2018 年，上海规上服务业中总量最大的交通运输、仓储及邮政业营业收入超 9000 亿元，相当于北京、广州和深圳的 1.7 倍、2.3 倍和 3.6 倍，铁路、道路、水上、航空、管道、运输代理、装卸搬运和仓储、邮政这八大行业均发展迅速，特别是大港口和“三通一达”快递总部发展快，处于绝对领先地位。作为华南地区交通枢纽，广州历来以交通运输、仓储及邮政业作为传统优势产业，拥有南航、广铁集团等行业龙头企业，2018 年营业收入为 4118.36 亿元，比上海（9298.13 亿元）、北京（5441.90 亿元）分别少 5179.77 亿元和 1323.54 亿元，比深圳（2587.14 亿元）多 1531.22 亿元。从比重看，广州交通运输、仓储及邮政业占规上服务业比重最大，达 37.1%，比北京（15.5%）、上海（33.8%）和深圳（23.1%）比重分别高 21.6 个、3.3 个和 14.0 个百分点。上海、北京营业收入大，比重低，主要是因为两市规上服务业十大行业发展较均衡，广州规上服务业主要集中在交通运输、仓储及邮政业，信息传输、软件和信息技术服务业两大行业上，因此比重较大。

2. 信息传输、软件和信息技术服务业

北京总量独占鳌头，广州增速最快。北上广深信息传输、软件和信息技术服务业近年来发展迅速，四市均保持两位数增长，已成为四大城市的支柱产业。北京集合了移动、电信和联通三大运营商总部，且中关村软件园集聚了联想、百度、腾讯等 500 多家知名 IT 企业和总部企业，规模优势明显。2018 年，北京信息传输、软件和信息技术服务业营业收入突破万亿（10828.36 亿元），分别是上海（5094.30 亿元）、广州（2836.76 亿元）、深圳（4510.85 亿元）的 2.1 倍、3.8 倍和 2.4 倍。深圳信息传输、软件和信息技术服务业营业收入比广州多 1674.09 亿元，主要是因为深圳腾讯系信息企业发展迅猛，已成为全国具有影响力的信息企业，业务遍布全国。广州信息传输、软件和信息技术服务业营业收入在四大城市中总量最小。但从增速看，广州增长最快，2018 年同比增长 27.3%，分别比北京、上海、深圳增速快 11.3 个、14.6 个和 9.2 个百分点。广州近年来大力吸引国内外互联网软件龙头企业进驻，先后引进了小米信息、聚禾信息、思科（中国）、酷友科技、今日头条、阿里巴巴华南技术等企业，拉高了广州信息传输、软件和信息技术服务业营业收入。

3. 租赁和商务服务业

北京、上海总部企业云集，广州、深圳与北京、上海差距较大。北京、上海租赁和商务服务业规模优势明显，2018 年营业收入均超过 8500 亿元，分别为 8547.56 亿元和 8673.26 亿元，规模远超广州（2064.84 亿元）和深圳（1603.01 亿元）。上海是国际大都市，吸引大批外资 500 强总部企业及国内著名企业进驻，总部经济发展迅速。其中，上海人力资源服务、组织管理服务和其他商务服务业等三个行业营业收入均突破千亿元，是上海租赁和商务服务业增长的保障。北京是央企总部企业集中地，体量大、发展快，从而支撑北京总部经济发展。广州租赁和商务服务业随着二、三产业融合加快发展，加之国家中心城市建设不断推进，华南总部企业得到发展壮大，从而推动广州市租赁和商务服务业有所增长，在四城市中排第 3，2018 年营业收入为 2064.84 亿元，比深圳多 461.83 亿元；同比增长 9.7%，比北京增速快 2.7 个百分点，比上海和深圳增速分别低 0.1 个和 4.1 个百分点。深圳租赁和商务服务业规模总量虽最小，但增长最快，同比增长 13.8%。

4. 科学研究和技术服务业

北京规模遥遥领先，上海增速最快。北京集中了全国规模较大的科研机构，实力雄厚，科研转化率高。2018 年，北京科学研究和技术服务业营业收入 6200.28 亿元，总量超过上、广、深三个城市之和。上海总量（2330.18 亿元）排名第二，增速（16.0%）居首位。广州科学研究和技术服务业实现营业收入 876.45 亿元，总量只相当于北京、上海和深圳的 14.1%、37.6% 和 79.3%，在四城市中排名最后。深圳近年来科学研究和技术服务业发展迅速，同比增长 13.0%。专利和发明授权量和申请量也体现出了四城市的差距。北京、上海和深圳申请量和授权量均高于广州，广州专利授权量（6.02 万件）不到深圳的 2/3，发明授权量不到深圳的一半，反映出广州企业科研投入不足，科研创新发展水平有待提高，与北上深差距较大（见表 4）。

表4　2017 年四城市专利情况对比

单位：万件

城市	专利		其中:发明	
	申请量	授权量	申请量	授权量
北京	18.6	9.9	10.7	4.6
上海	13.17	7.05	5.46	2.07
广州	11.83	6.02	3.69	0.93
深圳	17.71	9.43	6.03	1.89

注：未公布 2018 年相关数据。

5. 房地产业（不含房地产开发经营）①

一线城市受政策影响，成交量有所回落。受房地产限购政策及银行房贷利率调升等不利因素的影响，房地产行业发展低迷，加上购房者处于观望状态，房地产中介行业受影响较大。2018 年，四大城市房地产业（不含房地产开发经营）营业收入均是个位数增长。从规模上看，北京由于房地产业总量大，且房地产中介全国总部集中，房地产规模居全国城市第一。

6. 文化、体育和娱乐业

北京规模和增速均居首位，广州比重仅次于北京。北京作为全国文化中心，有较强文化软实力和国际影响力，在全国的文化建设发展中发挥着示范作用。2018 年，北京文化、体育和娱乐业营业收入总量和增速均排名首位，占规上服务业比重排名第一。广州文化、体育和娱乐业营业收入占规上服务业比重为 2.2%，比北京低 1.3 个百分点，但比上海和深圳均高 0.7 个百分点，广州长隆、恒大足球、广府文化均已成为广州的名片。

7. 其他行业：水利、环境和公共设施管理业，居民服务、修理和其他服务业，教育，卫生和社会工作②

四大行业营业收入在四城市中占比不大。从比重来看，北京、上海、广

① 房地产业包含房地开发经营、物业管理、房地产中介服务、自有房地产经营活动和其他房地产业五个行业大类。按国家统计局统计专业划分，房地产开发经营归入投资统计，不纳入规上服务业统计。

② 教育、卫生和社会工作规上服务业统计是执行企业会计准则的单位，不包含执行事业会计制度的各类高校、医院等教育、医疗机构以及相关行政事业单位。

州和深圳上述四个行业营业收入占规上服务业比重均在1%左右；从增速看，广州由于四个行业体量小，增速较快，水利、环境和公共设施管理业，卫生和社会工作，教育3个行业营业收入增速均在两位数以上，其中水利、环境和公共设施管理业，卫生和社会工作增速排四大城市首位。

二 广州对比北上深优劣势分析

优势方面：广州作为“千年商都”和华南地区交通枢纽，交通运输和商务服务业是广州优势产业。近年来，广州在国际航运中心和国际航运枢纽建设方面取得显著成效。国际航运枢纽方面，2018年，广州港全年累计完成货物吞吐量6.15亿吨，集装箱吞吐量突破2180万标准箱大关。国际航空枢纽方面，机场旅客吞吐量居全国第3、全球第13，比上年提高2个位次，增速高于北京和上海。广州租赁和商务服务业发展较快，占GDP比重快速提升，由2006年的6.4%上升为2017年的7.8%，提升1.4个百分点，成为广州国民经济第五大行业。广州租赁和商务服务业发展优于深圳，广州会展和相关服务、广告业和旅行社服务业等方面优势较大，拥有中国对外贸易中心（广交会）、省广告、三人行广告、广之旅和南湖国旅等知名企业。

劣势方面：一是服务业总部、独角兽企业少，品牌不多。根据2017年中国服务业500强名单，广州有42家，少于北京（65家）和上海（55家），虽然多于深圳（27家），但广州以中央属、省属、市属国资企业为主，本土培育的民营企业不如深圳强（深圳拥有腾讯、华为、中兴、平安等知名本土企业）。此外，广州具有创新竞争力的独角兽企业不多，根据《2017胡澜大中华区独角兽指数》收录的120家独角兽企业名单，广州仅3家，低于北京（54家）、上海（28家）和深圳（10家），广州在国内外有影响力和竞争力的服务业品牌不多。二是广州互联网信息产业发展与产业融合程度不高。广州互联网、软件信息服务业企业主要以游戏开发、互联网广告收入为主，如网易、小米信息等龙头企业，与产业融合度不够。深圳“互联网+”已形成上下产业链，腾讯、华为、中兴已经在云计算、支付、AI、安全等诸多技术领域积累了深厚的能力，并成立了新的云与智慧产业事业群，帮助医疗、教育、交通、制造业、能源等行业向智能化、数字化转型，促进产业转型升级。北京拥有中关村软件园，集合了全球多家研发中心，形成了具有高附加值、创新主导、知识产权密集等特征的信息产业。上海在互联网信息产业融合工业和金融服务科技创新方面在全国树立了标杆。三是科研创新落后北上深。广州集合了华南地区重点高校、科研机构，但科研成果转化为生产技术的能力不强，科研经费投入不足。从研发经费支出方面，也可看出广州的差距，广州全社会 R&D 经费支出 2014～2017 年年均增长 16.8%，但总量（532.41 亿元，2017 年国家认定，2018 年数据未公布，下同）仅相当于北京（1579.65 亿元）、上海（1205.21 亿元）和深圳（976.94 亿元）的 33.7%、44.2% 和 54.5%。其中，2017 年广州研发支出超 10 亿元的工业企业仅一家，而深圳仅华为技术有限公司一家的 R&D 经费就高达 420 亿元，约为广州全市 R&D 经费支出的八成。四是规上服务业增长依靠新增企业，可持续增长存隐忧。2018 年，北、上、深规上服务业增长主要依靠存量龙头企业业绩增长拉动，而广州规上服务业快速增长主要依靠近年来引进国内互联网龙头企业作为地区总部。但 2019 年新开业规上服务业企业不多，且规模不大，反映出广州市规上服务业发展后劲不足，可持续快速发展存隐忧。

三 对策和建议

（一）抢抓粤港澳大湾区建设新机遇，加快产业融合步伐，提高广州市服务业发展质量

随着《粤港澳大湾区发展规划纲要》出台，粤港澳大湾区将逐步推动实现产业集中、结构优化、融合发展，未来在全球经济舞台上将越来越突出及重要。广州作为其中重要的一方，要加强统筹谋划，深入分析粤港澳大湾区的利益诉求和自身优势，做好产业的规划顶层设计，加强与粤港澳大湾区

在技术、产品、市场等方面的合作，加快产业融合的步伐，提升城市综合竞争力。一是加快广州与粤港澳大湾区产业融合。围绕粤港澳大湾区的产业定位及重点产业技术应用需求，探索建立与大湾区的创新合作新机制，重点针对信息技术、人工智能、生物医药等重点领域，着力引进和培养相关行业的龙头企业，推动相关产业发展壮大为新支撑产业。同时，针对总部经济、新兴产业、科技创新等短板方面，充分利用粤港澳大湾区人才、资本、信息、技术等资源，加强科技创新合作，推进“广州—深圳—香港—澳门”科技创新走廊建设，吸引全球总部企业和创新资源落户广州。二是加快广州服务业各行业融合发展。以航运物流、旅游服务、文化创意、人力资源服务、会议展览及其他专业服务等优势产业为基础，促进商务服务、流通服务等生产性服务业向专业化和价值链高端融合方向发展，健康服务、家庭服务等生活性服务业向精细和高品质方向转变。

（二）巩固强化传统优势产业，加快布局新兴产业

一是强化自身优势，巩固传统优势产业发展和转型升级。租赁和商务服务业，交通运输、仓储和邮政业占 GDP 比重超过 7.0%，在各行业占 GDP 比重排名中居第 2 和第 3 位，对广州经济社会发展具有战略性、全局性影响。广州在港口吞吐量、空港客运量和铁路客流量、货运量方面都处于全球前列，因而，要进一步强化自身优势，大力推进国际航运枢纽、国际航空枢纽建设，完善现代集疏运体系，积极拓展国内外航线，增强机场、港口通达能力，强化枢纽型网络城市地位。同时，加强周边联动，更好地实现优势互补。借助南沙自贸区建设和国家规划将粤港澳大湾区打造成世界一流的大湾区的契机，联动珠三角周边、粤港澳推动创新驱动发展和高端资源集聚，积极发展高端商务服务业，促进产业优势互补和转型升级；积极参与“一带一路”建设，巩固自身战略枢纽的地位。

二是大力发展新兴产业，培养服务业新增长点。近年来，新兴产业已成为经济增长重要“引擎”，加快布局新技术新产业，抢占发展制高点已成各城市发展共识。深圳在互联网信息高科技产业集聚的带动下，经济发展呈现

出强大爆发力。北京、上海信息传输、软件和信息技术服务业规模总量优势较大，营业收入保持两位数较快增长，是确保两市稳居 GDP 排名前两名的重要因素。广州新兴产业布局和总量规模落后于北京、上海和深圳，但随着近年来广州加快新一代信息技术、人工智能产业导入，相关行业发展迅速，广州信息传输、软件和信息技术服务业新增亿元以上大型企业较多，引进阿里、腾讯、优视、小米、唯品会等大型互联网和软件信息服务企业，拉动作用明显。需要把握信息服务和互联网发展机遇，以天河智慧城、琶洲互联网创新集聚区为核心，着力规划建设总部企业聚集的移动互联网特色产业基地，构建广州互联网产业优势地位，有利于形成总部基地，促进电子商务与会展经济、总部经济联动发展，推动互联网产业与相关产业融合发展，为服务业增长注入新动力。

（三）狠抓科研创新，促进产业转型升级

自主品牌少、超大企业少、创新能力弱一直是广州的软肋。要深入实施创新驱动发展战略，广州需要面向全球集聚创新资源，围绕全市重点行业领域和产业转型升级的发展需求，加大新兴产业研发力度，促进行业新旧动能转换。在高精尖领域科技创新、科技成果转化等方面发力，引导高校、科研机构和民营企业等更多的社会资本投入研发创新。加强产学研深度融合，建立以企业为主体、市场为导向、产学研深度融合的技术创新体系，并培育引进一批具有规模优势和支撑带动能力强的创新型骨干企业和高科技项目，缩小广州与北京、上海和深圳的差距，实现科研和实业之间的有机转换，着力建设国家创新中心城市和国际科技创新枢纽。

（四）大力改善营商环境，促进服务业发展

北京、上海和深圳由于具有较高的经济管理权限，其优越的财税政策形成了明显的政策洼地效应。而受现存财税分配体制的制约，广州部分企业高管为享受税收优惠政策，工资收入在北京、上海、深圳或江浙等地区的子公司进行个税申报，不仅造成广州财政税收收入的流失，而且工资薪酬是增加

值核算的重要组成部分，也会导致广州市增加值外流。广州需要进一步改善营商环境，完善细化具体扶持政策，增强大型企业和项目汇聚能力，吸引更多世界科技成果汇聚在广州、转化在广州，更多先进科技产业项目落地广州。同时，广州要积极发展实体经济，扩充税源，探索财税机制改革，增加地方可支配财力，为经济发展、招商引资、转型升级、创新驱动等提供实打实的财力支撑。

（审稿人　彭诗升）

民营经济篇

Private Economy

B.8

2012～2018年广州民营商贸经济发展现状、问题及对策

梁树佳*

摘　要： 广州作为“千年商都”，民营商贸经济一直比较兴旺发达。近年来，随着改革开放政策进一步深化和供给侧结构性改革持续推进，广州民营商贸经济持续快速发展，新业态迅速崛起，民营商贸业在稳定经济增长、改善民生、增加税收和就业、促进相关行业发展和完善城市功能等方面对社会贡献颇多。本文通过对2012～2018年广州民营商贸业发展结构进行分析以及与全省和深圳进行比较分析，找出成绩和差距，并针对广州民营商贸业存在的主要问题，提出对策建议。

关键词： 民营商贸经济　新业态　新动能　广州

* 梁树佳，广州市统计局贸易外经处科长。

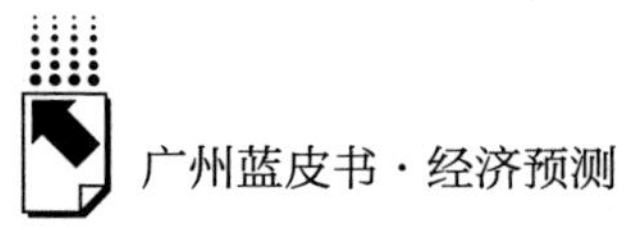

一　民营商贸经济基本情况

（一）民营商贸业单位数量增长较快

广州，在历史上是我国对外贸易重要口岸和华南地区商业中心。近年来，随着商贸经济持续稳定发展、商事登记制度改革便利化、“营改增”税收改革降低企业税负，广州营商环境不断改善，广州民营批发和零售业、住宿和餐饮业单位数量实现较快增长。

1. 民营商贸业工商登记户数增长较快

据广州市工商行政管理局统计资料，2018 年底，广州市民营批发和零售企业户数①为 100.88 万户，注册资金 9925.41 亿元，比 2017 年分别增长 12.7% 和 81.2%，比 2012 年分别增长 67.8% 和 9.6 倍。在全市民营批发和零售业中：私营企业、个体工商户户数增长迅速。私营企业为 34.42 万户，注册资金 9738.13 亿元，比 2012 年分别增长 2.5 倍和 10.4 倍，私营企业户数占全市民营批发和零售企业户数比重由 2012 年的 16.2% 增至 2018 年的 34.1%，提高 17.9 个百分点。个体工商户为 66.27 万户，注册资金 176.61 亿元，比 2012 年分别增长 32.3% 和 1.5 倍，个体工商户户数占全市民营批发和零售企业户数比重为 65.7%。集体企业为 1891 户，注册资金 10.67 亿元，比 2012 年分别下降 36.7% 和 15.3%。

2018 年底，广州市民营住宿和餐饮企业户数②为 16.01 万户，注册资金 212.16 亿元，比 2017 年分别增长 18.7% 和 31.4%，比 2012 年分别增长 2.1 倍和 5.1 倍。在全市民营住宿和餐饮业中：私营企业、个体工商户户数迅猛增长。私营企业 1.40 万户，注册资金 155.61 亿元，比 2012 年分别增长 2.0 倍和 6.0 倍，私营企业户数占全市民营住宿和餐饮企业户数比重为 8.7%。

---

① 民营批发和零售业户数，包括集体企业、私营企业、个体工商户。

② 民营住宿和餐饮业户数，包括集体企业、私营企业、个体工商户。

个体工商户为 14.61 万户，注册资金 55.61 亿元，比 2012 年分别增长 2.1 倍和 3.7 倍，个体工商户户数占全市民营住宿和餐饮企业户数比重为 91.2%。集体企业为 80 户，注册资金 9349 万元，比 2012 年分别下降 28.6% 和增长 21.0%。

2. 民营商贸业调查单位数大幅增长

广州市调查单位基本情况统计资料显示，近年来，广州市民营商贸业法人单位数大幅增长，而产业活动单位数增长幅度较小。

2017 年底，广州民营批发和零售业、住宿和餐饮业的法人和产业活动单位合计数①为 12.26 万户，比 2012 年增加 5.69 万户，增长 86.6%，年均增长 13.3%。其中：民营批发和零售业为 11.51 万户，比 2012 年增加 5.39 万户，增长 88.1%，年均增长 13.5%。民营批发业为 8.92 万户，比 2012 年增长 1.1 倍，年均增长 16.2%；民营零售业为 2.59 万户，比 2012 年增长 35.8%，年均增长 6.3%。民营住宿和餐饮业为 7587 户，比 2012 年增加 3041 户，增长 66.9%，年均增长 10.8%。

2017 年底，广州民营批发和零售业、住宿和餐饮业法人单位数为 11.51 万户，比 2012 年增加 5.67 万户，增长 97.1%，年均增长 14.5%，占全市批发和零售业、住宿和餐饮业法人单位数比重由 2013 年的 95.0% 增加到 96.0%，提高 1.0 个百分点。其中：民营批发和零售业法人单位数 10.82 万户，比 2012 年增长 99.4%，年均增长 14.8%，占全市批发和零售业法人单位数比重由 2013 年的 95.2% 增到 2017 年的 96.2%，提高 1.0 个百分点。民营住宿和餐饮业法人单位数 6939 户，比 2012 年增长 67.2%，年均增长 10.8%，占全市住宿和餐饮业法人单位数比重由 2013 年的 91.3% 增到 2017 年的 92.9%，提高 1.6 个百分点。

2017 年底，广州民营批发和零售业、住宿和餐饮业产业活动单位数为

---

① 广州市调查单位基本情况统计之民营企业统计范围包括：工商登记注册类型中的集体企业、股份合作企业、集体联营企业、其他联营企业、私营独资、私营合伙、私营有限责任公司、私营股份有限公司、其他企业、个体户、个人合伙。民营企业产业活动单位数，不含法人单位本部。

7520 户，比 2012 年仅增加 203 户，增长 2.8%。其中：民营批发和零售业产业活动单位数 6872 户，比 2012 年下降 0.7%；民营住宿和餐饮业产业活动单位数 648 户，比 2012 年增长 63.6%，年均增长 10.4%。

（二）民营批发和零售业销售额持续增长

近年来，广州民营批发和零售业商品销售总额不断攀升（见表 1）①。2018 年，广州民营批发和零售业实现商品销售总额 41277.70 亿元，比 2012 年增长 132.3%，2013 ~2018 年年均增长 12.0%，占全市批发和零售业商品销售总额比重由 2013 年的 52.5% 增至 2018 年的 63.4%，提高 10.9 个百分点。

表 1　2012 ~2018 年广州民营批发和零售业、住宿和餐饮业主要指标完成情况

指标	批发和零售业销售额（亿元）	批发零售业和住宿餐饮业零售总额（亿元）	批发和零售业零售额（亿元）	住宿和餐饮业零售额（亿元）
2012 年	17766.49	4149.45	3493.35	656.10
2013 年	21690.22	4882.89	4147.73	735.16
2014 年	28028.41	5489.38	4709.62	779.76
2015 年	33704.63	5578.47	4722.51	855.96
2016 年	36988.10	5999.72	5073.09	926.63
2017 年	40223.19	6561.90	5597.11	964.79
2018 年	41277.70	6773.72	5786.81	986.91
2018 年比 2012 年增长（%）	132.3	63.2	65.7	50.4
2013 ~2018 年平均增速（%）	12.0	10.7	11.2	8.1

近年来，广州民营批发和零售业销售额构成中，个体户销售占比近六成，个体户和限额以下企业销售额占比不断提升，限额以上企业销售额占比

① 本文（如表 1）中，民营批发和零售业销售额、民营批发零售业和住宿餐饮业社零总额、民营批发和零售业零售额、民营住宿和餐饮业零售额、全市社零总额及相关指标的某一时期增长速度或年均增速，均使用环比发展速度之连乘积计算法计算某一时期发展速度，即按该时期可比口径的各年增长速度为基础数据计算而得。

有所下降。2018年，全市民营批发和零售业商品销售额中，限额以上企业商品销售额12687.54亿元，限额以下企业3906.88亿元，个体户24683.28亿元，占全市民营批发和零售业商品销售额比重分别为30.7%、9.5%和59.8%，比重比2013年分别（限额以上企业）下降24.0个、（限额以下企业）提高4.0个和（个体户）提高20.0个百分点。

（三）民营社会消费品零售额增长较快

广州作为“千年商都”，改革开放以来消费品市场持续繁荣活跃，到2018年全市社会消费品零售总额（简称“社零总额”）连续31年列全国主要城市第三位，广州民营商贸业实现社会消费品零售额持续较快增长是“功不可没”的（见表1）。2018年，全市民营批发和零售业、住宿和餐饮业实现社会消费品零售额6773.72亿元，比2012年增长63.3%，2013～2018年年均增长10.7%，年均增速比同期全市社零总额10.5%的年均增速高0.2个百分点，占全市社零总额比重2018年达到73.2%。

1. 民营批零业零售额增长较快

近年来，广州民营批发和零售业零售额实现不断增长。2018年，全市民营批发和零售业实现零售额5786.81亿元，比2012年增长65.7%，2013～2018年年均增长11.2%，年均增速比同期全市社零总额（10.5%）、批发和零售业零售额（10.9%）的年均增速分别高0.7个和0.3个百分点，占全市社零总额比重达到62.5%，占全市批发和零售业零售额比重达71.6%。

2018年，全市民营批发和零售业零售额中，个体户零售额占比超六成，个体户和限额以下企业零售额占比不断提升，限额以上企业零售额占比有所下降。民营批发和零售业限额以上企业零售额1553.23亿元，限额以下企业零售额253.56亿元，个体户零售额3980.02亿元，占全市民营批发和零售业零售额比重分别为26.8%、4.4%和68.8%，比重比2013年分别（限额以上企业）下降11.6个、（限额以下企业）提高0.8个和（个体户）提高10.8个百分点。

2. 民营住宿和餐饮业零售额不断扩大

广州市“食在广州”闻名遐迩，作为“美食之都”、全国重点旅游城市，近年来，广州住宿和餐饮业零售额一直稳居全国城市前列（2017 年以 1143.24 亿元居全国城市第一位），民营住宿餐饮市场较为兴旺，民营住宿和餐饮业零售额规模不断扩大（见表 1）。

2018 年，广州民营住宿和餐饮业实现零售额由 2012 年的 656.10 亿元增加到 986.91 亿元，增长 50.4%，2013～2018 年年均增长 8.1%，年均增速比同期全市社零总额（年均增长 10.5%）低 2.4 个百分点、比住宿和餐饮业零售额（年均增长 8.0%）高 0.1 个百分点，占全市住宿和餐饮业零售额比重由 2013 年的 82.0% 增到 2018 年的 84.0%，提高 2.0 个百分点。

2018 年，全市民营住宿和餐饮业零售额中，个体户零售额占比超七成，个体户和限额以下企业零售额占比不断提升，限额以上企业零售额占比有所下降。民营住宿和餐饮业限额以上企业零售额 142.14 亿元，限额以下企业零售额 67.85 亿元，个体户零售额 776.92 亿元，占全市民营住宿和餐饮业零售额比重分别为 14.4%、6.9% 和 78.7%，比重比 2013 年分别（限额以上企业）下降 6.2 个、（限额以下企业）提高 1.4 个和（个体户）提高 4.8 个百分点。

（四）民营企业外贸额增长迅猛，进出口总值跃居全市首位

广州是我国最早对外通商的贸易口岸，是中国通向世界的南大门。改革开放以来，特别是进入 21 世纪后，广州市民营进出口规范企业以其自身灵活经营的机制，发展潜力充分释放，进出口规模不断发展壮大，成为推动广州外贸进出口发展的生力军，成为外贸额增长主要的推动力。近年来，尽管外贸面临复杂的国内外环境，广州民营企业外贸进出口仍实现持续较快增长，民营进出口规模持续扩大，占比显著提升。

据广州海关提供的数据，2018 年，广州民营企业商品进出口总值①

① 民营商品进出口总值，包括集体企业、私营企业、个体工商户的进出口。

642.93 亿美元，进出口总值超过外商投资企业，跃居全市首位，成为广州市对外贸易主力军，占全市商品进出口总值的 43.3%，比重比 2013 年（25.0%）、2017 年（41.7%）分别提高 18.3 个和 1.6 个百分点，比 2017 年增长 7.6%，比 2012 年增长 1.4 倍，2013 ~ 2018 年年均增长 15.6%，增速比全市商品进出口总值高 11.6 个百分点。其中：全市民营商品出口总值 448.87 亿美元，比 2017 年增长 4.0%，比 2012 年增长 2.4 倍，2013 ~ 2018 年年均增长 22.8%，增速比全市商品出口总值高 16.5 个百分点，占全市商品出口总值的 52.9%，比重比 2013 年（27.0%）、2017 年（50.6%）分别提高 25.9 个和 2.3 个百分点。全市民营商品进口总值 194.06 亿美元，比 2017 年增长 17.2%，比 2012 年增长 40.1%，2013 ~ 2018 年年均增长 5.8%，增速比全市商品进口总值高 4.3 个百分点，占全市商品进口总值的 30.5%，比重比 2013 年、2017 年分别提高 7.7 个和 1.9 个百分点。近年来广州市民营进出口持续较快增长，对全市外贸稳增长发挥了重要作用。

私营企业进出口大幅增长。从贸易企业性质看，2018 年，全市民营进出口企业中，私营企业出口 446.39 亿美元，比 2012 年增长 2.5 倍，占全市民营出口总值的 99.5%，比重比 2012 年提高 3.0 个百分点；私营企业进口 190.72 亿美元，比 2012 年增长 47.5%，占全市民营进口总值的 98.3%，比重比 2012 年提高 4.9 个百分点；集体企业出口 2.33 亿美元，个体工商户出口 1451.11 万美元，比 2012 年分别下降 47.2% 和 36.2%（见表 2、表 3）。

表 2　2018 年广州民营企业进出口情况

企业性质	进出口总值（万美元）	出口值（万美元）	进口值（万美元）	进出口总值比重(%)	出口值比重(%)	进口值比重(%)
集体企业	56704.88	23313.22	33391.65	0.9	0.5	1.7
私营企业	6371091.52	4463921.55	1907169.97	99.1	99.5	98.3
个体工商户	1484.98	1451.11	33.87	0.0	0.0	0.0
合　计	6429281.37	4488685.88	1940595.49	100.0	100.0	100.0

表3　2018年广州民营企业进出口比2012年增长情况

企业性质	进出口总值（%）	出口值（%）	进口值（%）	进出口总值比重(个百分点)	出口值比重（个百分点）	进口值比重（个百分点）
集体企业	-58.2	-47.2	-63.5	-4.1	-2.8	-4.9
私营企业	149.1	253.1	47.5	4.2	3.0	4.9
个体工商户	-35.1	-36.2	137.1	-0.1	-0.1	0.0
合　计	138.5	242.5	40.1	—	—	—

主要商品进出口规模不断扩大，商品结构不断优化。从出口商品类别看，2018年，全市民营企业机电产品出口173.64亿美元，高新技术产品出口33.87亿美元，农产品出口4.92亿美元，比2012年分别增长2.1倍、3.5倍和1.5倍，占全市民营企业出口总值比重分别为38.7%、7.5%和1.1%。从进口商品类别看，近年来，全市民营企业机电产品和高新技术产品进口值不断扩大，进口商品结构更加优化。2018年，全市民营企业机电产品进口73.30亿美元，高新技术产品进口55.45亿美元，农产品进口38.49亿美元，比2012年分别增长2.8倍、4.8倍和31.9%，占全市民营企业进口总值比重分别为37.8%、28.6%和19.8%，比重比2012年分别提高23.9个、21.6个和下降1.2个百分点。

贸易伙伴不断增多，国际市场布局不断优化。近年来，广州市民营进出口企业在巩固和深耕传统市场的同时，继续加大对新兴市场的开拓力度，贸易伙伴不断增多，国际市场布局不断优化。2018年，与广州民营进出口有贸易往来的国家和地区个数从2012年的210个上升至231个，其中：出口市场从2012年的208个上升至228个，进口市场从2012年的157个上升至212个，分别增长10.0%、9.6%和35.0%。欧盟、美国、东盟、日本、中国香港等传统贸易对象持续占据广州民营外贸的主要份额，2018年上述5个主要贸易伙伴的民营进出口贸易值占全市民营进出口比重高达55.4%（比重比2012年下降1.9个百分点）。其中对欧盟、东盟、美国、日本、中国香港的民营进出口值分别为104.73亿美元、101.41亿美元、83.70亿美元、25.88亿美元和40.25亿美元，比2012年分别增长1.4倍、1.5倍、

1.1 倍、1.1 倍和 1.3 倍。2018 年对欧盟、东盟、美国、日本、中国香港的民营出口值分别为 62.16 亿美元、78.99 亿美元、50.71 亿美元、7.20 亿美元和 38.89 亿美元，比 2012 年分别增长 1.9 倍、4.6 倍、1.1 倍、1.3 倍和 1.6 倍。

（五）新业态蓬勃发展

1. 民营网上商店零售迅猛增长

近年来，随着“互联网＋”电子商务的迅猛发展、消费群体结构的变化、消费观念的转变、生活节奏的加快和信息化水平的提高，互联网已对居民生活的各个方面产生巨大影响，网上销售这一新零售业态蓬勃发展，成为拉动商业经济增长的新动力。2018 年，广州市民营限额以上网上商店有 70 家，比 2012 年（4 家）增加 66 家、增长 16.5 倍，占全市限额以上网上商店（81 家）的 86.4%，比重比 2012 年（57.1%）提高 29.3 个百分点；实现零售额 221.75 亿元，比 2012 年增长 4.3 倍，增速比全市限额以上网上商店零售额快 3.8 个百分点，占全市社零总额的 2.4%，占全市限额以上网上商店零售额的 24.4%，比 2012 年比重（24.2%）提高 0.2 个百分点。其中，全市私营限额以上网上商店有 50 家，比 2012 年（4 家）增加 46 家、增长 11.5 倍，实现零售额 111.96 亿元，比 2012 年增长 1.7 倍，增速比全市限额以上网上商店零售额、民营限额以上网上商店零售额增速分别低 259.3 个和 263.1 个百分点。

2018 年，广州市民营限额以上网上商店零售额比 2017 年增长 46.6%，其中私营企业限额以上网上商店增长 26.9%，比全市限额以上网上商店零售额增速（增长 15.4%）分别高 31.2 个和 11.5 个百分点，比全市港澳台商投资和外商投资限额以上网上商店零售额增速（增长 7.3%）分别高 39.3 个和 19.6 个百分点。

2. 民宿方兴未艾

近年来，广州民宿蓬勃迅速发展，乡村民宿成了“广州旅游新名片”。广州市民宿发展有四大特点：一是民宿发展快、总体规模较大。据广州市旅游局2018年10月采集数据统计，广州市民宿数量达2.04万家，房间总数4.15万间，床位总数4.94万张，相当于2017年广州市主要宾馆酒店客房总数（9.26万间）、床位总数（13.76万张）的44.8%和35.9%。二是民宿区域分布广。全市11个区都有民宿分布（见表4）。其中：番禺区民宿4798家，天河区3869家，海珠区3604家，越秀区2632家，这4个区民宿数量分别居全市前四位，4个区民宿合计1.49万家，占全市民宿的72.9%。三是平均每家民宿规模较小。全市平均每一家民宿房间数、床位数分别为2.03间和2.42张。四是广州民宿发展在民宿行业协会、民宿管理公司、民宿网站预订平台、民宿品牌建设等方面均取得初步发展。2019年1月28日，广州市民宿协会正式成立，这有利于促进广州市深化民宿行业规范管理，推动民宿业特色化、品牌化优质发展，并为全市乡村振兴和城乡统筹发展做出积极贡献。

表4　2018年10月广州民宿数量及分布情况

地　区	民宿数量(家)	民宿数量占比(%)
番禺区	4798	23.5
天河区	3869	18.9
海珠区	3604	17.6
越秀区	2632	12.9
从化区	1711	8.4
荔湾区	1391	6.8
白云区	1117	5.5
花都区	488	2.4
黄埔区	377	1.8
增城区	275	1.3
南沙区	180	0.9
总　计	20442	100.0

3. 跨境电商进出口领跑全国

近年来，新兴外贸业态蓬勃发展，跨境电子商务、市场采购等贸易方式成为广州外贸发展新的增长点。据海关统计，广州自2013年成为跨境电子商务试点城市以来，跨境电子商务进出口业务量连续四年领跑全国，2017年，广州市跨境电子商务进出口值为33.40亿美元，对广州外贸增长的贡献度达到8.2%。其中：2017年广州民营企业实现跨境电子商务进出口值11.23亿美元，占全市跨境电子商务进出口值比重为33.6%，占全市民营企业进出口值的1.9%。

2018年，广州市民营企业实现跨境电子商务进出口值19.32亿美元，比2017年增长72.0%，比全市跨境电子商务进出口增速（10.3%）快61.7个百分点，占全市民营进出口值的3.0%，比重比2017年提高1.1个百分点，占全市跨境电子商务进出口（36.9亿美元）的52.4%，比重比2017年提高18.8个百分点。其中：跨境电子商务出口2.08亿美元，比2017年增长45.2倍，占全市民营出口总值的0.46%，比2017年（0.01%）提高0.45个百分点；跨境电商进口17.24亿美元，比2017年增长54.1%，占全市民营进口总值的8.9%，比重比2017年提高2.1个百分点（见表5、表6）。

表5　2017年、2018年广州民营企业进出口总值（按贸易方式分）

贸易方式		进出口总值（万美元）	出口值（万美元）	进口值（万美元）	进出口总值比重（%）	出口值比重（%）	进口值比重（%）
2018年	一般贸易	2902091.68	1708368.36	1193723.31	45.1	38.1	61.5
	加工贸易	540812.10	301715.55	239096.54	8.4	6.7	12.3
	市场采购	2348317.50	2348317.50	0	36.5	52.3	0
	跨境电商	193173.55	20807.69	172365.87	3.0	0.46	8.9
	合　计	6429281.37	4488685.88	1940595.49	100.0	100.0	100.0
2017年	一般贸易	2642091.49	1506344.94	1135746.54	44.2	34.9	68.6
	加工贸易	469471.63	270983.04	198488.59	7.9	6.3	12.0
	市场采购	910086.06	910086.06	0	15.2	21.1	0
	跨境电商	112327.51	449.91	111877.60	1.9	0.01	6.8
	合　计	5972846.61	4316622.53	1656224.08	100.0	100.0	100.0

表6　广州民营企业进出口2018年比2017年增长情况

贸易方式	进出口总值（%）	出口值（%）	进口值（%）	进出口总值比重（个百分点）	出口值比重（个百分点）	进口值比重（个百分点）
一般贸易	9.8	13.4	5.1	0.9	3.2	-7.1
加工贸易	15.2	11.3	20.5	0.6	0.4	0.3
市场采购	158.0	158.0	0	21.3	31.2	0
跨境电商	72.0	4524.9	54.1	1.1	0.45	2.1
合　计	7.6	4.0	17.2	—	—	—

4.市场采购出口比重居民营出口首位

2017年3月6日，广州花都皮革皮具市场“市场采购”贸易方式试点启动，标志着广州市市场采购贸易方式试点正式运行。“市场采购”作为国家大力支持发展的外贸新业态，是促进外贸出口回稳向好的重要措施，为广州实现外贸出口转型升级和出口增长增添了新动力。据海关统计，2017年，广州民营企业市场采购贸易出口91.01亿美元，占全市民营出口总值的21.1%，占全市市场采购贸易出口（91.74亿美元）的99.2%（即非民营企业市场采购贸易出口比重仅为0.8%）。2018年，全市民营企业市场采购贸易出口234.83亿美元，比2017年增长1.6倍，占全市市场采购贸易出口（237.80亿美元）的98.8%（即非民营企业市场采购贸易出口比重仅为1.2%），占全市民营出口总值的52.3%，比重比2017年提高31.2个百分点，市场采购方式出口比重居全市民营出口首位。从表5所列的贸易方式出口值和出口比重看，2018年，广州市民营企业市场采购出口值比一般贸易出口值（170.84亿美元）、加工贸易出口值（30.17亿美元）分别高63.99亿美元和204.66亿美元，市场采购出口比重比一般贸易出口比重（38.1%）、加工贸易出口比重（6.7%）分别高14.2个和45.6个百分点。

二　民营商贸经济对社会的贡献

（一）民营商贸业在全市地位日益显著

近年来，民营商贸经营单位在全市经济中地位日益显著。据广州市工商行政管理局统计资料，2018 年底，广州市民营批发和零售业、住宿和餐饮业户数 116.89 万户，占全市私营、集体企业和个体工商户合计数（194.17 万户）的 60.2%。其中：批发和零售业、住宿和餐饮业个体工商户数 80.88 万户，占全市个体工商户数（100.65 万户）的 80.4%；私营企业户数 35.82 万户，占全市私营企业户数（93.08 万户）的 38.5%；集体企业户数 1971 户，占全市集体企业户数（4304 户）的 45.8%。另据广州市法人单位统计数据，广州民营批发和零售业、住宿和餐饮业法人单位数占全市批发和零售业、住宿和餐饮业法人单位数的比重，由 2013 年的 95.0% 增加到 2017 年的 96.0%，提高 1.0 个百分点。

2018 年，广州民营批发和零售业、住宿和餐饮业零售额占全市社会消费品零售总额比重为 73.2%，比 2017 年（69.8%）提高 3.4 个百分点，比 2013 年（70.9%）提高 2.3 个百分点；广州民营批发和零售业商品销售总额占全市批发和零售业商品销售总额比重由 2013 年的 52.5% 增至 2018 年的 63.4%，提高 10.9 个百分点。民营商贸业在广州市经济中的地位日益显著。

（二）民营商贸业增加值占全市 GDP 比重近一成，占全市商贸业增加值比重达六成

2018 年，广州民营批发和零售业、住宿和餐饮业完成增加值 2252.43 亿元，占全市 GDP（地区生产总值）比重为 9.9%，占全市民营经济增加值比重为 24.6%，占民营第三产业增加值比重为 33.2%。其中：民营批发和零售业增加值为 1976.80 亿元，民营住宿和餐饮业增加值 275.63 亿元，占全市民营经济增加值比重分别为 21.6% 和 3.0%，占全市民营第三产业增加值比重分别为 29.1% 和 4.1%。

2017～2018 年，广州民营商贸业增加值占全市商贸业增加值的比重达六成。2018 年，广州 40.0% 的地区生产总值是民营经济创造的，41.3% 的第三产业增加值是民营经济创造的，而民营商贸业增加值对全市商贸业增加值贡献率达六成，全市 60.0% 的批发和零售业增加值和 60.2% 的住宿和餐饮业增加值是民营经济创造的。

（三）民营商贸业为社会贡献大量税收

2018 年，广州民营批发和零售业、住宿和餐饮业税金为 269.64 亿元，比 2017 年增长 4.8%，占全市批发和零售业、住宿和餐饮业税金的 64.1%。其中：民营批发和零售业税金 257.31 亿元，占全市批发和零售业税金的 63.4%；民营住宿和餐饮业税金 12.33 亿元，占全市住宿和餐饮业税金的 84.0%。

（四）民营商贸业为社会创造大量就业机会

近年来，随着广州民营商贸业的持续发展，作为劳动密集型产业的民营批发和零售业、住宿和餐饮业，为社会创造大量就业机会。据广州市工商行政管理局统计资料，2018 年底，全市批发和零售业、住宿和餐饮业个体户从业人员 114.60 万人，比 2017 年底、2012 年底分别增长 8.3% 和 54.0%，占全市个体户从业人员比重为 71.7%，比 2012 年底（70.5%）提高 1.2 个百分点。其中：批发和零售业个体户从业人员 85.35 万人，比 2017 年底、2012 年底分别增长 6.0% 和 33.8%；住宿和餐饮业个体户从业人员 29.25 万人，比 2017 年底、2012 年底分别增长 15.8% 和 1.7 倍。2018 年底全市批发和零售业、住宿和餐饮业私营企业从业人员 72.61 万人，比 2017 年底增长 34.0%，占全市私营企业从业人员比重为 34.7%，比 2017 年底（33.5%）提高 1.2 个百分点。其中：批发和零售业私营企业从业人员 69.36 万人，住宿和餐饮业私营企业从业人员 3.25 万人，比 2017 年底分别增长 35.5% 和 8.2%。广州大力发展民营商贸业，创造大量就业机会，具有十分明显的必要性和现实意义，将会对广州市“稳就业”做出更大的贡献。

（五）民营进出口对外贸稳增长发挥重要作用

2018 年，广州民营商品进出口总额占全市商品进出口总额比重为 43.3%，比 2017 年（41.7%）提高 1.6 个百分点，比 2013 年（25.0%）提高 18.3 个百分点。其中：民营商品出口总额占全市商品出口总额的

52.9%，比2017年（50.6%）提高2.3个百分点，比2013年（27.0%）提高25.9个百分点。全市民营商品进口总额占全市商品进口总额的30.5%，比2017年（28.6%）提高1.9个百分点，比2013年提高7.7个百分点。

（六）民营商贸经济促进生产、消费、投资、外贸，带动旅游、会展、物流、快递等相关行业发展和城市功能完善

近年来，广州民营商贸经济作为沟通生产与消费的桥梁和纽带，对广州经济增长的贡献不断提高。不仅在促进工农业生产和市民消费上贡献很大，而且在促进广州城市建设和城市功能完善，促进外贸进出口、固定资产投资，促进旅游、会展、物流、快递等相关行业发展等方面，都贡献良多，社会效益“成绩斐然”。目前，观光休闲农业带动农家乐等民营大众化餐饮、民宿、土特产销售、乡村旅游蓬勃发展，更为农村、农民脱贫和致富提供了路径，促进了广州市新型城市化的稳步推进。

三　广州民营商贸业发展与全省及深圳对比

（一）广州民营商贸业发展与全省对比

近年来，与全省对比，广州民营批发和零售业销售额、零售额的年均增速与全省持平或基本持平，民营商品进出口额、出口额的总增速、年均增速均高于全省，民营商品进口额增速则较全省低。

民营批发和零售业销售额指标：2018年，广州比2012年增长97.7%，比全省（增长98.3%）低0.6个百分点，2013~2018年年均增长12.0%，与全省（增长12.1%）基本持平，广州民营批发和零售业销售额占全省民营批发和零售业销售额比重为37.5%。

民营批发和零售业零售额指标：2018年，广州比2012年增长89.2%，比全省（增长88.6%）高0.6个百分点，2013~2018年年均增长11.2%，与全省（增长11.2%）持平，广州民营批发和零售业零售额占全省民营批

发和零售业零售额比重为19.4%。

民营商品进出口总额指标：2018年，广州比2012年增长1.4倍，比全省（增长84.8%）高53.7个百分点，2013~2018年年均增长15.6%，比全省（增长10.8%）高4.8个百分点，广州民营商品进出口口总额占全省民营商品进出口总额比重由2013年的7.9%提高到2018年的12.1%，提高4.2个百分点。

民营商品出口总额指标：2018年，广州比2012年增长约2.4倍，比全省（增长74.4%）高168.1个百分点，2013~2018年年均增长22.8%，比全省（增长9.7%）高13.1个百分点，广州民营商品出口总额占全省民营商品出口总额比重由2013年的7.4%增到2018年的14.2%，提高6.8个百分点。2016年、2017年、2018年，广州民营商品出口总额同比增速均比全省快，分别比全省增速高10.3个、14.1个和9.2个百分点。

民营商品进口总额指标：2018年，广州比2012年增长40.1%，比全省（增长约1.0倍）低62.4个百分点，2013~2018年年均增长5.8%，比全省（增长12.5%）低6.7个百分点。2018年广州民营商品进口总额占全省民营商品进口总额比重为9.1%。

（二）广州民营商贸业发展与深圳对比

近年来，与深圳对比，广州民营社会消费品零售额、民营批发和零售业零售额等多项指标，不论是总体规模还是总增速、年均增速均优于深圳。广州市民营住宿和餐饮业零售额2018年总体规模虽然远多于深圳，但近年来的总增速和年均增速却稍低于深圳。

民营批发和零售业、住宿和餐饮业社会消费品零售额指标：2018年，广州为6773.72亿元，是深圳（6038.59亿元）的1.1倍，比深圳多735.13亿元；广州2018年比2012年增长84.5%，2013~2018年年均增长10.7%，分别比深圳快20.4个和2.1个百分点。

民营批发和零售业零售额指标：2018年，广州为5786.81亿元，是深圳（5421.41亿元）的1.1倍，比深圳多365.40亿元；广州2018年比2012

年增长89.2%，2013~2018年年均增长11.2%，分别比深圳快25.4个和2.6个百分点。

民营住宿和餐饮业零售额指标：2018年，广州为986.91亿元，是深圳（617.18亿元）的1.6倍，比深圳多369.73亿元；广州2018年比2012年增长59.9%，2013~2018年年均增长8.1%，分别比深圳低6.3个和0.7个百分点。

四 存在问题

（一）民营商贸业发展逐步放缓

1. 民营批发和零售业商品销售额增速下滑

近年来，广州民营批发和零售业商品销售额增长速度呈现下降趋势：从2013年的26.9%，降至2014年的19.3%、2015年的12.2%、2016年的4.3%，2018年为2.6%，2018年增速比2012年下降22.4个百分点（见图1）。增速下滑的原因：一方面，是受经济下行压力增大、民营批发和零售业旧动能亟须转换等诸多因素影响，不少民营批发和零售业商品销售额增速下降。另一方面，是因为广州市民营批发和零售业总体呈现经营企业（单位）规模较小，实力不强，获利能力和融资能力弱，销售低附加值商品比重偏高，仍缺乏规模效应等。2018年，广州民营批发和零售业以限额以下企业和个体工商户商品销售额为主（占比近七成），限额以上企业商品销售额占比仅为30.7%。全市民营限额以上批发和零售业有实现商品销售额的法人企业数5395家，其中：商品销售额超1亿元的企业有1680家，超50亿元的有24家，超100亿元的有9家，分别占全市民营限额以上批发和零售业有实现商品销售额的法人企业数比重为31.1%、0.4%和0.2%，有销售影响力的大企业偏少。

2. 民营批发和零售业零售额增速放缓

近年来，广州民营批发和零售业零售额增长速度呈现放缓趋势。从2013年的22.5%，降至2014年的16.3%、2015年的8.4%、2016年的7.4%，

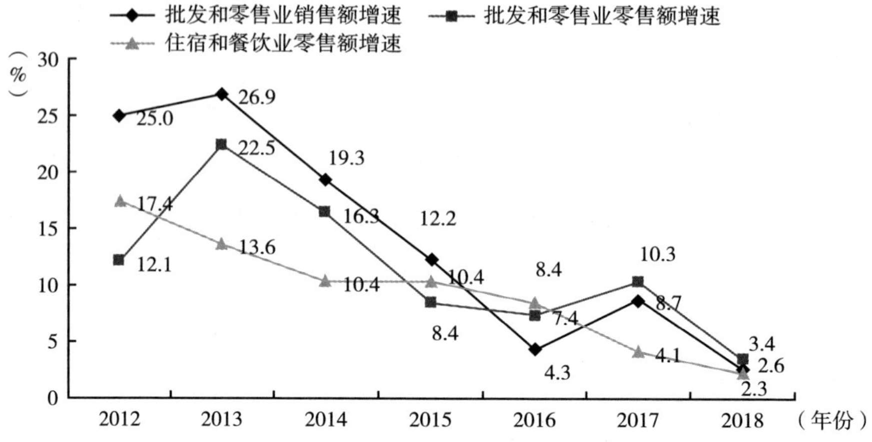

图1　2012～2018年广州民营批发和零售业、住宿和餐饮业主要销售指标增速变化情况

2018年为3.4%，2018年增速比2012年下降8.7个百分点（见图1）。

3. 民营住宿和餐饮业零售额增速不断下降

近年来，广州民营住宿和餐饮业零售额增长速度呈现不断下降之势：从2012年的17.4%，降至2013年的13.6%，2014年、2015年的10.4%，2016年的8.4%，2017年的4.1%，2018年为2.3%，2018年增速比2012年下降15.1个百分点（见图1）。

（二）近三年广州民营商贸业多项销售指标增速低于全省和深圳

2016年、2017年、2018年，广州民营批发和零售业销售额、零售额同比增速均比全省低（见表7）。2017年、2018年，广州市民营住宿和餐饮业零售额同比增速分别为4.1%、2.3%，比全省（增长7.6%、5.4%）分别低3.5个和3.1个百分点。

近三年，广州民营批发和零售业、住宿和餐饮业零售额与深圳对比，除2016年广州民营住宿和餐饮业零售额增速稍快于深圳0.1个百分点、2017年广州民营批发和零售业零售额增速与深圳持平外，广州市其他多项指标增速均低于深圳（见表8）。

表7　2016～2018年广州民营批发和零售业销售增速与广东省相比之差

单位：%，个百分点

年份	广州市		广东省		广州市与广东省比较	
	民营批发和零售业销售额增速	民营批发和零售业零售额增速	民营批发和零售业销售额增速	民营批发和零售业零售额增速	民营批发和零售业销售额增速之差	民营批发和零售业零售额增速之差
2016	4.3	7.4	7.2	10.4	-2.9	-3.0
2017	8.7	10.3	10.2	10.5	-1.5	-0.2
2018	2.6	3.4	7.0	6.8	-4.4	-3.4

表8　2016～2018年广州民营批发和零售业、住宿和餐饮业零售额增速与深圳相比之差

单位：个百分点

年份	广州民营批发和零售业、住宿和餐饮业零售额增速与深圳之差	广州民营批发和零售业零售额增速与深圳之差	广州民营住宿和餐饮业零售额增速与深圳之差
2016	-1.6	-1.8	0.1
2017	-0.5	0	-2.5
2018	-4.2	-4.0	-5.3

（三）2018年民营企业进出口增速比全省低，出口商品结构有待优化

2018年，在受世界贸易保护主义、中美贸易摩擦、经济下行压力大等因素影响情况下，广州民营企业进出口、出口、进口总值（以美元统计）分别比2017年增长7.6%、4.0%和17.2%，成绩不俗，但与全省增速（14.2%、8.0%、24.9%）比较分别低6.6个、4.0个和7.7个百分点。2018年与广州市民营企业有贸易往来的国家和地区个数，比2017年有所减少。全市个体工商户、集体企业出口总值比2012年分别下降47.2%和36.2%。全市民营企业高新技术产品出口比2017年下降7.2%，出口占全市民营出口总值的7.5%，比重较低，比全市高新技术产品出口比重（15.4%）低7.9个百分点。广州市民营企业仍以机电产品、传统劳动密集型产品为出口主力，出口商品结构有待优化。

（四）民营商贸业以限额以下企业和个体工商户为主，经营管理能力有待提升

据广州市工商行政管理局统计资料，2018 年底，广州市批发和零售业、住宿和餐饮业个体工商户户数占全市民营批发和零售业、住宿和餐饮业户数的比重达 69.2%。目前，广州民营商贸业以限额以下企业和个体工商户为主，民营限上企业的市场占有率不高，市场竞争力有待提高。2018 年，全市民营批发和零售业限额以下和个体工商户商品销售额合计占全市民营批发和零售业商品销售额比重达 69.3%，民营限上企业比重仅为 30.7%（比广州市批发和零售业限额以上法人企业商品销售额占全市批发和零售业商品销售总额的比重 48.0% 低 17.3 个百分点）；全市民营住宿和餐饮业限额以下和个体工商户零售额合计占全市民营住宿和餐饮业零售额比重达 85.6%，民营限上企业比重仅为 14.4%（比广州市住宿和餐饮业限额以上法人企业零售额占全市住宿和餐饮业零售额的比重 25.3% 低 10.9 个百分点）。民营商贸企业、个体户，多是门槛低、弱小、竞争力不强的实体店，在市场竞争日趋激烈和受电商冲击的背景下，销售增长大受影响。民营外贸进出口企业一般缺乏核心技术，产品附加值不高，面对当前世界经济复苏缓慢、中美贸易摩擦等不利影响的抗风险能力较弱。大部分民营企业属于家庭式经营，现代企业管理、财务和股权制度滞后，企业发展缺少相应的长期目标，面临转型升级难度大、压力大的困境。

（五）民营商贸业发展环境有待优化

2018 年 12 月，粤港澳大湾区研究院发布了《2018 年中国城市营商环境评价报告》，深圳、上海、广州、北京、重庆位居前 5 名，广州从 2017 年的第一名下滑至第三名，由此可看出广州市营商环境有待进一步优化。目前，民营企业市场准入仍然存在一些障碍，民营商贸企业融资难、融资贵、用地难、招揽人才难的问题仍较普遍；人员工资上升、租金上升，使民营商贸企业经营成本不断增加；民营企业从银行取得贷款的难度仍较大，贷款利率也

往往高于正常市场利率。另外，涉及民营经济发展保障的法律法规、政策措施仍待进一步完善，束缚民营经济发展的体制机制障碍仍需进一步破除，民营商贸企业发展的公共服务体系仍待进一步健全。

五　对策建议

民为国之本，民营兴则商贸兴，民营强则国家强。习近平总书记在党的十九大报告中，明确提出要支持民营企业发展，并就鼓励支持民营经济发展做出许多新的重大论述，为民营经济持续健康发展指明方向。目前，随着国家一系列重大改革措施的推进，束缚民营经济发展的体制机制障碍将进一步消除，我国民营经济及广州市民营商贸业将迎来新的历史发展机遇和进入一个新的发展阶段。在此，为加快广州民营商贸业大发展，特提出如下几点对策建议。

（一）引导民营内贸企业扩大有效供给，加快转型升级

1. 引导民营企业加大优质产品有效供给，提升高附加值产品比重

大力支持民营内贸企业积极推进供给侧结构性改革，培育、挖掘新的消费热点，切实引导企业开发适销对路产品，开展个性化定制、柔性化生产，增加高质量、高水平、高附加值的优质产品有效供给，满足个性化、多样化、不断升级的消费需求，促进优质产品、中高端消费品的供给和需求能力的释放，提升消费品位，大力提升民营内贸企业高附加值产品比重，优化市场商品结构。

2. 加快民营企业新旧业态融合发展，优化商贸业态结构

引导和支持民营企业适应当今商品流通发展新趋势，更好地为消费者服务，加快民营传统商贸业经营模式的转型升级，加快新旧业态转换和融合发展。特别要鼓励一些大型民营商贸企业依托优势发展连锁业态，促进品牌战略实施，依托品牌发展电子商务平台以及特色商品专营，应用电子商务、互联网、大数据等提高企业信息化管理水平，努力推进广州市民营商贸流通企

业向名牌化、专业化和现代化方向发展。推进线上线下商贸业融合和互通，引领民营传统零售业态变革，鼓励新型消费业态发展。

3. 提高民营企业竞争能力，促进企业做大做优做强

广州市民营商贸企业要实现可持续发展，关键是要采取切实有效的政策、措施，从人才培养、科技兴商、文化兴商、提高企业核心竞争力入手，强化人才意识，实施“科技兴商”“文化兴商”，做大做强做优商贸企业。引导民营商贸企业大力加强经营管理，实现企业服务质量、经济效益、核心竞争力“三提高”，实现企业做大、做优、做强，不断增强企业核心竞争力，实现广州市民营商贸企业优质高效、健康有序、可持续地发展。

（二）扶持壮大民营外贸进出口企业发展

1. 落实好支持民营外贸企业发展的政策

广州民营经济经营方式灵活，外贸基础厚实，客户渠道宽泛，在对外贸易与贸易投资中发挥着先行、带动和引领作用。在市场机制倒逼作用下，在“一带一路”建设的引导下，广州民营经济要从主要依靠低端微利产品出口向依靠高端丰利产品出口与投资并举转变，由以加工制造环节为主向合作研发、联合设计、市场营销、品牌培育等高端环节延伸。要加快“走出去”步伐，鼓励和支持民营企业通过跨国经营布局，充分利用两种资源、开拓两个市场，既有利于对冲外需疲软、外贸下行的压力，又有利于应对贸易保护主义。当前，要落实好各项扶持、壮大民营进出口企业发展的政策，努力支持民营外贸企业做大外贸进出口，发展、壮大服务贸易，大力发展跨境电商、市场采购、外贸综合服务等新增长点，推动民营企业转型升级和提高竞争力，推进一般贸易和加工贸易转型升级。大力推进贸易便利化，营造法治化、国际化、便利化的外贸营商环境，切实为民营外贸企业减负助力，支持民营外贸企业创新发展，不断提高民营外贸发展的质量和效益，引导广州市民营外贸企业朝着更加规范、更有效率、更可持续的方向发展。

2. 巩固和深耕传统贸易市场，大力开拓新兴市场

针对目前错综复杂的外贸进出口市场发展形势以及中美贸易摩擦所带来

的不利影响，广州市应建立健全贸易摩擦预警应对机制，积极促进进出口市场多元化。民营进出口企业应密切跟踪形势，尽量做到“知情、知变、知动”，不断优化国际市场布局，巩固和深耕欧盟、美国、东盟、日本、中国香港等传统贸易市场。同时，引导民营进出口企业进一步发挥毗邻港澳、华侨众多等得天独厚的优势，坚持“创新驱动多元发展”，以“优进优出、高质高效”为目标，借力“一带一路”政策和粤港澳大湾区建设有利时机，加大对新兴市场和“一带一路”沿线国家外贸市场的开拓力度，尽可能实现出口市场的多元化，着力培育民营企业外贸竞争新优势，不断优化国内外市场布局、商品结构和贸易方式，不断壮大外贸新业态、新模式，推动民营外贸企业转型升级和可持续发展。

3. 提升产品层次，增加出口产品的国际竞争力

要引导和支持民营出口企业，培育外贸竞争新优势，从传统的成本优势转变为以技术、品牌、质量和服务优势等为核心的综合优势，提升产品层次，提升出口质量和附加值，增加出口产品的国际竞争力。民营出口企业国际竞争力的提升重点在产品的设计能力和研发能力、原材料和终端产品的定价能力、国际营销战略、专利的申请和保护、品牌战略等方面，只有民营出口企业占领了相关行业的领先地位才能真正在国际市场上立足。

4. 引导民营企业合理规避汇率变动风险，降低企业损失

要引导和支持民营进出口企业，密切跟踪汇率走势，预防汇率波动风险；在贸易结算时尽可能使用人民币，通过结算币种规避贸易风险。合理利用原产地规则避税，积极拓展新兴国际市场，致力于技术创新和转型升级、提升产品竞争力等方面的工作，尽力化解外贸出口市场风险。

（三）大力打造民营企业发展良好营商环境

市场主体有活力，企业高质量发展才有源头活水。无论是建设现代化经济体系，还是推动供给侧结构性改革，说到底都需要为企业打造一个良好的发展环境，激发市场主体创新、创业、创造的积极性。当前，广州民营商贸经济发展进入转型升级的历史新阶段，要破解制约民营企业发展的难题，营

造民营企业发展的良好环境，关键是要真抓实干地“制定好、实施好、落实好”各项扶持促进民营经济可持续发展的政策措施，让民营商贸企业真正从政策中增强获得感。

1. 进一步放宽民营企业的市场准入，大力拓展民间投资的发展空间

切实打破行政垄断和市场垄断，营造公平竞争的市场环境，保障民营商贸企业发展实现权利平等、机会平等和规则平等，进一步放宽民营企业的市场准入，大力拓展民间投资的发展空间。

2. 提升民营企业转型升级能力，支持民营企业加快转型发展

引导民营商贸企业建立现代企业制度，创新管理方式，加快实现企业治理结构专业化和产权结构多元化。大力打造新一代的一流民营企业家队伍，支持引进人才、留住人才，增强企业发展活力和后劲。推动民营企业发展转型升级，鼓励民营企业不断增强自主创新能力，加大科技创新投入。大力提高外贸便利化水平，支持民营企业加快“走出去”步伐，着力提高产品质量和服务水平，打造国际化品牌，增强民营商贸企业国际竞争力。

3. 降低实体经济成本，助力民营企业摆脱发展困境

积极引导商业银行加快转变经营和服务理念，加大金融创新力度，建立符合民营企业特点的信贷管理制度、风险控制制度和风险补偿机制。推进多层次资本市场建设，规范新型互联网金融业态，拓宽民营企业直接融资渠道。用足国家扶持中小微企业的税收优惠政策，落实好“营改增”等减税清费政策，降低民营商贸企业税费负担。

4. 改善民营企业发展环境，提振民营企业家信心

大力完善产权保护制度，积极推进民营企业产权依法保护、平等保护和全面保护。制定、完善相关配套措施和实施细则，提高政府为民营企业服务的效率和质量。构建“亲”“清”新型政商关系，营造风清气正的发展氛围，优化广州商贸业发展营商环境，提振民营企业家信心，支持民营商贸企业提高核心竞争力、做大做强做优企业，大力推动广州民营商贸经济大发展。

（审稿人　刘妍）

B.9

新时代广州民营企业高质量发展对策研究

广州市工商业联合会课题组*

摘　要： 我国经济已由高速增长阶段转向高质量发展阶段。企业作为微观市场主体，尤其是极具市场活力，在实体经济和新经济领域数量庞大的民营企业，在探索高质量发展方面发挥着重要作用。但是，处于探索阶段的民营经济高质量发展的潜力并未完全释放。本文基于数据资料的易获得性，从本次调研的重点出发，着重从企业技术创新、产业结构和供给质量等方面，分析广州民营经济高质量发展现状、发展路径，重点调研制造业和新经济行业中的广州民营企业发展中存在的问题，并着力从发展先进制造业、发挥企业科技创新主体地位、加大城市营销力度、降低人才流入壁垒、完善企业融资市场建设等五个维度，提出有一定针对性的和实操性的政策建议。

关键词： 民营企业　高质量发展　制造业

习近平总书记在十九大报告中指出："我国经济已由高速增长阶段转向高质量发展阶段"，这一判断深刻揭示了中国经济发展进入新阶段的特征。

---

* 课题组组长：董延军，广州市委统战部常务副部长、广州市工商联党组书记；副组长：余剑春，广州市工商联副主席。课题组成员：赵建勤，广州市工商联调研信息部部长；晏任飞，广州市工商联调研信息部副部长；杨超，广州市工商联调研信息部主任科员。执笔：杨超。

高质量发展是在新的历史方位下以不断满足人民日益增长的美好生活需要为目标的创新发展、绿色发展、包容性发展，更加强调发展的质量和效益。在新常态下，民营经济走高质量发展之路，已经成为共识和大势所趋，也是当前各地大力推进的一项重点工作。

企业作为微观市场主体，尤其是极具市场活力，在实体经济和新经济领域数量庞大的民营企业，加快由原先粗放式发展转向高质量发展已经成为必然要求。我国著名经济学家魏杰提出高质量发展具有六大特质：效率更高、供给更有效、结构更高端、更绿色可持续以及更和谐的增长。本文基于数据资料的易获得性，从本次调研的重点出发，着重从企业技术创新、产业结构和供给质量等方面，分析广州民营经济高质量发展现状、发展路径，并重点调研制造业和新经济行业中的广州民营企业发展中存在的问题，以期最大限度地释放广州民营经济高质量发展的活力。

一　基本情况

近几年来，广州市认真贯彻落实中央、省关于创新驱动发展战略的系列重要部署，不断优化创新创业环境，积极打造平台载体，2017 年还有针对性地出台“民营经济 20 条”、《广州市降低实体经济企业成本实施方案》等政策文件，对壮大民营经济规模、提升民营经济发展质量与效益产生积极影响。广州民营企业正加速适应新常态，逐步成为广州经济探索高质量发展的一支重要力量。

（一）广州民营经济呈现出的高质量发展态势

1. 技术更加密集

2017 年，全市民营企业专利申请量占全市企业申请总量的 90% 以上，全市专利申请量过百企业共 40 家，其中民营企业 29 家，占比达 72.5% 。民营企业约占全市高新技术企业总数的 97.5% ，约占工业机器人企业总数的 80% 、大数据企业总数的 90% 、物联网企业总数的 85% ，占电子商务企业总数的95%以上（见图1）。在省级企业技术创新项目中，全市民营企业项目占75%以上，产学研合作项目占80%以上。全市93个市博士后站（分站）和47个博士后创新实践基地中，民营企业约占2/3。目前，民营企业已逐渐成长为广州科技创新和探索新业态发展的主力部队。

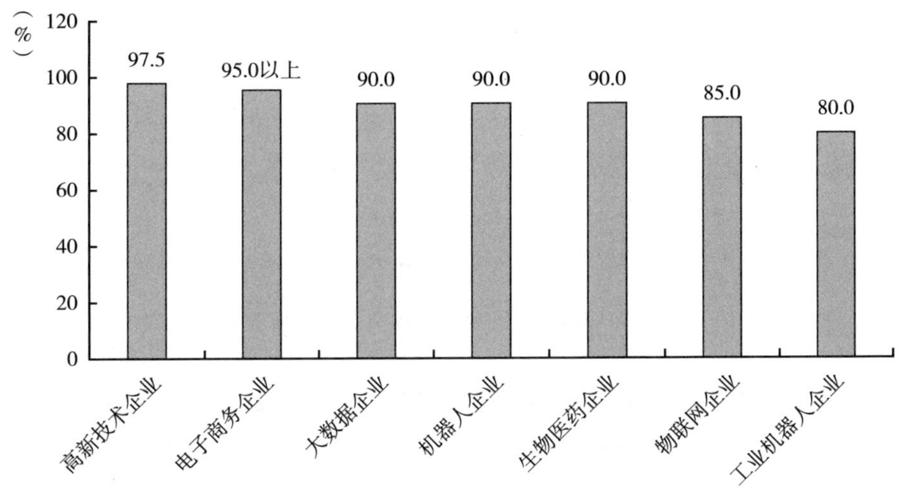

图1　2017年各类型民营企业占比

2. 结构更加高端

2017年广州市民营经济增加值8563.09亿元，占全市GDP比重39.8%。民营经济结构中一、二、三产业分别占2.2%、24.0%、73.8%，数据表明第三产业在广州民营经济结构中占据绝对主导位置（见图2）。2017年广州市14家企业入围中国民营企业500强，其中营业收入1000亿元以上企业1家、500亿元以上企业2家、100亿元以上企业11家。

3. 供给更加有效

民营企业出口占全市出口比重过半。2017年1~8月，民营企业出口总额达2087.9亿元，增长41.3%，民营经济以占全市GDP不超过四成的比重，实现了出口占全市出口总值的52.3%；同时，出口产品结构也不断优

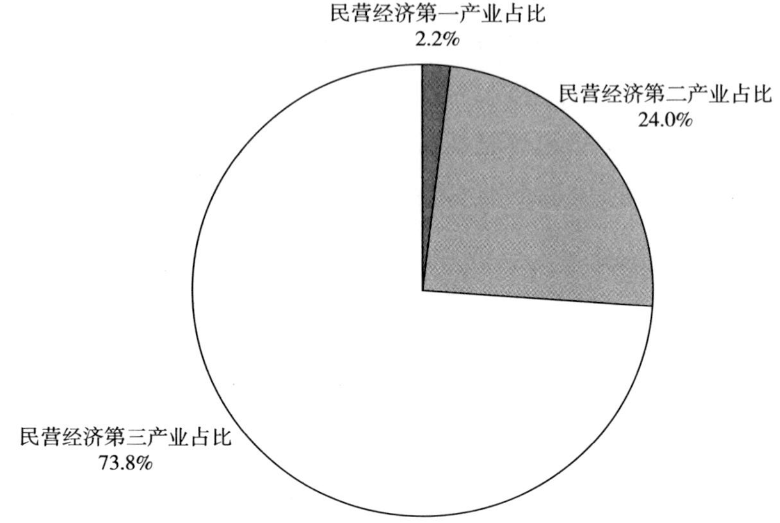

图2　2017年民营经济各产业占比情况

化，上半年机电产品和高新技术产品出口占到49.7%，超过了劳动密集型产品出口规模，民营企业供给的产品更加有质量、有市场。2017年上半年，全市民营企业缴纳税金819.69亿元，同比增长21.1%，增速快于全市税收收入增速2.6个百分点。

（二）广州民营经济走高质量发展的路径

1. 技术积累带来高质量发展

全国工商联以发达国家制造业企业为参照系，以我国深市中小板、创业板民营制造业企业为样本，研究给出我国制造业企业高质量发展的划分标准。其中一个标准为人均产值为170.57万元以上的制造业企业可以确定为超高质量发展企业；人均产值在101.57万～170.57万元的民营制造业企业为高质量发展企业。广州市制造业行业中有代表性的民营企业，如金发科技，2017年人均产值已达316万元，海大集团人均产值已达215万元。仅从人均产值的指标衡量，这类企业通过多年的技术积累，基本已经步入高质量发展，甚至超高质量发展之列了。尤其是金发科技自主研发的产品先后获得国家、省、市科技成果奖励30多项，其中，国家科技进步二等奖3项，中国专利优秀奖16项，省部级科技进步一等奖10项，申请国内外发明专利1830多项。

2. 技术变革获得高质量发展

有些企业成立时间并不长，但成立之初，创始人就拥有该行业领先的技术优势，或者拥有能够带动传统行业变革的技术优势，因此企业成立不久就形成高质量发展态势。比如巨衫软件、芬尼科技等企业，创立时间虽不长，但巨杉软件已入选硅谷著名分析机构 Firstmark 发布的2016年全球“大数据地形图”，成为国内唯一一家入选的企业；芬尼科技是泳池恒温专用热泵全球最大的制造商和中国最大的出口商之一，公司还独创“裂变创业”模式，开启了“传统制造业+互联网”转型的先河。

3. 理念创新引领高质量发展

有些企业虽然在技术上优势不明显，但在业态和模式上体现出很强的创新性，在行业内占据了先导优势，营业收入高速增长，甚至呈现出成倍增长的态势。比如，唯品会，营业收入复合增长率达103.8%，位列全球增速最高零售商榜首，在《财富》中国500强企业中，从2015年的第490多位提升到2017年的第115位。

4. 集群优势助推高质量发展

近年来，欧派家居、尚品宅配、索菲亚、好莱客等一批企业占据了全国定制家居行业的半壁江山，微信、欢聚时代、酷狗音乐、UC等不断刷新移动互联网新业态，广州亿航自主研制出全球第一款可载客的无人驾驶飞机。在日用化工、无人机、人工智能、生物医药、新材料、移动互联网、电子商务等领域，广州民营企业领跑全国。通过产业集群，能够带动区域内同行业的企业，既相互竞争又相互补充，形成资源高效利用、人才加快集聚、成本逐步降低、创新速度加快的高质量发展局面。

二　存在问题

调研显示，有一些民营企业一开始就注重科技创新和技术积累，从人均产值和技术积累的角度来看，已经开始步入高质量发展之列，在行业处于领先地位。目前，民营企业走高质量发展之路的认识越来越高、积极性越来越强、成效越来越显著，但仍然面临政策落地力度不足、发展要素限制、创新能力不强、融资困难等问题。

（一）惠企政策落实力度不够

（1）“数据跑路”还未形成全市统一格局，“来回跑腿”情况依然存在。行政审批、许可等服务企业工作，虽然在部分专项工作中实现了信息共享、免证明、“一次搞掂”，但远未形成全覆盖，部门之间信息独立，需要重复跑腿的现象依然存在。

（2）有些政策虽然抓住了企业的痛点，开准了药方，但是药量不够，企业感觉不解渴，不能解决实际问题。有企业反映，虽然政府通过一些政策措施给免了部分税费，但对企业来讲，效用不明显。针对高新技术企业认定，企业名称中有文化、传媒等词就被认为不是高新技术企业，有些企业为了申报高新技术企业就要改个含有“科技”二字的公司名称。有企业反映，想申请成为一般纳税人，税局方面审核不易通过，所以只能申报小规模企业，企业作为小规模纳税人不能享受进项税抵扣，也不能开具增值税发票，影响上下游业务开展。

（3）有些政策落地难或落地慢。由于宣传不到位，条件要求苛刻，缺乏刚性执行约束等原因，有些优惠政策“看得见，难触摸”，不能发挥预期作用。调研中有公司反映，挂牌新三板上市的补贴、研发投入后补贴等都到位较慢。有做飞机融资租赁的企业反映，南沙区关于每架飞机 1350 万元的补贴也兑现缓慢，导致企业在南沙注册，公司一半的飞机被吸引到了外地，等等。

（二）企业发展遭遇一定的资源要素瓶颈

1. 实体企业用地需求难以满足导致企业流失

调研中发现，有些中小制造业企业，有发展空间和市场需求，受土地要素限制，一直难以做大。广州政务环境和营商环境相对较好，小企业是聚集得越来越多，但是当企业发展到一定规模时就有出走的倾向。其他地方也出台优惠政策吸引这些企业。比如广东肇庆、清远、江门、中山工业用地都是20多万元一亩，苏州工业园也以差不多的土地价格，大力吸引在广州本土发展得比较好的企业去进驻。如果这些长期扎根广州的制造业企业不能留住，会影响广州制造业的基础和前景。

2. 低端制造业挤占了制造业发展空间

广州有些村级工业园里面的企业，大都是粗放型、效率低下的企业，这些小厂仅仅能提供一点租金，不能创造什么税收，还占用了不少的土地要素，挤占了需要发展的中高端制造业的用地空间，推高了土地的价格，影响了制造业整体高质量发展的进程。

3. 实体企业面临较大成本压力

近年来，民营企业在需求增速放缓、出口压力增大的情况下，还面临沉重的成本压力，融资、土地、电力等要素成本维持高位，人力成本和五险一金等社保缴费不断增加，税费降低不明显，上游原材料价格上升，效益持续下滑，生产经营面临较多困难。有企业反映，现在实体企业利润微薄，上万人辛辛苦苦干一年，赶不上在一线城市投资几套房子，“实体经济辛苦一辈子不如资本市场讲个小故事”。比如金发科技，2016年实现营业收入179.91亿元，营业利润6.84亿元，到了2017年，营业收入上涨到231.37亿元，营业利润反而减少到6.76亿元。民营实体企业近几年，营收上涨收益下滑的不在少数。

（三）企业创新投入不足，创新能力薄弱

1. 研发投入强度偏低

一直以来，研发投入强度（研发投入强度 = 研发投入经费/营业收入 × 100%）偏低，已经成为制约广州民营企业高质量发展的重要短板。国际上对企业创新能力判断，有一个通行的标准，研发强度在5% ~8%，或高达10%以上，方能说明创新能力强。除了中海达卫星、海格通信等极少数企业

研发投入强度超过10%以外，广州目前极少企业研发投入强度能够达到10%，甚至5%以上。香雪制药2015年和2016年研发强度达到5%以上，2017年也降到5%以下，大部分制造业上市公司投入强度在3% ~5%，有的不足3%甚至1%。2016~2017年广州部分上市制造业民营企业投入强度见图3。

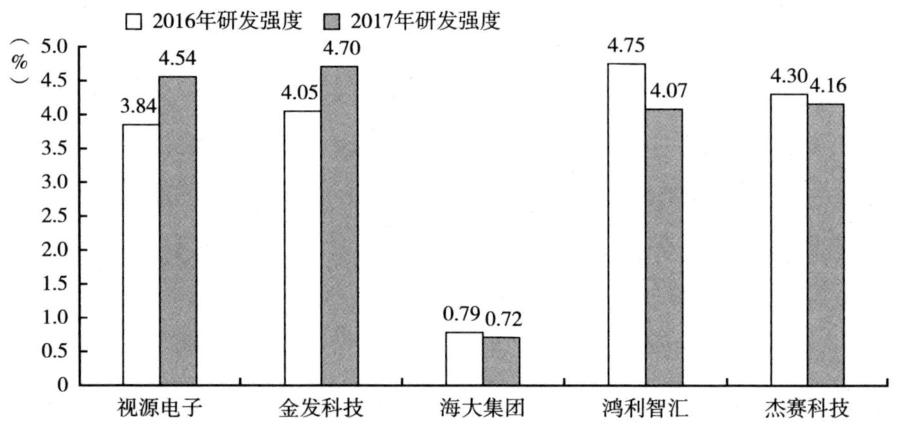

图3　2016~2017年广州部分上市制造业民营企业研发强度

2. 高端人才相对缺乏

企业走高质量发展道路，需要高质量人才支撑。目前广州仍然存在创新型人才缺乏、人才融入困难等问题。一是引进人才手续不够简化。有企业反映，过去几年，在对一些海外企业进行兼并和引进海外人才时，差点因为学历和健康体检认证烦琐问题，导致从美国引进人才失败。企业认为引进人才是否健康由企业把关即可，企业也不会花高薪引进一个身体不健康的人才。二是配套设施有待完善。对于有些中高端人才，企业靠自身提升福利薪酬等，或许可以吸引到一些，但是真正高端的人才除了考虑薪酬，还会考虑到小孩教育、医疗等问题。这些基础配套只有政府才能解决。三是低调的文化氛围不利于人才聚集。有企业家反映，人才选择在哪里工作，主要考虑三个因素：城市影响力、行业影响力、企业影响力。与深圳比，广州很多行业发展比不上深圳有影响力。该企业家认为，广州其实有很多企业发展很好但鲜为人知。例如，社交领域的腾讯广州研发中心、音乐领域的酷狗、游戏领域中的网易、直播领域的 YY 都在广州。广州没有把这些元素很好地宣传出去，很多人不知道这些知名公司在广州，认为广州影响力不够，不利于人才聚集。比如，唯品会反映之前举办一个时尚盛典，合作的各大品牌都建议这个盛典不要放在广州，要放在北京或者上海、香港，认为广州的影响力不够，不适合承办这么大的一个美妆盛典，一定程度上可以看出广州的城市吸引力还稍显不足。

（四）企业融资困难依然突出

多年以来，融资难、融资贵仍是民营企业反映较为普遍的问题，特别是中小民营企业融资问题更为突出。

1. 创投发展滞后

调研中，有企业反映，广州的创投氛围和市场发展相对滞后，有企业在新三板上市后，很多金融企业打电话问需不需要融资，但都是上海、深圳的企业，没有广州的企业，侧面反映广州的融资市场与上海、深圳尚有较大差距。2015～2017 年三年间，广州上榜《快公司》“中国最佳创新公司 50”的 27 家企业中，第一笔股权投资主要来自北京和深圳的创投机构，因为企业的资本估值更高，更容易达成交易、更能得到有效辅导。

2. 实体经济融资困难成本偏高

民营企业资金依然主要依靠内源融资（指企业自身经营活动结果产生的资金），在外源融资（指企业通过一定方式向企业之外的其他经济主体筹集资金）中，由于资本市场不发达，民营企业以间接融资为主，直接融资占比较小。近年来，由于经济下行，有些民营企业遭到银行抽贷、限贷、延期贷，面临资金链断裂的风险，民营企业融资难的问题更加突出。据调查，民营实体企业融资成本居高不下，贷款利率偏高。对民营企业而言，商业银行拥有定价权，均会在基准贷款利率基础上上浮放款利率，而且放款慢，有时民营企业因此错过一些商业机会。法律对民间借贷的保护利率过高，有企业家反映，最高人民法院对民间借贷的利率可以保护到 24%，个别可以协商到36%，这在全世界都很少有，企业通过民间借贷发展生产几乎是一条“走不通的路”。

三　对策建议

（一）大力发展以先进制造业为主的实体经济

实体经济是一个区域经济发展的立身之本，是财富创造的根本源泉，必须把经济高质量发展的着力点放在实体经济上。一是进一步降低实体经济非生产性成本。提高新三板上市补贴、研发投入后补助等政策性补贴发放效率，降低实体企业资金压力。完善研究开发和设计支出的所得税加计扣除政策；减少政府定价的涉企经营性收费，建立有效的涉企收费维权机制，监督各项减税降费政策的实施效果，确保政策落到实处。完善增值税抵扣链条等，多措并举降低企业非生产性成本。二是从质量角度切入，综合运用生产许可、标准管理、环保执法等手段，有序引导粗放型、效率低下的实体企业退出，减少无效和低端供给，为以先进制造业为主的实体经济发展提供空间。按照“利用效率高、要素供给多”的原则，建立以“亩产论英雄”为导向的发展质量评判标准，将亩均产值、亩均税收、单位能耗、单位排放、研发经费、全员劳动生产率等作为考核指标，并构建年度用地、用能、人才等资源要素分配与本地区“亩产效益”挂钩的激励约束机制，优先保障高质量发展的实体企业生产要素投入。三是推动互联网、大数据、人工智能和实体经济深度融合，以新经济带动传统实体经济转型升级，提升中高端有效供给，提升盈利能力和打造产业集群。

（二）发挥企业科技创新主体作用

一是切实落实国家和省、市各项面向中小企业的税收优惠政策和研发投入抵扣政策。通过有明确导向的财税政策，鼓励民营企业更加积极地开展研发创新和技术升级，支持民营企业积极参与国家科技计划、重大科技项目。

二是鼓励民营科技企业主导搭建产学研合作平台，建立产业技术创新联盟、培育产学研合作团队、推进实施产学研合作项目，促进科技成果转化，强化民营企业发展的科技支撑。组织民营企业家走出去考察学习、参加各类博览会、高峰论坛，帮助民营企业家开阔视野，拓宽思路。三是鼓励企业海外并购核心技术。鼓励民营科技企业并购与企业业务相关，能够带来企业技术升级的核心技术，加快技术升级的进程。四是壮大新经济，形成新动能。借鉴广州国际灯光节、杭州中国国际动漫节等成功做法，支持新经济各行业协会或知名企业创办有创意、有影响的国际性品牌活动，凝聚行业精英，扩大行业和城市影响，带动行业发展。

（三）加大城市自我营销的力度

一是加大城市形象宣传力度。依托文化旅游和经贸交流等，在引进来、走出去等活动中，加强城市宣传推介，依托专业团队进行城市形象宣传策划，大力开展城市形象推广活动，支持广州有代表性的企业举办行业盛典，把塑造城市品牌作为一个长期战略，让广州有代表性的元素能够深入人心。二是加大对本土标志性创业人物和创新企业的宣传力度。借鉴杭州宣传马云和阿里巴巴、宿迁宣传刘强东和京东的经验做法，挖掘、培养和宣传创业英雄和创新企业，把其中正能量最突出、特色最鲜明、示范引领性最强的任务或企业打造成广州创新精神和活力的形象代言人，把广州开放包容的文化氛围和对创新的重视程度传播出去，把天下英才吸引到广州创业兴业。三是引导本地知名企业家和创业精英主动推介自己。引导本地企业家，积极与媒体合作，讲好创业创新故事，承担更多社会责任，将自身、企业和城市营销结合起来，相互促进，并吸引本地高校人才毕业后留在广州。

（四）降低人才流入壁垒

一是简化人才引进手续。简化或取消人才引进审批，改审批为备案，由企业自己把关，自己负责，如果企业参与造假，那就加大对企业的处罚力度。二是逐步完善吸引人才的配套设施。鼓励广州知名中小学和知名医院与民资合作，更多到黄埔、白云、增城、南沙等区办优质学校和医院，合理配置医疗教育资源。对企业引进的高端重点人才，开通子女入学和就医的便利通道，解决他们的后顾之忧，通过留住家庭来留住人才。三是培育优势产业聚集人才。引导和鼓励优秀企业做强做大，带动行业发展，或鼓励和引导优秀的制造业企业成立孵化器，孵化上下游相关创业企业，带动要素聚集，形成优势产业，甚至产业集群，成为吸附人才的高地。引导、推动优质的企业带动行业发展，形成优势产业，这样相关人才自然会被广州的发展前景吸引过来。

（五）加快完善企业融资市场建设

一是提高直接融资比例，加快推进多层次资本市场建设。引导和培育更多企业通过中小板、创业板、新三板和债券市场等融资；推动广州股权交易中心和知识产权交易中心更好地发挥融资功能；引导私募股权、风险投资等社会资金更多关注高新技术产业和现代服务领域的民营中小企业。二是降低民营企业间接融资门槛，丰富融资渠道。推动各银行业金融机构信贷资金向实体企业倾斜，完善中小企业授信制度，推广股权、保单、知识产权质押融资和供应链金融等融资方式，逐步扩大实体企业贷款规模。鼓励保险机构开展中小微企业贷款保证保险等业务，鼓励融资租赁公司加快发展并在中小微企业融资中发挥更大作用。三是完善民营中小企业融资担保体系。以多种方式组建中小企业融资担保基金和担保机构，为有质量和效益前景的企业提供担保服务。为中小企业和担保机构开展抵押物和出质的登记、确权、转让等提供优质服务。鼓励中小企业自愿建立互保联保机制；加快中小企业信用服务平台试点，不断完善中小企业信用信息数据库建设。加快大数据在高质量专利质押融资领域的应用。通过运用专利大数据这一工具或手段，对专利权人所质押专利的技术方案进行深入全面分析，对不同专利之间的关联性进行系统综合分析等，通过客观数据来佐证申请人的资料是否真实有效、所申请贷款金额是否真实可靠，从而辨识专利价值和项目风险，确保信贷双方利益。四是大力发展产业金融。大力发展金融与实体相融合的产业金融，瞄准自身产业特点，大力推动航空、船舶、汽车等领域的融资租赁业不断做大；瞄准汽车、电子产品等先进制造业，大力发展文化金融、汽车金融、航运金融等特色产业金融。

（审稿人　潘其胜）

B.10
近年来广州市民营经济发展情况分析

黄燕玲　李 俊*

摘　要： 本文从近年来广州民营企业的数量、规模、从业人员、行业构成等多个方面，详细分析了广州民营经济在经济总量、转型升级、创新发展等方面的状况，并深入剖析了其存在的五个问题，包括企业整体实力水平不高，传动动能占比大、新兴动能培育不足，创新龙头企业带动力不足，投资结构有待优化，人才等要素资源支撑不足，并提出发展壮大民营经济的对策建议。

关键词： 广州　民营经济　民间投资

近年来，广州市委、市政府大力支持民营经济发展，连续出台了若干促进民营企业发展的政策措施，并通过创新工作机制、搭建服务平台，持续激发民营经济发展活力。广州民营经济由小到大，不断发展壮大，在稳定增长、增加就业、推动创新等多个方面发挥重要作用，有力支撑了广州经济健康发展。

一　广州民营经济发展现状

广州民营经济在转型中求发展，在发展中谋创新，民营经济活力不断激

* 黄燕玲，广州市统计局综合统计处副处长；李俊，广州市统计局科长。

发，民营经济实力大为增强，产业结构优化迈出坚实步伐，对经济的支撑作用明显。2017 年，广州民营企业创造了全市 39.8% 的地区生产总值、20% 的工业总产值、64.7% 的商品销售额、1/3 的固定资产投资额和 30% 的税收收入，是国民经济不可或缺的重要组成部分。

（一）民营企业数量大幅增加，民营经济规模持续扩大

随着广州深入推进商事制度改革，大力推动大众创业、万众创新，广州创业环境日益宽松，民营企业数量快速增长，民营市场主体持续释放市场活力。2017 年末，全市民营企业法人单位共 29.62 万个，占全部企业法人单位的 94.9%；比 2013 年末增加 13.36 万个，2014 ~ 2017 年年均增长 16.2%。

民营经济对全市经济增长的贡献率进一步提升。2017 年，广州民营经济增加值 8568.24 亿元，同比增长 6.9%；占 GDP 的比重从 2013 年的 34.3% 提升到 39.8%，对地区生产总值增长的贡献率达 56.4%。广州在信息技术、能源材料、人工智能、数字创意、文化旅游等领域涌现出一批优秀的民营企业，“2018 中国民营企业 500 强”名单中广州有 15 家入榜，“2018 广东省百强民营企业榜单”中广州有 23 家企业上榜，占全省的 23%，其中雪松控股集团有限公司在全省百强榜单中排名第 7 位，是广州唯一一家 2017 年度营业收入超 1000 亿元的民营企业，还是广州本土成长起来的唯一一家世界 500 强民营企业。

民营工业企业实力稳步提升。2017 年末，全市规模以上民营工业企业 3038 户，比 2013 年增加 799 户，年均增长 7.9%；占全市规模以上工业企业户数的 64.9%，比重较 2013 年提高 13.9 个百分点；实现产值占全市规模以上工业的 21.6%，比重较 2013 年提高 4.8 个百分点。其中，产值超亿元的民营工业企业有 788 户，比 2013 年增加 221 户，年均增长 8.6%；实现产值占全市规模以上工业的 16.3%，比 2013 年提高 4.3 个百分点。超 10 亿元的有 45 户，比 2013 年增加 14 户；产值占全市规模以上工业的 6.3%，比重较 2013 年提高 1.3 个百分点。

民营商业较快增长。2017 年末，民营批发零售业和住宿餐饮业法人单位共 11.51 万个，比 2013 年增长 73.1%，2014～2017 年年均增长 14.7%；占全市批发零售业和住宿餐饮业法人单位数的 96.0%，比 2013 年提高 1.0 个百分点。其中民营批发零售业法人单位数 10.82 万个，年均增长 14.9%，占全市批发零售业法人单位数的 96.2%，比 2013 年提高 1.0 个百分点；民营住宿餐饮业法人单位数 6939 个，年均增长 11.7%，占全市住宿餐饮业法人单位数的 92.9%，比 2013 年提高 1.6 个百分点。民营批发零售业实现商品销售总额 4.02 万亿元，2014～2017 年年均增长 11.0%；占全市批发零售业商品销售总额比重由 2013 年的 52.5% 增至 2017 年的 64.7%，提高 12.2 个百分点。民营批发零售业和住宿餐饮业实现社会消费品零售额 6561.90 亿元，2017 年占全市社会消费品零售总额比重达到 69.8%；2014～2017 年年均增长 10.2%，年均增速比同期全市社会消费品零售总额快 0.1 个百分点。

民营服务业支撑作用较强。2017 年，全市共有规模以上民营服务业企业 5708 家，占全市规模以上服务业企业的 77.0%；实现营业收入 4174.16 亿元，占全市规模以上服务业企业的 42.5%，对规模以上服务业企业营业收入贡献率达 52.3%；2014～2017 年规模以上民营服务业企业营业收入平均增速达 16.4%，比同期规模以上服务业企业平均增速高 6.1 个百分点。从行业分布来看，民营服务业企业主要集中在信息传输、软件和信息技术服务业，租赁和商务服务业这两个现代服务业行业中，这两个行业企业户数合计 2851 家，占全部规模以上服务业民营企业的 49.9%；合计实现营业收入 2452.52 亿元，占全市规模以上民营服务业企业营业收入的 58.8%。从增速来看，2017 年民营服务业各行业营业收入均实现两位数增长。其中有 5 个行业增速超 20%，分别为水利环境和公共设施管理业，信息传输、软件和信息技术服务业，卫生和社会工作，交通运输、仓储和邮政业，科学研究和技术服务业。

（二）转型升级稳步推进，民营经济产业结构不断优化

2017 年，广州民营经济第一、二、三产业分别完成增加值 174.39 亿元、2037.10 亿元和 5666.49 亿元，分别占民营经济增加值的 2.2%、

25.9%和71.9%。其中，第一、二产业比重较2013年分别下降0.7个、5.0个百分点，第三产业比重较2013年提高5.7个百分点，民营经济的服务业化态势更加显著。

第二产业中，民营工业企业结构质量不断优化，民营先进制造业、民营高技术制造业占比进一步提高。2017年，全市规模以上民营先进制造业增加值占民营工业增加值的比重为46.4%，比2016年提高1.8个百分点。2017年，广州规模以上民营高技术工业企业[①] 338家，比2013年增加156家，占全市高技术工业企业的比重达60.6%，比2013年提升21.5个百分点；合计实现高技术制造业增加值占民营工业增加值的比重为17.8%，比2016年提高1.1个百分点。

第三产业中，民营金融业，交通运输、仓储邮政业和其他服务业发展势头良好。2017年，全市民营金融业增加值163.65亿元，比2013年增长53.4%，年均增长11.3%；民营交通运输、仓储和邮政业增加值641.6亿元，比2013年增长55.1%，年均增长11.6%；民营其他服务业增加值2389.87亿元，比2013年增长56.7%，年均增长11.9%。民营经济在农林牧渔、住宿餐饮、批发零售、房地产等行业内部仍然占据主要地位，2017年以上各行业民营经济增加值占全市各行业的比重分别为79.4%、62.6%、62.0%和48.3%。

（三）民间投资占比超四成，新领域投资增长较快

2017年，全市完成民间投资2495.73亿元，占全市固定资产投资的42.2%，其中第三产业民间投资占比达93.3%。随着进一步放宽民营资本市场准入限制，降低准入门槛，多渠道促进民营经济投资，民间投资领域不断拓展，新兴领域投资快速增长。2017年，卫生和社会工作，信息传输、软件和信息技术服务业民间投资均增长1.5倍，科学研究和技术服务业，金融业，交通运输、仓储和邮政业民间投资分别增长56.0%、43.6%、26.0%。

---

① 本文的高技术工业企业指符合广东省统计局制定的广东省高技术产业行业分类标准的规模以上工业企业。

（四）民营企业日益重视科技与创新，研发活动日趋活跃

民营企业逐渐成为推动科技创新的重要主体。2017 年，在全市有开展研发活动的“四上”企业①中，民营企业共 1654 家，比 2013 年增长 2.4 倍；占比为 43.8%，较 2013 年提高 37.8 个百分点。民营企业 R&D 经费支出突破 100 亿元，达 123.45 亿元，比 2013 年增长 77.6%，年均增长 15.4%；占全市企业 R&D 经费支出的 36.1%。民营企业共有 R&D 人员 5.85 万人，比 2013 年增长 80.2%，年均增长 15.9%；占全市企业 R&D 人员的 45.5%，比 2013 年提高 4.3 个百分点。民营企业加速从传统行业向技术含量高、附加值高的先进制造业和现代服务业转型，新兴产业企业中九成以上是民营企业。353 家省级以上企业技术中心中，70% 以上是民营企业。2018 年全市高新技术企业总量有望突破 1.1 万家，超九成为民营企业。全市 65% 的发明专利、75% 以上的技术创新成果来自民营企业，80% 以上的新产品由民营企业开发。

（五）民营经济就业税收稳步增长，对社会贡献不断提升

民营经济在有效吸纳社会劳动力、缓解就业压力、贡献税收、促进社会和谐稳定等方面发挥着重要作用，民营企业已是广州市吸纳就业人口的重要渠道和税收的重要来源。从就业规模来看，“四上”企业中超过半数的就业岗位由民营企业提供。2017 年末，广州市“四上”民营企业从业人员达 223.25 万人，比 2013 年末增加 23.95 万人，增长 12.0%；占全部“四上”企业从业人员的比重为 54.3%，比 2013 年末提高 4.7 个百分点。从就业行业分布来看，民营就业人员主要集中在制造业、建筑业、批发和零售业、租赁和商务服务业。2017 年末，制造业民营从业人员达 66.95 万人，占民营从业人员的比重为 30.0%，成为集聚就业规模最大的行业；批发和零售业

---

① “四上企业”是指规模以上工业企业、资质等级建筑业企业、限额以上批零住餐企业、国家重点服务业企业等企业的统称。

(12.8%)、建筑业(11.5%)和租赁和商务服务业(10.9%)占比均超10%。与2013年比，占比提高较多的有信息传输、软件和信息技术服务业，租赁和商务服务业和房地产业，分别提高3.7个、2.5个和1.6个百分点；占比下降较大的有制造业、住宿和餐饮业，分别下降6.9个和1.2个百分点(见表1)。从税收来看，随着民营经济总体规模持续扩大，民营税收稳步增长。2017年，广州民营税收收入1557.32亿元，比2016年增长17.4%，占全市税收总额的比重达30.0%，比2016年提高0.7个百分点(见表1)。

表1　广州"四上"民营从业人员分行业情况

行业门类	从业人员(万人)		占比(%)		占比增长(个百分点)
	2017年	2013年	2017年	2013年	
采掘业	0.03	0.02	0.0	0.0	0.0
制造业	66.95	73.52	30.0	36.9	-6.9
电力、热力、燃气及水生产和供应业	0.23	0.36	0.1	0.2	-0.1
建筑业	25.75	24.53	11.5	12.3	-0.8
批发和零售业	28.65	26.96	12.8	13.5	-0.7
交通运输、仓储和邮政业	11.66	8.93	5.2	4.5	0.7
住宿和餐饮业	9.60	10.91	4.3	5.5	-1.2
信息传输、软件和信息技术服务业	16.99	7.77	7.6	3.9	3.7
房地产业	18.71	13.47	8.4	6.8	1.6
租赁和商务服务业	24.28	16.75	10.9	8.4	2.5
科学研究和技术服务业	7.52	5.41	3.4	2.7	0.7
水利、环境和公共设施管理业	0.90	1.11	0.4	0.6	-0.2
居民服务、修理和其他服务业	4.27	3.31	1.9	1.7	0.2
教育	3.55	2.79	1.6	1.4	0.2
卫生和社会工作	2.09	1.33	0.9	0.7	0.2
文化、体育和娱乐业	2.07	2.13	0.9	1.1	-0.2
合　计	223.25	199.30	100.0	100.0	

二　民营经济发展中存在的问题

(一)企业规模小，整体实力不强

从经济总量看，2017年，广州民营经济增加值占全市GDP的比重仅为

39.8%，低于全省的53.7%和深圳的42.8%，总量是深圳民营经济增加值的88.9%。从企业数量看，全市民营法人企业近30万个，占全市法人企业总数的94.5%，但能够达到规模标准纳入“四上”企业统计的民营企业仅有1.77万家，仅占全市民营企业总数的6.0%。根据全国工商联发布的“2018中国民营企业500强”名单，在广东入围的60家企业中，广州虽有15家企业上榜，但仅有雪松控股一家入围全国20强，且仅排在广东入围企业的第7位。而深圳除了有华为技术有限公司连续3年位居榜首外，还有正威国际、恒大集团入围全国10强、万科入围全国20强，佛山也有美的、碧桂园两家企业入围全国20强。分领域看，规上民营服务业企业占全部规上服务业企业总数的77.0%，但实现营业收入仅占42.5%，远低于企业数量的占比；年营业收入低于亿元的企业数量占比达87.0%，其中年营业收入低于2000万元的2000多家小型服务业企业全年营业收入下降12.4%，营业利润亏损4.82亿元，经营面临较大压力。民营工业经济缺乏龙头企业的带动，至今没有一家民营工业企业能够实现年产值超百亿元，而小微型企业数量占全部民营工业企业的比重达89.3%，实现工业总产值仅占全部民营工业企业的56.2%；民营工业企业全员劳动生产率仅为17.42万元/（人·年），远低于全市规上工业企业的35.06万元/（人·年）。民营企业商品进出口总额占全市商品进出口总额的41.7%，低于全省的46.1%。总体上，广州民营经济仍缺乏规模效应，民营经济做大做强的基础实力有待加强。

（二）实体经济传统动能占比大，新动能培育尚显不足

工业是实体经济的主体，也是调整优化产业结构的主战场。自2014年以来，广州民营工业增速均低于全市民营经济和民营服务业增加值增速。2017年，民营工业增加值增长4.5%，比全市民营经济、民营服务业增加值增速分别低2.4个和3.8个百分点，也明显低于全省民营工业增速（9.8%）。民营工业企业主要分布在传统制造业中的服装服饰、化学原料及化学制品、纺织、电气机械、橡胶塑料制品等五大行业，以上五个行业的企

业数量占全部民营工业企业的比重超过1/3。高端、创新型产业规模尚小，规上民营工业中的高技术制造业增加值占比为17.8%，低于全省规上民营工业中高技术制造业的占比5个百分点左右；先进制造业增加值占比为46.4%，低于全市规上工业中先进制造业的占比11.7个百分点。民营经济作为大众创业、万众创新最有活力的一支力量，必须充分利用其经营方式灵活、市场反应灵敏、生产效率高等特点，加快转型升级，深入挖掘潜力，增强广州经济增长的内在动力。

（三）创新龙头企业带动不足，总体创新能力不强

2017年，全市有3772个民营企业填报研发统计报表，其中，有研发（R&D）活动的企业有1654个，占比为43.8%，民营企业研发活动较为活跃。但从科技活动投入强度看，民营企业创新能力还有待加强。2017年，民营企业R&D人员5.85万人，占全市纳统企业R&D人员的45.5%。但民营企业R&D经费支出仅占全市企业R&D经费支出的36.1%，且多数民营企业R&D经费支出并不高，R&D经费支出超过亿元的民营企业只有11家。R&D经费支出最多的企业是“金发科技股份有限公司”，其支出为5亿元，而深圳除华为外，R&D经费支出居第二位的企业比亚迪公司2017年研发经费支出便达18亿元。在新一代信息技术、人工智能、高端装备等新兴产业方面，广州虽已培育、引进了部分技术领先企业，但体量尚小，未能迅速形成涵盖研发、制造、集成、应用等较为完整的产业链，难以成为引领工业经济动力转换的优势产业。

（四）投资增速下滑，投资结构有待调整优化

在经过前几年快速发展后，近两年广州民间投资增速和占比持续下滑，投资动力趋弱。2017年，民间投资增速首次出现负增长，同比下降1.0%，占全市固定资产投资的比重从上年的44.2%降至42.2%，占比分别比全省、深圳低19.6个和8.8个百分点，且规模被深圳超越。资金过度集中于房地产业、投资项目规模偏小是广州民间投资缺乏活力的两大因素。近几年，房

地产业民间投资占民间投资总额的比重均在六成以上，挤压了其他行业的投资。2017 年，广州民间投资仍有超过七成（占 74.6%）的资金流向房地产业，民间投资涉猎的其他 17 个行业中，有 11 个行业的投资额同比下降，反映实体经济发展后劲的制造业投资仅占 5.9%；全年民间投资在建施工项目（剔除房地产开发项目）1112 个，项目数量占全市在建施工项目的 32.6%，但计划总投资额仅占 18.1%，项目平均规模 2.54 亿元，明显低于全市项目投资的平均规模（4.57 亿元）。

（五）人才资金受制约，要素资源支撑不足

从业人员结构方面，随着民营经济的快速发展，民营企业吸纳就业能力显著增强，但受产业结构转型升级进程缓慢影响，在吸引人才、留住人才、培养人才方面还较弱。2017 年末，民营企业从业人员中专业技术人员有 33.92 万人，占全部民营从业人员的比重为 15.2%，仅比 2013 年末提高 1.6 个百分点，反映广州民营从业人员素质不高、结构优化速度较慢。资金方面，虽然近年民营企业融资难状况得到一定改善，但资金紧张、贷款难仍是民营企业反映最多的问题。2017 年，规模以上民营工业企业流动资产 2436.07 亿元，应收账款 723.13 亿元，产成品存货 175.59 亿元，后两项资金占流动资产的比重达 36.9%，企业流动资金周转面临压力。另外，产品结构单一、土地资源受限、用工成本和原材料价格上涨等问题在很大程度上也制约着民营经济发展。

三 促进民营经济发展壮大的对策建议

（一）优化营商环境，打造民营经济新的增长点

营造有利于创新发展的政策环境和社会环境，用足国家扶持中小微企业的税收优惠政策，落实好“营改增”等减税清费政策，为实体经济减压、轻负、松绑，削减制度成本；增加市场信息的透明度，加大对中小企

业的信贷支持，确保民营经济平等、及时享有相关信息和资源；加强对民营企业合法权益的保护，保障企业的主体平等地位，提振民间资本信心。以IAB、NEM等高端、新兴产业为引领，用好财政预算安排的技术改造、自主创新、节能环保等专项资金，积极扶持发展前景好、带动能力强、符合产业政策的民营企业，大力培育特色产业项目，形成新的经济增长点和产业集群。

（二）鼓励创新，提升民营经济发展质量

按照推进民营经济转型升级的发展要求，在民营经济发展专项资金和科技经费中设立专项资金和经费，用于鼓励、支持中小企业加大研发和科技转化投入，大力引进人才、培育技术团队和开展产学研合作。同时，集中优势资源，支持龙头民营企业加强技术改造，加强质量管理和提高服务水平，改善产品质量，突出品种、质量、品牌和服务，提高产品附加值，实现企业服务质量、经济效益、核心竞争力“三提高”，实现企业做大、做优、做强，不断增强民营企业核心竞争力，推动民营经济高端化高质量发展。

（三）放宽市场准入，拓展民间经济发展空间

营造公平竞争的市场环境，保障民营企业发展实现权利平等、机会平等和规则平等，支持民营企业参与战略性新兴产业、高技术制造业和先进制造业的中大项目和技术改造工程，不断优化民间投资结构，增强经济增长后劲。引导民间投资支持发展教育、卫生、文化、体育和社会管理等社会事业，为其提供公平竞争的发展环境；引导民间投资支持发展城市交通、电力、热力、水等基础设施产业，为民间投资搭建平等参与开发公共资源的平台。

（四）扶持中小型企业，促进民营经济协调发展

针对广州市民营企业数量多而不强的特点，要在发挥大型企业领军作用的同时，对中小企业的发展给予更多的关注，在企业融资、税费征收、劳动

力培训、人才认定等方面给予中小企业更多的政策倾斜。一方面要以大型骨干型企业为中心，带动相关上下游中小企业共同发展，努力提高中小企业的经济效益；另一方面要促进民营企业区域间的协调发展，推动形成各具特色的中小企业产业集聚区，并鼓励引导集聚区实施品牌战略，延伸产业链条，大力打造广州民营经济产业集聚特色。

（审稿人　肖特兵）

B.11

广州市民营生物医药产业状况分析及思考

广州市工商业联合会课题组*

摘　要： 广州不断优化的城市发展环境、高效快捷的政务服务、日趋完善的生物产业体系、丰富的医科教育和临床资源，以及享誉世界的“千年商都”美誉，为广州建成全国乃至全球生物医药产业中心提供了重要契机。与此同时，广州民营生物医药产业仍然面临着高端创新医药企业数量不多、规模不大，产业集群优势发挥不明显，关键领域核心技术缺乏，新技术和新产品市场准入的法规政策依然不够健全等突出问题，需要创新发展治理思路，加强规划统筹及相关配套政策的扶持，使民营生物医药产业发展成为新一轮新兴支柱产业。

关键词： 广州　民营企业　生物医药产业

近年来，全球生物医药产业呈现快速发展的态势，据 IMS Health 咨询公司的报告，全球医药市场年均复合增长率达到 4.5%，是全球增长最快的产业之一。预计未来 5 年全球生物医药与健康产业将保持 4.8% 的年均复合增长率，到 2020 年全球生物医药与健康产业市场规模将达到 15000 亿美元，

---

* 课题组组长：熊鹰，广州市工商联党组成员、秘书长，广州市非公经济党委书记。课题组成员：黎明，广州市工商联办公室副主任；林锦云，广州市工商联办公室调研员；杨铭，广州市工商联办公室主任科员。执笔：杨铭。

成为世界范围内的支柱产业，被誉为全球“财富第五波”。广州是广东省省会城市、国家重要中心城市、国际商贸中心和综合交通枢纽。凭借地处中国改革开放最前沿的政策优势和地缘优势，广州正处于打造具有全球影响力的生物医药产业高地的黄金期、窗口期、机遇期，为充分摸清广州市民营生物医药产业现状，推动民营企业在生物医药产业领域的长远发展，市工商联对广州大学城健康产业产学研孵化基地、香雪制药、金域医学检验、迈普再生医学、祈福医院、广东省干细胞与再生医学协会等产业基地、企业、商协会进行了深入走访和调研，向市发展和改革委、药品监督管理等职能部门征询了意见建议，梳理了国外生物医药产业发达地区的先进经验，对广州市民营生物医药产业现状、发展瓶颈及其成因进行综合分析，提出应对之策。

一　广州民营生物医药产业总体概况

广州民营生物医药企业众多，具有覆盖面广、产业链长、融合性强等特点，形成了以现代中药、医疗器械、保健食品为主导，以精准医疗、再生医学、体外诊断等优势产业为辅的产业集群，涌现出香雪制药、金域医学检验、迈普再生医学等一批高水平的民营知名生物医药企业，已经成为推动广州生物医药产业发展的一支重要力量。广州市民营生物医药产业总体呈现以下四个方面的特征。

（一）民营生物医药产业规模持续扩大

“十二五”期间，广州生物医药产业（本文所称“生物医药产业”实为广义上的概念，其范畴包含生物医药制造、生物医学研发、高层次健康医疗服务等领域）年均增长率超过14%，形成了千亿级产业集群。2018年，广州生物医药与健康产业增加值达600多亿元，生物医药制造业总产值近400亿元，增长速度达到23%。目前，全市有100多家民营药品生产企业、500多家民营医疗器械生产企业、700多家民营生物与健康高新技术企业，形成了一大批专、新、特、精的骨干企业集群式发展的局面。同时，广州市还是中国三大医疗中心之一，医疗市场资源丰富，现有各类民营卫生机构 3000 多个，大部分拥有国家标准的临床研究基地，有力支撑了生物医药产业链下游的临床研究和转化研究。

（二）民营生物医药产业布局不断优化

打造了以科学城、生物岛为基地核心区，健康医疗中心、国际健康产业城、国际医药港等特色园区协调发展的产业布局，构建从技术研究、中试到产业化的完整产业链。2018 年，广州规模以上医药制造业企业 86 家，实现营业收入 312 亿元。科学城、知识城、生物岛三大集聚区建成了面积 64 万平方米的生物医药孵化器，形成了由达安、阳普、冠昊等上市公司创建的生物医药专业孵化器 18 个、专业众创空间 4 个，入驻企业 600 多家，以化学药、现代中药和医疗器械为主体，具备干细胞与再生医学、体外诊断产品及检验服务、海洋生物等特色优势，能够培育生物制药、生物医用材料、精准医疗等领域有潜力的产业体系，从技术研究、中试到产业化的产业链基本完整。

（三）民营生物医药创新能力显著增强

广州市共有生物医药领域国家级实验室（工程中心）12 家、各级重要实验室 158 家、各类企业技术实验中心 51 家，基本形成了比较完善的技术创新和研究体系。一批生物医药重点领域的诺贝尔奖获得者、两院院士、千人计划专家、万人计划专家被吸引到广州或在广州本土培养产生。“十二五”期间，广州批准了一批新药用于临床研究和生产。筹建了广州生物医药产业联盟、广州生物技术外包服务联盟、广东省生物芯片产业技术创新战略联盟等协同创新组织。医疗市场资源丰富，呼吸病、眼科、肿瘤、心血管等专科治疗水平国际国内领先。生物制药领域，铭康生物注射用重组人 TNK 组织型纤溶酶原激活剂（铭复乐）获准上市，填补了国内空白。现代中药领域，香雪制药抗病毒口服液全国同类市场销量第一。医疗器械领域，达安基因 PCR 荧光检测试剂销量全国第一；冠昊诱导再生功能新型生物材料及其制品全国销量领先；

金域医学检验在实验室数量、市场覆盖面、检测项目上均处于全国领先地位；大参林医药集团连锁药店名列前茅。个体化医疗领域，益善生物是亚太地区规模最大的专业从事液相芯片系列产品开发和肿瘤个性化用药检测服务的企业，也是国际个体化医疗联盟的唯一中国单位。健康服务领域，金域医学检验是全国首家获得医疗机构执业许可证及规模最大的第三方医学检验机构。

（四）民营生物医药产业区域各具特色

广州开发区的民营生物医药产业基地、知名生物医药企业、生物医药人才、研发成果在全市各区中最多，广州科学城、中新广州知识城、广州国际生物岛都在开发区内。其中，科学城是开发区的核心园区，集聚了超过70%的生物医药与健康领域企业和科技创新资源。越秀区重点打造广州健康医疗中心产业基地，集聚了医药流通、医疗器械领域的龙头企业，借助成熟的传统商贸业，以及先天的医疗机构资源等优势，将产业链延伸到零售和服务的终端。荔湾区的民营医药健康产业集聚在东沙医药健康总部基地和大坦沙国际健康生态岛两大生物产业销售基地，到2021年，该区基地生物医药和大健康产业预计主营业务收入将实现600亿元。从化区围绕以明珠工业园作为生物医药产业基地的重点发展目标，着力在医药制剂、保健食品、功能食品、医疗器械、健康设备、药妆等产业上谋求发展，力争建设成广州国际医药港医药生产研发基地。白云区以发展中成药、创新药物、医疗器械研发生产为重点，做好医药展贸及相关配套服务。番禺区大学城健康产业产学研孵化基地已进驻的企业累计达143家，总投资约34亿元，现有在孵化的生物医药企业80多家，预计到2021年，该区生物医药基地产业主营业务收入接近10亿元规模。

二　广州发展和培育民营生物医药产业的主要做法

（一）制定专项政策文件，不断完善产业发展环境

广州市委、市政府高度重视民营生物医药产业发展，将生物医药产业作

为广州经济发展和转型的新引擎，先后出台《广州市加快 IAB 产业发展五年行动计划》《关于促进民营经济发展若干措施》《市领导挂点联系服务重点民营企业工作方案》《广州市加快生物医药产业发展实施意见》《广州市加快生物医药产业发展若干规定及操作指南》，进一步明确广州生物医药产业发展重点领域以及政策措施。市委书记张硕辅专门挂点联系香雪制药和迈普再生医学两家民营生物医药企业，温国辉、陈志英、卢一先等领导多次到民营生物医药企业走访调研，通过市区部门加强联动，聚焦产业链薄弱环节，实施名企名品培育、人才开放创新、国际化引资引技引智等工程，有力推动了民营生物医药产业的成果转化。广州还围绕以企业为中心，从生物医药产业的研发、中试、认证、产业化等全产业链的各个环节寻找切入点，不断完善在土地、环保、出入境通关、国外技术引进、海外并购、产业投资等方面的配套环境建设，通过加强政务服务，让企业少跑路，构建了生物医药产业良好的营商环境。

（二）聚焦全球开放合作，吸引国际高端资源集聚

2017 年 7 月，在国家有关部委大力支持下，广州市成功承办了第十届中国生物产业大会暨首届官洲国际生物论坛，来自国家部委、23 个省区市政府及古巴、以色列的政企代表团，全国各地国家生物产业基地、高校科研机构、世界 500 强等知名企业、风投创投机构、医疗机构等单位的代表数千人参加大会，大大提升了广州市生物医药产业在全国乃至全球的知名度和影响力。广州市主要领导多次邀请国内外生物医药领域顶级专家学者和知名企业家参加座谈会、圆桌会、交流活动，进行“头脑风暴”，为广州“把脉开方”，大力推介广州市优越的基础条件和发展环境。政府部门先后多次组团赴美国、日本、瑞士、德国、瑞典等国际生物医药先进国家进行招商，取得了一系列丰硕成果。随着粤港澳大湾区建设的推进，广州还积极对接香港中文大学李嘉诚健康科学研究所、香港大学生物医药技术国家重点实验室，商讨共建大湾区生物产业联盟，推动国际科技成果在广州落地转化。目前，广州已连续四年举办了国际干细胞与精准医疗产业化大会，并成立粤港澳干细胞新药研发战略合作联盟。

（三）成立生物医药产业联盟，组建生物产业基金

广州市生物医药产业联盟集聚了全市生物医药领域“政产学研用”全链条的领军企业、大专院校、科研机构、医疗机构、投融资机构和行业协会等120多家单位。联盟先后承办了首批产业基金项目签约仪式、第二届P4 China大会、在穗医院药企对接会、2018广州生物医药企业赴港上市座谈会，组团赴武汉参加第十一届中国生物产业大会、2018官洲生命科学圆桌会、粤港澳大湾区生物产业创新联盟筹备启动会等多场大型活动，搭建了会员信息沟通交流、产融医精准对接的平台。第十届中国生物产业大会期间，广州生物医药产业投资基金正式揭牌，该基金预计总规模达100亿元，能较为充分地发挥财政资金政策引导和资本杠杆放大作用，引导社会资本聚焦投资广州生物医药产业，使更多的优质生物医药项目能被广州吸引集聚。

三　广州市民营生物医药产业发展瓶颈和困难

（一）产业规模仍需提升

生物医药与健康产业规模虽然已经处于国内第一梯队，但产业规模与北京中关村、上海张江等先进园区相比，差距较大，10亿元以上产值规模的企业较少，缺乏对产业链上下游和产业集群带动作用强劲的龙头企业。以美国田纳西州的纳什维尔健康产业群为例，产业集群由美国医院有限公司（简称HAC）带动了一大批健康产业人才集聚，并建立了一整套专业化服务支撑体系，促使资金和资本市场向该地区倾斜，有力推动了生物医药企业技术进步和产品品质提升。

（二）空间布局缺乏统筹

广州经过多年的发展，生物医药与健康产业集群形成了“大分散、小

集聚”的空间布局特征，产业资源和创新载体空间总体分布比较分散，各片区之间各自发展，缺乏协同和有效衔接机制，没有形成联动发展的格局。与国内外先进产业园区相比，广州市生物医药产业现有发展空间较小，产业集聚能力不足，产业特色园区品牌效应尚不突出。

（三）公共技术平台建设有待加强

企业所需要的一些科研服务、临床前研究、临床试验和中试仍需要到省外甚至国外去做。企业在大型科研仪器共享、研究资源共享等方面仍无法得到有效支持。广州高等院校、科研院所生物医药与健康研发资源未与企业形成紧密战略合作关系，尚未形成高效的产学研用创新链条，民营企业通过市场机制平等获取创新资源很不容易。

（四）产业政策亟须完善

很多民营生物医药创新产品在推广时遇到最大阻碍是医疗采购和收费目录里没有该类产品，或者有同类名字，疗效和适应证完全不同，直接导致新治疗方法定价难、产品推广难。部分地区医疗器械政府招标采购间隔时间长，创新产品无法及时进入医院。部分医院强制竞标，独创性产品要求货比三家，否则不允许进医院，而这对于具有独创性的产品来说是较难做到的。比如，3D 医疗打印技术在欧美发达国家应用比较广泛，日本中央社会医疗保险协议于 2016 年批准将 3D 打印脏器模型辅助手术的医疗手段纳入医疗保险支付范围。但广州医学 3D 打印模型相关医疗收费目录缺乏，极大地限制了临床应用与推广，阻碍了创新技术惠及广大患者。

（五）服务人才的措施有待改进

首先，人才建设需要梯队，特别是成长型、初创型人才的扶持需要相关的政策红利。生物医药领域对高科技人才的需求越来越大，人才子女的入学难问题也越来越突出。其次，虽然广州市已经出台了相应的高层次人才引进政策，但针对中端及低端人才的政策则相对薄弱，生物医药下游产业链的用工需求也不断增大，并不是只有高层次人才就能够推进，中低端的人才，也同样是构筑产业结构的重要元素。

四　广州市民营生物医药产业发展建议

针对广州市民营生物医药产业存在的瓶颈问题，必须深入学习习近平总书记视察广东及在民营企业座谈会上的讲话精神，深刻把握当前我国生物医药产业面临的机遇和挑战，以习近平总书记重要讲话精神武装头脑、指导实践、推动工作，以新的更大作为开创广州市生物医药产业的新局面。

（一）逐步扩大产业规模，适当扶持本土生物医药企业

一个城市生物医药产业的发展必须有“十年磨一剑”的耐心，完善顶层设计、保持战略定力，加强政策引导和扶持，着重发展一批本土骨干企业，扶持广州市生物医药高新技术企业、领军人才创办企业快速成长。特别是要着力培育龙头企业，支持开展跨行业、跨区域兼并重组，发展一批具有国际竞争力的大型生物技术和新医药企业集团。目前国内成都、中山、苏州等城市在生物医药产业集聚方面做得比较好，打造了较大规模的产业集聚区。广州要通过办好中国生物产业大会，打造官洲国际生物论坛等高端国际专业会议品牌，大力推动生物医药与健康产业发展，以此为依托带动生物医药产业转型升级、引领绿色发展、实现高层次就业的重要支撑，将广州市全面建成世界级价值创新城。预计到2020年，广州生物医药产业规模可以达到4000亿元规模，增加值有望超1000亿元。其中，仅生物医药产业的制造业产值预计就能突破800亿元。

（二）合理布局产业发展空间，实现集聚效应凸显

生物医药产业已成为拉动发达国家经济增长的一个重要引擎，美国、瑞士、加拿大、日本等国的生物医药产业增加值占GDP的比重均超10%。广州要学习国外生物医药产业的先进经验，建设类似丹麦哥本哈根生物医药产

业聚集地“药谷”，加速推进一大批生物医药产业专业众创空间和孵化器建设。在产业规划布局上一定要有前瞻性，把握产业的发展趋势和热门领域，提前建设一大批规模化综合性加速器。全面打造生物岛、知识城等重点生物医药价值创新园区（V-Park），加速推动集聚集成集约发展，形成特色鲜明、管理创新、高端要素丰富、产业链条完善、生产生活有生态、有山有水有风光的生物医药产业集聚区。实施生物医药产业园区提质增效工作，高规格规划建设几个重点的生物医药产业园区。通过优化产业空间布局促进生物制药专业园区的建设，聚焦重点细分领域形成集聚。目前，由立白企业集团牵头，在荔湾区大坦沙岛建立占地约 73 公顷、总建筑面积约 150 万平方米、总投资 300 多亿元的广州国际医药港，建成后有望打造涵盖生物医药健康智能商贸、总部经济、产业金融、研发制造、健康服务等各种业态的生物医药产业集群，构建广州生物医药产业生态圈。

（三）搭建公共技术平台和“离岸研究中心”，加速提升创新能力

把握粤港澳大湾区国际科技创新中心建设的“黄金机遇”，争取国家和省支持广州市创建生物科学中心、布局国家重大科技基础设施。支持以企业为主体，与高校、医疗机构等建立联合实验室，围绕药学研发、临床前研究、临床试验等关键生物医药与健康研发环节，共同建立产学研紧密结合的公共研发服务机构和共性技术平台，推动符合 GMP、cGMP 标准要求的新药研制和医疗器械产品的中试平台建设，促进产业链上下游协同发展。尝试建立生物医药产业“离岸研发中心”，依托民营企业人才招聘的优势，主动对接、邀请更多在海外的生物医药华人专家、留学科研人才和高层次团队参与广州市的生物医药研发，共享海外人才的智慧和技术，形成一批引领性、突破性、颠覆性的生物医药技术创新成果，促进重大科技创新成果转化及产业化。特别可以学习借鉴新加坡的做法。新加坡在生物医药产业方面起初并没有什么产业基础，但是政府将包括诺贝尔奖得主在内的世界优秀生物医药专家吸引到新加坡，为其建立实验室和研究机构，为生物医药人才引进和相关研究提供十分宽松的法律环境。我国苏州生物医药产业园也引入了美国冷泉

港实验室亚洲中心、牛津大学苏州先进研究中心等国际合作平台。这些做法都极大地提升了当地的生物医药产业和技术创新发展速度。

（四）大力开展先行先试，出台创新指导政策

广州发展生物医药产业必须加强顶层设计，保持战略定力，确保较长的产业发展周期内有完善的政策引导与扶持。积极配合省有关职能部门，努力争取将所有在穗公立医疗机构基本医疗服务项目目录之外的新增项目、特需项目的立项权下放到广州市一级。争取省支持，努力完善集中采购周期新药的补充和采购流程。将符合条件的谈判药品纳入医保合规费用范围。积极帮助全市新药和创新医疗器械进入地方医疗保险目录、基本医疗目录和医疗机构采购目录。积极推广有效安全的创新药品、独家生产药品进入广州市药品GPO 集中采购组织平台。鼓励和引导本地区医疗卫生机构优先采购本土新药、高值医用耗材、检测试剂和大型医疗设备。积极配合国家和省开展全市创新药物临床试验和医疗器械审批制度改革，帮助企业缩短审批时间，降低成本。

（五）关注生物医药人才需求，完善存量人才和基础性人才激励政策

学习借鉴丹麦在生物医药产业技术人才培养方面的经验，突出“高质、急缺”的定位，重点培养和引进生物产业研发、管理、技能、销售等方面的优秀人才和团队，资助高层次人才和创业领军团队，培养和引进优秀人才和团队，并根据他们的贡献给予适当的补贴。通过人才绿卡制度的实施，为在广州工作和创业的非广州市户籍的国内外行业领军者提供签证住宿和出入境便捷服务，以及住房、汽车购买和儿童入学方面的市民待遇，促进人才在广州留得住、留得下。每年财政适当拿出一定额度的专项资金，对进入广州市民营生物医药企业工作并签约若干年以上的大学本科以上毕业生给予适当补贴，提高广州市人才政策的吸引力。同时加强对生物医药产业服务业专业技术人员的招募、培训，想方设法增进各层次各类人才的生活便利性，最大限度地激发人才效益，为生物医药产业发展提供第一资源和动力。

（六）加强互联网跟生物医药产业的融合创新，推广智慧+生物医药

互联网跟生物医药与健康产业的结合迸发出前所未有的巨大能量，新兴互联网技术不断催生大数据医疗、医疗云平台、移动医疗、远程医疗、精准医疗等新兴领域，改变了传统医疗服务模式，促使生物医药与健康产业进入了新的发展阶段。积极引导生物医药企业顺应产业融合发展趋势，推进互联网技术在生物医药企业与健康产业的深入应用，搭建“数字化+信息化+网络化”的智慧生物医药产业服务体系，将医疗产业服务由“循证医疗”向“精准医疗”转变，引进和培育互联网医疗，发展远程诊断、移动医疗等新业态，让高端医疗资源通过远程医疗为基层服务，实现跨机构和地域的医疗业务协同和优质医疗资源下沉。

广州市民营生物医药企业的创新力、竞争力对促进广州市生物医药产业发展具有十分重要的作用。同时，广州市推动生物医药战略性新兴产业发展的政策措施，又给广州的民营生物医药企业插上了腾飞的翅膀。当前，在粤港澳大湾区和“一带一路”建设的战略机遇期，广州市民营生物医药产业要占据制高点，人才、资金、政策和平台都不可或缺，迫切需要政府层面加强产业统筹和政策支持，创新发展思路，促进生物医药产业发展壮大，把广州建设成为中国重要的生物医药创新城市和具有全球影响力的生物医药健康产业高地。

参考文献

[1] 侯红明等：《广州生物医药领域科技创新服务平台发展策略若干建议——广州市生物医药领域科技创新服务平台情况调查与分析》，《管理创新》2017 年第 13 期。

[2]《广州市人民政府办公厅关于加快生物医药产业发展的实施意见》。

[3]《广州开发区生物医药与健康产业发展规划（2016～2020 年）》。

[4]《广州市人民政府办公厅关于印发广州市加快生物医药产业发展若干规定（试行）的通知》。

（审稿人：魏绍琼）

财税与投资篇

Finance and Taxation

B.12

地方政府招商引资税收贡献率问题分析及对策建议*

——以广州黄埔W园区为例

国家税务总局广州市黄埔区税务局课题组**

摘　要： 目前吸纳投资已经成为城市经济发展中的重要组成和有力支撑。广州市黄埔区凭借地处改革开放前沿的地缘优势、毗邻港澳台的区位优势和敢为人先的创新精神，已形成了28个国

* 本文获广州市委常委，广州市黄埔区区委书记，广州开发区党工委书记、管委会主任周亚伟做出的批示。

** 课题组成员：潘旭，国家税务总局广州市黄埔区税务局（国家税务总局广州开发区税务局）党委副书记、副局长；於中甫，国家税务总局广州市黄埔区税务局（国家税务总局广州开发区税务局）党委委员、总经济师；张卫东，国家税务总局广州市黄埔区税务局（国家税务总局广州开发区税务局）文冲税务所所长；王晓磊，国家税务总局广州市黄埔区税务局（国家税务总局广州开发区税务局）办公室副主任；王如意，国家税务总局广州市黄埔区税务局（国家税务总局广州开发区税务局）办公室科员。

家级、省级、市级产业基地和园区，汇聚了强大的产业集群。本文基于以上背景，从黄埔区招商引资现状出发，选取黄埔 W 园区，从税收贡献角度进行深入分析，提出进一步创新招商引资理念，切实提升黄埔区招商引资工作效益的相关建议。

关键词： 招商引资 产业结构 税收贡献

招商引资是政府或企业为促进本地经济发展，在特定的时间、地点和场合，通过一定的途径和方法，吸引合作项目和资金，为这个特定目的所做的工作和开展的活动。招商引资是发展经济新模式、新业态的主引擎，是填补产业短板、优化经济结构的主动力，更是地区转型崛起的主路径。本文通过结合区域招商引资情况，从税收角度实例分析近几年黄埔 W 园区的税收情况，进一步分析招商引资的投入产出效果和税收贡献率存在的问题，并从税收角度提出扩大黄埔区招商引资的建议。

一 广州市黄埔区招商引资现状分析

近年来，黄埔区打出系列“组合拳”，陆续推出一揽子引资引智引商政策，先后在第 12 个五年规划时期，推行“腾笼换鸟”“产业结构升级”，着力打造东部高新技术产业带，全力推进“三旧”改造，加快产业结构转型升级，结合地域产业特点，重点打造几个产业园区。2015 年，原黄埔区与广州开发区实施行政区划合并，按照国家产业政策要求，推进供给侧结构性改革，主要任务转变为：去产能、去库存、去杠杆、降成本、补短板，落实创新、协调、绿色、开放、共享五大发展理念，产业结构持续升级。

2015 年之后，黄埔区逐步加大了引进高端高质高新产业项目的力度，不断优化区域营商环境，力争占领招商引资新高地。2017 年，率先发布涵盖先进制造业、现代服务业、总部经济和高新技术产业 4 个产业的“黄金 10 条”产业促进政策；同年，政策持续发力，出台“美玉 10 条”“风投 10 条”；2018 年，紧跟时代热点，出台“区块链 10 条”“加快 IAB 产业发展实施意见”。

自 2017 年出台“金镶玉”政策体系以来，黄埔区打响了百家优质项目引进攻坚战，大力实施 IAB 主导产业计划，开创招商 4.0 模式，以人才为核心，构建引智引技引资新格局，掀起了新一轮招商热潮。经过一段时间的发展，全区建成电子信息、新材料等 18 个国家级产业基地和园区，平板显示、生物产业等四个广东省战略性新兴产业基地，电子商务、智能装备等 6 个市级战略性新兴产业基地，形成了电子、汽车、化工三大千亿级产业集群，新材料、食品饮料、金属制造、生物健康四大 500 亿级产业集群，培育了新一代信息技术、智能装备、平板显示、新材料、生物医药、电子商务六大创新型产业集群。全区集聚了外资企业 3400 多家，世界 500 强企业投资项目 140 个，上市企业 45 家，新三板挂牌企业 108 家。

笔者从税收角度进行统计分析，发现黄埔区各产业基地和园区在总体税收贡献上已有不俗表现，税额总量呈现良好发展态势。但是各个产业基地和园区的税收贡献情况不尽相同，甚至存在较大的差异。为促进地方政府的招商引资效率提高，及时调整招商引资策略，我们以黄埔 W 园区为例，对其税收情况进行了详细分析。

二　黄埔 W 园区税收情况分析

（一）W 园区总体税收收入情况

W 园区占地约 500 亩，是华南电子商务的重要运营中心和孵化基地，由龙头企业和跨境电商双核驱动。目前，园区内既汇聚了多家综合性、专业性电子商务交易平台，也有移动电子商务项目搭建的强劲第三方支付平台，还有科学研究、技术服务等新兴产业。但是，W 园区内企业缴税情况不甚理想，2013 年，W 园区内企业实缴税收金额共计 1108.72 万元，税收贡献率较低（见表 1）。

表 1　2013～2017 年 W 园区内企业实缴税收金额及亩产税收

年度	实缴金额(万元)	亩产税收(万元)
2013	1108.72	2.12
2014	1228.08	2.35
2015	2634.50	5.05
2016	3036.11	5.82
2017	-5930.94	-11.36

2013～2016 年，W 园区贡献税收基本呈稳中有增趋势，2017 年，受部分外贸企业大额出口影响，巨额出口退税导致园区税收不增反降，产生大幅下滑（见图 1）。

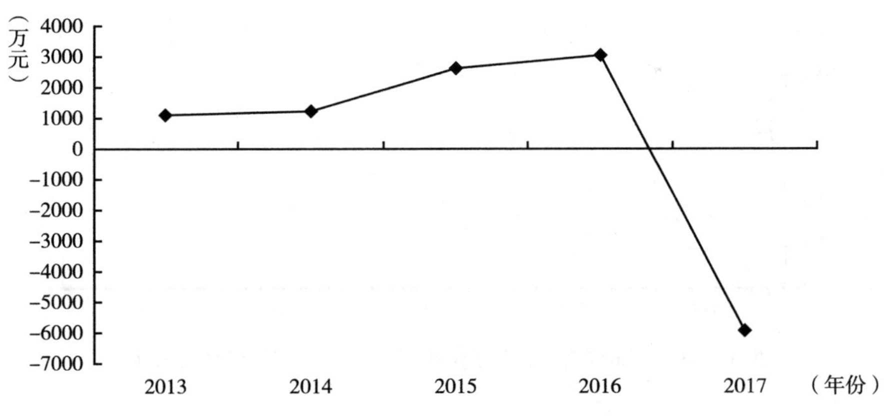

图 1　2013～2017 年 W 园区税收贡献走势

（二）W 园区企业所得税、个人所得税收入情况

W 园区企业所得税在 2016 年有小幅下滑，不过随着园区内缴纳企业所得税的企业户数持续增加，企业所得税收入总体上也呈现上升趋势，说明园

区企业创利能力逐年增加；2013～2017年，W园区个人所得税一直呈上升趋势，说明园区在安排就业上有一定贡献（见图2、图3）。

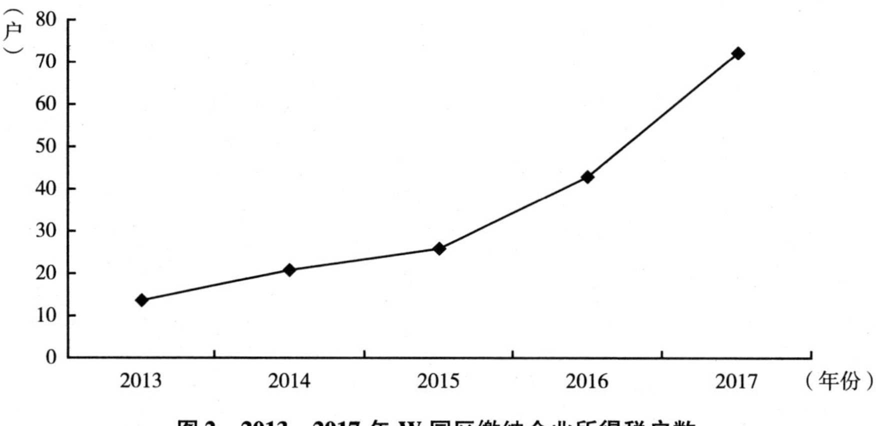

图2　2013～2017年W园区缴纳企业所得税户数

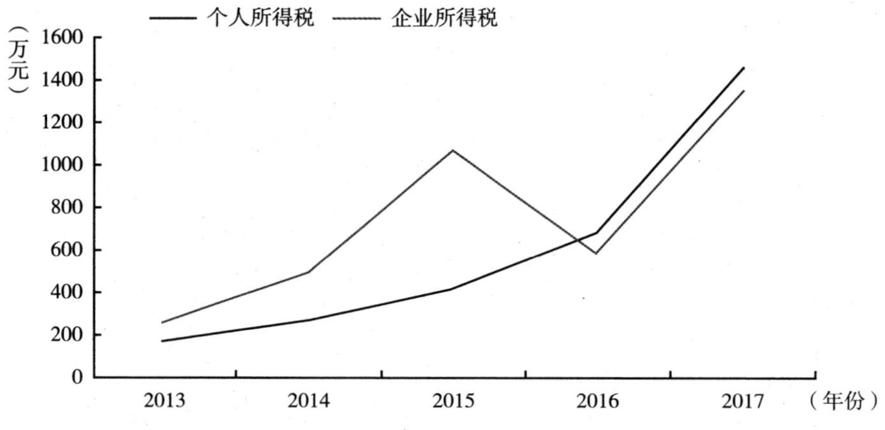

图3　2013～2017年W园区企业所得税、个人所得税收入走势

（三）W园区社会保险费收入情况

从社会保险费收入情况来看，2013～2017年，W园区缴纳的社会保险费呈上升趋势，与园区逐步发展情况一致，说明园区在安排就业、保障社会民生上有一定贡献（见图4）。

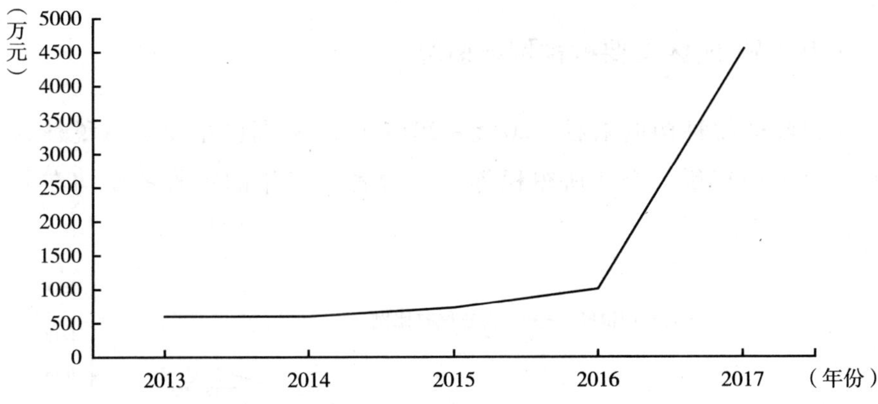

图4　2013～2017年W园区缴纳社会保险费走势

（四）W园区增值税和营业税收入情况

从增值税和营业税收入情况来看，2015～2017年，W园区增值税税收与整体税收情况一致，在2017年出现大幅下滑拐点，受增值税出口退税因素影响，增值税总收入为－1.02亿元。2013～2017年，园区涉及增值税税收缴纳的企业数量分别为23家、22家、29家、45家、140家，增值税税收总额依次为161万元、38万元、402万元、640万元、－1.02亿元，增值税税收总量较低（见图5）。

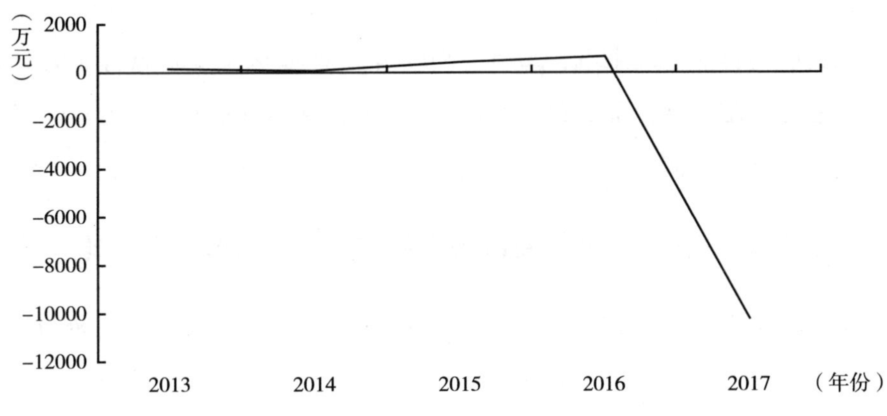

图5　2013～2017年W园区缴纳增值税走势

（五）W 园区主要税种构成情况

从税收的税种构成来看，2015～2017 年，W 园区主要贡献税种为房产税、个人所得税、企业所得税等三个税种，三年的税收占比均在七成以上。

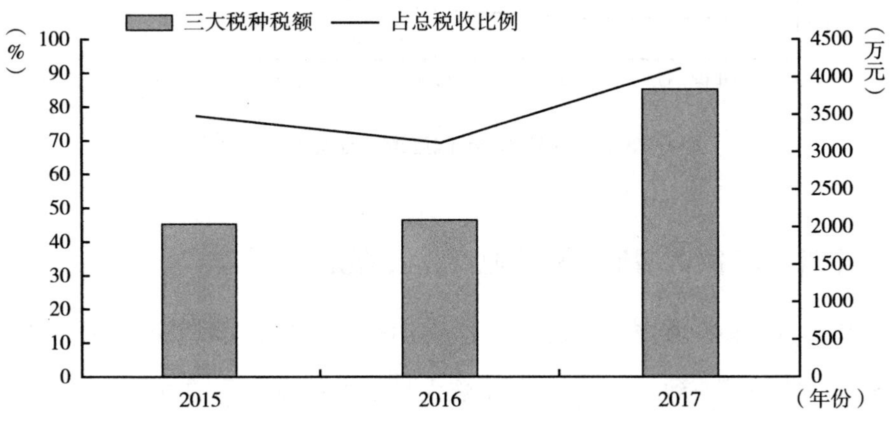

图 6　2015～2017 年 W 园区三大主要税种占园区收入情况走势

（六）W 园区行业构成税收情况

从税收的行业构成来看，2015～2017 年，W 园区主要贡献行业为交通运输、仓储和邮政业，批发和零售业，租赁和商业服务业等三个行业，三年的税收占比均在九成以上。①

（七）W 园区与黄埔区及区内支柱产业亩产税收情况对比

从亩产税收情况看，近三年亩产税收依次为：5.05 万元/亩、5.86 万元/

① 为保持数据的可比性，剔除出口退税影响的相应数据。

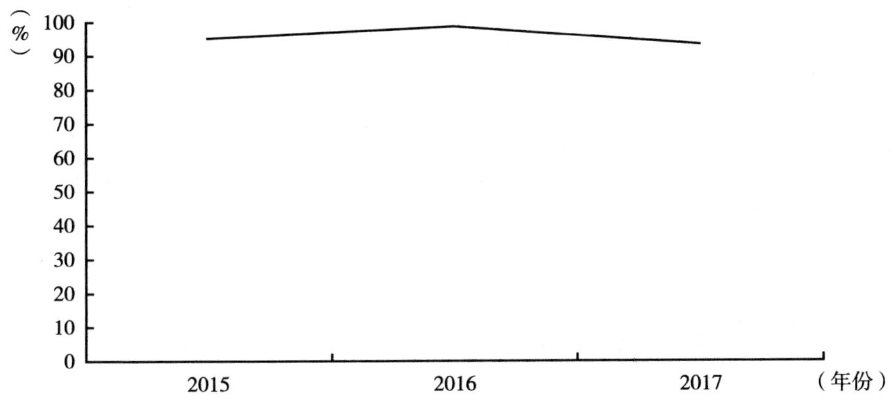

图7　2015~2017年W园区三大行业税收贡献占比

亩、-11.36万元/亩①，远低于黄埔区支柱产业亩产税收，且相较于全区平均亩产税收也有一定差距。

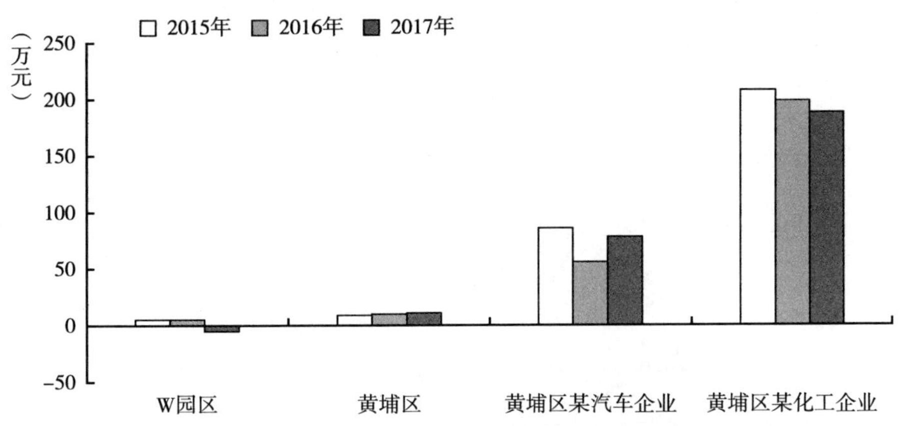

图8　2015~2017年W园区年亩产税收对比

综上所述，W园区总体发展趋势向好，对社会经济发展和促进就业做出了一定贡献。但是相较而言，W园区总体税收收入情况不甚理想，盈利企业数量不多，增值税、营业税税收总量较低，且增值税出口退税因素对园

① 2017年园区亩产税收出现重大拐点，主要是受某外贸企业出口退税影响。

区税收收入存在巨大影响，加之目前园区内主要税收贡献行业属于劳动力密集型产业，对基础设施的要求较高，产业附加值较低，且占用较多土地资源，较多利用区域道路，消耗当地财政收入情况较大，行业产值对经济发展的影响力较小，导致W园区亩产税收相较于全区平均亩产税收还存在一定差距，税收贡献率较低。

三　W园区税收贡献率较低的原因

（一）引资项目行业门类不理想，高新技术型产业占比较低

2015年，W园区实际缴纳税款的企业有56户，2016年增长至89户，2017年增长至242户。笔者根据《国民经济行业分类》，将园内企业进行行业门类划分[①]，2015～2017年广州W园区内实缴税款企业所属行业如图9所示。

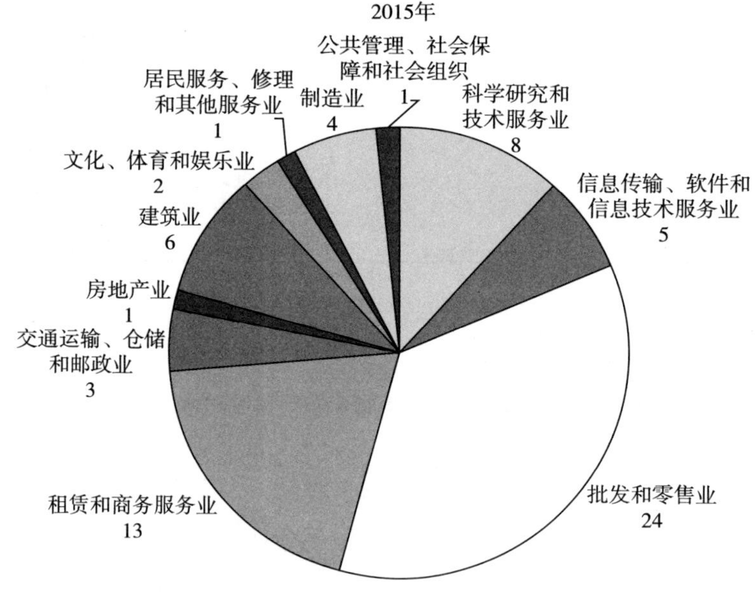

① 部分企业主营、兼营业务隶属不同行业，分别计入当年度相关含行业门类统计。

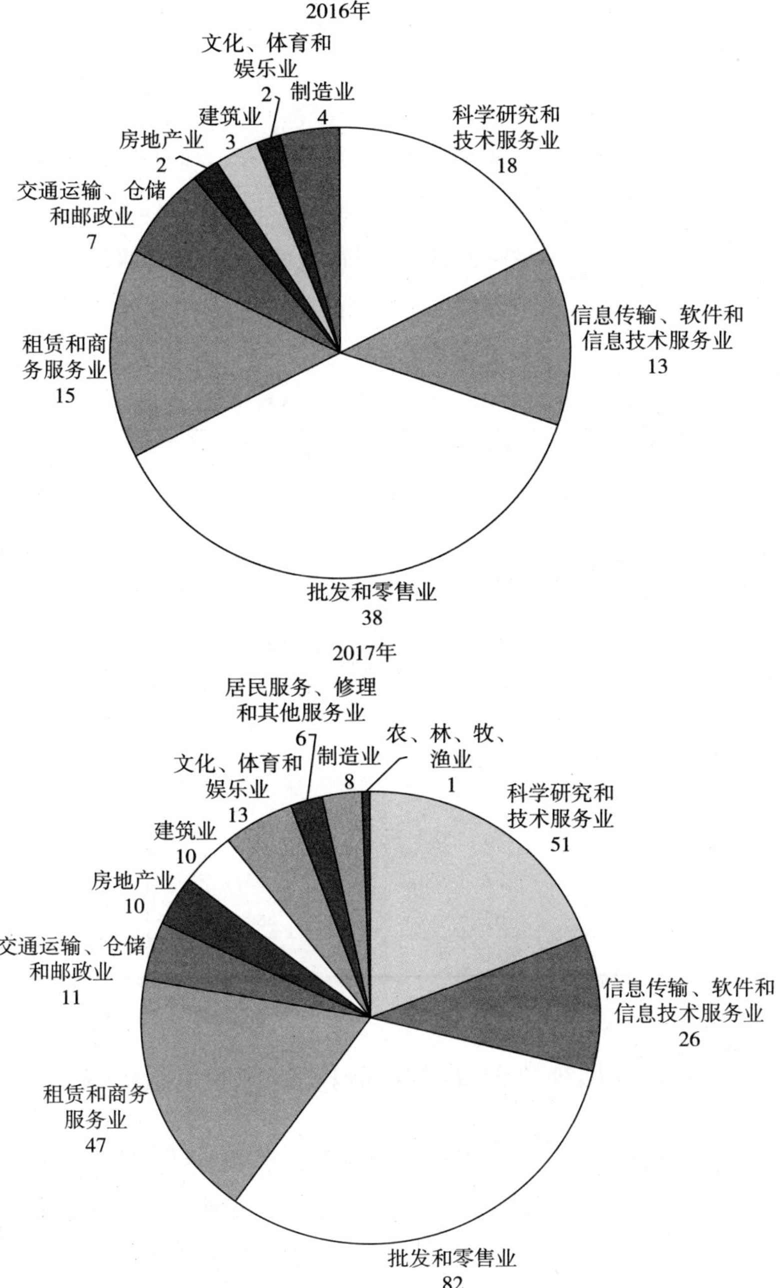

图9　2015～2017年W园区内实缴税款企业所属行业分布（单位：户）

（二）引资项目业务类型未甄选，出口退税反增财政负担

在前期的招商引资工作中，由于未甄选企业业务类别，引入的大型出口型企业容易形成大额退税，对地方财税贡献率很低，而且这类企业享受各类政策补贴较多，反增地方财政负担。由表 2 可以看出，2017 年增值税退税金额达 10159 万元，其他税种收入入不敷出，从单个园区来看，税收财政贡献为负数。

表 2　2015～2017 年 W 园区税种收入

税种	2015 年(万元)	2016 年(万元)	2017 年(万元)
车船税	0	0	0
车辆购置税	0	36	4
城市维护建设税	46	63	100
城镇土地使用税	64	64	0
房产税	524	823	1016
个人所得税	426	693	1464
企业所得税	1080	591	1358
契税	0	64	14
消费税	5	5	4
印花税	86	58	269
营业税	137	55	0
增值税	265	584	-10159
总　计	2634	3036	-5931

（三）非独立核算的大型引资项目实际税收贡献极低

部分企业纯粹出于政府土地低价出让和大量优惠政策的利益驱动，意图分享招商引资红利，积极成立分公司或其他非独立核算项目。如部分引资企业通过在本区成立分公司，取得大块工业用地，建成大型货运仓储，税款由总机构统一核算，而总机构又不在本地区，在本区实现的税款由总机构在外地统一缴纳，这样从税收角度来讲，不会增加本地区的财政收入。

三　提高 W 园区招商引资税收贡献的建议

贯彻新发展理念，围绕构建现代化经济体系，坚持质量第一、效益优先，着力打造以高新技术型产业为支撑的现代化产业集群，优化产业结构，涵养优质税源，做优做强实体经济。

（一）甄选招商引资项目，优化产业结构

一是吸引新兴产业多入驻。主动融入“互联网＋”等国家战略，围绕IAB（新一代信息技术、人工智能、生物医药）等新兴产业，突出龙头项目带动作用，巩固新一代信息技术产业优势，建设工业互联网示范基地，发展空中互联网产业。瞄准人工智能产业热点，培育智能装备龙头企业，重点布局芯片、无人驾驶、高端装备制造等产业，着力引进发展前景、利润空间和税款增收大的项目。二是集聚高层次创新人才。人才是创新发展、优化产业结构的第一资源。继续落实“美玉 10 条”等人才政策，激发和保护企业家精神、创业家精神、工匠精神，用好海交会等平台，引进和培育一批具有国际水平的战略性科技人才、高水平创新团队，进一步提升科技领军人才项目质量，加快引进培育科技骨干、文化名家、名医名院长等各领域人才，打造国际高端人才创新创业新高地。

（二）职能部门提前介入，加强事前筹划

一是建立项目联评前置机制。组建由相关职能部门组成的专门团队，为政府招商引资项目提供全方位、深层次服务，切实推动招商引资的专业化。如商务局、税务局深入进行前期调研，摸清企业情况，筛选出优质税源企业，协助政府选择优质税源入驻；工商、金融、招商、外经及其他政府相关职能部门和机构，在洽谈投资意向、筹划，建筑厂房、购买设备到投产的全过程，提供相关的税收政策服务，增强投资企业的信心、决心。二是使职能部门发挥参谋助手作用。政府各相关部门着眼于发展经济、培植税源、促产增收，发挥

自身的职能作用，当好政府的参谋助手，以资政府有针对性地做好区外投资主体从引资项目洽谈、公司设立、生产经营、注销全过程的税收落地工作。

（三）强化税收核算意识，严控引资风险

一是认真进行投入产出分析。制定科学的招商引资预审办法，规范、完善审核的程序和内容，重点针对投资强度、用地面积、科技含量、产业扩张力、劳动就业及税收贡献率等内容进行细化、量化评分，针对项目进行严谨的投入产出评估，并将投资强度、建筑容积率或建筑密度、亩产税收等指标写入合同，并作为奖励依据，使企业和地方发展实现双赢。二是审慎选择投资方。在选择投资企业时，不能仅仅是听企业单方面夸夸其谈，一定要深入投资企业，进行实地调查，考察投资企业车间、办公厂所、产品库房、生产流程等。并充分利用税收征管工作中取得的分税种、分行业税负率，如分行业的人均实现销售额、利润率等宏观数据，将投资企业提供的可行性分析报告中的利润率、出口分析、税收分析等，与已掌握的行业分析数据进行相符性测算，鉴别是否存在圈占土地或骗取地方优惠政策的情况，有效维护地方政府利益。

（四）改进涵养税源方式，扩大引资成果

一是持续抓好“放管服”改革。继续简化前置审批、优化审批流程，深化信任审批、容缺审批改革，打造“来了就办、一次就掂”行政审批品牌，打造投资贸易最便利、行政效率最高、管理服务最规范的样板区。建设“数字政府”，建成招商、筹建、产权保护等管理信息平台，加强事中事后监管。深化商事登记制度改革，坚持有求必应、无事不扰，把企业的事当作自己的事，为企业提供专业、高效、便捷的服务，让企业进得来、留得住、办得好。二是推动传统产业再优化。不断深化质量、标准、品牌建设，推动园内企业技术升级、管理优化、产品更新和业态创新，实现互联网、大数据、人工智能与实体经济深度融合。聚焦高端消费，加快个性化生产变革，推动传统制造业与商贸业联动发展。建设产业基础大数据平台，引导低效企业开展“二次招商”，提升单位产出率、贡献率。推动生产制造向总部结

算、科技研发转型，鼓励企业整合资源，引进新技术、更新老设备，加快向先进制造、智慧工厂转型升级。

（五）进一步搭建税收齐抓共管工作平台，全方位打造区外投资主体税收工作基础

一是做好动态税源监控。及时掌握招商引资工作情况、基建项目及地区发展规划，对接黄埔区“黄金十条”“美玉十条”的实施，分析施政举措可能对区域经济和税收带来的影响，准确预见城市改造和重大基建带来的一次性税源收入。此外，对招商引资工作所产生的潜在重点税源进行监控，做好长期税收测算，提升预见性。二是进一步完善信息共享平台和交换机制。在目前税务部门已经与部分行政单位和职能部门进行数据信息传送交流的基础上，应继续扩大与证券、产权交易中心等拥有大量信息并且能够真实、全面反映纳税人经济活动的单位的信息共享，主动会同地方政府协税护税管理部门，加强综合治税工作，挖掘潜在税收收入，确保增收。

参考文献

［1］张辉、郭德来、王昉：《从地方税收贡献的角度对茂名滨海新区行业招商引资的建议》，《南方论刊》2013 年第 4 期。

［2］朱云飞、高桂玲：《我国税收收入要素密集度研究——税收收入现代化分析的另一种视角》，《公共财政研究》2017 年第 6 期。

［3］李达：《“亩均税收贡献额”综合分析及实践应用》，《税务研究》2018 年第 2 期。

［4］王桂玲：《供给侧视阈下地方税源结构转型升级研究——基于省域税收数据资料的比较分析》，《财会通讯》2018 年第 11 期。

［5］杨龙：《加快促进深圳智慧产业发展 抢占智慧城市发展战略高地》，《深圳特区报》2018 年 5 月 8 日第 C02 版。

（审稿人 李俊）

B.13 2018年广州市固定资产投资运行情况分析

杨晓峰*

摘　要： 2018年广州市进一步深化改革开放，着力建设先进制造业强市，推进基础设施领域补短板，全市固定资产投资规模适度扩大，在优化经济结构、改善人民生活等方面发挥了重要作用。从投资领域看，投资三大领域“两增长一持平”；从投资主体看，国有投资、外商投资增速明显加快；从投资区域看，荔湾区投资增长较快，黄埔区投资规模较大。同时，本文也关注到广州市民间投资活力不足、工业投资增长极较单一、到位资金较上年紧张等问题，并对投资持续运行提出建议。

关键词： 固定资产投资　民间投资　广州

2018年，抓重点、补短板、强弱项，着力推进基础设施建设，推动先进制造业集聚发展，加强生态建设，改善民生水平，投资结构不断优化，投资质量不断提升，广州国家中心城市建设全面上新水平。全市完成固定资产投资5938.40亿元，同比增长8.2%，比上年加快了2.5个百分点。其中，建设改造项目投资同比增长16.2%，同比加快11.1个百分点。

---

* 杨晓峰，广州市统计局投资处主任科员。

一 固定资产投资运行情况

（一）投资规模适度扩大，产业结构优化调整

随着城市建设的发展，广州市投资逐步向高质量发展阶段迈进。2018年以来，经济发展新旧动能接续转换，广州市投资规模适度扩大，投资增速表现震荡（见图1）。从产业结构看，全市围绕建设现代化经济体系，把发展经济的着力点放在实体经济上，第二产业投资高速增长，第三产业投资稳步发展。第一产业投资同比下降71.5%，第二产业投资增长51.7%，第三产业投资增长2.6%。三次产业投资结构为0.01∶16.19∶83.80，与上年的0.18∶12.69∶87.13相比，第一产业、第三产业投资占比减少，第二产业投资占比提升。

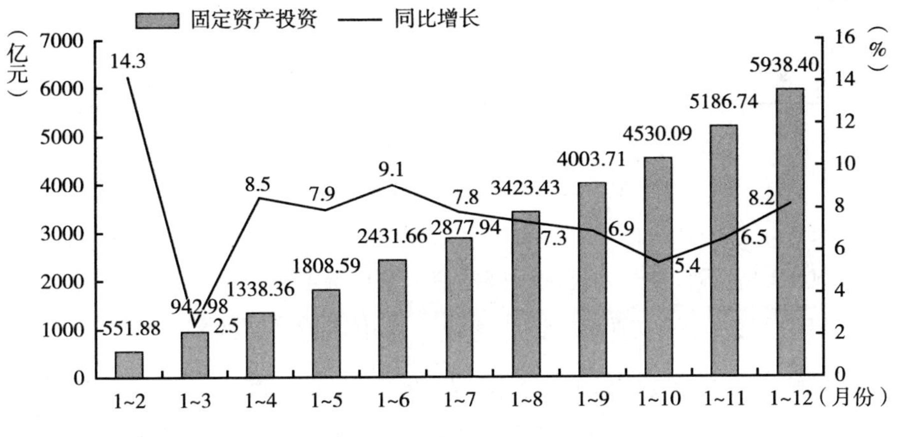

图1 2018年广州市固定资产投资状况

（二）转换增长动能，投资三大领域“两增长一持平”

1. 工业投资在高速发展通道稳健前行，增速超50%

广州市高起点布局发展IAB和NEM产业，富士康超视堺、乐金OLED

项目、广汽新能源汽车、百济神州、粤芯芯片等重大项目加快建设，工业投资在高速发展通道稳健前行，年内一直保持两位数增长，全年增速超过50%（见图2）。2018 年，工业投资同比增长 53.8%，比上年加快 50.7 个百分点，比全市投资平均增速高 45.6 个百分点，对全市投资增长的贡献率达73.8%，拉动全市投资增长 6.1 个百分点。分行业看，制造业投资增长65.6%，电力、热力、燃气及水生产和供应业投资增长 15.0%。在电子及通信设备制造业同比增长 1.9 倍的促动下，高技术制造业投资增长 1.5 倍，推动投资高质量发展。

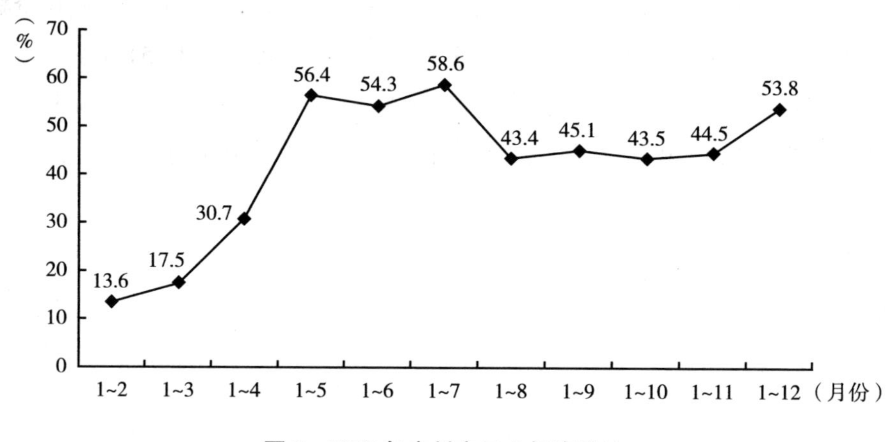

图 2　2018 年广州市工业投资增速

2. 城市功能不断提升，基础设施投资呈两位数增长

广州市积极开展多项基础设施建设，城市环境持续改善，城市功能不断提升。全年基础设施投资同比增长 12.3%，比全市投资平均增速加快 4.1 个百分点。一是生态建设水平全方位提升，积极推进水环境治理工作，抓紧实施治水三年行动计划，生态保护和环境治理业投资增长 2.6 倍，水利管理业投资增长 99.5%。二是加快推进电力基础设施建设，扩大电网投资建设规模，电力、热力、燃气及水生产和供应业投资同比增长 56.2%。三是强化城市枢纽功能，航空、城际、地铁等交通基础设施建设进度加快。年内，轨道交通十三号线二期工程、轨道交通十二号线工程（浔峰岗 – 大学城

南)、轨道交通十号线工程等七条地铁线路动工建设，计划总投资达1456亿元，为基础设施发展带来持续动能。从项目推进看，全市完成投资超50亿元的基础设施项目有南航2018飞机购置、新塘经白云机场至广州北站城际轨道交通白云机场段先期工程和轨道交通二十一号线工程等三个，比上年多一个，合计投资占全市基础设施投资的19.6%。

3. 进入调整期，房地产开发投资与上年持平

受调控政策影响，房地产市场观望情绪渐浓，开发投资增速逐步回落，对全市投资的拉动作用逐步减弱（见图3）。2018年，房地产开发投资2701.93亿元，与上年持平，增速比上年回落6.4个百分点。从用途看，住宅、办公楼、商业营业用房投资全面下降，房地产商开发热情减弱；其他投资有所增长，房地产开发项目配套公共服务设施建设日益完善。住宅投资1733.76亿元，下降2.0%；办公楼投资287.49亿元，下降12.9%；商业营业用房投资267.78亿元，下降10.3%；其他投资412.91亿元，增长35.5%。

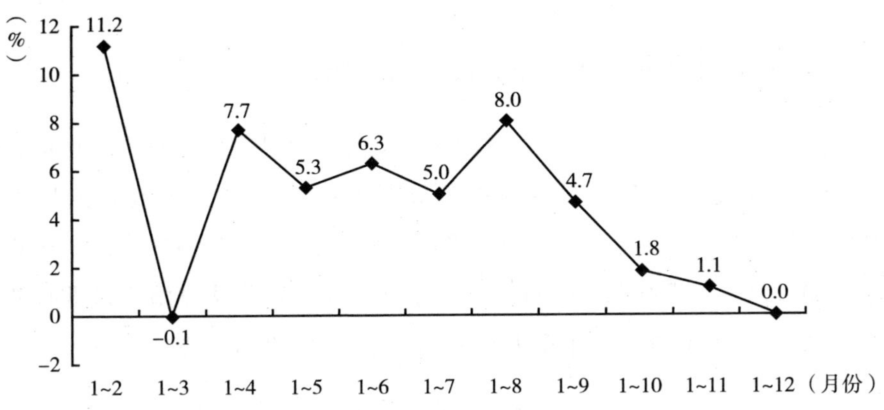

图3　2018年广州市房地产开发投资增速

（三）提质增效，工业技改投资表现好转

为深入实施制造强市战略，广州市鼓励和引导工业企业开展技术改造，

提升高精尖领域创新能力，发挥技术改造在调结构、促转型中的关键作用。工业技改投资同比增长 11.1%，扭转了上年负增长的态势，比上年加快 19.4 个百分点。大项目拉动作用明显。完成投资超 5 亿元的工业技改投资项目有 8 个，比上年增加 3 个，完成投资增长 62.2%。

（四）国有投资、外商投资增速明显加快，占比持续提高

国有资本焕发新活力。国有投资同比增长 29.5%，比上年加快 26.1 个百分点；占全市投资的比重比上年提高 3.1 个百分点。其中，完成投资超 50 亿元的项目有 2 个：广州耀胜房地产开发有限公司番禺区钟村街汉溪项目和轨道交通二十一号线工程，2017 年没有完成投资超 50 亿元的国有投资项目。

外商投资表现活跃。外商投资同比增长 77.3%，比上年加快 50.2 个百分点；占全市投资的比重比上年提高 3.3 个百分点。其中，完成投资超 50 亿元的项目有 3 个：富士康超视堺、乐金 OLED 项目和地铁 13 号线官湖车辆段及上盖地块项目，比上年增加 1 个；完成投资增长 3.0 倍，占外商投资的 65.4%。

（五）重视民生，社会领域投资力度加大

提高保障和改善民生水平，在文化、教育、公共设施管理等方面的投资力度加大。文化、体育和娱乐业投资增长 58.5%，占全市投资的比重为 0.9%，比上年提高 0.3 个百分点；教育投资同比增长 49.5%，占全市投资的比重为 1.5%，提高 0.4 个百分点；水利、环境和公共设施管理业投资增长 40.4%，占全市投资的比重为 9.8%，提高 2.3 个百分点。

（六）项目数量规模两提升，助力投资可持续发展

2018 年，全市投资项目有 4744 个，比上年增加 273 个；计划总投资 38904 亿元，同比增长 19.0%。其中，制造业投资项目 1209 个，增加 139 个，促进了全市制造业投资聚集发展。从项目规模看，投资规模超 50 亿元的项目 157 个，增加 36 个。从项目推进看，完成投资超 50 亿元的项目 11

个，增加5个，合计完成投资1207.70亿元，增长1.2倍；占全市投资的20.3%，比上年提升10.5个百分点，大项目引领作用显著。

（七）荔湾区投资增长较快，黄埔区投资规模较大

从增速看，全市11区中，荔湾区、增城区投资增长较快，增速均超30%（见表1）。其中荔湾区受广钢新城房地产开发投资带动，投资同比增长38.8%，增长最快；增城区在富士康超视堺、官湖车辆段及上盖地块项目、碧桂园陈家林等项目的驱动下，增长31.0%。越秀区、花都区、从化区受投资项目不足、建设进度缓慢等因素影响，同比均为负增长。从总量看，黄埔区、增城区投资总量迈上千亿元台阶；越秀区投资规模进一步萎缩，投资总量不足100亿元。

表1　2018年广州市各区固定资产投资完成情况

按项目在地分	同比增速(%)	比前三季度增长(个百分点)
全　市	8.2	1.3
荔湾区	38.8	-19.3
越秀区	-35.2	-3.1
海珠区	3.2	-2.3
天河区	1.9	1.8
白云区	14.1	-2.5
黄埔区	12.1	8.3
番禺区	6.6	17.8
花都区	-9.6	6.9
南沙区	0.0	-1.3
从化区	-9.6	-10.5
增城区	31.0	-2.7

二　投资运行中需关注的问题

（一）民间投资活力不足，降幅扩大

受房地产业民间投资增长乏力影响，全市民间投资持续下行，民间资本

逐步由房地产业转向制造业、服务业等领域。2018 年，民间投资同比下降 9.1%，降幅比上年扩大 8.1 个百分点，拉低全市投资增速 4.0 个百分点。分行业看，民间投资的 18 个行业中，水利、环境和公共设施管理业（增长 31.8%），交通运输、仓储和邮政业（增长 15.6%），制造业（增长 12.3%），租赁和商务服务（增长 5.7%）等 4 个行业同比实现增长，14 个行业同比负增长（见表 2）。其中批发和零售业民间投资下降 63.1%，拉低民间投资增速 2.7 个百分点；信息传输、软件和信息技术服务业民间投资下降 47.4%，拉低民间投资增速 2.1 个百分点；房地产业民间投资下降 5.1%，拉低民间投资增速 3.8 个百分点，占比为 79.1%，是民间投资的主要组成部分。

表 2　2018 年广州市民间投资按行业分

行　业	同比增速（%）	比重（%）	拉动全市投资增长（个百分点）
民间投资	-9.1	100.0	-9.1
农、林、牧、渔业	-73.2	0.0	0.0
制造业	12.3	7.0	0.7
电力、热力、燃气及水生产和供应业	-77.7	0.1	-0.5
建筑业	-100.0	0.0	0.0
批发和零售业	-63.1	1.7	-2.7
交通运输、仓储和邮政业	15.6	2.2	0.3
住宿餐饮业	-51.6	0.6	-0.6
信息传输、软件和信息技术服务业	-47.4	2.6	-2.1
金融业	-7.3	0.2	0.0
房地产业	-5.1	79.2	-3.8
租赁和商务服务业	5.7	2.8	0.1
科学研究和技术服务业	-8.0	0.8	-0.1
水利、环境和公共设施管理业	31.8	0.9	0.2
居民服务、修理和其他服务业	-89.4	0.0	0.0
教育	-21.5	0.4	-0.1
卫生和社会工作	-35.5	0.7	-0.4
文化、体育和娱乐业	-1.2	0.8	0.0
公共管理、社会保障和社会组织	-96.4	0.0	-0.1

（二）工业投资增长极较单一，缺乏多点支撑

广州市工业投资能够保持高速增长，主要原因在于富士康超视堺和乐金OLED项目的带动。两大项目计划总投资合计1010亿元，完成投资占工业投资的比重达46.3%，是工业投资高位运行的主要支撑。受此影响，全市完成投资亿元以上的工业项目94个，同比增长73.5%，比全市工业投资增速快19.7个百分点。若扣除两大项目的影响，完成投资亿元以上的工业项目同比下降10.2%，比全市工业投资增速慢64.0个百分点。

从分区情况看，海珠区、黄埔区和增城区完成投资亿元以上的工业项目增长较快，同比分别增长1.4倍、1.4倍和1.2倍；花都区和从化区完成投资亿元以上的工业项目降幅明显，分别下降74.7%和54.8%（见表3）。

表3　2018年广州市亿元以上工业投资项目分区情况

地　区	项目个数(个)	投资同比增长(%)
全　市	94	73.5
荔湾区	1	
越秀区		
海珠区	2	144.4
天河区	4	55.5
白云区	5	-2.0
黄埔区	37	143.3
番禺区	15	16.8
花都区	5	-74.7
南沙区	11	-5.9
从化区	3	-54.8
增城区	11	117.1

（三）到位资金较上年紧张，自筹资金同比负增长

2018年，投资项目（含房地产开发投资项目，不含计划总投资500万～5000万元项目，下同）到位资金6728.19亿元，同比增长5.6%，投资资金

充足率为116.4%，比上年减少3.8个百分点，投资到位资金较上年紧张。从资金来源渠道看，国家预算资金、国内贷款对投资项目的支持力度进一步加大，分别增长39.4%和12.9%。但企业自主筹措资金难度加大，自筹资金（占比34.9%）下降6.1%，拉低到位资金下滑2.4个百分点，为项目的后续开发建设带来不利影响。

三 对促进投资持续运行的建议

（一）着力优化营商环境，狠抓项目落地

要深入学习贯彻习近平总书记关于加大营商环境改革力度的重要指示和视察广东重要讲话精神，推动广州在建设现代化国际化营商环境上出新出彩，把广州打造成国内外企业投资首选地和最佳发展地。深化审批服务便利化改革，加快工程建设项目审批制度改革，完善企业投资管理体制，推进贸易便利化改革，推进降费减负工作，努力解决企业反映较多的审批时间长、事项多、收费杂的问题。突出招商引资实效，推动项目落地建设，确保项目引得来、落得下、发展好，同时形成项目储备和滚动接续机制，实现经济高质量发展。

（二）着力促进民间投资，调动民间资本积极性

高度重视民间投资工作，进一步激发民间有效投资活力。一是鼓励和引导民间投资进入基础设施、医疗、养老等领域，加强事中事后监管，为民间资本进入这些行业提供管理依据。二是在环保、交通能源、社会事业等方面，向民间资本集中推介一大批商业潜力大、投资回报机制明确的项目，积极支持民间资本控股。三是加大金融支持力度，通过建立多层次的资本市场，拓宽投资项目融资渠道。鼓励融资担保机构开展业务创新，推动形成政府引导，银行、担保、再担保、中小企业为主体的新融资服务链。

（三）着力培育多点多极支撑，为投资提供持续增长动力

大力构建高质量现代经济体系，推动传统产业优化升级，加快培育发展战略性新兴产业，塑造新一代信息技术、人工智能、生物医药、新能源、新材料等战略性新兴产业领先优势。坚持创新第一动力，实施创新驱动发展战略，鼓励企业加大研发创新投入，推动产业转型升级和高科技产业化。充分发挥大项目的辐射带动作用，培育多点多极支撑，推动投资可持续发展。

（审稿人：刘妍）

B.14

广州市中小微企业融资情况分析及对策建议

广州市地方金融监督管理局课题组*

摘　要： 中小微企业是国民经济的重要组成部分，在稳定增长、扩大就业、激发创新等方面，发挥着重要作用。2017 年末，全国小微企业和个体户占超过九成，中小微企业贡献了 80% 的就业岗位、60% 以上的 GDP 和 50% 以上的税收，完成了 65% 的发明专利和 80% 以上的新产品开发。提高金融服务中小微企业的服务水平，是金融支持实体经济的重要内容。为贯彻落实广东省领导有关指示精神，本文深入分析广州市中小微企业融资情况，查找存在问题，研究并提出对策建议。

关键词： 中小微企业　融资　金融服务

一　中小微企业融资情况及原因分析

小微企业融资获得率提升。近年来广州市各部门会同国家金融监管部门驻粤机构、在穗金融机构积极作为，出台系列措施着力缓解中小微企业融资难问题，并取得一定成效。截至 2018 年 8 月末，广州市中小微企业贷款余额 1.24 万亿元，同比增长 15.3%，增速同比提高 6.0 个百分点；1 ~ 8 月新

* 课题组成员：陈婉清，广州市地方金融监督管理局法规处副处长；陈梦馨，广州市地方金融监督管理局法规处副主任科员；窦少霞，广州市地方金融监督管理局银保处主任科员。

增中小微企业贷款804.34亿元，比上年同期多增254.5亿元。截至2018年6月末，广州地区小微企业贷款申贷获得率达92.78%，较2015年6月末上升了3.22个百分点，小微企业融资获得率得到有效提升。

企业融资成本上升。2017年以来，广州地区企业融资成本总体呈上升态势，企业规模越小融资成本越高。根据中国人民银行广州分行数据（统计口径为广东地区不含深圳），2018年6月企业贷款平均利率为5.7553%，比上年同期（5.2732%）提高0.4821个百分点，大型、中型、小型、微型企业贷款平均利率分别为4.9818%、5.4932%、5.9462%、6.1363%（见图1），微型企业贷款平均利率比大型企业高出1.1545个百分点。

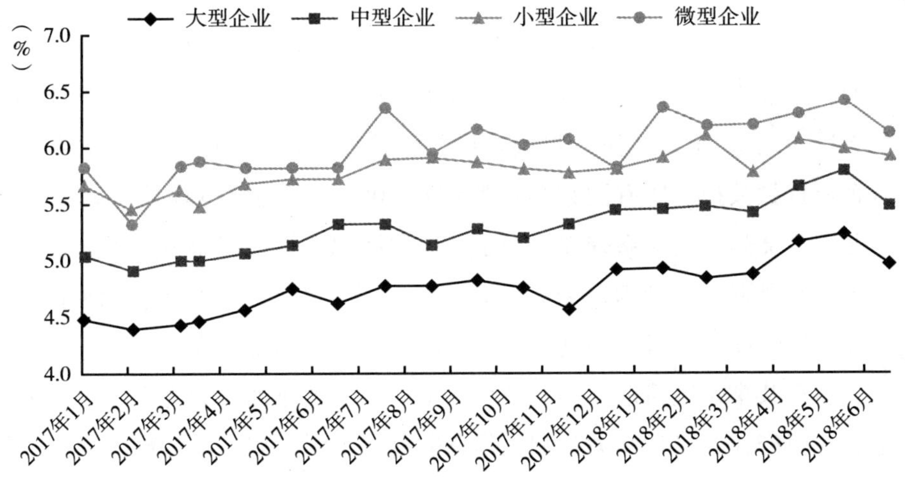

图1　2017年以来大中小微企业贷款平均利率

中小微企业融资难、融资贵问题仍客观存在。从全国来看，总体上目前银行信贷占小微企业流动资金的80%以上，小微企业融资主渠道是银行贷款。随着宏观经济下行压力增大，受新旧产能转化、货币政策调整等因素影响，金融系统不良贷款增长较快，银行、小额贷款公司等机构在不同程度上都采取收紧贷款的政策。虽然国家、省、市出台了一系列鼓励政策，但因小微企业贷款风险偏高，银行往往采取谨慎和观望态度，甚至出现惜贷、抽贷情况，小微企业融资难、融资贵问题仍较为突出。主要有四方面原因：一是经济结构原因。在实体企业投资回报率下降、房地产业等行业高利润诱惑双重因素作用下，资本逐利性促使资金从制造业等实体领域流出，进入房地产业和民间借贷等领域。虽然在广州地区房地产市场调控政策的扎实推进下，2018 年广州地区房地产贷款增量占各项贷款增量比重与 2016 年和 2017 年相比有所下降，但房地产领域对资金的虹吸效应仍然突出，一定程度上挤占了其他实体领域信贷资源。二是企业自身原因。中小企业普遍缺乏规模优势和品牌优势，缺乏固定资产、土地、房产等，难以提供足够的抵质押物，且先天抗击市场风险能力较弱，经营情况受市场波动影响较大，存在较大信用风险；部分中小企业存在规避税收等做法，或缺乏专业的财务会计人员和财务管理制度，信息透明度不高，财务报表不规范甚至存在造假，难以获得银行较高的信用评级，致使直接和间接融资渠道相对较少，或金融机构需收取较高的风险溢价。银行对企业贷款至少有 35 个条件要素，大部分小微企业甚至无法满足 25 个，无法通过银行风控体系评估，“不符合贷款条件”在小微企业贷款被拒的所有因素中占比超过 50%。三是政策环境原因。虽然各行业主管部门出台了系列支持中小企业发展的政策，广州市已搭建起服务于中小企业融资的“政府－银行－保险”三方风险分担机制，但由于中小企业数量过于庞大，难以做到全覆盖，风险补偿基金规模有待提升。中小企业政务信息共享系统目前共享的信息仍不完善，企业纳税、房产、用工用水用电、知识产权、科技实力等相关信息散落在不同部门，银行难以全面、准确、实时、批量获取企业相关信息，影响了银行对中小企业信用的评价以及信贷服务质量的进一步提高。受近年中国证监会从严监管放缓新股发行、全国股转公司制度改革以及广东省内区域股权交易中心整合等政策影响，广州地区企业上市、挂牌新增数量下降较明显。四是金融监管环境原因。由于金融监管政策要求和经营效益要求，金融机构在制定贷款审批政策时往往以大型企业的指标作为标准，多数中小企业难以达到贷款条件，无形中提高了中小企业贷款门槛。此外，由于金融机构在开展业务时，对大型企业和中小企业往往需要投入同样的贷前调查、贷款审批和贷后管理成本，但大型企业收益远高于中小企业，导致金融机构将资源向大型企业倾斜。金融机构对业务人员往往采取“终身负责制”，中小企业存在较高风险，为规避风险及责任，导致业务人员也倾向于服务大型企业。

二　主要城市缓解中小微企业融资难的做法

（一）广州市

发挥政策引导作用。近年来，广州市先后出台《关于支持广州区域金融中心建设的若干规定》（穗府〔2013〕11 号）、《关于促进科技、金融与产业融合发展的实施意见》（穗府办〔2015〕26 号）、《广州市科技型中小企业信贷风险补偿资金池管理办法》（穗科创〔2015〕11 号）、《创新完善中小微企业投融资机制十条工作措施》（穗府办〔2016〕9 号）、《广州市政策性小额贷款保证保险试点实施办法》、《引导广州市银行业金融机构加强服务实体经济工作方案》（穗府办函〔2016〕201 号）、《关于促进广州市融资担保行业加快发展的实施方案》（穗府办函〔2018〕27 号）等文件，广州市各有关部门和中国人民银行广州分行、广东银监局等金融监管部门形成合力，支持银行机构、保险公司、风险补偿基金、股权投资机构等加大中小微企业金融服务力度，探索创新业务。协调推动银行机构设立普惠金融事业部、小微支行、广州市中小企业小额票据贴现中心等专营机构，引导银行机构开展“小额信用贷”“创业贷”“网贷通”“税易贷”等信贷产品创新，提高审贷效率。引导中小微企业利用多层次资本市场发展，广东股权交易中心累计挂牌、展示企业 13337 家，挂牌企业和项目主要为中小微企业，累计融资总规模 1113.61 亿元。

搭建平台完善基础设施。推进广州市中小微企业信用信息和融资对接平台、中征应收账款融资服务平台、中征动产融资统一登记系统等平台建设和推广应用。通过信息用信息和融资对接平台，绝大部分金融机构最快可在 5 个工作日内完成信贷审批发放流程，可节省约 40% 的时间。

截至目前，已有 13 家银行通过信用信息平台查询企业信用信息累计 17

万余次。截至 2018 年 6 月末，中征应收账款融资服务平台在广州市的注册用户数为 359 户，共促成 125 笔融资，融资金额达 60.5 亿元。

开展常态化融资对接和路演活动。2017 年以来，广州市金融局联合中国人民银行广州分行营管部、市各有关部门、各区先后举办了多次产融对接会，摸查收集中小项目情况和融资需求，引导各家金融机构加强中小微企业服务。建设“广州科技金融路演中心”“广州新三板企业路演中心”，截至目前，两个路演中心举办路演活动 48 场，服务近 200 家科技型中小微企业，为创新项目对接融资超过 10 亿元。

强化财政资金引导。广州市财政先后分年度投入 5 亿元设立中小企业发展基金、分年度投入 5 亿元设立再担保机构，出资 4 亿元设立科技信贷风险补偿资金池并已在 2018 年度安排增资 1 亿元，2015～2017 年共分别安排 1800 万元、650 万元扶持服务中小微企业排名前列的银行机构和融资性担保公司，拟每年安排 3000 万元作为政策性小额贷款保证保险资金，采取多种方式积极发挥财政支持作用改善中小微企业融资环境。运用货币政策工具引导资金供给，1～8 月在广州地区累计发放再贷款再贴现资金 108.81 亿元，同比增长 35.3%，有效引导金融机构加大对小微企业等薄弱环节的支持力度。拓宽直接融资渠道，推动、辅导金融机构发行小微企业专项金融债券、创业创新专项金融债券，截至 8 月末，广州地区金融机构已发行小微金融债合计 300 亿元。

（二）北京市

优化信贷环境，强化政策支持。2018 年 3 月 18 日，北京市金融工作局联合中国人民银行北京营管部、银监局印发《关于进一步优化金融信贷营商环境的意见》，提出四方面优化金融信贷营商环境、解决小微企业融资难问题的措施：提升信贷服务水平、创新担保抵押机制、便捷居民金融服务、完善信用信息服务体系。支持银行业金融机构开展与环境相关的收益权、排放权、排污权抵押贷款等业务，发展知识产权、应收账款等质押融资业务，拓展贷款抵（质）押物范围。降低企业融资担保成本，鼓励融资担保机构免收保证金，压缩信贷审批时间，对同一类型小微企业客户的金融信贷建立专业化分类、批量化营销、标准化审贷、差异化授权的机制。定制小微企业针对性金融服务，推动银行机构单独管理和考评小微企业信贷审批。针对小微企业信贷业务制定奖励政策。

强化政府资金引导，撬动社会资本。强化小微企业融资担保业务风险分散机制，鼓励担保机构为小微企业和“三农”提供融资担保服务，财政设立五亿元小微企业担保代偿补偿资金。截至2018年3月28日，累计支持小微企业超过3000户、融资担保规模超过70亿元。在解决小微企业的融资贵方面，北京市鼓励担保机构在有效控制系统性风险的前提下，不断创新业务模式，控制和压缩担保费成本；在提高融资效率方面，部分担保机构在银行承担少部分风险责任的前提下，探索“见贷即保”业务模式，简化审核程序。首创融资担保，探索企业用无形资产融资，北京再担保公司牵头联合联盟成员单位利用信息共享平台和技术交流机制，启动服务于创业创新小微企业的“双创贷”融资担保专项业务，通过线上线下审核相结合，提高项目审核效率。

（三）上海市

加大政策支持力度。一是完善科技中小企业和小微企业信贷风险补偿和奖励机制。2016年，出台《上海市2016～2018年科技型中小企业和小型微型企业信贷风险补偿办法》和《上海市2016～2018年小型微型企业信贷奖励考核办法》，对商业银行达到一定比例的试点贷款净损失给予风险补偿，并对小微企业单户授信500万元及以下业绩突出的银行实施信贷奖励。二是设立大型政策性融资担保基金，提升小微企业信贷获得率。2016年6月，成立首期规模50亿元的中小微企业政策性融资担保基金，为科技型、创新型、创业型和战略性新兴产业等领域的中小微企业提供融资担保、再担保服务。

加强小微金融机构体系建设。一是设立专营机构。鼓励大型银行加快建设普惠金融专营部门。2017年，5家国有大型银行市分行设置普惠金融事业部，承担小微、“三农”、扶贫等金融业务的业务发展机制、制度建设、产品和流程创新、风险管理等职能；上海银行设立普惠金融事业部；上海金山惠民村镇银行成立普惠金融部。二是建立小微企业专营机构服务网络。支持商业银行构建多层次小微企业金融服务专营机构体系，服务一线、服务社区。三是集聚创业投资、股权投资机构。成立首期规模65.2亿元的上海科创中心股权投资基金、总规模50亿元的创业投资引导资金和15亿元的天使投资引导资金，支持小微企业起步成长。四是规范稳健发展小额贷款公司、融资担保公司等新型金融机构。

推动小微企业金融服务产品和模式创新。一是创新投贷联动融资服务模式。鼓励银行机构和股权投资机构结合“信贷投放”与“股权投资”，开展投贷联动融资服务，加大对科技创新小微企业的融资支持。二是实施履约贷款保证保险。面向科技中小企业推出“科技履约贷”“科技微贷通”等金融产品创新，由政府、银行、保险共同对贷款损失进行风险分担，加大对无抵押、无担保中小企业、双创企业的信贷支持力度。三是创新保险产品和服务。支持保险机构对科创企业、中小企业开展专利综合保险试点，为投保企业因投保专利发生侵权而产生的法律调查、诉讼和其他相关费用等提供保险保障。四是创新支农金融产品。开发多样化“三农”信贷产品，开展农村土地经营权抵押贷款试点、集体经营性建设用地使用权抵押贷款试点，对“三农”信贷实行优惠利率，优化“三农”金融产品与服务手段。

营造良好环境。一是开展银税互动合作。针对小微企业和银行机构之间的信息不对称问题，银行联合税务部门建立申请授信企业纳税信息查询机制。二是搭建科技融资服务平台。搭建覆盖全市1区22园的22家科技融资服务平台，提升产融对接效果。三是建设中国人民银行征信系统，促进征信行业发展。四是构建小微信贷产品查询平台。上海银行同业公会搭建“小微信贷产品查询平台”，为小微金融业务发展营造良好环境。

（四）深圳市

制定政策措施强化中小微企业金融服务。2018年10月，深圳发布《关于强化中小微企业金融服务的若干措施》。一是强化财政支持、扩大小微企业再贴现融资额度。财政支持方面，财政出资设立总规模为30亿元的中小微企业融资担保基金、设立初始规模为20亿元的中小微企业贷款风险补偿资金池。扩大再贴现融资额度方面，设立首期20亿元的专项再贴现额度，优先满足小微企业融资需求；扩大“微票通”试点白名单；加快推出“科票通”“绿票通”，服务科技、绿色小微企业发展。二是开展小额贷款保证保险试点。鼓励银行和保险公司合作向符合条件的小微企业发放500万元以下、1年以内的流动资金贷款。落实无还本续贷政策，鼓励银行对辖内符合授信条件但遇到暂时经营困难的企业继续予以资金支持，不轻易抽贷、断贷；此外，市财政每年还安排5000万元，支持银行向该市小微企业发放无还本续贷贷款。三是建立企业发债融资支持机制。支持符合条件的企业发行中小企业集合债、中小企业集合票据、中小企业私募债、创新创业债、绿色债等新型债券，以及在深圳前海股权交易中心挂牌发行各类创新型融资工具，进一步完善中小微企业直接融资支持体系。

银税互动强化资信服务。深圳市国税局举办“银税互动”战略合作协议签订仪式暨“金融超市”上线发布会，与深圳地区七家银行分别签订了“银税互动”战略合作协议，将通过银行与税务机构合作，利用税务大数据，解决守信企业及中小微企业融资难问题，为纳税人提供资信服务和普惠金融服务。

设立融资担保风险补偿基金。为了打破中小微初创企业融资难的僵局，深圳市市场质监委与深圳市高新投集团有限公司于2018年6月共同发起设立深圳市知识产权质押融资担保风险补偿基金。该风险补偿基金是深圳市知识产权投融资领域首个基金，首期规模为3000万元，存续期为5年。该风险补偿基金适用于利用知识产权进行质押融资的深圳市科技型中小微企业，在基金存续期内，由银行及担保机构事先向基金管理人提交资料进行事先报备，如发生风险，由风险补偿基金对项目实际损失进行25%的赔付，其余风险由合作银行及担保机构承担。目前，同一科技型中小微企业单笔知识产权质押贷款金额不超过500万元，同一企业三年内累计参与本基金支持的风险补偿支持贷款金额不超过1000万元。

三　启示及对策建议

在解决中小微企业融资难融资贵的问题上，北、上、深三个城市的一些做法值得借鉴：一是优化信贷环境，强化政策支持。北京出台优化金融信贷营商环境意见，支持银行为小微企业提供融资服务，鼓励融资担保机构降低企业担保成本；上海出台多个办法，设置信贷奖励，通过开展银税互动合作、构建科技融资服务平台、推进中国人民银行征信系统建设、搭建小微信贷产品查询平台以及降低企业税收负担等方式，不断营造良好环境；深圳出台强化中小微企业金融服务若干措施，加大财政支持力度、扩大小微企业再贴现融资额度、开展小额贷款保证保险试点以及建立企业发债融资支持机制，加强银行与税务机构的紧密协作，着力解决守信企业及中小微企业融资难问题。二是强化政府资金引导。北京、上海分别设立了5亿元小微企业担保代偿补偿资金和50亿元的政策性融资担保基金，提高小微企业信贷获得率。深圳财政出资设立30亿元的中小微企业融资担保基金、20亿元的中小微企业贷款风险补偿资金池、20亿元的专项再贴现额度，满足小微企业融资需求。三是强化产品和模式创新。上海通过加强小微金融机构体系建设以及推动金融服务小微企业产品和模式创新等方式，不断丰富解决中小微企业融资难融资贵问题的解决方式。广州应积极借鉴几个城市的做法，进一步加大政策支持力度、丰富产融对接的形式、优化金融营商环境，着力推动缓解中小微企业融资难融资贵问题。

（一）加大政策扶持力度

通过征信、贴息等措施引导银行机构优化信贷投向，引导其加大对重点产业和项目的信贷支持。鼓励银行机构开展业务创新，合理设定贷款期限，创新还款方式，减轻中小微企业还款压力，降低资金周转成本。发挥现有各项财政扶持政策作用，健全和完善针对正规金融机构的中小企业融资风险分担和奖励机制。支持中小微企业融资担保行业发展，创新政府增信引导和风险分担模式。

（二）构建覆盖中小微企业全生命周期的融资服务体系

鼓励初创型中小微企业充分利用多层次资本市场融资发展，发挥广东股权交易中心、广州科技金融路演中心、广州新三板企业路演中心、中小企业发展基金、科技成果产业化引导基金等平台作用，引导创业投资、风险投资、私募股权投资机构等加大对广州市中小企业的支持力度。加快推进中小企业基金股权投资，缓解广州市初创型中小微企业融资困难。支持成长期中小微企业充分利用商业银行贷款、发债等外源性融资，引导银行充分对接成长期中小微企业融资需求。加强企业债券发行服务工作，推动符合条件的企业申报国家重点支持的八大专项债券。鼓励市重点项目承担企业综合运用企业债券、公司债券、中期票据、集合信托计划等工具筹措投资资金。推进民营银行申报设立工作，构建服务中小微企业的特色化金融组织体系。

（三）建立多样化常态化产融对接制度

构建常态化、多样化、立体化的产融对接机制，搭建“1+1+N”政银企常态化对接平台，及时向企业和银行业金融机构传递产业、环保、财政、金融等信息，协调解决项目融资过程中存在的问题，支持银行业金融机构加快贷款。引导银行机构和保险公司参与政策性小额贷款保证保险试点工作，扩大业务试点规模。持续开展优秀中小微企业信用贷款试点工作，推荐一批有贷款需求的优秀中小微企业与商业银行、担保机构、再担保等金融机构对接，提高信用贷款率。

（四）优化金融营商环境

不断优化金融服务小微企业的体制机制和生态环境，推进有利于中小微企业融资的基础设施建设。推广使用中征应收账款融资服务平台、中征动产融资统一登记系统、广州市中小微企业信用信息与融资对接平台等，加强广州民间金融街、广州中小微企业金融服务区等金融平台的建设，支持小额贷款、融资性担保、融资租赁、商业保理等类金融机构加快发展，使其作为中小微企业融资的重要补充。落实国务院进一步缓解中小微企业融资难融资贵问题有关措施，减少融资附加费用。

（审稿人　李俊）

大湾区研究篇

Bay Area Research

B.15

基于股市数据看广州在粤港澳大湾区中的地位研究*

广州大学广州发展研究院课题组**

摘　要： 本文以“世界城市网络”（WCN）研究的理论和方法为基础，利用社会网络分析，以高端生产者服务业的企业网络作为全球化的驱动力，研究粤港澳大湾区的城市网络，从而探索广州在粤港澳大湾区中的区域地位。研究表明，在粤港澳大湾区中，广州的总体连通度远远低于香港和深圳，然而从不同行业的连通度看，在法律、广告还有管理咨询行业，广州的连通度最高，体现了广州在金融业以外的高端生产者服务业

* 本文为2018年度“羊城青年学人”资助研究项目：流空间视角下粤港澳大湾区的空间结构及其影响机制研究（项目编号：18QNXR32）成果。

** 执笔人：戴荔珠，广州大学广州发展研究院助理研究员，博士，主要研究方向为经济地理、城市地理。

中占据了制高点。

关键词： 世界城市网络　上市公司　中心度　广州　粤港澳大湾区

城市网络研究是经济地理学和城市地理学领域中长期存在的核心和挑战性课题。Castells（1996）认为城市应该被视为网络中的“流动空间”，它们不仅仅是地方，而且也是网络中的枢纽或节点。节点的价值在于它与其他节点的连接性。城际连通性对于确定城市在一个城市网络中的地位和作用至关重要。20 世纪，随着发达经济体的转型和信息技术的发展，城市与城市在城市网络中的联系显著增强（Beaverstock 等，2000）。城市之间强烈的联系，导致在世界不同区域形成了多个特大城市区域。在 Hall 和 Pain（2006）的 POLYNET 项目中，一个特大城市区域是以复杂的空间分工为特征的一群地理上分开但功能上密集联网的城镇组合。特大城市区域是具有尖锐的社会经济景观的、紧密相连的城市系统。特大城市区域的快速城市化导致了传统的城市规划和政策策略不再适用，这些都需要学者对特大城市区域及其中的城市地位和角色进行进一步研究。

关于特大城市区域内城市之间的连通性，迄今学者们已经做了大量研究。城际连通性的直接测量依赖于基础设施连接，例如航空旅行、运输路线、信息链接，即互联网或公司指挥结构。间接测量措施包括潜在劳动力流的模型。这些研究大部分采用了世界系统的观点（例如 Taylor 和 Derudder，2015），并且倾向于基于特定的全球化“经验”“规范化”城市的经验和发展，并提供特定的全球“观点”的数据集（Martinus 等，2017）。目前仅有有限的研究探讨一个国家内部的子网络，以及如何通过与其特有的路径依赖过程相关的公司之间的资本流动创建一个独特的城市区域结构。

鉴于公司，特别是跨国公司，作为资源、资本和信息的全球联系人，其总部和分支机构之间的关系已经可以作为理解城市关系的介质。尽管如此，从企业的视角对中国城市网络进行研究的文献仍然有限。本文试图通过研究广州在粤港澳大湾区中的位置来理解城市区域的连通性。粤港澳大湾区占地面积5.6万平方公里，2017年末人口达到7000多万，GDP为9.4万亿元，是国家建设世界级城市群和参与全球竞争的重要空间载体。2017年3月5日，李克强总理首次在《政府工作报告》中提出粤港澳大湾区城市群发展规划。随后国家发改委、广东省人民政府、香港特区政府、澳门特区政府共同签署《深化粤港澳合作推进大湾区建设框架协议》，进一步明确了推进基础设施互联互通、提升市场一体化水平等重点内容。2019年2月《粤港澳大湾区发展规划纲要》公布，再次强调要把大湾区作为一个大整体规划，着力于解决不同城市和区域的协调问题。可见粤港澳大湾区的发展的最终目的及主要实现形式表现在推动区域多元要素自由流通并形成深度融合和高度互补的开放型区域。本文旨在通过企业网络来了解广州在粤港澳大湾区中的地位和作用。为此，我们通过基于生产者服务公司的联锁网络模型构建了当代城市之间的连通性。所使用的公司总部－子公司数据集来自的Osiris数据库发布的2019年3月上市公司的数据。

一　文献综述

在经济全球化的背景下，区域一体化进程正在加剧。随着交通运输技术的不断发展，人与人之间的流动，商品，信息和金融在城市之间不断扩大和加速。Castells（1989）提出了一个概念——“流动空间”来描述这种现象。城市，应被视为不同流的节点，而不仅仅是地方（Castells，2011）。城市成为网络中心，由于经过它们的不同流而不是由于它们包含的属性，积累了财富和权力。城市已成为先进服务业的生产和消费中心，其辅助的地方社会在全球网络中相互联系。Castells的工作促进了区域空间结构的重点从内部特征研究到城市的外部关系，从形状，核心—边缘关系，层次结构到城市网络的网络结构，功能和联系。Taylor（2010）更是提出了中心流理论，其实质是进一步纠正中心地理论。Meijers（2007）甚至将此转变为区域研究范式的转换。

城际关系是世界城市网络研究中的一项重要任务和核心课题。由于数据来源和方法的差异，研究结果差异很大。城市间关系分析一般有两个数据来源。一个是交通流，例如航空公司－乘客数据和航线（Ducruet 和 Notteboom，2012）。然而，使用这些统计数据来描述城市间关系存在许多限制（Taylor，1999）。例如，交通线路的信息不仅包含商务旅行，还伴有世界城市流程。另一个是企业办公网络，作为一种替代方法，它侧重于公司战略决策的地理集中度（Sassens，2018；Taylor 和 Derudder，2015，Sigler 和 Martinus，2017；Pan 等，2018a，2018b）。设立办事处以分配它们的从业者和专业人员需要对特定城市进行认真投资。因此，公司的空间策略因此提供了城市地位的关键指标（Godfrey 和 Zhou，1999）。萨森（Sassen，2001）认为，先进的生产者服务更适合用于阐述世界城市网络，因为它们“依赖于与所服务的消费者的接近程度”。这些行业具有世界经济的前沿。这些全球服务公司是世界城市网络形成的关键角色。它们寻求知识丰富和创新的环境，以成功地开展业务。先进服务业的集中也增强了城市信息和知识的创新环境，代表了世界城市的指挥和控制角色（Beaverstock，Smith & Taylor，2000）。

跨越不同时代形成城市联系的关键驱动因素是跨国公司的活动，例如，通过贸易或在特定城市设立办事处的战略决策。世界城市网络视角代表了这项研究的大部分内容，侧重于通过使用跨公司办公地点等跨国数据来映射城市网络（例如，泰勒和德鲁德的先进生产者服务公司，2015；以及 2017 年公司上市公司 Sigler 和 Martinus；Pan et al. ，2018a，2018b），贸易和航运路线以及企业精英工作转移（Beaverstock，2005）。

二　研究方法

在过去的几十年中，基于高端生产者服务业企业活动的联锁网络模型已经在 GaWC 集团的世界城市网络研究中得到了广泛的应用。该模型侧重于开发和应用网络分析方法分析公司和城市关系数据，以更好地了解城市节点之间的联系（参见 Derudder 和 Taylor，2005；Good 等，2011）。

网络由逐个公司矩阵 V_{ij} 表示，其中 V_{ij} 是城市 i 到公司 j 的“服务价值”。该服务价值是衡量一个城市对公司办公网络重要性的衡量标准，它取决于公司在一个城市的办公室的规模和功能。

两个城市 a 和 i 之间的城际连通性（*ICCai*）定义为：

$$ICCai = \sum V_{aj} \times V_{ij}(\text{其中 } a \neq i) \tag{1}$$

这提供了对劳动力流、信息和知识转移的衡量方法。这种采用企业的服务价值来计算城市 a 和 i 之间实际联系的背后的假设是，办公室越重要，与公司网络中的其他办公室的联系就越多。换句话说，我们使用简单的企业之间的互动关系作为城市之间的连通性衡量标准：两个拥有大规模办公室的城市将产生更多的城际劳动力流。

通常在世界城市网络分析中，这些城际连通性被聚合为每个城市，并且总数被解释为城市的全球网络连接（*GNC*），在这里我们将它定义为连通值，将连通值占所有城市连通值之和的比重定义为连通度（*GNCPa*），表明城市在网络中的整体重要性：

$$GNCa = \Sigma ICCai(\text{其中 } a \neq i) \tag{2}$$

$$GNCPa = GNCa / \Sigma GNCa(a = 1, 2, \cdots, n) \tag{3}$$

OSIRIS 数据库为我们提供了全球上市公司的基本信息。本研究基于 Osiris 数据库的衍生数据构建一个独特的城市/公司矩阵公司。我们首先选择在中国拥有子公司地址的所有国际国内公司，并进一步筛选出在珠江三角洲拥有子公司地址的所有公司。高端生产者服务业包含金融业、保险业、会计、法律服务、专业协会等，本研究基于 NACE 的分类，获得了 102 家金融服务公司和 1 家会计公司、23 家广告公司、15 家管理咨询公司，总计 152 家全球上市公司，并根据最新的营业额对该公司的总部和子公司的规模进行赋值如下（见 Hennemann 和 Derudder，2014；Taylor 等，2002）：

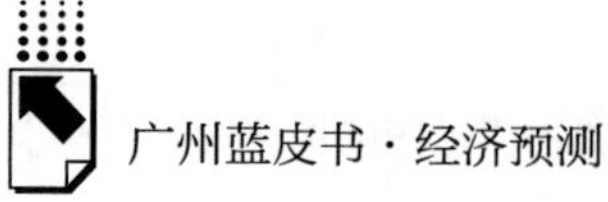

①全球总部赋值为5；

②具有域外职能的区域总部赋值为4；

③国家总部赋值为3；

④具有最小功能的普通办公室赋值为2；

⑤功能减少的普通办公室赋值为1；

⑥没有办公室赋值为0。

三　广州在粤港澳大湾区空间网络中的特征

1. 分地区粤港澳大湾区空间网络特征

从总体连通度来看，香港、深圳、广州正如经济产出表现一样总体连通度也居于粤港澳大湾区的榜首，然而广州的总体连通度远远低于香港和深圳的连通度。广州的总体连通度主要体现在与珠海、深圳、香港的连通上（见图1）。

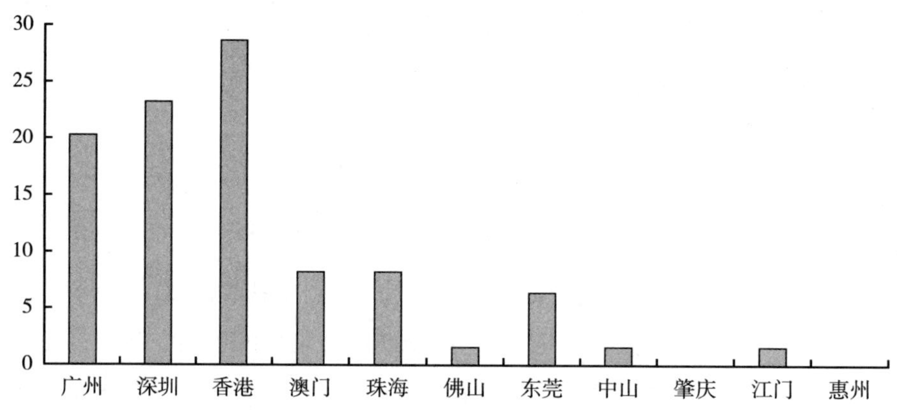

图1　粤港澳大湾区各城市的连通度

广州与珠海的连通最为密切，其次为与深圳和香港的连通，紧接着为东莞、佛山、中山、江门，与肇庆、惠州及澳门的联系密度最低（见表1）。对于粤港澳大湾区的发展，在早些年国家已经做出了一系列的部署。2008

年12月，国家发改委出台的《珠江三角洲地区改革发展规划纲要》提出建立和发展“广佛肇”“深莞惠”“珠中江”三大经济圈，逐步实现“珠三角一体化”的目标。在这个战略背景下，三个经济圈的成员纷纷建立了战略合作关系，采取一系列措施加强城市间的交流合作，特别是经济方面。如2009年3月19日，广州和佛山签署了《广州市佛山市同城化建设合作框架协议》，协议提出要努力拓宽合作领域、创新行政管理体制、促进要素资源自由流动，从而全面构建城市规划统筹协调、基础设施共建共享、产业发展合作共赢、公共事务协作管理的一体化格局。2009年2月27日，深圳、东莞、惠州3市在《推进珠江口东岸地区紧密合作框架协议》，以加快珠江口东岸的经济一体化进程。2009年4月17日，珠海、中山、江门3市紧密合作工作会议在珠海举行，签订了《推进珠、中、江紧密合作框架协议》，三市决定首先在规划、交通基础设施、产业、环保、应急处理等方面展开合作，以促进要素合理流动。然而从城市联系连通度的数值来看，这三个经济圈的城市连通值都非常微弱。例如广州与佛山、肇庆都市圈的连通值非常微小，远远比不上与地理距离更大的珠海、深圳、香港的连通值。同样，“深莞惠”“珠中江”经济圈内部的成员城市之间的连通值也是比较低（见表2）。在与香港的连通上，广州与香港的联系少于与深圳与香港的1/4。虽然近些年广州一再主张加强与香港、澳门的合作，但是实际上效果并不明显。2015年以来，广州以南沙自贸区为龙头实现跟香港、澳门融合性发展，在市场化、国际化、法治化的营商环境中加强融合。

表1　广州与粤港澳大湾区各市总体连通值

城市	广州	深圳	香港	澳门	珠海	佛山	东莞	中山	肇庆	江门	惠州
广州	0	16	16	1	32	5	8	5	0	5	0
深圳	16	0	71	3	0	0	11	0	0	0	0
香港	16	71	0	32	0	0	5	0	0	0	0
澳门	1	3	32	0	0	0	0	0	0	0	0
珠海	32	0	0	0	0	0	4	0	0	0	0
佛山	5	0	0	0	0	0	0	1	0	1	0

续表

城市	广州	深圳	香港	澳门	珠海	佛山	东莞	中山	肇庆	江门	惠州
东莞	8	11	5	0	4	0	0	0	0	0	0
中山	5	0	0	0	0	1	0	0	0	1	0
肇庆	0	0	0	0	0	0	0	0	0	0	0
江门	5	0	0	0	0	1	0	1	0	0	0
惠州	0	0	0	0	0	0	0	0	0	0	0

表2　粤港澳大湾区中连通值排名前六的城市对比

香港－深圳	香港－澳门	广州－珠海	广州－深圳	广州－香港	深圳－东莞
71	32	32	16	16	11

2. 分行业粤港澳大湾区的空间城际联系

香港的高连通度主要体现在金融行业上，金融行业香港的连通度高达42，远远高于深圳和广州，三个中心城市中，广州的金融行业的连通度最低，不到深圳的一半（见图2）。相比而言，广州与其他城市的联系比深圳和香港都更加均衡。广州的连通度主要体现在与香港、佛山、中山、江门、深圳的连通上。而深圳的金融行业的连通度高度依赖与香港的连通。香港的金融行业连通度具有绝对的优势，主要体现在与深圳、澳门和广州的连通上（见表3）。

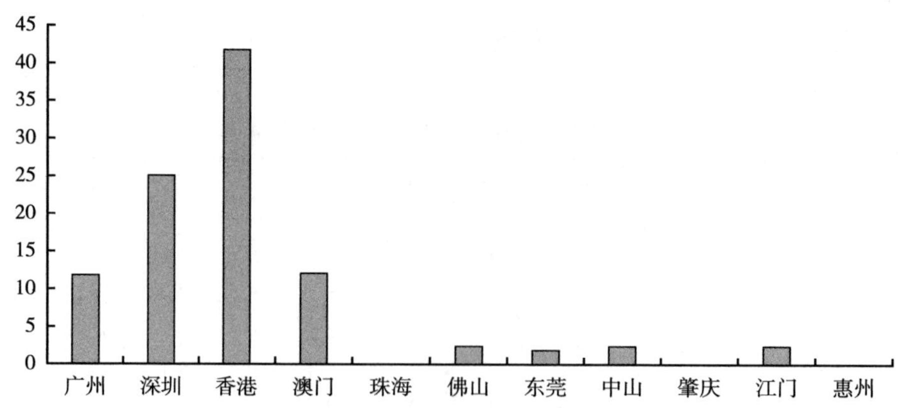

图2　粤港澳大湾区各城市在金融行业上的连通度

表3　广州与粤港澳大湾区各市金融行业连通值分布

城市	广州	深圳	香港	澳门	珠海	佛山	东莞	中山	肇庆	江门	惠州
广州	0	3	15	0	0	5	0	5	0	5	0
深圳	3	0	65	2	0	0	0	0	0	0	0
香港	15	65	0	32	0	0	5	0	0	0	0
澳门	0	2	32	0	0	0	0	0	0	0	0
珠海	0	0	0	0	0	0	0	0	0	0	0
佛山	5	0	0	0	0	0	0	1	0	1	0
东莞	0	0	5	0	0	0	0	0	0	0	0
中山	5	0	0	0	0	1	0	0	0	1	0
肇庆	0	0	0	0	0	0	0	0	0	0	0
江门	5	0	0	0	0	1	0	1	0	0	0
惠州	0	0	0	0	0	0	0	0	0	0	0

从其他几个行业的连通度来看（包括法律、广告还有管理咨询行业），广州的连通度最高，体现了广州在金融以外的高端生产者服务业中占据了制高点。它的连通度主要体现在与珠海、深圳、东莞的联系上。而广州市连通度最高的行业当数广告行业。广州市作为广东省的省府，先沐改革开放的春风，得国家政策之利，人们思想开放，对于新事物易于接受。随着广东（广州）地区对外进出口贸易的加大，也使广告业逐渐恢复和发展起来。改革开放后国内本土第一代广告人大部分集中在广州，他们大多是美术设计出身。广州于1996年11月在全国最早成立了广告组织——广州4A公司，全称是广州市广告行业协会综合性广告代理公司委员会。该协会由广州市广告行业协会的高端会员组成，是广州综合性广告代理公司（包括国有、民营、合资及外资等）以及相关研究机构组成的自律性、非营利性的专业委员会；该专业委员会宗旨在让广告更专业，加强行业自律，促进广州广告事业的健康发展。国际广告公司在20世纪90年代初期就尾随跨国公司进入广州，像国际广告公司李奥贝纳跟随着保洁公司进入广州。由于市场化程度高，广州的广告业竞争也最激烈。国际广告公司提出要做“国际化的本土广告公司”，而本土有

实力的广告公司则提出要做“本土的国际化的广告公司”，广州广告业形成一片蒸蒸日上的局面。

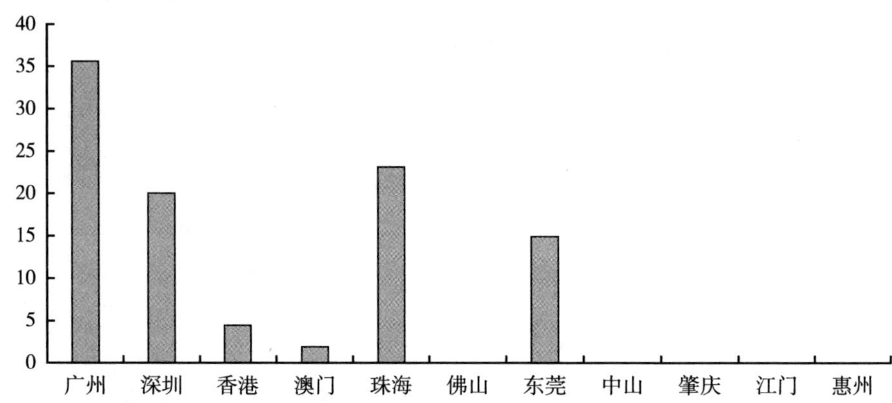

图 3　粤港澳大湾区各市金融行业以外的其他生产服务业连通值

表 4　广州与粤港澳大湾区各市金融行业以外的其他生产服务业连通值

城市	广州	深圳	香港	澳门	珠海	佛山	东莞	中山	肇庆	江门	惠州
广州	0	13	1	1	32	0	8	0	0	0	0
深圳	13	0	6	1	0	0	11	0	0	0	0
香港	1	6	0	0	0	0	0	0	0	0	0
澳门	1	1	0	1	0	0	0	0	0	0	0
珠海	32	0	0	0	0	0	4	0	0	0	0
佛山	0	0	0	0	0	0	0	0	0	0	0
东莞	8	11	0	0	4	0	0	0	0	0	0
中山	0	0	0	0	0	0	0	0	0	0	0
肇庆	0	0	0	0	0	0	0	0	0	0	0
江门	0	0	0	0	0	0	0	0	0	0	0
惠州	0	0	0	0	0	0	0	0	0	0	0
连通值	55	31	7	3	36	0	23	0	0	0	0
连通度	35.48	20.00	23.23	0.00	14.84	0.00	0.00	0.00	0.00	4.52	1.94

3. 广州的中心地位研究

“中心性”是社会网络分析的重点之一。个人或组织在其社会网络中具有怎样的权力，或者说居于怎样的中心地位，这一思想是社会网络分析者最早探讨的内容之一。根据计算方法和目的的不同，中心度一般分为：中间中心度、特征向量中心度、接近中心度、度中心度（出度和入度中心度）。城市地理学者们一般结合几个中心度来分析一个城市的中心性。以下是五种中心度的含义对比。

表5　五种中心度的对比

	中间中心度	特征向量中心度	接近中心度	入度中心度	出度中心度
定义	网络中两个点之间存在的经过第三个点的捷径数目的总和	考虑了整个网络结构的一个点的连通性的相对排名	该点与图中所有其他点的捷径距离之和	网络中输入到该点的所有点的数目总和	网络中该点直接发出的关系数的总和
描述	桥梁或者断点功能,位于网络中其他两个节点的中间的程度	整体网络连通能力;全球重要性或突出物	整体网络影响力;与网络“中心”的距离或者接近程度,衡量一个点到达其他点的速度	威望,向该点汇报的节点的数目	直接影响,“跟随者”;该节点汇报给其他节点的数目
在城市网络中的解释	起到连接两个系统(比如国家和区域),互通信息和资金的中间城市	普遍被认为是拥有大量的决策权的城市;与其他类似的城市紧密联系	与其他城市信息或资金流连通度比较高的城市	作为区域总部的城市	聚集国家的城市/区域信息,但向其他城市报告

通过五种中心度的测量，我们可以发现香港无论是在度中心度、中间中心度、接近中心度还是特征向量中心度上都是居于第一位，其次是深圳和广州（见表6）。广州在中间中心度上与深圳的差距在减小，体现了它在粤港澳大湾区中起到桥梁作用，是重要的枢纽城市，能够在很大程度上控制与其他城市的信息和资金交流。在接近中心度上，广州超越了深圳，与香港的水平接近，可见广州与网络中其他点的距离都比较短，在传递信息上不需要依赖其他成员，不受其他成员的控制。而相比而言，深圳对香港的依赖度很高，在信息传递上容易受香港的控制。然而从直接影响力以及综合影响力来看，广州的度中心度和特征向量中心度的水平与香港和深圳的水平差距还比较大。

表 6　粤港澳大湾区各城市五种中心度的测量

城市	入度中心度	出度中心度	中间中心度	特征向量中心度	接近中心度
香港	2.279	0.772	0.224	1.000	0.105
深圳	0.247	0.468	0.029	0.357	0.101
广州	0.108	0.298	0.016	0.152	0.102
中山	0.089	0.000	0.000	0.012	0.098
珠海	0.000	0.070	0.000	0.022	0.096
肇庆	0.000	0.070	0.000	0.019	0.099
澳门	0.025	0.006	0.000	0.023	0.098
东莞	0.000	0.032	0.000	0.013	0.098
惠州	0.000	0.006	0.000	0.004	0.095
佛山	0.000	0.000	0.000	0.000	0.000
江门	0.000	0.000	0.000	0.000	0.000

四　结论

本研究首先通过高端生产者服务业公司的连锁网络模型计算了当代城市之间的连通性。基于连通性数值分析了粤港澳大湾区城市之间的连通度。研究发现从总体连通度来看，香港、深圳、广州正如经济产出表现一样总体连通度也居于粤港澳大湾区的榜首，然而广州的总体连通度远远低于香港和深圳的连通度。广州的总体连通度主要体现在与珠海、深圳、香港的连通上。然而从不同行业的连通度上，从其他几个行业的连通度来看，包括法律、广告还有管理咨询行业，广州的连通度最高，体现了广州在金融以外的高端生产者服务业中占据了制高点。它的连通度主要体现在与珠海、深圳与东莞的联系上。从其他几个行业的连通度来看（包括法律、广告还有管理咨询行业），广州的连通度最高，体现了广州在金融以外的高端生产者服务业中占据了制高点。它的连通度主要体现在与珠海、深圳、东莞的联系上。

基于城市－城市之间的连通值，我们又计算了粤港澳大湾区组成城市的中心度，研究发现香港无论是在度中心度、中间中心度、接近中心度还是特征向量中心度上都是居于第一位。广州在中间中心度上与深圳的差距在减小，体现了它在粤港澳大湾区中起到桥梁作用，是重要的枢纽城市，能够在很大程度上控制与其他城市的信息和资金交流。在接近中心度上，广州的值已经超越了深圳，与香港的水平接近，可见广州与网络中其他的点的距离都比较短，在传递信息上不需要依赖其他成员，不受其他成员的控制。广州还需要加强与其他城市，特别是与佛山和肇庆之间的经济联系，并积极发展银行、会计等行业发展，利用其均衡化、大网络的布局规律推动城市系统均衡化发展。

参考文献

[1] Beaverstock J. , Smith R. G. and Taylor P. J. , "World City Network: A New Metageography?", *Annals of the Association of American Geographers*, 2000, 90 (1).

[2] Beaverstock, J. , "Transnational Elites in the City: British Highly-skilled Intercompany Transferees in New York City's Financial District," *Journal of Ethnic and Migration Studies*, 2005, 31 (2).

[3] Castells M. , *The Informational City: Information Technology, Economic Restructuring and the Urban-regional Progress*, Oxford U K & Cambridge USA: Blackwell, 1989.

[4] Castells M. , The Rise of Network Society, Oxford: Blackwell, 1996.

[5] Derudder B. and Taylor P. J. , "Change in the World City Network, 2000 – 2012," *The Professional Geographer*, 2016, 68.

[6] Derudder B. , "Mapping Global Urban Networks: A Decade of Empirical World Cities Research" , *Geography Compass*, 2008, 2 (2).

[7] Hall, P. G. , & Pain, K. , *The Polycentric Metropolis: Learning from Mega-city Regions in Europe*, New York: Routledge, 2006.

[8] Hennemann, S. , & Derudder, B. , "An Alternative Approach to the Calculation and Analysis of Connectivity in the World City Network," *Environment and Planning B*, 2014, 41 (3).

[9] Hoyler, M. , & Watson, A. , "Global Media Cities in Transnational Media Networks," *Tijdschrift voor Economische en Sociale Geografie*, 2013, 104 (1) .

[10] Martinus, K. & Biermann, S. , "Strategic Planning for Employment Self-containment in Metropolitan Sub-regions," *Urban Policy and Research*, 2017, 36 (1).

[11] Martinus, K. , "Regional Development in A Resource Production System: Long Distance Commuting, Population Growth and Wealth Redistribution in the WA

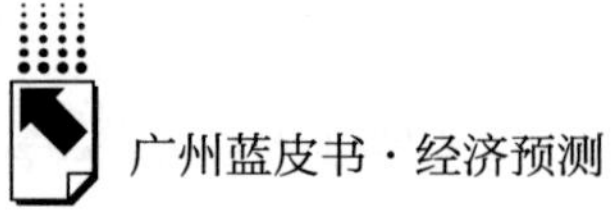

Goldfields," *Geographical Research*, 2016, 54 (4).

[12] Meijers E., "Polycentric Urban Regions and the Quest for Synergy: Is a Network of Cities More than the Sum of the Parts," *Urban Studies*, 2005, 42 (4).

[13] Sassen S. *The Global city: New York, London, Tokyo, Princeton*, N. J.: Princeton University Press, 1991.

[14] Sigler, T. & Martinus, K., "Extending Beyond 'World Cities' in World City Network (WCN) Research: Urban positionality and economic linkages through the Australia-based corporate network.," *Environment and Planning A*, *Special Issue on Global Networks*, 2016, 49 (12).

[15] Taylor P, J., "Urban Economics in Thrall to Christaller: A misguided search for city hierarchies in external urban relations," *Environment and Planning A*, 2009.

[16] Taylor P. J., Hoyler M., Verbruggen R., "External Urban Relational Process: Introducing Central Flow Theory to Complement Central Place Theory," *Urban Studies*, 2010, 47 (13).

[17] Taylor, P., Derudder, B., *World City Network: A Global Urban Analysis* (2nd Ed), London: Routledge, 2015.

[18] 董超、修春亮、魏冶:《基于通信流的吉林省流空间网络格局》,《地理学报》2014 年第 4 期。

[19] 董志良、路紫、白翠玲:《中国网络信息流的空间结构模式分析》,《地球信息科学》2005 年第 3 期。

[20] 高鑫、修春亮、魏冶:《城市地理学的"流空间"视角及其中国化研究》,《人文地理》2012 年第 4 期。

[21] 顾朝林、庞海峰:《基于重力模型的中国城市体系空间联系与层域划分》,《地理研究》2008 年第 1 期。

[22] 顾朝林:《济南城市经济影响区的划分》,《地理科学》1992 年第 1 期。

[23] 马学广、李贵才:《全球流动空间中的当代世界城市网络理论研究》,《经济地理》2011 年第 10 期。

[24] 马学广、李贵才:《西方城市网络研究进展和应用实践》,《国际城市规划》2012 年第 4 期。

[25] 苗长虹、王海江:《河南省城市的经济联系方向与强度——兼论中原城市群的形成与对外联系》,《地理研究》2006 年第 2 期。

(审稿人　魏绍琼)

B.16
粤港澳大湾区发展研究与广州行动

《广州市国土空间总体规划（2018～2035年）》粤港澳大湾区专题工作小组*

摘　要： 建设粤港澳大湾区，是我国参与全球竞争的重要举措，是全面推动“一带一路”建设的重要抓手，也是促进“一国两制”事业发展的新实践。随着十九大报告的提出和《粤港澳大湾区发展规划纲要》的印发，粤港澳大湾区作为重要的国家战略，发展目标和实施路径逐步明确。广州作为区域核心城市，拥有综合稳健的产业结构、广阔的对外联系交通、优势突出的创新人才资源，是改革开放以来湾区发展的“领头雁”。为应对现阶段区域核心城市竞争日趋激烈，本研究通过明确广州自身定位，探索广州与港、澳在合作平台方面的共建共享机制，明确广州与佛山、深圳的互联互通行动，为广州未来在湾区中的行动开展前置研究。

关键词： 粤港澳大湾区　广州　区域一体化

一　研究背景

1. 粤港澳大湾区是重要的国家战略

粤港澳大湾区建设是习近平总书记亲自谋划、亲自部署、亲自推动的国

---

* 小组成员：郭昊羽，广州市规划和自然资源局副局长；廖绮晶，广州市规划和自然资源局总体规划处处长；朱倩琼，广州市规划和自然资源局总体规划处副处长；陈成，广州市规划和自然资源局主任科员；刘松龄，广州市城市规划勘测设计研究院政府规划编制部副总规划师；刘冠男，广州市城市规划勘测设计研究院政府规划编制部规划师。

家战略。2015 年 4 月，国家发展改革委、外交部和商务部共同发布《推动共建丝绸之路经济带和 21 世纪海上丝绸之路的愿景与行动》，首次提出粤港澳大湾区概念。2017 年 10 月，十九大报告提出“支持香港、澳门融入国家发展大局，以粤港澳大湾区建设、粤港澳合作等为重点”，将支撑港澳发展作为湾区建设的支撑点。2019 年 2 月 18 日，《粤港澳大湾区发展规划纲要》（以下简称《纲要》）印发，粤港澳大湾区建设的战略目标和发展路径有了明确依据。粤港澳大湾区建设在多项政策文件中逐步从战略走向行动。

2. 在《纲要》印发的背景下，广州亟须明确行动方向

随着《纲要》印发，湾区各城市的定位、行动日趋明确。在这样的背景下，核心城市对腹地、资源、基础设施的竞争将日趋激烈。例如：深中通道、港珠澳大桥、深茂铁路的建设，将拓展港、深在西岸的市场腹地，使广州处于大湾区与粤西粤东大串联的情境之外，也使广州面临更加严峻的挑战。广州作为区域核心城市，如何在新的区域发展背景下强化自身地位，实现提升自身区域地位、提高资源配置能力的目标，是当前需要面对的重要挑战。

3. 文献综述

回顾粤港澳大湾区地区的研究成果，可归纳为六个大方向：珠三角的发展历史与发展逻辑（许学强、李郇，2009）、（任思儒、李郇、陈婷婷，2017）、（罗小龙、沈建法，2010）；区域空间结构从单中心向多中心演变（汪行东、鲁志国，2017）；广、深、港三城生产合作关系（马向明、陈洋，2017）、（封小云，2014）、（翁海颖、封小云，2009）；广深腹地的此消彼长（唐子来、李涛、李粲，2017）、（叶春、王为，2004）、（程玉鸿、许学强，2003）、（程玉鸿、许学强、薛德升，2004）；重要通道建设的影响和新环境下的区域一体化（吴旗韬、张虹鸥、叶玉瑶等，2012）（黄振东、杨斌，2017）。

总体上，对粤港澳大湾区的研究结论主要体现在区域合作态势、核心城市竞合两个方面。对于广州如何引领湾区发展而言，研究需要从以下几个方面展开：一是粤港澳大湾区经历了哪几个发展阶段，粤港澳大湾区的发展现状是什么，湾区城市各自具有怎样的优势和相互关系。二是粤港澳大湾区的

发展趋势如何，空间格局演变的趋势是什么样的。三是大湾区背景下广州的竞争优势是什么，根据湾区整体发展的趋势，广州应当制定怎样的发展目标、发展思路和具体措施。

二　粤港澳大湾区发展历程与发展趋势判断

（一）发展历程

梳理粤港澳大湾区发展历程，明确粤港澳大湾区的发展阶段性特征，可以把握当前粤港澳大湾区发展趋势，进而指引广州行动。结合文献综述和历史大事件解读，从1978年至今，粤港澳大湾区的发展可以分为三个阶段。

1. 广、深、港独立发展阶段

第一个阶段是1978年以前的广、深、港独立发展阶段，以香港的起步繁荣和湾区的相对封闭为主要特征。这一阶段，香港依靠国外投资，以订单加工生产方式快速发展制造业，一跃成为以外销为主的工业城市。同时，改革开放前的珠三角以对外封闭为主，广州作为省会和传统中心城市，首位特征明显。

2. 前店后厂造就“世界工厂”阶段

第二个阶段是1980~2000年前店后厂造就的“世界工厂”阶段，制造业从香港向内陆转移，“前店后厂”成为湾区主要的发展模式。港资成为珠三角各城市外资的主要来源地，占绝对主导地位。20世纪90年代中期，约80%的香港制造业企业在珠三角设厂。“香港投资+珠三角制造”的模式成为区域发展新动力。

3. 广、深崛起，区域融合发展阶段

第三个阶段是2000~2010年广深两城崛起，广、深、港三城鼎立局面形成，随着粤港澳大湾区战略上升为国家战略，融合发展成为湾区主旋律。CEPA促使贸易联系更紧密，广、深经济发展迅速，呈现出崛起的趋势。

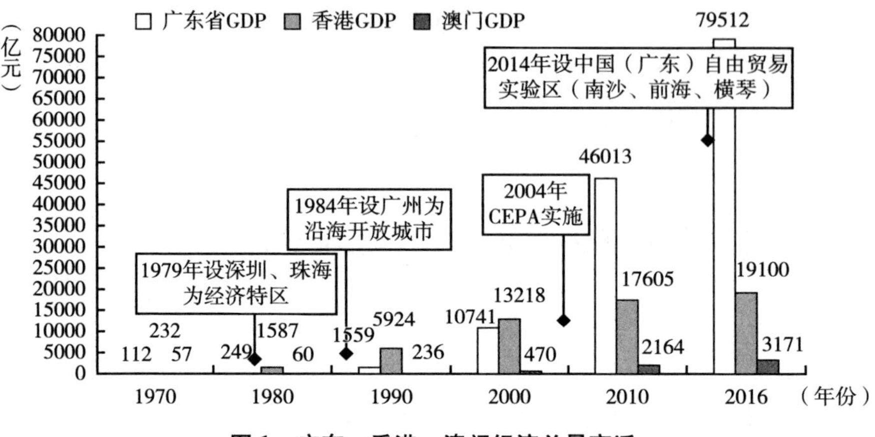

图1　广东、香港、澳门经济总量变迁

资料来源：各城市国民经济和社会发展统计公报/各城市统计年鉴。

（二）发展现状

1. 粤港澳大湾区经济实力雄厚，是我国参与全球竞争的核心区域

2017 年，粤港澳大湾区 GDP 占全国的 12%，总体规模与其他世界级湾区接近，如果将湾区作为独立的经济体，粤港澳大湾区位居世界第 14 位。根据 2015 年世界银行发布的《东亚变化中的城市图景：度量十年的空间增长》，珠三角地区已成为东亚地区规模最大的“巨型城市区域”，湾区已经成为全球经济活动最为活跃的区域，是我国参与全球竞争的重要地区。

2. 区域建设空间相向拓展，广佛、深港等地区逐渐形成城镇连绵带

1990 年，粤港澳大湾区建设用地 945 平方公里，占湾区总面积的 1.6%，2012 年，粤港澳大湾区建设用地 9227 平方公里，占湾区总面积的 16.5%，面积拓展近 10 倍。湾区各个城市本身不断地扩展、延伸，城市之间逐渐相向拓展、相互连接，以广佛、深莞为核心，以路网为骨架的粤港澳大湾区已经发展成为联系紧密的城镇连绵带。

3. 湾区生产网络发生深刻变化，并逐渐融入全球产业链

从生产网络关系来看，广、深、港是吸引外资的重要城市。湾区内地 9

市实际利用外商直接投资额占内地实际利用外资总额的1/5。香港近五年吸引外商直接投资年平均额超过1000亿美元，深圳、广州位列全国资本吸引力前十，其中深圳位于全国第三。粤港澳大湾区也是中国重要的对外直接投资输出地，近三年非金融类对外直接投资平均存量超过1900亿美元，占到内地对外投资的1/4。

湾区对外出口市场不断拓展，对外出口产品逐渐融入全球产业链。从对外出口的情况来看，粤港澳大湾区的对外出口核心是香港，其次是北美和欧盟、日韩、东盟等区域，具有为全球市场提供服务的能力。从粤港澳大湾区出口企业核心业务来看，目前主要以电子产品的零部件、品牌产品出口为主，粤港澳大湾区已成为全球重大的供应链中心。

（三）趋势判断

1. 在创新经济的带动下，产业发展从传统分工格局向供应链格局转变

在创新经济的带动下，人、财、物、信息的流动更加自由，社会融合的趋势进一步增强。产业分工合作已经从传统的“前店后厂”垂直分工，开始向网络化、水平化分工转变。最大的特征就是湾区供应链结构初步形成，供应链主导的产业集群已经成为湾区产业的主要空间组织模式。例如，以广州为核心的广佛纺织、电讯供应链集群，以深圳为核心的莞深电讯、机械产业集群等。

2. 区域协作关系加深，广、深、港核心城市的“极点带动”作用增强

广深港核心城市经济总量占湾区的2/3，区域发展的集聚度提高。在粤港澳大湾区内部，广、深、港三大核心城市GDP占比不断攀升，由2012年的66.72%逐年攀升至2016年的67.67%。2017年广、深、港三个城市GDP基本相当，占湾区经济总量的2/3，核心城市地位显著，对湾区经济的引领作用持续增强。

核心城市产业发展阶段领先于湾区其他城市。湾区产业结构以先进制造业和现代服务业为主，其中港澳地区以现代服务业占主导，服务业增加值占GDP比重均为90%左右，服务业优势显著。广州、深圳、东莞服务

业比重超过50%，服务业发展迅猛，产业发展阶段领先于大湾区其他城市(见图2)。

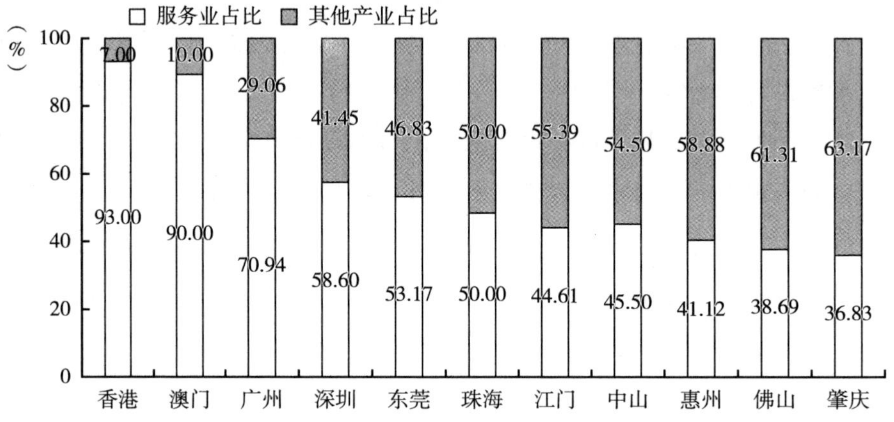

图2　2017年粤港澳大湾区各城市服务业占GDP比重

资料来源：中国统计信息网。

3. “穗港深+佛莞”区域“轴带”的一体化程度提高，去边界化特征突出

通过分析广州、深圳与珠三角城市联系强度可以发现，“穗港深+佛莞”等城市之间的联系日趋紧密。结合来穗和来深出发同城化热力图可以发现，莞深之间形成高密度高强度的交通流，呈现出明显的同城化特征。广佛一体化水平提高，佛山成为广州人口的主要来源地，广佛超级城市逐渐形成。随着广州南沙新区、东莞滨海湾新区、深圳前海及大空港地区发展不断加快，东岸空间将进一步缝合，广佛莞深港城市带的集聚带动作用将更突出。

“穗港深+佛莞”协作制度日益完善，去边界化特征突出。五个城市之间的合作愈加全面化、愈加深入，区域协作制度日益完善。例如，广佛之间相继签订《共建广佛同城化合作示范区框架协议》和《促进广佛公交同城化框架协议》；广深之间签订《南沙前海紧密合作协议》；深港之间签订《推进落马洲河套地区共同开发工作的合作协议书》（见表1）。城市之间开展的边界合作，推动了区域一体化程度加深。

表 1　近年来湾区城市形成的合作协议

城市	合作内容
广佛	2015 年,《共建广佛同城化合作示范区框架协议》 2017 年,《促进广佛公交同城化框架协议》
广深	2013 年,《南沙前海紧密合作协议》
穗莞	2017 年,广州东莞签署深化战略合作框架协议
深莞惠	2009 年至今,召开十次党政联席会议,签订近 40 项协议
深港	2011 年,《推进落马洲河套地区共同开发工作的合作协议书》 2013 年,签订创业、投资、文化、检验检疫等四项合作协议 2016 年,深港机场签署深化合作协议

4. 基础设施建设对“网络化空间格局”的支撑作用增强

湾区重要交通走廊逐步建成，两岸联系逐步加强，交通“网络化”对空间的支撑作用增强。随着跨江通道的建成，东岸与西岸的联系更加紧密；对于广州南部地区的发展是挑战更是机遇。随着南沙－东莞沙田、南沙－东莞虎门、茂名站－深圳西丽站、中山翠亨新区－深圳宝安、港珠澳大桥等跨江通道的建设，湾区核心城市之间的连接将更为通畅。

湾区各城市加大交通、能源、水资源和信息等基础设施的统筹规划力度，区域基础设施一体化进程不断提高。目前初步形成了以广州为中心，铁路、公路、水运、民航等多种运输方式相衔接，联通全省和全国的综合交通体系。初步形成与粤东、西、北相联通的内外环电网骨干网架，实现电网、天然气管网与香港、澳门相连。初步建成区域和流域相结合，以取水、供水、用水、排水、水生态保护和防治水害为主体的水资源管理机制。

5. 湾区腹地逐步拓展，对泛珠三角地区的辐射带动作用增强

依托粤桂高铁经济带、珠江－西江经济带、厦深高铁经济带等区域发展带，湾区对泛珠三角地区的辐射带动作用进一步增强。2017 年，泛珠三角区域合作行政首长联席会议在共建高铁经济带、加强区域口岸通关合作、建立泛珠旅游联盟、推动设立泛珠区域合作基金等方面达成共识，指明了未来粤港澳大湾区拓展泛珠三角腹地的行动方向。

三 广州在湾区的发展策略

（一）广州在湾区发展中的问题和短板

1. 在湾区的地位受到挑战

2018 年，广州市 GDP 达到 2.29 万亿元，低于深圳的 2.4 万亿元；GDP 同比增长 6.2%，低于全省 6.8% 的平均水平，更低于深圳 7.5% 左右的增速。此外，广州高技术制造业增加值占规模以上工业增加值的比重为 12.2%，低于全国平均水平（12.7%），远低于深圳的 65.6%。同时，全市 R&D 经费支出占 GDP 的比例仅为 2.5% 左右，低于北京的 5.7%、深圳的 4.1%，甚至低于广东全省的 2.65%，广州全社会研发投入需进一步提高。

另外，广州的交通枢纽地位需要巩固。白云机场国际旅客占比仅约 24%，远低于香港机场，国际及地区航点近 90 个，远低于香港（170 多个），客源主要集中在广佛地区，对湾区其他城市服务不强。航运方面，广州港与深圳港、香港港竞争激烈，缺乏统一对外的分工合作体系，广州港集装箱国际班轮航线 101 条，外贸集装箱占比 37%，明显少于深圳（220 多条，占比在 93% 以上）。

2. 与港澳合作力度和制度创新仍显不足

深圳和珠海两地分别在对港和对澳合作方面实现积极的制度创新。与之相比，广州与港澳合作力度和制度创新仍显不足。

深圳两个“深港紧密合作区”——前海和河套，在对港合作上走在湾区前列。前海发挥“合作区 + 自贸试验区 + 保税港区”“三区”叠加优势，截至目前，已累计推出 414 项制度创新成果，全国首创或领先成果超过 133 项，不少于 28 项在全国被复制推广。在河套地区，深圳与香港共建“创新科技”，争取在“人员物资流动、职业资格准入、标准规则创新、新药品新器械监管”等方面的体制机制上先行先试。珠海借助一系列产业平台在对澳合作成果方面走在湾区前列。横琴新区将对澳合作作为首要任务，澳门大学横琴校区于2013年11月启用，截至2018年10月底，在横琴注册的港澳企业有2633家，其中澳门企业1327家。

3. 与周边城市的跨界合作需要深化

广州与周边城市分工合作、错位发展的产业发展格局尚未形成，与周边城市的跨界合作进展也相对缓慢。与之相比，湾区东岸的深圳、东莞、惠州之间的边界地区成为湾区增长的亮点地区，基础设施等的跨界合作成为常态。深圳制造业产业外溢，制造业企业向周边城市转移，带动深莞、深惠边界地区增长。以华为为例，华为将研发和生产部门迁往松山湖，形成了研发、生产在东莞，总部销售在深圳的跨界合作格局。而当前广州与周边城市的合作主要集中于广佛交界地区，跨界合作的广度和深度都不足，整体上有待提升在产业合作、设施联通、互相投资等方面的跨界合作水平。

（二）广州行动建议

1. 增强话语权，着力建设国际大都市

作为省会城市，广州的发展动力，离不开全国的政治经济大格局。20世纪60年代，商务部和广东省人民政府联合主办广交会，每年春、秋两季在广州举办，使广州成为全国对外贸易的中心。90年代开始广州被列入“三大三小”轿车产业布局，90年代后期在国务院领导的关怀下完成了从“标致”到“本田”的谈判，才有了广州近20年汽车产业的蓬勃发展。因此，广州城市当前发展更要争取与国家目前发展的大政策、大格局联系起来，深刻理解“大湾区”的真实含义，提升自身的话语权。

广州应放眼世界，将发展视野拓展至同级别的国际大都市。要用全球视角认识广州在湾区中的发展定位与作用，对标世界一流城市，提升城市发展品位。代表中国参与世界城市竞争。突出与东南亚、南亚、南太平洋国家和地区的互联互通、经贸合作、人文交流和港口城市联盟。加快形成与国际接轨的开放型经济新体制，构建全方位对外开放新格局。

2. 推进与佛山、深圳的合作，促进“穗莞深”东部轴带一体化

广州应积极推动都会区一体化，以开放协作的态度，主动加强与佛山、

深圳等湾区城市的互联互通，携手共建湾区网络体系，共同争取国家优惠政策，形成利益共享的城市联盟。

通过与核心城市合作，将打造东部轴带作为工作重点。通过南沙新区、滨海湾新区、前海及大空港地区的建设，进一步缝合东岸空间。在现状交通基础上，完善南沙与西岸城市的便捷联系，形成联系通道。建设广深科创走廊，融入东岸产业网络，推进提升产业协作水平，推动湾区城市一体化。

推进提高广佛同城广度与深度，与佛山共建全国同城化发展示范区。推动两市规划、交通、基础设施、公共服务的深度对接和产业高度协作。在珠江－西江沿线和沿广佛南北边界线构筑协同发展带，重点建设荔湾－南海－白云、花都－三水、番禺－顺德－南沙三大同城化地区。

加强与深圳在科技创新、产业协同、人才交流等方面的合作。共同构建广、深、港、澳科技创新走廊“一廊十核多节点”的空间格局。促进广州东部地区与深圳在创新资源领域的对接。协同引进重大科技创新平台、重点产业项目，共同打造具有全球吸引力的创新环境。

3. 积极应对区域格局变化，聚焦“环湾留白”地区、枢纽机会地区

重点关注目前都会区中“环湾留白”的地区。结合广州发展现实，在重大交通枢纽、产业平台等具有较大发展潜力的地区，划定战略留白区，为未来发展留足稀缺资源和战略空间，为不可预期的重大事件和重大项目做好应对准备。在增城南部、番禺东部、南沙重点功能区和具有较大发展潜力的地区规划战略留白区，聚焦面临转型机遇的产业空间，保障重大产业用地供应。

结合跨江通道建设，打造湾区枢纽机遇地区。随着港珠澳大桥和深中通道等连接珠江东西两岸廊道的建成，广州应结合莲花山通道、虎门大桥、虎门二桥等通道，以创新城、庆盛、明珠湾区、南沙枢纽为核心节点，打造一批枢纽机会地区，加快与佛山、东莞、中山、深圳等城市的连接。

4. 强化对外辐射，加强湾区西岸维育拓展，构建区域功能网络

发挥同根同源、同声同气优势，营造珠江西岸宜居生活圈。广州与顺德、中山、珠海等西岸城市同根同源、同声同气，一直保持紧密的社会经济

联系。要充分利用广州与西岸城市间的地域归属感与文化认同感，通过加强城市间交通设施与公共服务联系，打造共建共享的宜居生活圈，形成广州发展的坚实后盾。

利用科教资源助推西岸升级，形成“创新大脑 + 制造基地”合作模式。广州与西岸城市产业合作由来已久。未来要进一步发挥广州科教资源优势，破解西岸城市产业瓶颈，打造具有世界一流水准的高端制造业产业带。

四　相关政策建议

1. 深化社会保障合作，促进区域人才流动

实现公共服务体系互联互通，促进湾区人口往来。加快沟通深圳、香港、澳门的高铁、快轨、城轨、轮渡等多种交通设施建设，构建环湾地区的交通一体化；加快区域型大型医疗教育设施项目建设，促进公共服务设施均等化，在南沙、黄埔等城市新区促进区域人口导入，实现人才在区域范围内流动。

在特定区域取消户籍限制，实施全面工作证制度。特定区域取消户籍限制，以工作证替代户籍，凭工作证可在公租房、医疗、养老、教育等方面享受公共服务，提高南沙对港澳人口的吸引力。

2. 创新港澳合作发展平台共建模式，发挥引领作用

创新合作政策，形成穗港澳共建模式。学习深圳在前海、落马洲河套地区与香港的平台共建经验，创新土地出让政策，在穗港澳合作中实践“飞地模式”，发挥广州在支持港澳发展中的引领作用。

探索税收分享政策，形成穗港澳共享的平台合作模式。依托粤港产业深度合作园、粤港澳（国际）青年创新工厂、庆盛科技产业创新基地、香港科技大学庆盛分校等平台项目，对于进入广州的企业、工作人员，探索和港澳分享税收的政策，吸引港澳企业在南沙设立分支机构，促进穗港澳在税收方面的共享。

3. 加强组织领导，构建层次的区域协调机制

划分各级政府在区域协调中的职能。明确国家、省级政府、地方政府在区域协调中的职能，通过事权划分明确区域重大项目建设、欠发达地区资金支撑等领域的职责划分。制定促进区域协调发展的法律法规，保障区域合作、财政转移支付、生态补偿、跨区域人口流动与就业等领域的法律实施，构建促进区域协调发展的法律体系。

以粤港澳大湾区领导小组为核心构建多层次的协调机制。构建粤港澳大湾区领导小组主导，政府、企业、非政府组织之间的协调合作机制，推动促进各类合作。扩大合作领域，包括基础设施建设、人口流动、科技创新与应用、生态环境治理、文化与教育等方面的合作，扩大合作领域的广度。

参考文献

[1] 许学强、李郇：《改革开放30年珠江三角洲城镇化的回顾与展望》，《经济地理》2009年第1期。

[2] 任思儒、李郇、陈婷婷：《改革开放以来粤港澳经济关系的回顾与展望》，《国际城市规划》2017年第3期。

[3] 罗小龙、沈建法：《从“前店后厂”到港深都会：三十年港深关系之演变》，《经济地理》2010年第5期。

[4] 汪行东、鲁志国：《粤港澳大湾区城市群空间结构研究：从单中心到多中心》，《岭南学刊》2017年第5期。

[5] 马向明、陈洋：《粤港澳大湾区：新阶段与新挑战》，《热带地理》2017年第6期。

[6] 封小云：《粤港澳经济合作走势的现实思考》，《港澳研究》2014年第2期。

[7] 翁海颖、封小云：《香港与“珠三角”的产业合作及区域创新布局》，《经济前沿》2009年第Z1期。

[8] 唐子来、李涛、李粲：《中国主要城市关联网络研究》，《城市规划》2017年第1期。

[9] 程玉鸿、许学强：《珠江三角洲三次产业演变及广州区域地位的变化》，《经济地理》2003年第5期。

[10] 程玉鸿、许学强、薛德升：《珠江三角洲产业结构演变与城镇发展的时空差异

分析——兼论广州与深圳区域地位的变化》，《地域研究与开发》2004 年第 3 期。

[11] 吴旗韬、张虹鸥、叶玉瑶等：《基于交通可达性的港珠澳大桥时空压缩效应》，《地理学报》2012 年第 6 期。

[12] 黄振东、杨斌：《港珠澳大桥驱动下珠江两岸经济关联格局演变》，《世界地理研究》2017 年第 3 期。

[13] Yeh A. G. O. , "Hong Kong and the Pearl River Delta: Competition or Cooperation?" *Built Environment (1978 –)*, 2001, 27 (2).

[14] Xu J. , Yeh A. G. O. , *Turning of the Dragon Head? Spatial Restructuring Between Hong Kong and the Pearl River Delta*, 2006.

[15] Yang C. , "From Market-led to Institution-based Economic Integration: The Case of the Pearl River Delta and Hong Kong," *Issues & Studies*, 2004, 40 (2).

（审稿人　潘其胜）

B.17
粤港澳大湾区税收协调研究

广州市税务学会课题组*

摘　要： 2017年7月，香港回归20周年之际，国家发改委与广东省人民政府、香港特区政府和澳门特区政府共同签署了《深化粤港澳合作推进大湾区建设框架协议》。三个月后，习近平总书记在党的十九大报告中提出："要以粤港澳大湾区建设、粤港澳合作、泛珠三角区域合作等为重点，全面推进内地同香港、澳门互利合作，制定完善便利香港、澳门居民在内地发展的政策措施。"粤港澳大湾区的发展从地域性的开发规划上升为国家层面的长远发展大计。本文通过借鉴纽约、旧金山、东京三大湾区经验，结合粤港澳三地行业特点和功能定位，有针对性地为粤港澳大湾区发展战略提供税收协调建议。

关键词： 粤港澳大湾区　国际借鉴　税收协调

一　粤港澳大湾区的总体情况

粤港澳大湾区的建设写入党的十九大报告和2017年、2018年国务院《政府工作报告》，标志着粤港澳大湾区的发展从地域性的开发规划已经上

---

* 课题组组长：李健强，广州市税务局；杨小强，中山大学。课题组成员：卫广林、谢靖山、吴巧伶，广州市税务局；邢宏洋，天河区税务局；伍丽，广州开发区税务局；吴凡，广州南沙开发区税务局；郑伊、凌华，中山大学；李一源、李晨、吴春芳、刘欣，毕马威企业咨询（中国）有限公司。

升为国家层面的长远发展大计。推进粤港澳大湾区建设，对于深化内地和港澳交流合作，积极融入“一带一路”建设，服务国家开放经济格局具有举足轻重的作用。然而，从珠三角九市到港澳两个特别行政区，这 11 座城市有不同的法律和行政体系，将这些城市作为一个整体统筹规划，也意味着，粤港澳大湾区要在“一国两制”平台下进行新的“跨制度”尝试。湾区内 11 个城市资源的配置，不仅仅是经济资源的有效配置，还是制度资源的有效配置。通过借鉴纽约、旧金山、东京三大湾区以及国际发达经济体税收协调的经验，结合粤港澳三地行业特点和功能定位，有针对性地为粤港澳大湾区发展战略提供税收协调建议，具有极为重要的意义。

二　粤港澳大湾区发展的财税制约因素

财税领域的合作与协调是地区政府间协商的重要内容，大湾区城市间财税因素的不协调会制约跨边界的人才、资源与信息流动。我们接下来将从财税的角度出发，来分析制约发展的因素。

（一）税制税负差异较大

目前，粤港澳之间存在着税制结构不同、税收负担不同、征管特点不同等诸多差异。从总体上看，香港、澳门税制具有单一、税种少、税负轻、征管简便的特点。

1. 税制结构差异

粤港澳税收制度的差异具体表现在内地以所得税、流转税并重，香港以所得税为主，澳门的专营税、所得补充税等直接税在财政收入中占比较大。2018 年，广东 8 市和深圳的所得税税收收入为 6516 亿元，占全部税收收入的 33.6%；2017 ~2018 年度香港所得税收入 2099 亿港元，约占全部税收收入的 67%；2017 年度澳门从博彩业征收的专营税[①]收入为 1067.8 亿澳门元，

① 澳门财政局网站公布的报表中称为“批给赌博专营权之直接税”。

占全部税收收入的88.15%。

2. 税负差异

广东税负比香港、澳门的税负高。内地企业所得税可扣除项目有标准限制，个人所得税实行综合与分类相结合的税制。香港、澳门免税额高，澳门目前“年度所得补充税”可课税收益（相当于内地的应纳税所得额）60万澳门元（以1人民币=1.1765澳门元，折合人民币约51万元）以下豁免，职业税（相当于内地的“工资薪金所得”和“劳务报酬所得”个人所得税）年起征点为年课税收益14.4万澳门元（以1人民币=1.1765澳门元，折合人民币约12.24万元），30%的扣减率，且实行个人所得税综合税制，可扣除费用标准较内地高。以企业所得税税率为例，内地一般企业（不包括小型微利企业）的企业所得税税率为25%，比香港16.5%的税率高，也比广东自贸区内的横琴和前海两个片区符合税收优惠目录企业15%的税率高。以个人所得税为例，香港的薪俸税（相当于内地的“工资薪金所得”个人所得税）最高税率是17%，内地个人所得税最高税率则是45%。

3. 征管差异

设置在财政司下的香港税务局是香港税收法规的执行机关，有独立依法办事的权力。申报方式上不采用源泉扣缴方式征收税款，而是采用实报实收的暂缴课税和年终自行申报相结合方式，强调纳税人的自行申报和报告的义务，市民每年填报税表一次，相对简便。澳门税制与香港类似，也采用属地征收的原则，并普遍实行申报制度和税收评定。澳门许多税种采用固定税额的形式，税款计算简便。财政局下属的财税厅是澳门税收的征收机关。广东负责税款征收的部门有税务局和海关，适用的税收法规体系庞大繁杂。不同税种申报纳税时间分别有按年、按季、按月、按次等，差异较大。各个税种的计算有的按销售（营业）额全额征收，有的是差额征收；在税率方面，有的是比例税率，有的是超额累进税率，有的是超率累进税率，相对复杂。

（二）税收政策不协调

1. 粤港澳大湾区内人才政策、税收政策及社保政策的现状

（1）大湾区内各区争夺人才，人才政策不统一

目前粤港澳大湾区内各区域分别出台了人才方面的政策，甚至在一个城市的不同区域也有不同的人才政策，缺乏一个在大湾区层面统一、公平的人才政策纲领，相互之间的人才争夺战愈演愈烈。因此，针对大湾区内引进人才以及本地培养人才，如何做到统一、公平，既能解决各区人才的需求，又能够使大湾区内各区互相协作，促进大湾区的发展，共创互利共赢的局面，是一个急需解决的问题。

（2）大湾区三地税负差异大，人才引进的战略效果大打折扣

在现行个人所得税税制下，以工资薪金为例，中国内地与香港、澳门地区的实际有效税率对比如表 1 所示。

表 1　各地区工资薪金所得实际有效税率对比

单位：%

月收入（人民币）	澳门	香港	内地（个税改革前）	内地（预计个税改革后）
10000	0	0	7	3
20000	1	3	16	3
50000	4	11	22	10
100000	5	14	30	10

注：①对于内地居民的工资薪金的个税测算，个税改革前采用 3500 元作为起征点，个税改革后采用 5000 元作为起征点，上述个税改革前后的个税测算中均未考虑五险一金等专项扣除，同时个税改革后新增的专项附加扣除也未考虑在此测算中；

②对于香港地区，我们以纳税人的婚姻状况为单身进行测算，相关扣除及免税额并未考虑在此测算中；

③对于澳门地区，不课税收益并未考虑在此测算中；

④假设个人的个税负担方式是自行负税；

⑤测算所采用的汇率是 1 人民币 = 1. 1905 港币，1 人民币 = 1. 1765 澳门元。

可以看出，即使内地于 2018 年 10 月按照征求意见稿的标准提高起征点、实施新的个人所得税税率，内地各个收入层次的个人税负仍均高于香港

及澳门地区。因此，尽管内地推出其他吸引人才的政策和措施，较大的税负差异仍在一定程度上扭曲了人才流动的真实意愿。

（3）内地人才和港澳人才税收政策待遇不统一

现阶段，对港澳个人在内地受雇以非现金形式或实报实销形式取得的住房补贴、伙食补贴、搬迁费、洗衣费，按合理标准取得的境内、外出差补贴，以及取得的探亲费、语言训练费、子女教育费等合理的部分，新个人所得税法实施后给予港澳人员享受“八项减免”和六项专项附加扣除的选择权，但是对于赴港澳发展的中国内地居民取得此类补贴或报销收入虽然可以根据六项专项附加扣除的条件在税前扣除，但仍然没有港澳人员享受的八项减免优惠力度大，不利于内地人才向港澳流动。

（4）三地社保政策不同，缺乏互免互通机制

目前大湾区内三地社保政策如表2所示。

表2 广东、香港和澳门的社保政策

地区	社保政策
广东	在中国境内合法就业的外籍人员（含港澳台）应当依法参加中国社会保险，由用人单位和本人按照规定缴纳社会保险费。参加社会保险的外籍人员，在达到规定的领取养老金年龄前离境的，其社会保险个人账户予以保留，再次来境内就业的，缴费年限累计计算；经本人书面申请终止社会保险关系的，也可以将其社会保险个人账户储存额一次性支付给本人。
香港	除获豁免人士外，凡年满18岁至未满65岁的一般雇员、临时雇员以及自雇人士，均必须参加香港强积金计划。强积金制度要求参与人士需年满65岁才可提取累算权益，但如果符合提早提取强积金的特定情况，例如，永久性地离开香港，允许在65岁前提取累算权益。
澳门	澳门的社会保障制度包括强制性制度及任意性制度两种供款制度。在澳门工作的澳门居民需参与强制性制度供款，而符合规定的其他澳门居民可进行任意性制度供款。针对外地雇员，雇主有责任为其聘用的雇员缴纳聘用费，聘用费也用于社会保障用途，但是社保受益人仅为澳门居民，外地雇员无权享受任何社保福利。

由表2可以看出，目前三地的社保制度差异较大，且没有建立社保互通机制，跨境人才将面临以下问题。

一是双重缴纳社会保险费，例如，香港人才被派往内地工作期间，既要按照内地的要求缴纳社保，又必须在香港参加香港强积金计划，缴费负担加重。

二是社保年限无法互认，退休福利无法公平享受。以在内地工作的港澳籍人才为例，在离境时虽然可以提取其社会保险个人账户储存额，但在内地这边缴纳的社保年限并不会被港澳地区认可，从而直接影响其日后退休的养老待遇及医疗保障。

2. 基础设施资金压力大，税收配套政策有调整空间

城市轨道交通、机场设施、港口等建设项目是粤港澳大湾区城市的重要基础设施和重大民生工程，需要国家财政及税收政策的大力扶持。而受限于自身行业特点，这些建设项目普遍存在投资金额大、建设周期及投资回报周期长、利润相对低的行业现象。同时，税收政策对于鼓励基础设施建设的力度还不够。

（1）公共设施行业大额进项留抵占用资金

建设期间公共设施业主单位因大量的前期投入产生的巨额进项税金留抵额，在取得收入时才有相应的增值税销项税产生，且需要很长的时间才能消化此前在建设期间承担的进项税金留抵额，对纳税人的现金流产生巨大的影响。同时，较低的票价、巨额的前期投资、高昂的维护成本使得当地政府为满足地方公共设施建设的投融资需求，可能需要大量发放政府债券，导致地方政府负债金额高。

（2）无偿移交公共配套设施的税收政策不明确

2015 年国家发展改革委员会等 6 部委发布的《基础设施和公用事业特许经营管理办法》从保护社会资本合法权益、创新融资服务、强化政府投资支持等方面鼓励民资参与基础设施建设。

但税收政策中对用于公益事业或者以社会公众为对象的无偿转让是否视同销售政策不清晰，对于社会资本配建公共配套设施后无偿移交给政府，是否可视作“用于公益事业”而不做视同销售处理，目前政策暂未明确。因此，在社会资本投资建设公共设施时，投资者可能因视同销售政策而增加税务负担，打击了社会资本投资公共设施行业的积极性。

（3）参与公共设施建设的房地产企业不能享受企业重组税收优惠

目前，改制重组免征土地增值税的政策不适用于房地产转让交易中任意

一方为房地产开发企业的情形，即使房地产企业将土地作价入股新公司进行公共设施的建设，该部分土地增值税仍将直接成为房地产企业的投资负担，影响了社会资本参与公共设施建设的积极性。

3. 鼓励社会资本投入医疗、教育的税收政策效应不明显

随着大量劳动力的聚集，大湾区对公共设施如学校以及医院的需求将不断增长，现有的教育和医疗资源将难以满足人们的需求。因此，大力发展完善学校及医院等公共配套设施，对吸引人才、推动大湾区经济高速增长具有重要的作用。然而，在现行的财税政策下，民办营利性学校、医院与公办学校、医院在税收优惠力度上存在很大的差距，在一定程度上阻碍了在大湾区内加快建设教育和医疗配套设施的进程。

三　粤港澳大湾区财税协调及配套扶持政策研究

从全球范围看，传统的以降成本、降税率、降门槛为主要内容的区域间合作，已经转变为以贸易畅通、政策沟通、货币流通、文化相通等为重点的更高层次的“互联互通”新范式。“互联互通”是全球化的新方向，也是区域合作的新趋势。

内地和香港、澳门是“一国两制”下的三个关境，有各自不同的税收管辖权，因此税收协调与合作在粤港澳大湾区的经济发展中起着非常关键的作用。但是，粤港澳大湾区税收协调方面有其特殊的一面，三地之间既不是主权国家之间的“国际”关系，也不是主权国家统一税收管辖权下的“省际”关系。因此，无论是国际三大湾区的税收政策，还是欧盟、北美自由贸易区或者美国州际税收协调的经验，都不能完全照搬。非省际关系的粤港澳三地，税收工具的作用会诱发内地和港澳之间的税收竞争，使这方面的合作困难增大。建议从国家层面建立粤港澳大湾区财税协调制度，定期召开会议，为税收协调集思广益。

本文从所得税、增值税、关税和土地增值税等税收的立法，金融、通关等配套扶持政策，以及税收征管和服务等方面提出以下粤港澳大湾区税收协调的建议。

（一）推动公共设施和服务对接的财税协调

城市的发展离不开公共设施和配套的公共服务，配备良好的公共设施及公共服务，是推动粤港澳大湾区建设与发展的重要举措及途径。以下将根据公共设施和服务行业的特点，分析现行财税政策中制约粤港澳大湾区公共设施和服务发展的因素，并从推动粤港澳大湾区公共设施和服务财税对接的角度提出协调建议。

1. 对公共设施行业推行增值税留抵税额退税

李克强总理曾在2017年7月5日召开的国务院常务会议上提出明确要求，应抓紧研究出台相应措施解决增值税留抵税款不退问题，确保各行业税负只减不增。国务院已经特批，对中国商用飞机有限责任公司进行退税。建议粤港澳大湾区能顺应软件产业和集成电路产业、行业装备制造等先进制造业、研发等现代服务业和电网企业的先例以及国家宏观政策导向，在国家积极鼓励公共基础设施建设的背景下，将增值税进项税金留抵额退税政策扩展至轨道建设、路桥、码头、机场等公共基础设施的建设行业。

2. 无偿移交公共配套设施不作增值税“视同销售”处理

目前已有部分省份规定了配建公共配套设施无偿移交政府的属于用于公益事业不需要作视同销售处理。例如，河北省、安徽省税务局明确，房地产开发公司将其开发建设的学校、幼儿园无偿赠送给政府，不需要按视同销售计提销项税，也不需要做进项税转出。建议粤港澳大湾区政府亦明确无偿移交政府部门的廉租房、经适房及公共配套设施等，不属于增值税视同销售的范围，同时准予企业抵扣建造公共配套设施时承担的增值税进项税款，以鼓励企业参与配套设施的建设。

3. 对房地产企业以公共设施建设为目的的重组免征土地增值税

得益于十几年来中国房地产市场的迅猛发展，房地产开发企业积累了大量富余资金，近年来以不少房地产开发企业开始陆续将富余资金投资在不同领域。公共配套设施建设项目具有初始投资额大、建设及投资回报周期长等特点，如果可以吸引更多拥有富余资金的房地产企业等投资公共设施建设，则可缓解政府在公共设施建设方面的预算压力。为鼓励社会资本积极参与粤港澳大湾区公共设施的建设，建议考虑适当放宽对房地产企业的限制，例如明确如果房地产开发企业重组的目的是参与公共设施建设，对重组环节涉及的土地及房屋的转让亦可享受免征土地增值税优惠政策。

（二）推动港澳地区全球辐射效应的财税协调

自 2015 年开始，“走出去”企业的对外投资净额已反超“引进来”企业在中国内地的投资金额，其中在港澳地区投资以及通过港澳地区向“一带一路”沿线国家的投资额占了半数以上，发挥港澳地区的枢纽作用对提升我国的“一带一路”税收管理和服务水平至关重要。

1. 找准定位，发挥优势

《大湾区建设框架协议》中提出要“培育国际合作新优势”。即充分发挥港澳地区的独特优势，成为“一带一路”建设的重要支撑区，并且进一步完善对外开放平台，推动大湾区在国家高水平参与国际合作中发挥示范带头作用。香港在“一带一路”建设中是一个功能性支点，扮演“超级联系人”的角色，这不是根据香港现有的产业发展状况界定的，而是根据香港在国家发展大局及国内外环境变化的形势下可以发挥哪些作用来确定的。香港具备“一国两制”实施多年累积的优势，可为内地与“一带一路”沿线城市开展交流合作搭建对话平台。对于澳门而言，“一带一路”有助于澳门实现经济适度多元化的目标，为其建设中国与葡语国家商贸合作服务平台和世界旅游休闲中心提供强大的推动力。

2. 共享港澳地区信息，建立一站式税务管理服务系统

建立和规范对外投资企业的税务登记、备案制度，建立详细的海外投资企业档案，共享港澳地区税务部门掌握的中国企业通过港澳投资平台对外投资的信息，提高税务管理服务效率。做好税收政策的解读和宣传、网上纳税服务，为“走出去”企业提供及时、权威、全面的相关信息，利用网络为企业提供便捷、高效的税务服务。

3. 发挥港澳地区税收服务优势，提升纳税服务精准性

利用港澳地区与对外投资国成熟的投资机制和模式，充分发挥港澳税务机关和税务中介在税收政策、国际税收协定解读和实践方面的优势，使企业对海外投资环境，尤其是“一带一路”沿线国家的投资环境和税收环境有更为清晰的认识。加强与“走出去”企业的联系和沟通，了解企业经营状况和需求，增强对“走出去”企业的个性化服务，提升纳税服务的精准性。

4. 加强国际合作协调，提升“走出去”企业税收竞争力

一方面在帮助对外投资企业化解税务纠纷方面，充分发挥我国目前的相互协商程序启动机制，维护企业合法权益；另一方面在利用税收协定条款方面，为海外投资企业争取协定优惠待遇，为企业“走出去”创造公平的国际税收环境。同时，加快港澳地区自主与其他国家，尤其是“一带一路”沿线国家的谈签进度，为内地企业通过港澳地区“走出去”创造更好的税收环境。

（三）推动大湾区产业一体化的财税协调

按照“简税制、低税率、严征管”的原则推进税制创新，从而推动大湾区产业一体化。对特定区域按自由港进行管理，对湾区内进出口的货物不征收关税、进口增值税等。探讨降低生产服务环节税负以及所得税税率的可行性，为企业参与国际竞争创造宽松条件。提高税收征管信息化程度，实现税务、工商及银行等信息共享，加强社会综合治税能力。通过减少大湾区在税务政策上的不均衡性，降低内地纳税环节的复杂性和优化区内的财税条件，来实现减低区内企业的税收负担、加强区内企业的交流和吸引区外企业的投资。

1. 分层次分阶段加强税收合作

当前粤港澳经济一体化需要地区政府间合作与协调，分阶段分层次地稳步推进税收合作，促进湾区内商品和生产要素的自由流动，优化营商环境。考虑到粤港澳三地税制和征管模式的不同，且跨境税收管理存在专业性强、复杂程度高的特点，建议从机构设置上保证国际税收管理职能的履行，可以

考虑由国家税务总局授权成立粤港澳税收协调委员会，代表粤港澳政府行使充分沟通与磋商的职能。在此基础上加强粤港澳税务部门之间的沟通联系，大力加强在税收政策、税收管理、执法规范、纳税服务等各方面的协调和合作，通过协同征管减少港澳地区与内地税制差异的影响，营造公平开放、竞争和谐的税收环境，促进和实现区域内生产要素合理流动、资源优化配置，从而不断改善投资环境，不断提高经济运行质量，为产业一体化发展创造良好的税收环境。

2. 平衡湾区内企业税负，降低流动成本

借鉴其他地区经济一体化的经验与做法，粤港澳三地在税负均衡方面可在两方面取得成效。第一，在税率方面，对注册在珠海横琴新区和深圳前海合作区符合条件的企业按15%的优惠税率征收企业所得税，优惠政策的落实将为新区现代服务、金融、旅游休闲等产业发展奠定良好的基础，粤港澳三地企业所得税税率的趋同化将进一步推进粤港澳经济一体化发展。第二，在税前扣除方面，按现行政策，我国内地居民企业在汇总计算缴纳企业所得税时，其境外营业机构的亏损不得抵减境内营业机构的盈利，可能导致企业应纳税所得额远高于实际利润总额。建议将居民企业设立在港澳地区的营业机构视为境内机构管理，平衡大湾区内企业之间的税负差，促进生产要素在湾区内部流动。

3. 建立税收优惠“动态产业目录”，形成全方位、多层次的税收优惠体系

构建合理的产业体系，既要提升中心城市的服务功能，也要巩固和提升全球制造业基地的地位，引领“中国制造”向“中国智造”转变、“中国产品”向“中国品牌”转变。在《大湾区建设框架协议》中提出的合作重点领域中包括了“构建协同发展的现代产业体系”，其中具体的措施包括“培育战略性新兴产业集群”、“建设产业合作发展平台”以及“构建开放型、创新型产业体系”。一方面，统筹各城市的资源优势与功能定位，整合各方资源禀赋与产业优势，深化分工合作促进粤港澳大湾区产业转型升级，构建多层次、多元化的城市分工协作体制，推动区域联动发展；另一方面，要强化核心城市的集聚效应与辐射效应，聚焦高端制造业和现代服务业，做好产

业转移，构建专业化产业集群，打造体系完备、合作有序的城市群产业链、技术扩散链和市场分工链。大湾区内各区域可通过协调，根据不同城市各自的战略定位，在约定时限对约定产业进行支持，制定各城市或区域的“动态产业目录”税收优惠政策。例如，深圳可制定对高新科技企业的优惠税收政策，广州可制定对商贸行业的优惠税收政策。城市间可通过各自的产业扶持政策，鼓励相应行业的设立、发展与吸引投资资金，缓和因城市间财税政策差异所产生的冲突。

4. 提高征管水平和效率

开展税收合作，可以从提高征管水平和效率上寻找突破口。在税收上税务机关还可以努力提升行政服务质量；及时升级税务服务系统，使其尽快达到国际化标准；合理利用互联网，完善网上纳税机制，便利纳税人；简并纳税申报期限。

（四）推动国际人才交流的财税协调

目前在广东部分地区已推行关于人才交流的政策，政策效应已初显。对于粤港澳大湾区的人才交流的财税协调，可在当前政策的基础上作进一步的延伸。

1. 将南沙、横琴自贸区有关人才的政策择优推广至整个大湾区，构成系统化、分层次的人才引进机制

以珠海为例，除了已经在横琴自贸区内推行的特殊人才奖励、港澳居民个税补贴、重大人才工程配套、引进人才租房和生活补贴等系列人才引进奖励措施，珠海近期还出台了《关于实施“珠海英才计划”加快集聚新时代创新创业人才的若干措施》（以下简称《措施》）及《珠海市人才分类目录》（以下简称《分类目录》）。该《措施》及《分类目录》对现行其他城市的人才引进政策进行了优化，除了引进高端人才外，还兼顾引进基础性及技能型人才，将引进人才划分为顶尖、一类、二类、三类、四类、五类等六大类，以产业人才为重点，适度兼顾了文化、卫生、教育等各领域的人才。

因此，建议借鉴珠海的《措施》及《分类目录》，考虑重点发展领域及

人才层次，在大湾区的层面制定统一的人才政策纲领，各城市在统一的人才政策纲领的基础上，根据本地产业及人才需求，因地制宜，制定或调整具体人才引进政策。

2. 落实好湾区内境外高端人才和紧缺人才取得财政补贴个税优惠政策

规范湾区内各城市对境外高端人才和紧缺人才的认定标准，简便申报流程和填报资料，探索网上一站式办理及“申报即享受”的可行性，最大限度地降低人才享受优惠政策的行政成本；加大优惠政策宣传力度，落实好大湾区个税优惠政策，提升粤港澳大湾区对境外高端人才和紧缺人才的吸引力。

3. 对到港澳地区工作的内地人才实施部分补贴免予纳税政策

从政策待遇的统一性和公平性的角度，建议对赴港澳地区工作的内地人才，也统一赋予其与赴内地工作的外籍人才一致的政策待遇，在不重复享受六项专项附加扣除政策的前提下，以非现金形式或实报实销形式取得的住房补贴、伙食补贴、搬迁费、洗衣费，按合理标准取得的境内、外出差补贴，以及取得的探亲费、语言训练费、子女教育费等合理的部分免予纳税。

4. 参考欧盟社保互免机制，实现大湾区内社保互通

在香港、澳门、广东省三地社保体系不同的情况下，建议参考欧盟的社保互通规定，借鉴以上操作，考虑不同流动人才的工作安排，建立社保互通机制，认可流动人才在大湾区内的社保年限，解决社保承接问题，并基于大湾区内各区的社保福利水平差异，制定相应的领取社保福利的规定，充分保障大湾区内流动人才的社保权益，解决其后顾之忧。

（五）促进大湾区发展的配套扶持政策

此外，在资金融通、通关效率、学校和医院等公共服务资源配置方面也有提升和优化的空间。

1. 扩展资金融通渠道

为了进一步促进大湾区的经济增长，建议在《内地与香港关于建立更紧密经贸关系安排》（CEPA）的基础上，考虑允许港澳对区内所有城市、

非禁止投资行业进行投资，增加流入大湾区的资本。另外，香港可利用其既定的金融基础设施，促进人民币国际化，扩大各种跨境股票和债券交易计划，以加强其作为地区资产管理中心的地位。

2. 提高通关效率

大湾区在降低境内城市通关时间与成本上可向香港学习，在通关效率的优化上，可探索推进“线上海关”建设，形成计算机、移动应用、自助办理的多样化、便捷办理渠道，实现全流程“线上海关”一键通关。而对于粤港澳间货物的融通以及海关管理、流程、标准的融合，“欧盟统一报关单”和成员国间的零关税这两项措施对于大湾区都有借鉴意义。

3. 推动民办学校以及医院的建设

目前，现行的财税政策会按照学校以及医院以营利性、非营利性以及公办、民办进行区分，采取不同的税务处理方式，民办的营利性学校及医院与公办的学校及医院在税收优惠力度上存在着很大的差距。为促进民办教育的发展，建成一批具有特色的品牌民办学校以及医院和若干所高质量、高水平的民办高等院校以及大型医院，形成完善的民办教育、医疗体系和政府主导、社会参与、设立主体多元、形式多样，公办教育与民办教育、公办医疗与民办医疗协调发展的格局，建议考虑在民办盈利学校及医院的企业所得税政策上参照公办非营利性学校及医院，在公共配套设施建设完成并开始赢利的年度开始豁免民办学校及医院的企业所得税，以此吸引优质民办教育集团以及医疗机构对大湾区的投入。

参考文献

[1] 王宪明：《日本东京湾港口群的发展研究及启示》，《国家行政学院学报》2008年第1期。

[2] 王宏彬：《湾区经济与中国实践》，《中国经济报告》2014年第11期。

[3] 李睿：《国际著名湾区发展经验及启示》，《港口经济》2015年第9期。

[4] 罗增庆：《地区经济一体化与粤港澳税收合作研究》，吉林大学硕士学位论文，

2013。

[5] 罗增庆、赵雪：《加强粤港澳税收协调与合作推进三地经贸发展——美国州际税收协调带来的启示》，《涉外税务》2013 年第 4 期。

[6] 辜胜阻、吴沁沁、吴华君：《推进粤港澳大湾区协同发展的六大举措》，《经济日报》2018 年 1 月 11 日。

（审稿人　彭诗升）

交通建设篇

Shipping Port

B.18
广州航运枢纽发展现状及对比分析

徐 菲*

摘 要： 本文通过分析广州航运枢纽建设现状，对标伦敦、鹿特丹、新加坡、香港、上海、宁波等国内外先进航运枢纽，梳理其发展经验得出几点启示，并提出加快推进广州国际航运枢纽建设的对策建议。

关键词： 国际航运枢纽 港口建设 广州

党的十九大报告中首次提及“交通强国”“现代供应链”“自由贸易港”等关键词，为航运、物流等建设提供了方向性指导。广州中心城市功

---

* 徐菲，硕士，广州市统计局综合处主任科员，统计师。

能突出，商业贸易发达，凭借良好的航运发展基础，提出建设国际航运枢纽，依托航运枢纽集聚高能级生产要素，大力打造经济发展新引擎，提升对外开放程度和城市竞争力。

一 广州国际航运枢纽发展现状

2015 年以来，广州以粤港澳大湾区建设为契机，实施第一轮建设国际航运中心三年行动计划。至 2017 年，广州港口生产力快速提高，港口聚集辐射能力持续提升，货物吞吐量和集装箱吞吐量排名均处于全球前列，年均增速高于全国沿海港口，航运要素集聚能力增强，航运服务功能进一步增强。

（一）港口生产力迈上“新台阶”

货物吞吐量位列全球第五。2017 年，广州港口完成货物吞吐量达 5.90 亿吨，居国内沿海港口第三位、全球第五位，同比增长 8.4%，比 2014 年增长 18.0%。

集装箱年吞吐量迈进 2000 万标准箱级别。2017 年，广州港口集装箱吞吐量达 2037.20 万标准箱，位列全国第四位、全球第七位，同比增长 8.0%，比 2014 年增长 22.6%，成功跻身世界七大集装箱年吞吐量超 2000 万标准箱的港口之列，其中，内贸集装箱吞吐量跃居全国首位。

汽车吞吐量超百万辆位居全国第二位。2017 年，广州港汽车吞吐量首次突破 100 万辆，达 112 万辆，位居全国第二，同比增长 29.5%，居全国沿海主要汽车口岸首位。南沙汽车口岸全年实现平行汽车整车进口到港 1.37 万辆，增长 59%，2015 ~2017 年累计 2.4 万辆，成为全国第二大平行进口汽车口岸。

集装箱货物口岸放行效率居全国前列。根据国家口岸办公布的 2017 年进出口集装箱货物口岸放行时间排名，广州港口集装箱货物出口、入境通关放行时间均居全国第二位。2016 年黄埔港率先在广东检验检疫系统实现网络申报、智能查验、放行全程无纸化，缩短物流时间链条，码头集装箱周转率提高20%。

（二）港口通过能力实现“新提升”

通过能力持续提升。截至2017年底，广州港拥有各类码头泊位807个，其中万吨级以上泊位76个；泊位年综合通过能力3.74亿吨，集装箱吞吐能力1576万标准箱，分别比2014年增长9.0%、34.6%，是华南最大的综合性主枢纽港和集装箱干线港。

专业深水泊位实现突破。广州港集团在南沙港拥有万吨级以上深水泊位30个，其中10万吨级集装箱专用泊位16个；新增通过能力超过2.5亿吨，其中集装箱通过能力1600万标准箱，改变了广州港缺乏大型集装箱、粮食、汽车滚装和油品专业深水泊位的历史，实现由河口港向海港的跨越式发展。

（三）港口辐射能力实现“新拓展”

航线增开多于预期。截至2017年底，广州港已开通集装箱航线197条，比2014年底（123条）增加74条，其中国际集装箱班轮航线91条，比2014年底（52条）增加39条，多于原定新增20条的目标。广州港与海上“一带一路”沿线有集装箱货物贸易往来的国家已达十几个。

全球“朋友圈”不断扩大。截至2017年，广州的内陆无水港及办事处由2014年的8个升至33个，覆盖8省份30市；设立欧洲和美洲办事处，实现海外办事处零的突破。而随着“一带一路”倡议的落实和港口间合作的加深，广州的国际友好港由20个升至41个。内联外拓不仅有助于推动国际班轮航线的开辟，还可以增强双方经济贸易的活力。

整合港口资源步伐加快。广州港集团与东莞港务集团签订协议，合力推进实施穗莞港口一体化，打造广州－东莞港组合港；与佛山、中山共建的南沙四期集装箱码头也将于2020年建成投产，将大力提升超级城市圈。

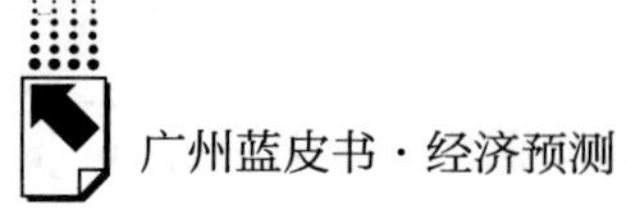

（四）现代航运服务业展现“新亮点”

邮轮经济发展势头良好。广州港国际邮轮旅游自2016年初开通以来，实现“航次”与“人次”双增长，2017年靠泊国际邮轮122艘次；旅客吞吐量突破40万人次，达40.35万人次，稳居全国第三，同比增长24.0%；邮轮母港旅游实现零的突破；粤港澳游艇“自由行”在穗实现首航。

船舶交易量占全国的1/5。2017年完成船舶交易607艘，交易额25.54亿元；2012~2017年五年间，广州航运交易所与航运交易公司共完成船舶交易总额近80亿元，交易船舶超2100艘次，年交易额占国内主要航运交易所交易总额的两成，已发展成为华南地区最大的船舶交易中心。

航运金融实力增强。2017年，广州港登陆A股主板市场，在《2017年中国港航船企市值榜》中，广州港以市值377.78亿元进入前十榜单。2016年，创新打造航运金融风控产品——航控e，链接航运业和金融业，致力于推动航运金融健康发展；成立广州南沙航运产业基金，总规模达50亿元，为航运服务发展项目提供资金支持；南沙自贸片区内已有多家银行开办了境外人民币贷款及人民币离岸业务。

要素聚集效应增强。广州国际航运仲裁院、广州海事法院广东自由贸易区巡回法庭、广州国际航运研究中心、广州安特卫普港口教育咨询有限公司等相继成立，使得航运经纪、咨询、调解、诉讼等服务功能不断完善；成功获得2019年第31届世界港口大会主办权。

（五）市场主体实现“新发展”

市场主体持续增多。2017年末，广州航运关联企业达5万多家，比2014年末（6000多家）增长超7倍。世界前21位的集装箱班轮公司均在广州港开展业务，马士基航运、中国远洋海运、新加坡港务集团等国内外企业均参与广州港集装箱码头业务的投资和经营。

航运关联企业效益提升。2017 年，完成船舶交易增长 32%，交易额增长 48%。税收方面，水上运输业实现税收 4.3 亿元，同比增长 67.4%。其中，广州港相关企业共实现税收 2.1 亿元，增长 17.1%。全球最大干散货航运企业——中远海运散运，自 2016 年 6 月总部落户广州以来发展势头良好，2017 年营业收入同比增长 27.9%，走出绝大部分散货同行面临的困境，打开新的经营局面。

（六）世界航运中心建设取得“新突破”

珠江航运指数增强话语权。2017 年，珠江航运指数累计发布综合运价指数 103 期，收集运价数据 28331 条，产生数据成果 6798 条，“广州价格”话语权增强。珠江航运指数于 2016 年正式发布，标志着航运市场有了“珠江价格”，增强了广州航运价格“话语权”，市场的透明度和影响力进一步增强，广州国际航运中心的综合竞争力逐步提高。

智能绿色港口建设稳步推进。广州不断加强港口基础设施绿色建设、提升绿色运营和绿色养护管理水平，制定《绿色港口行动计划》《广州港绿色港口建设指导意见》等。2016 年广州港成为全国首批 4 个“绿色港口”之一；广州港数据科技有限公司正式挂牌成立，推动信息互联互通，增强港口物流服务功能。2017 年，广州港集团环保投入超亿元，其中广州南沙港中压岸电项目顺利投产送电，相较使用柴油可为港口节省资金超 50%；同时，对港口进行升级改造，既直接减少了用电设备运维成本，又提高了港口的能效。

二　世界先进航运枢纽发展对比

对标国内外先进航运枢纽，建设现代国际航运枢纽，对广州提升城市功能、促进产业结构升级、扩大对外开放水平、提高国际竞争力、推动经济高质量发展具有重要战略意义。2017 年全球排名前十港口主要指标如表 1 所示。

表1　2017年全球前十港口主要指标

排名	集装箱吞吐量			港口货物吞吐量		
	港口	绝对值（万标准箱）	同比增长（%）	港口	绝对值（亿吨）	同比增长（%）
1	上海	4023	8.3	宁波－舟山	10.07	9.5
2	新加坡	3370	8.9	上海	7.51	6.9
3	深圳	2521	5.1	新加坡	6.26	5.5
4	宁波－舟山	2461	14.1	苏州	6.05	4.4
5	香港	2076	4.8	广州	5.90	8.4
6	釜山	2047	5.2	唐山	5.73	10.1
7	广州	2037	8.0	青岛	5.10	-0.3
8	青岛	1831	1.4	黑德兰	5.08	5.0
9	迪拜	1537	4.1	天津	5.01	-9.1
10	天津	1507	3.8	鹿特丹	4.67	1.3

注：集装箱吞吐量主要参考航运分析机构Alphainer发布的2017年全球110强集装箱港口数据整理，其中国内港口数据根据各地公布数据调整，洛杉矶、长滩数据不合并，迪拜、天津顺位提前；苏州为内河港口；货物吞吐量根据各地港务管理部门数据整理；黑德兰数据为预计数。

（一）上海集装箱吞吐量首超4000万标准箱，广州迈入2000万标准箱行列；宁波－舟山实现两位数增长，上海、新加坡和广州增速达8%以上；全球前十名相对稳定

从集装箱吞吐量看，在2017年全球前十港口的榜单中，上海首次突破4000万标准箱，达4023万标准箱，连续8年居世界第一；新加坡保持第二位，独立于3000万标准箱梯队（3370万标准箱）；在2000万标准箱行列中，广州（2037万标准箱）首次加入其中，稳居世界第七位，逼近釜山（2047万标准箱）和香港（2076万标准箱），其他同梯队的还有深圳（2521万标准箱）和宁波－舟山港（2461万标准箱）；青岛、迪拜和天津分别完成1831万标准箱、1537万标准箱和1507万标准箱，分别居世界第八、第九和第十位。

从集装箱吞吐量增速看，2017年宁波－舟山集装箱吞吐量同比增长14.1%，是十强中唯一实现两位数增长的港口；新加坡（8.9%）、上海

(8.3%)和广州(8.0%)增速也达8%或以上，比全球平均增速[①](6.1%)分别高2.8个、2.2个和1.9个百分点；香港增速为4.8%，是2011年以来首次实现正增长。从2013~2017年的数据看，宁波-舟山、广州、青岛和天津在五年间均实现年度正增长。

从近五年集装箱吞吐量总量排名看，前十排名相对稳定。2013~2017年，前三位（上海、新加坡、深圳）格局稳定，第九、第十位也继续由迪拜和天津保持；宁波-舟山和广州排名有所提升，前者由2013年排名第六逐步攀升到2017年的第四位，后者则提升了1位稳居第七；香港、釜山则呈波动下降趋势。

表2　2013~2017年集装箱吞吐量世界前十港口情况

港口	2013年	2014年	2015年	2016年	2017年	趋势
上海	1	1	1	1	1	→
新加坡	2	2	2	2	2	→
深圳	3	3	3	3	3	→
宁波-舟山	6	5	4	4	4	↑
香港	4	4	5	6	5	↓
釜山	5	6	6	5	6	↓
广州	8	7	7	7	7	↑
青岛	7	8	8	8	8	↓
迪拜	9	9	9	9	9	→
天津	10	10	10	10	10	→

注：2013~2016年根据英国《劳氏日报》世界集装箱吞吐量榜单整理，2017年参考航运分析机构Alphainer发布的2017年全球110强集装箱港口数据整理；为保持港口的一致性，洛杉矶、长滩港数据不合并；→表示保持不变，↑表示位次提升，↓表示位次下降。

（二）宁波-舟山港口货物吞吐量稳居第一，唐山、宁波-舟山和广州2017年增长较快

2017年宁波-舟山成为全球首个货物吞吐量超10亿吨的港口，达

① 根据航运分析机构Alphainer数据：2017年全球110强集装箱港口完成集装箱吞吐量6亿标准箱，同比增长6.1%。

10.07 亿吨，领先上海（7.51 亿吨）、新加坡（6.26 亿吨），并且优势扩大；从增速看，唐山港、宁波－舟山和广州增长较快，同比分别增长 10.1%、9.5%和 8.4%。从 2013～2017 年的排名情况看，前三位由宁波－舟山、上海和新加坡保持；苏州持续上升，唐山、黑德兰也呈上升趋势；广州、青岛略有波动但基本分别维持在第五、七位；天津则由 2013 年的第四位逐步下降到 2017 年的第九位。

表 3　2013～2017 年港口货物吞吐量世界前十情况

港口	2013 年	2014 年	2015 年	2016 年	2017 年	趋势
宁波－舟山	1	1	1	1	1	→
上海	2	2	2	2	2	→
新加坡	3	3	3	3	3	→
苏州	6	7	5	4	4	↑
广州	5	5	6	6	5	—
唐山	8	6	7	7	6	↑
青岛	7	8	8	8	7	—
黑德兰	11	11	10	9	8	↑
天津	4	4	4	5	9	↓
鹿特丹	9	9	9	10	10	↓

注：→表示保持不变，↑表示位次提升，↓表示位次下降，—表示波动中保持。

（三）上港集团总市值为国内港口企业最大，广州港首次上榜排名前四；上港集团营业收入增速快，广州港利润表现稳定

从总市值看，在《2017 年中国港航船企市值排行榜》① 排名前十的企业中，港口企业占 4 席。在子榜单——中国市值排名前 10 港口企业中，2017 年上港集团总市值 1575.81 亿元，用 2 年时间超越中国重工（1121.90

① 《2017 年中国港航船企市值排行榜》由交通运输部主管、上海航运交易所主办的《航运交易公报》发布，船企范围包括在中国内地、香港、台湾和新加坡证券市场上市的主营业务为航运、港口、船舶及相关行业的上市公司，并按照总市值大小进行排名。

亿元），重夺总榜单首位，同时为港口企业第一位；宁波港（695.53 亿元）稳居总榜单第三位、港口企业第二位；招商局港口（香港）（544.58 亿元）居总榜单第七位、港口企业第三位；广州港（377.78 亿元）首次上榜就占领总榜单第十位、港口企业第四位；深赤湾（265.69 亿元）市值排名较上年有所下降，同属深圳的盐田港实现市值 146.64 亿元。

表 4　2017 年中国市值前十港口企业

港口	市值(亿元)		排名	
	2017 年	比 2016 年增长	2017 年	比 2016 年进退
上港集团	1575.81	33.33	1	0
宁波港	695.53	3.73	2	0
招商局港口(香港)	544.58	22.86	3	0
广州港	377.78	—	4	—
大连港	277.95	-2.94	5	-1
深赤湾	265.69	5.52	6	-1
营口港	220.08	-2.86	7	-1
唐山港	215.61	16.79	8	0
中远海运港口	204.05	-2.10	9	-2
天津港	172.33	1.28	10	-1

注：数据来源为《2017 年中国港航船企市值排行榜》。

从营业收入和利润看，2017 年上港集团营业收入达 374.24 亿元，同比增长 19.3%，总量和增速的领先优势均明显，逼近招商局港口（香港）（376.40 亿元）；新加坡国际港务集团（208.56 亿元）和宁波港（182.00 亿元）营业收入为 200 亿元左右；青岛港（16.8%）和唐山港（16.6%）增长较快。从归属于上市公司股东的净利润看，上港集团的归属于上市公司股东净利润超百亿（115.36 亿元），广州港（69.71 亿元）和新加坡国际港务集团（63.13 亿元）超 60 亿元；增速方面，除天津港、鹿特丹港外，其他港口归属于上市公司股东的净利润皆为正增长，其中上港集团（66.3%）和青岛港（39.2%）增速迅猛。

表5　2017年部分国际主要港口企业营业收入与利润情况

港口	营业收入		归属于上市公司股东的净利润	
	总量(亿元)	同比增长(%)	总量(亿元)	同比增长(%)
招商局港口(香港)	376.40	-1.7	52.17	9.7
上港集团	374.24	19.3	115.36	66.3
迪拜环球港务	317.34	13.2	81.02	7.3
新加坡国际港务集团	208.56	7.8	63.13	5.1
宁波港	182.00	11.4	27.00	16.4
天津港	142.00	0.9	8.24	-38.6
青岛港	101.46	16.8	30.43	39.2
广州港	83.08	7.4	69.71	3.9
唐山港	76.10	16.6	14.60	11.3
鹿特丹港	60.09	4.6	15.80	-17.0
深赤湾	24.56	3.1	5.04	5.2

注：①根据各公司发布的2017年财报整理。

②2017年美元兑人民币平均汇率为1美元兑6.7518元，港元兑人民币汇率为1港币兑0.8656元。

③宁波港利润口径为归母净利润；招商局港口（香港）利润口径为归属于本公司权益持有者溢利；鹿特丹港利润口径为纯利润。

（四）新加坡、伦敦和香港稳守国际航运中心发展指数前三；上海、广州国际航运中心排名提升

从新华·波罗的海国际航运中心发展指数看，航运中心综合评价得分排名前三的由在航运服务能力上具有明显优势的新加坡、伦敦和香港保持，其中新加坡2017年得分比2014年提高较多，伦敦、香港则略有下降。结合上述的吞吐量情况，以上三个国际航运中心在集装箱吞吐量和货物吞吐量的排名均有下滑，其中伦敦未曾进入前十名，但其因航运服务方面的显著优势在发展指数综合评价中得以保持前列。

从排位提升看，在排名较前的中国城市中，仅上海跻身前十，2017年比2014年提升2位，居第五位。广州2014～2016年保持在第26位，而2017年跃居第23位；宁波－舟山、青岛自2015年进入评价体系中就稳居前20；天津、深圳分别居第24、27位，比2014年分别下降7位、6位。

表6　新华·波罗的海国际航运中心发展指数得分对比

航运中心		得分			排名		
		2017年	2014年	2017年比2014年增长	2017年	2014年	排名变化
排名前10	新加坡	96.49	91.70	4.79	1	1	0
	伦敦	85.45	86.56	-1.11	2	2	0
	香港	85.25	85.37	-0.12	3	3	0
	汉堡	77.52	78.49	-0.97	4	5	1
	上海	77.30	75.69	1.61	5	7	2
	迪拜	75.58	77.80	-2.22	6	6	0
	纽约-新泽西	75.48	72.32	3.16	7	9	2
	鹿特丹	75.37	78.60	-3.23	8	4	-4
	东京	69.92	73.03	-3.11	9	8	-1
	雅典	68.05	64.31	3.74	10	13	3
中国其他得分排名较前城市	宁波-舟山	59.99	—	—	18	—	—
	青岛	59.41	—	—	19	—	—
	广州	58.35	56.94	1.41	23	26	3
	天津	57.59	61.09	-3.50	24	17	-7
	深圳	56.48	60.82	-4.34	27	21	-6

注："—"表示2014年未进入指数体系。

（五）主要国际湾区比较

粤港澳大湾区陆地面积5.69万平方公里，分别是旧金山湾区、纽约湾区、东京湾区的3.1倍、2.6倍和1.5倍。2017年，粤港澳大湾区合计实现地区生产总值已超10万亿元，达10.23万亿元（按平均汇率折合1.52万亿美元），粤港澳大湾区港口集装箱吞吐量超过6800万标准箱。另据粤港澳大湾区研究院[①]数据，2016年，粤港澳大湾区实现地区生产总值达9.34万亿元（按平均汇率折合1.40万亿美元），已超旧金山湾区，接近纽约湾区水平；但人均地区生产总值仅分别为二者的两成和三成左右；粤港澳大湾区港口集装箱吞吐量超6500万标准箱，是其余三大湾区合计的4.5倍。

① 该研究院由广东省发展改革委、港澳办、中国社科院、南方财经全媒体集团共同发起。

三　国际及国内城市航运枢纽发展经验

伦敦。伦敦国际航运中心的地位并非单纯依靠港口吞吐量维持。主要有几方面做法：一是路径依赖与制度创新相结合。伦敦港发展成为国际航运服务中心，一方面凭借长期积累的国际化市场体系、专业完善的法律环境及经验丰富的海事法律处理的优势，逾1750家从事航运事务的公司与机构在伦敦设立办事处，每年全球范围内的航运类纠纷超九成选择伦敦为仲裁地；另一方面伦敦也积极推动政策变革，刺激航运企业产品创新。二是航运中心与发达的金融产业相结合。全球两成的船级管理机构常驻伦敦，五成的油轮租船业务、四成的散货船业务以及两成的船舶融资规模和航运保险总额均在伦敦进行，因此，伦敦也是航运定价中心、管理中心和金融中心。航运服务业每年创造价值达20亿英镑。三是以权威数据发布巩固中心地位。伦敦发布的“波罗的海指数”是全球航运“晴雨表”，劳氏日报也是全球航运业权威媒体。

鹿特丹。鹿特丹港超七成的货源为转口，为方便货物代售和寄存，在港区设立“保税仓库”，免征关税。同时，还简化海关入关的手续，促进港口的建设和迅速发展。主要有几方面做法：一是依靠信息技术。鹿特丹港ECT码头于1993年投入运营，是全球首个自动化集装箱码头，随后的Euromax码头也是第三代自动化集装箱码头的典范；一直致力于推广信息系统应用，全方位对港口进行智能化管理，应用“货运信息卡”，凭智能卡就能掌握货车司机和所运货物的相关信息；近期，鹿特丹港与IBM将共同打造“未来港口”，利用云中的物联网技术来完善港口的运营环境，鹿特丹港的运营商可同时查看所有不同方的业务，航运公司和港口在停泊时间上将最多可节省1小时，节省约8万美元。二是推动港口物流与腹地临港工业互动发展。鹿特丹港经济在“城以港兴、港为城用”的港口工业发展战略的推动下，快速发展。鹿特丹的炼油、化工、造船等工业主要是依托港口发展起来的，大量的跨国公司在此设立最重要的或是在欧洲唯一的工业联合体；临港工业对鹿特丹增加值的贡献近五成。三是利用绿色港口增强可持续发展力。制定环保船舶指数，得分在31分以上的可享受税收折扣，2016年对环保船舶的折扣上升21.3%，达到450万欧元。

新加坡。2017年，新加坡集装箱吞吐量达3370万标准箱，是世界第二大集装箱港口。海运业贡献了新加坡7%的地区生产总值。主要有几方面做法：一是开展新一轮港口扩建计划。新加坡提出100亿新加坡元的港口扩建计划，新加坡海事与港务管理局于2015年宣布正式启动未来大士港口，预计建成后新加坡港口集装箱吞吐能力将翻一番，带动经济以年均5%的增速发展。二是发展全程服务链。2016年在新加坡挂靠的集装箱船舶达13.90万艘次，同比增长46.0%；船用油销售量增长77.0%，稳守全球第一大加油港的地位；新加坡为挂靠船舶的维修、改造以及特殊用途船舶和岸外钻油平台设计、建造等提供一站式方案，围绕船舶的全程服务能力持续增强。三是跨国经营。新加坡国际港务集团在全球16个国家，参与运营40多个集装箱码头，2016年在新加坡之外完成的集装箱吞吐量是在当地的1.21倍，增长10.6%，增速比在当地的（-0.1%）高10.7个百分点。

香港。作为世界著名的自由港，近几年香港传统航运发展相对回落，集装箱吞吐量全球排名波动下降，但在国际航运中心的综合排名仍相对稳定，主要做法有几方面：一是税制优惠。香港给予航运业多项税收优惠，如香港注册的船舶在国际货运及拖船方面的收入在香港不需要缴利得税；与42个国家或地区签署避免双重课税协议。二是提升注册船舶质量。截至2017年底，香港拥有和管理的船舶占全球商船总载重吨位的9.6%，位列全球第四。为监察和保证香港注册船舶的质量，香港海事处大力推行船旗国品质管理制度及注册前品质管理制度等，2017年香港注册船舶的滞留率（0.70%）远低于世界平均水平（2.95%），居全球优秀之列。三是向高端领域转型升级。香港近年更侧重于发展高附加值领域，如法律服务方面，在国际保障及弥偿组织的13个成员协会中，有12个在香港提供服务，是伦敦境外最大的服务群组；融资方面，截至2016年底，香港海运业的贷款及垫款合计约131亿美元，占全港的全部贷款及垫款总额的2%；保险方面，获授权的船舶保险公司超80家，所承保的船舶毛保费总额约3.29亿美元。

上海。2006 年、2011 年、2017 年，上海港口集装箱吞吐量分别突破2000 万标准箱、3000 万标准箱、4000 万标准箱大关，是目前中国内地唯一进入新华·波罗的海国际航运中心发展指数前十的港口。主要有几方面做法：一是扩大港口生产能力。由于既有集装箱码头的吞吐量已远超出当初的设计能力，港口发展就会受制于泊位资源与设备资源的数量，因而近年来上海不断提升港口吞吐能力，从根本上满足未来逐年增高的吞吐量预期。2017 年上海港的集装箱吞吐量突破 4000 万标箱，连续 8 年位居世界第一。二是科技创新实现新的突破。上海用 3 年打造全球最大单体自动化智能码头和全球综合自动化程度最高的码头——洋山港四期码头，自动化能促使工作效率提升 50%，其中上海国际港务集团自主研发了码头的生产管理控制系统。三是航运服务功能集聚。根据区域特点，形成集聚效应。北外滩航运服务集聚区截至 2016 年底已有 4295 家航运及相关服务业企业及逾 30 家航运功能性机构；陆家嘴自贸区聚集了航运金融、航运保险和航运经纪等约 1200 家航运服务企业；游轮旅游发展实验区的吴淞口国际游轮港游客吞吐量稳居亚洲第一。四是注重航运人才培养。上海共有 20 所高校在本科及以上层次开设 12 个航运领域专业，其中硕士层次以上的有 6 所，博士层次以上的有 2 所；有 21 所高职院校开设 8 个航运领域专业。

宁波。一是深化港口一体化改革。浙江省、宁波市合力推进区域港口发展一体化，2015 年整合宁波港与舟山港为宁波舟山港集团，2016 年深化整合浙江省海港集团和宁波舟山港，宁波舟山港股份有限公司注册成立，宁波 - 舟山港实质性一体化圆满收官，有力促进了港口资源利用集约化、港口运营高效化、市场竞争有序化。2017 年，宁波 - 舟山港成为世界上第一个年货物吞吐量超十亿吨的大港。二是“海铁联运”有效拓展腹地。内陆腹地的拓展对宁波 - 舟山港集装箱运输发展至关重要。宁波 - 舟山港与中国铁路上海局集团签署了合作协议。目前，宁波 - 舟山港集装箱海铁联运业务已辐射至 14 个省 36 个市，更好地满足了集装箱码头生产需求，2017 年海铁联运箱量达到 40.05 万标准箱，同比增长 59.9%。三是大力改进通关环境。宁波口岸通关环境不断改善，海关、出入境检验检疫局推出多项通关便利举措；2017 年 4 月 1 日全面停征出入境检验检疫费，全年为近 4 万家外贸进出口企业节省费用超 3.5 亿元；为解决进口环节制度性成本高问题，清理口岸不合理收费，降低集装箱进出口环节合规成本要求。

四　对广州建设国际航运枢纽的启示

启示一：首先，港口硬件是国际航运枢纽建设的重要抓手。从全球范围来看，国际航运中心，特别是新兴的国际航运中心，不断加大港口建设力度，提高港口生产能力，提升港口基础设施有效供给。如鹿特丹港口投资累计超 140 亿美元，上海投资约 139 亿元建设洋山港四期工程项目，宁波－舟山港在港口基础建设上加大投资力度，不断提升其港口吞吐能力。其次，大力发展港口智能化建设以提高整体营运效率。鹿特丹、新加坡等国际港口在现代信息技术方面的应用上享誉国际，提升港口通过能力、降低设备能耗、节省人工成本，如新加坡的 Trade Net4.0 系统每年处理超过 7000 亿新加坡元的贸易量，平均可减少 10 亿美元的贸易成本；新兴国际航运中心如上海近年也大力推动港口智能化，洋山港四期全自动化码头为上海港加速挺进世界航运中心前列注入新动能。

启示二：高端航运服务业是提升国际航运中心综合实力的核心要素。国际航运中心的综合性航运实力由硬实力和软实力两部分构成，而软实力是打造具备全球航运话语权的国际航运中心的核心。从吞吐量等硬件指标看，伦敦并不处于全球前列，但其凭借其航运经纪、航运运价指数及衍生品、海事保险法律仲裁服务等国际航运高端服务，使自身综合实力处于领先地位。同时，伦敦、新加坡和香港的成功经验表明，国际航运中心与国际金融中心是相辅相成的；由于航运业具有资本密集、风险较高的行业特点，需要金融行业为其提供保障支持，而航运业也为金融产业带来创新发展，航运金融就是连接两个中心的重要纽带。

启示三：以优良营商环境推动航运枢纽发展。根据世界银行发布的《2018 年营商环境报告》，新加坡、香港营商环境在全球 190 个经济体中排名第二、第五位。新加坡、香港均为世界著名的自由贸易港，自由贸易政策和简单低税制吸引着航运企业落地发展；口岸监管的便利也大大提高集装箱物流的流转速度，提高效率，降低成本；航运政策和制度设计以企业需求为导向，兼顾中小企业和跨国公司的不同需要，努力打造低税、高效、公平、自由的一流国际化营商环境，吸引各种层次的航运相关企业集聚，航运交易顺势随即落地；充分利用英语和英国法在航运实务中的地位，强化其与世界航运社会的联系。

启示四：绿色发展提高航运中心综合发展的可持续性。从长远发展的角度看，坚持绿色发展才能使港口获得持续的竞争优势。上港集团用于推广绿色能源的投资总额超 8 亿元，优化港口能源使用结构，同时大力引进绿色设备，提高能源利用效率；鹿特丹建立较为完善的绿色港口政策和管理条例，根据环保船舶指数得分来给予税收折扣的鼓励，并注重新技术、新设备的创新和开发；宁波－舟山港积极推进港口装卸机械及属具改造、港口绿色照明工程等 31 个重点项目，总投资超 15 亿元，其中 2015～2018 年预计共投资 3140 万元建设 61 个接岸电点，并通过“以奖代补”激励靠港船舶使用岸电减少污染，推进 LNG（液化天然气）集卡项目工程，每年可替代柴油 3 万吨，减排二氧化碳等废气 9.8 万吨，节约上亿元开支。

五　对策建议

（一）对接粤港澳大湾区，加快推进港口一体化

广州要抓住“一带一路”建设机遇，加快“走出去”的步伐，设立新的海外办事处，提升营销水平和市场竞争力；在湾区港口资源优化配置和港口一体化的方面有所作为，实现粤港澳大湾区的辐射带动效应；加快推进与港澳在人才交流、游艇自由行、数据传输等航运领域的合作；推进实施港口一体化，完善港口与腹地间交通网络，实现竞合共享航线等航运资源。

（二）加强港口基础建设，提高智能化水平

广州要充分利用智能化提高效率。借助信息的全面感知和智能互联能力，促进港口的集疏运、生产作业、海关监管、仓储物流、港口服务等智能化，加速推动港口的业务升级。建设智慧港口，推进自动化、智慧化建设加强推进广州港口自动化码头建设。在管理、服务水平上对标国际先进航运中心，构建门类齐全的港口综合服务体系。

（三）大力发展现代航运服务业，优化航运业结构

一是重点发展邮轮产业，加快引进国际知名的邮轮公司落户广州；大力发展航运物流、船供配送、邮轮维修等现代航运服务业和航运总部经济，构建国际一流的邮轮产业发展体系。二是推动航运金融发展，优化航运业结构。争取更多的航运金融专业机构落户，创新投融资体制，创新风险评估方法，加快发展航运金融中介服务机构。三是提升珠江航运指数服务水平，提升航运研究能力，建设航运智库。

（四）打造一流营商环境，强化集聚效应

积极申报、探索建设自由贸易港，紧抓南沙保税港区入选国家级海关特殊监管区机遇，推进南沙开发建设取得新的突破，打造粤港澳大湾区深度合作示范区，与国际接轨更加紧密，实施更宽松的金融政策、外汇政策、税收政策。重点围绕创新监管模式、探索金融创新、完善税收政策配套、优化人员出入境管理、联动港澳合作协同发展等方面，构建具有南沙特色的自由贸易港框架体系。

（审稿人　肖特兵）

B.19 广州探索建设自由贸易港的研究报告

《广州探索建设自由贸易港研究》联合课题组*

摘　要： 本文介绍了东京、迪拜、伦敦等国际成熟自由贸易港和国际航运中心的运行经验和成功做法，总结认为自由贸易港具有以下特征：优越的区位条件和完善的基础设施、监管高效的贸易体系、优惠税收政策、完善的金融服务以及完善的法律制度和效率优先的管理模式等，总结了国际成熟自由贸易港对广州的启示，最后提出了推动广州建设自由贸易港的对策建议。

关键词： 广州　自由贸易港　国际贸易中心

广州作为国家中心城市和粤港澳大湾区的核心城市，加快探索建设自由贸易港，是实现在构建全面开放新格局中走在全国前列的题中之义。为贯彻落实《粤港澳大湾区发展规划纲要》，广州深入推进粤港澳大湾区深度合作示范区建设，加快探索建设自由贸易港，学习国际成熟自贸港和国际航运中心的运行经验和成功做法，取得初步成果。

---

* 课题组成员：黄小娴，广州市人民政府研究室副主任；陈彦川，广州市商务委办公室主任；潘其胜，广州市人民政府研究室发展与改革研究中心副主任；李飞流，广州开发区研究室副主任；洪秋月，广州市人民政府研究室秘书处副调研员；符斌，广州南沙开发区口岸办航运服务管理处（保税业务管理处）处长（正科级）。执笔：潘其胜。

一　基本情况

（一）东京湾区依托港口建设和发展的基本情况

东京湾位于日本本州岛中东部沿太平洋入海口，因与东京接壤而得名。东京湾沿岸是马蹄形港口群，由横滨港、东京港、千叶港、川崎港、木更津港、横须贺港等6个港口首尾相连。在庞大港口群的带动下，形成了装备制造、钢铁、化工、现代物流和高新技术等产业集聚的京滨、京叶两大工业地带。这个长100公里、宽6公里的地带创造了日本40%的工业产值和26%的GDP。可以说是世界上最发达，实力最强的工业地带之一。东京湾依托港口群建设和发展主要有以下几个方面的特点。

一是完善立法与规划。东京湾区的规划主要由政府主导，以立法、制订计划等方式进行。1951年，日本政府颁布《港湾法》，明确整个国家港口发展数量、规模和政策三者之间的关系。1967年颁布《东京湾港湾计划的基本构想》，提出“广域港湾”的概念，主张集体协商港口群建设规划，避免港口之间因费用或定价的不同导致恶性竞争，保障港口群的最大利益。1999年制订“第五次首都圈”基本计划，强调东京作为首都的职能，采取制造业外迁的“工业分散”战略，为湾区发展以服务业和知识经济为主要内容的新经济腾挪了空间。

二是重视基础设施建设，促进资源要素集聚。政府高度重视交通网络体系建设，东京市区之间、东京与周边城市之间形成了以轨道交通为主、高速公路为辅的客运网络体系。东京湾6个港口与羽田、成田两大国际机场和6条新干线连接在一起，构成东京湾与日本及全球主要城市之间的海陆空立体交通网。发达的交通网络促进了区域和城市间人口流动和产业布局调整，促进了资源要素高度集聚。

三是港口间内联外争，整体发展。东京湾区港口虽然各自独立经营，但在对外竞争中是一个整体，提升了东京湾区整体竞争力。东京湾港口统一宣传、错位发展，以提高整体知名度和竞争力，以便同国外港口相抗衡。例如，为了抑制日本主要港口价格竞争，缓解港口间竞争压力，东京、川崎、横滨、名古屋、大分、神户、门司、北九州的入港费和岸壁使用费采取统一的标准。相继建立“京滨港连携协议会”，推出《京滨港全面合作计划》，成为东京湾港口合作的纲领性文件。2011 年东京、横滨和川崎三个港口统一由一家公司收取入港费，避免重复收费，降低企业负担。

四是各港口分工明晰，统筹发展。东京湾区内各港口建设目标与临港工业相对应，各个港口区别发展，避免港口之间的无序竞争。如东京港主要承担东京产业活动和居民生活物资流通，横滨港以重化工业、机械等工业品输出为主，川崎港主要负责能源进出口，千叶港是石化工业、钢铁业原材料的供给据点，木更津港是名副其实的“钢铁港口”，横须贺港主要负责汽车整车和零部件进出口。如此明晰细致的分工，保证了东京湾区港口之间的协调发展。

（二）迪拜建设自由贸易港的基本情况

迪拜的海岸线长约 734 公里，港口资源非常丰富，迪拜港是世界上最繁忙的货物集散地之一。迪拜建有 30 多个自贸园区，世界知名的有 14 个。迪拜自贸港是全球第一个通过 ISO9000 国际认证的自贸区。迪拜以“总部经济”著称，超过 7200 家企业入驻。全球 500 强企业在此扎根立足。迪拜有海外中资企业 4000 余家，是海外中资企业最密集的地区之一。其中中国 200 强企业大都在迪拜设立区域总部，成为我国实施“走出去”战略，推进“一带一路”建设的桥头堡。拉斯海马自贸区为阿联酋发展最快的自贸区之一，为全球超过 100 个国家 8000 多间公司的投资首选目的地，涉及 50 多个行业领域。迪拜自贸港的成功经验可以简要归结为以下五点。

一是良好的区位优势与完善的基础设施配套。迪拜地处欧、亚、非三大洲交会的关键节点，是连接东西方交通的桥梁。迪拜港区对外海、陆、空交通发达，依托强大的空港和海港，形成了“空港 + 海港 + 自贸区”的发展模式。以杰贝拉里港为中心，依托迪拜国际机场，通过加强港区运输网络建设，形成海陆空一体化立体交通网络。同时，迪拜打造了“4 小时经济圈”“8 小时经济圈”的空中交通网络，紧密连接世界主要城市。拉斯海马自贸区的成功就是得益于其良好的地理位置，容易进入中东、非洲、南亚和欧洲，企业可轻易获得东、西方贸易流。

二是高效的管理运营方式。管理方式灵活，政策自由度高是迪拜成功的主要原因。迪拜自贸港实行政企合一的运营和管理，将政府宏观发展目标与企业微观效益结合在一起，又把阿拉伯文化习惯加以融合，管理效率高。管理局直属迪拜市政府，在政府领导下管理港口，又是独立港口经营单位，独立的法人机构，具有独立的财务系统。因此，管理局既有政府的行政的职能，又有企业性质，负责港口运作和自贸区管理工作，也担负港区的基础设施建设和港口发展工作。政府对港口、海关、自贸区采取三位一体的管理模式，其管理机构是迪拜港口董事局，为政企合一的实体，统一管理、经营港口和自贸区，董事会主席为皇家指派，对协商事宜具有最终裁决权。

三是实行联合发展的模式。迪拜自贸港的运行模式可以总结为 1 个自贸区结合 N 个特色产业城。如杰贝阿里自贸区、迪拜机场自贸区、迪拜多种商品交易中心、迪拜朱美拉胡塔自贸区等，涉及转口集散、出口加工、保税仓库、贸工综合等多种货物作业模式。其他自贸区主要集中在传媒、信息、金融、教育、科技等领域，较少涉及货物进出。对于不同自贸区之间的货物流动，迪拜建有保税物流连接通道，突破了物理围栏的边界，以点带面，实现自贸区与腹地经济之间的良性互动。

四是相对宽松的政策环境。一方面有税收政策优惠。自贸区企业 50 年内免除公司所得税，所得税、资本收益税和公司营业税期满后延长 15 年免税期。没有进出口关税、再出口关税和个人所得税等。自贸区内贸易、存储、加工制造等均不收税。另一方面金融政策灵活。迪拜没有外汇管制，资本和利润可随时 100% 汇出境外，不受任何金融和货币限制。货币可自由兑换，资金流动频繁。另外，还不限制跨国招工、可抵押不动产等。同时，迪拜良好的治安和完善的法律体系使得社会安全得到极大的保障。拉斯海马自贸区也是如此，这里不仅是一个经商的好地方，而且还能提供高质量的生活，没有拥挤的交通，没有喧嚣和吵闹的市中心，还可以为孩子选择多种优质教育，有购物中心、豪华的海滨别墅和公寓等。

五是快速高效的服务保障。政府为企业提供方便快捷的服务。政府创建“一站式增值服务”平台，平台内各个模块相互协同，降低企业运营成本，也为企业创造新的业务机会。政府为企业提供未来投资和发展建议、帮助选择投资地、确定运营设施、帮助企业获得合作机会、定期开展回访、协助举办招商会和展览等服务。政府为企业提供快捷、便利、高效的行政服务。如迪拜海关通关程序方便快捷，24 小时内办结审批进出口签证，7 天内即可完成投资审批手续。拉斯海马自贸区为客户提供定制业务解决方案，为客户提供完全免税环境、快速签证、自由的劳动力来源、全球性原材料和持续的业务支持服务，例如广告、采购、事务管理、招聘和培训支持等。

（三）伦敦港建设国际航运中心的情况

伦敦港（布里斯托尔港）建设国际航运中心，一方面基于优良的港口条件和完善的基础设施，另一方面依赖于长期积累的国际化市场体系、专业完善的法律环境、经验丰富的海事法律处理体系，以及积极变革的产业政策和创新的航运产品。

一是完善的基础设施。科里东码头宽 300 多米，可停靠 20 万载重吨的大型油船，往上到伦敦塔桥收缩到 100 多米，5000 载重吨的船舶可自由出入伦敦市中心。两岸泊位可同时停靠 150 多艘海轮。伦敦港包括 70 多个独立码头和港口设施，直接雇用 3 万多人。伦敦港装卸设备现代化，有各种岸吊、可移式吊、集装箱吊、载运车及滚装设施等，还有起重能力达 200 吨的浮吊及直径为 152. 4 ~406. 4mm 的输油管供装卸使用。伦敦码头装备雷达计算机管理及检测系统，是世界上最现代化的自动化管理系统，伦敦港吸引了众多亚欧航线的超大型集装箱船舶挂靠。

二是发达先进的航运服务。伦敦港拥有发达的高端航运服务业，拥有成熟完善的交易市场、保险服务、航运信息服务等功能。伦敦大力发展航运产业链上游产业，如航运融资、海事保险、海事仲裁等，很多领域具备航运服务业的世界品牌，并且拥有数千家上规模的航运服务企业。伦敦凭借其规模巨大的航运服务产业保持着全球顶级国际航运中心的地位。20%的船级管理机构在伦敦设有分支机构，散货船业务的40%、油轮租船业务的50%、船舶融资业务的18%和航运保险业务的20%在此进行。全世界1750多家航运公司在伦敦设有办事处。航运服务业产值达20亿英镑。

三是强大的海运软实力。强大的软实力是伦敦海运竞争力所在。海运软实力主要体现在海事仲裁、航运保险和保赔、中介服务、船舶经济、航运金融及衍生产品、航海心理学等领域。以海事仲裁为例，伦敦一直是世界各国和地区造船集团和航运公司进行海事纠纷仲裁的首选地。超过九成国际海事纠纷都选择在伦敦进行仲裁，每年仅仲裁就给英国带来300亿英镑的收入。海事仲裁和航运服务收入占航运业总收入的45%。

四是以权威数据发布巩固中心地位。伦敦的波罗的海航运交易所是国际上最重要的航运市场。它拥有600多个公司会员、3000多个个人会员。交易所定期公布的BFI波罗的海海运费率，是各地不定期船市场制定运价的依据。“波罗的海指数”被称为全球航运“晴雨表”。同时，伦敦也是国际航运信息枢纽，集中了全球最专业的海运媒体。国际航运权威机构，如德鲁里航运咨询公司、劳氏船级社、克拉克松研究公司、集装箱国际资讯中心等均设在伦敦。权威机构出版的《劳氏航运经济学家》《国际集装箱化年鉴》，以及德鲁里和克拉克松发布的研究报告与行业数据，都在指导着全球航运市场运行。

二　成熟的自由贸易港对广州探索建设自贸港的启示

综合东京湾、迪拜、伦敦等成熟自贸港区的发展历程和运行经验，发现自贸港具有以下特征：优越的区位条件和完善的基础设施、监管高效的贸易体系、优惠税收政策、完善的金融服务以及完善的法律制度和效率优先的管理模式等。系统总结全球高标准自贸港区的具体做法及先进经验，结合广州实际，可以得出以下启示。

（一）区位优势和完善的基础设施是自贸港发展的首要条件

口岸自然条件、港口配套设施、信息化建设和城市环境等基础资源条件是自贸港区日常经营活动的环境和载体。从世界自贸港发展史来看，地理区位是影响港区发展的首要条件。世界上著名的自贸港区都处于航运咽喉之地，具有完善的航线基础以及广阔的经济腹地，同时其机场、港口、铁路和城市交通网络等构成完善的交通运输系统。例如，东京湾港口区、伦敦港等早期就作为港口货物集散地，拥有非常便利的区位条件和交通等基础设施。东京湾 6 大港口和两大机场，构成了全球主要城市之间的海陆空立体交通网。伦敦港拥有世界上最现代化的自动化管理系统。迪拜自贸港区依托强大的空港和海港，形成了“空港 + 海港 + 自由贸易区”的发展模式。“4 小时经济圈”“8 小时经济圈”的航空交通线，将迪拜和世界主要城市联系在一起。广州建设自贸港，可依托白云机场和南沙港、黄埔港，建设现代国际物流体系，促进国际物流业发展。

（二）港区监管高效，贸易便利化程度高是自贸港建设的关键

对外贸易是自贸港的基本功能。自贸港大都口岸监管机构精简，管理高效，手续简易便捷。通关便捷、税收优惠和综合性服务是自贸港的重要优势，也是吸引和扩大物流贸易量的重要因素。为保障港区高效运转，园区内都设有独立的管理机构，为企业提供全流程一站式服务。借助综合信息处理平台，极大地减少银行、航运企业、港务管理部门等参与主体之间的信息不对称，提高运行效率。例如，迪拜“一线”几乎不受海关的监管，境外货物由海关进入，报关手续简单快捷，真正实现了“境内关外”。广州探索建设自贸港必须加快港口通关制度的改革和创新，简便通关手续，真正落实“境内关外”的原则，创新口岸监管模式，提高贸易便利化水平。

（三）优惠税收政策是自贸港竞争的重要砝码

合乎国家管理的货物进出畅通无阻，是自贸港区最主要的特征。税

收优惠使自贸港成为国际贸易和资本流动的洼地，也是自贸港之间争夺市场的重要砝码。进口或出口货物不需要（或只需少量）缴付关税，税制简单、税赋水平低是吸引世界著名企业聚集的重要因素。例如，迪拜港除免关税外，对企业所得税和增值税在规定期限内也予以免除。因此，广州建设自贸港需要积极争取和不断创新充分自由的贸易政策，加快与先进国际贸易规则接轨等。

（四）完善的金融服务是自贸港运行的重要保障

资金出入与转移自由、外汇自由兑换、资金经营自由，没有国民待遇与非国民待遇之分，是自贸港的另一个特征。港口经济活动繁荣衍生出巨大的金融服务需求。金融机构以港区企业为服务对象，针对港区资金流、货物流和人流，提供个性化服务。例如，伦敦全球金融中心的地位以及发达的航运金融业，为港区自由贸易提供有力的金融支持。因此，广州建设自贸港需要营造宽松的投资环境，开放外汇市场及黄金市场，实现宽松的金融环境，推动资金自由流动，外币自由汇兑。

（五）港区管理体制完善，运行高效便捷是自贸港的重要特征

为实现专业高效的政府监管体制，自贸港区需要设立专门机构进行管理。管理机构要具有较高的权威性，有权自行制定管理规定和条例，有权对区内的一切机构与事务进行监管，独立行政而不受其他部门的干预。成熟自贸港区多数按照“区港一体”发展原则，整合港口的物流资源和自贸区的政策资源，形成统一高效的海关监管模式，实现监管流程的全面整合，通关程序简单化，高效便捷。口岸区域叠加保税功能，实现口岸货物保税货物同步运作。因此，广州建设自贸港需要明晰自贸区各级行政管理机构的责、权、事，对海关、税收的政策、业务范围，以及货物和人员进出等方面做出明确规定。同时，建立高效的数据共享和交换平台，提高企业运行效率。

三 广州建设自由贸易港的对策建议

广州要积极对接国家重大战略，依托自贸试验区和粤港澳大湾区“双区”政策优势，借鉴东京、迪拜、伦敦等国际自贸港和国际贸易中心的发展经验，打造开放水平更高、营商环境更优、辐射能力更强的开放高地。

（一）进一步整合和完善制度体系

建设自贸港需要有效的管理制度与健全的法律体系为保障。纵观国际有代表性的自贸港，不仅实现了货物贸易自由化，而且创新了服务贸易、投资、金融等领域的制度体系，形成独特的制度安排和完善的法律体系。因此，广州建设自贸港，不仅要充分利用广州区位优势，建设具有实体港口功能的自贸港，还要推动制度创新，在贸易和投资便利化、服务贸易开放、离岸贸易与金融、资本项目自由化等领域逐步放开。要统筹谋划自贸港建设的总体纲领，制定具体、精细透明的法律规章和配套制度。当前，要根据国务院《全面深化中国（上海）自由贸易试验区改革开放方案》，制定有关促进货物、资金和人才自由流动等方面的政策，完善海关和金融监管、贸易投资促进、税收以及出入境管理等相关政策，营造有利于引智、引资、引技、创新发展的营商环境。

（二）打造三区联动平台

充分发挥南沙自贸区、广州港和广州空港的战略平台功能，加强南沙、广州开发区和空港经济区之间的联动。一是加强顶层设计。编制南沙自贸区、广州开发区、广州空港经济区一体化发展规划，明确三区功能定位、发展重点、产业分工、配套设施等基本问题。二是科学合理分工。南沙依靠自贸区和粤港澳大湾区“双区”政策优势，围绕国际航运枢纽建设，借助自贸区政策资源，率先建立与国际接轨的制度环境，成为新一轮对外开放重大平台。广州空港经济区不仅要依靠白云国际机场，还要充分发挥空港经济区集疏运、高素质人才资源集聚及在对外交流合作方面的优势，大力发展临空经济，建设国际航空枢纽。广州开发区围绕建设国际科技创新枢纽，提升广州全面创新改革试验核心区和珠三角国家自主创新示范区的创新优势，加快发展知识、资本、技术密集型经济。三是联合共建自贸港。落实中央对区域一体化发展的新要求，发挥空港、南沙港、黄埔港区位和资源优势，以南沙自贸区、广州开发区、空港经济区为主要载体，联合共建自贸港。

（三）进一步优化国际营商环境

先进自贸港不仅仅通过减税、简政放权来吸引外资，国际标准的专业服务，一流的国际营商环境更是至关重要。广州建设自贸港，要紧抓南沙保税港区入选国家级海关特殊监管区机遇，实施更宽松的金融政策、外汇政策、税收政策，建立更加自由、灵活、开放的体制机制。一是要充分利用自贸区和国家级新区双重政策叠加优势，创新政务、通关、财税方面的政策。二是借鉴迪拜自贸区在促进投资便利化方面的做法，进一步简化负面清单的内容，赋予企业在投资、招工、经营、人员出入境等方面更大的便利。三是加大力度引进争端仲裁、国际结算、商业投资策略、知识产权、海外融资、跨国贸易、财税融资、购买咨询、审计、评估等国际化专业服务机构，聚集高端服务要素，营造良好的服务环境。四是积极利用云计算、物联网、卫星导航、大数据等信息网络技术，提升港口信息化水平，打造国际信息港。

（四）共建粤港澳合作发展平台

广州要加快推进粤港澳全面合作示范区建设，共建粤港澳合作发展平台。要依托南沙自贸区，研究在内地法律框架下引入香港标准规范，探索内地和香港社会管理及经济融合发展的新机制。充分发挥香港产业、服务和管理方面的优势，打造优势互补、错位发展的粤港澳产业合作平台。携手深圳、香港、澳门及湾区相关城市建设科技走廊，建设粤港澳大湾区数据中心，共建湾区国际科技创新中心。依托粤港澳大湾区内的港口、机场等基础设施，充分利用自由贸易条件，打造粤港澳自由贸易通道。充分发挥广州国际综合交通枢纽的作用，推动交通设施互联互通，共建湾区国际交通物流中心。全面对接国际高标准市场规则体系，增强国际规则制定话语权，共建湾区国际贸易中心。探索跨境协调机制与运作模式，建立粤港澳大湾区产业合作日常工作机制，发挥工作机制的联络协调作用。

（审稿人　肖特兵）

B.20

广州市港口收费及物流成本调查报告

高　玮*

摘　要： 广州港吞吐量位居世界第六，全国第四，但一直面临严峻的生存竞争压力。制度性成本高，远洋航线少，引航距离长成为制约广州港跨越式发展的三座大山。广州未来应利用价格杠杆引入竞争打破垄断，提升港口核心竞争力，打造粤港澳大湾区的重要载体和平台。笔者全面梳理了广州市港口物流成本情况，分析了广州市物流环节的主要短板，提出了对策建议。

关键词： 港口　广州市　粤港澳大湾区

中国是传统货主国家，对外贸易运输过去掌握在西方国家手中，所以港口使用费及作业费普遍定得比较高。最近十年来，造船业蓬勃发展，中国才转变成船东国家，维护船东利益的呼声很高，这是历史形成的矛盾。最近出口贸易能否企稳已成为经济“晴雨表”，国家正设法增加出口竞争力，把港口费降下来尤为必要，但打破既得利益是非常难的，因为既得利益已用法规标准固定下来了。2014 年以来，国家出台了一系列港口价格改革政策措施，精简收费项目，将港口经营服务性收费项目从 45 项减压到 17 项（2 项政府定价的收费项目、6 项政府指导价的收费项目、9 项市场调节价的收费项目），

---

* 高玮，广州市城市学研究会理事，长期从事宏观经济研究工作，主要关注现代产业体系建立，市场体系与市场规则的优化与完善，流通体制、价格等方面的理论、政策和改革等方面的研究和实践。

降低部分政府定价、指导价收费标准，进出口和航运企业负担已大幅减轻。

广州严格执行国家制定的相应收费标准，广东省船东协会叶伦秘书长表示，“虽然近年航运行业景气指数一直低迷，企业利润一直在盈亏平衡线左右徘徊，但广东航运物流企业关停倒闭的很少，这也是国家降低港口收费扶持行业发展的成果”。但同时，航运企业反映收费导致成本高企，削薄利润情况也确实大量客观存在。近期，笔者通过实地调研、当面座谈、网络调查问卷等形式与港航部门、港口企业、航运企业、省船东协会、有关管理机构进行充分沟通交流，结合供给侧结构性改革降成本的要求，对广州港与国内若干港口收费进行分析对比，全面梳理了广州市港口收费，分析了航运物流环节的主要短板，提出了对策建议。

一　广州港口收费结构分析

（一）收费现状

港口是实现商品流通，特别是对外贸易的一个重要环节，对外提供的是服务。港口收费具备与其他服务价格一样的特点，即港口收费水平受到港口服务需求、港口竞争环境、港口运营成本的影响，同时，港口收费也具备与其他价格不同的性质，即港口收费是受调控的价格，并且其项目范围还包括了国家规费。

通过对目前广州地区港口收费项目、标准和现状进行链条式梳理，发现现行主要收费为 11 项（经营服务性项目 10 项，政府性基金 1 项）。其中港口建设费为政府性基金，由海事部门授权港口经营企业代征，2016 年征收超过 4 亿元，全部上缴中央财政，其中 10% 返还市财政；货物港务费、港口设施保安费等两项实行政府定价，2016 年征收约 2.4 亿元，由港口经营企业按比例留存后上缴，其中货物港务费上缴地方财政约 9400 万元，港口设施保安费由港务局统筹约 340 万元（暂未用）；引航费、拖轮费、停泊费、围油栏使用费等四项实行政府指导价，其中引航费为事业单位广州引航站收取，2016 年收取金额约 2 亿元；港口作业包干费、堆存保管费、供水

(物料)服务费、理货服务费等四项实行市场调节价。

广州港外贸航线主要包括向东的北美、日本、韩国、中国台湾等航线，以及向西的东南亚、非洲、欧洲航线。本文重点比较在广州港国际航线中占比较大的非洲航线以及北美航线运输成本。非洲航线方面，广州南沙港的运输成本比上海低，与深圳持平。例如到非洲最大港口达累斯萨拉姆，南沙港船期比上海短约3天，与深圳持平；南沙港单个集装箱运费比上海低7%~25%，与深圳持平。

表1　集装箱运输成本对比（至非洲）

目的港	类别	上海	深圳	南沙	备注	对比结果
达累斯萨拉姆(非洲最大港，坦桑尼亚首都)	船期(天)	29(需经马来西亚中转)	26(需经新加坡中转)	26(需经新加坡中转)		南沙港船期比上海短约3天
	运费(美元)	800、1200	750、900	750、900	分别为20英尺普柜和40英尺普柜价格	南沙港单个集装箱运费比上海低50~300美元，与深圳持平

注：上述数据来源于搜航网企业报价，或因时段和班轮频次而变动。

北美航线方面，广州港运输成本高于上海和深圳。例如，到美国洛杉矶，广州港船只大部分经深圳或香港中转，直达北美航线不足10条。直达船只船期比上海长1天，与深圳持平；中转船只比上海长2天，比深圳长1天。南沙港单个集装箱运费比上海、深圳高约20%。

表2　集装箱运输成本对比（至北美）

目的港	类别	上海	深圳	南沙	备注	对比结果
洛杉矶(美国西海岸)	船期(天)	13	14	15(经香港或深圳中转)		南沙港船期比上海长约2天，比深圳长约1天
	运费(美元)	1200、1500	1200、1500	1450、1800	分别为20英尺普柜和40英尺普柜价格	南沙港单个集装箱运费比上海、深圳高约250~300美元

注：上述数据来源于搜航网企业报价，或因时段和班轮频次而变动。

2. 港口费用成本

港口费用成本主要分为由船方支付的港口费用成本（简称船方港口费用成本）和由货方支付的港口费用成本（简称货方港口费用成本）两部分。

（1）船方港口费用成本

船方港口费用成本主要包括船公司（或代理人）在港口缴交的港口作业包干费、引航费、拖轮费和停泊费等。除引航费外，广州港总体费用低于深圳盐田港、上海洋山港，与深圳招商局集团下属码头收费大体持平。主要原因是上海、深圳等地港口船期航线多、货源多，缩短了船舶滞港时间，降低了实际成本，提升了当地港口的赢利能力。

表3　船方港口费用成本对比

费项	广州港	深圳盐田港	深圳招商局下属码头	上海洋山港	对比结果
(1)港口作业包干费(元)	670000	950000	703500	860000	收费标准低于深圳盐田港、上海洋山港
(2)引航费(元)	29575	19125	19125	28750	收费标准高于深圳盐田港、上海洋山港
(3)拖轮费(元)	28000	30000	28000	45800	收费标准低于深圳盐田港、上海洋山港
(4)停泊费(元)	12500	12500	12500	12500	收费标准与深圳盐田港、上海洋山港持平
合　计	740075	1011625	763125	947050	总体成本低于深圳盐田港、上海洋山港

注：上述数据以一艘5万净吨、船长约320米的主流集装箱船舶为单位计算。该费用成本由广州港集团估算，相关数额可能因时段或不同客户群体变动。

（2）货方港口费用成本

货方港口费用成本主要包括货主（或代理人）在港口缴交的港口建设费、港务费、港口设施保安费、港口作业费等费用。本文重点对汽车航运物流涉及的港口和费用进行分析。总体上看，广州港在货方港口费用上与上海洋山港基本一致或略低。

表4 货方港口费用成本对比

项目	上海洋山港	广州南沙港	广州新沙港	对比结果
港口建设费（元/吨）	5.6	5.6	5.6	与上海洋山港持平
港务费（元/立方米）	2.2	2.2	2.2	与上海洋山港持平
港口设施保安费（元/立方米）	0.5	0.25	0.25	略低于上海洋山港
装卸费（港口作业）（元/立方米）	32.8	26.6	28.6	略低于上海洋山港
车辆码头移动费（元/台）	150	0	80	略低于上海洋山港
码头堆存费[元/（台·天）]	45（8天免堆期）	17（8天免堆期）	4天免堆期；5～10天，15元/（台·天）；11～20天，30元/（台·天）；超过20天，40元/（台·天）（露天场地）	略低于上海洋山港

注：数据来源自某特斯拉新能源车进口代理企业。表中为上海、广州等地开展汽车滚装船靠泊业务港口的收费情况，因深圳港口未开展滚装船运输进口特斯拉新能源车业务，因此此表无深圳数据。

3. 特斯拉新能源车的运输成本问题

与一般汽车相比，特斯拉新能源车航运特点为滚装船直航（即中途不得挂靠其他任何港口），且每航次货量和装船班期不固定。与上海港相比，广州港进口特斯拉成本较高。比如，从旧金山港到广州新沙港的运送特斯拉新能源车的船公司报价比上海高300～600元/台（报价随运量浮动）。主要原因：一是由于路途远航程长（比上海港的船期平均多3～5天），导致运费增加200多元/台。二是引航费略高于上海。因广州航道较上海长，新沙港引航时间比上海港多3个小时。运输特斯拉新能源车的船舶一般为7万吨级、200米长的滚装船，同等船型的引航费新沙比上海高约1万元。按照特斯拉每批次货量100台测算，广州引航费比上海高约100元/台。目前深圳无滚装船码头和航线。

（二）问题分析

广州地区港口普遍在执行国家政策方面比较规范，在多次价格检查中均未发现违规收费行为，然而也存在主动改革动力不足的问题，国家统一部署的港口降费“规定动作”执行到位，但主动担当的“自选动作”略显不足。通过与兄弟省市、相关部门、行业协会、经营企业等各方面的深层次交流，发现广州市港口收费存在结构性、竞争性、制度性等矛盾，客观原因和主观原因交织，仍有较大的优化调整空间。

1. 制度性交易成本仍处于较高水平

国家规费包括港口设施保安费、货物港务费和港口建设费，其收费总和在港口收费中占据相当比例（以广州港外贸集装箱为例，国家规费相当于港口作业包干费的30%左右），是航运企业反映费用过高的主要原因之一。

表5　外贸进出口国家规费情况

货类			国家规费(元/吨、箱)				港口作业包干费[元/(吨·箱)]	国家规费总额占港口作业包干费的比例(%)
			货物港务费	港口设施保安费	港口建设费	合计		
外贸进口	装载一般货物的集装箱	20英尺	40.00	10.00	64.00	114.00	400.00	28.5
		40英尺	80.00	15.00	96.00	191.00	600.00	31.8
	煤炭		1.40	0.25	5.60	7.25	35.50	20.4
	粮食		1.40	0.25	2.80	4.45	50.00	8.9
	饲料		3.30	0.25	5.60	9.15	50.90	18.0
	航空煤油		3.30	0.25	5.60	9.15	22.50	40.7
外贸出口	装载一般货物的集装箱	20英尺	20.00	10.00	64.00	94.00	400.00	23.5
		40英尺	40.00	15.00	96.00	151.00	600.00	25.2
	设备、钢材		1.10	0.25	5.60	6.95	38.00	18.3

国家的标准是一致的，但国内主要港口和水运大省都采取了一些灵活的做法，比如深圳的三大港口一直没有征收货物港务费，江苏、浙江、江西、湖北、重庆、福建等多个省份都陆续出台政策取消了货物港务费，上海港4月取消了内河货物港务费，广州港区附近的佛山市也于2017年取消港航行

政管理部门（交通）征收的货物港务费，客观上减轻了企业负担。但广州市一直从合法合规角度出发，受制于国家政策条文限定，缺乏牵头协调部门，对市场信号敏感度不强，对求“稳”求“平安”考虑得多，对谋改革促发展考虑得少。迫于竞争压力，广州港集团南沙港区也减免了航运企业集装箱船的货物港务费，但企业仍必须自行垫付承担上缴港务局的35%～50%的分成收费。

2. 中转港征收港口建设费直接影响广州港口收费水平

目前外贸出口转关集装箱的港口建设费已经实现在报关港（即装船港）直接按照外贸标准一次性征收，但外贸进口中转集装箱仍需在中转港征收港口建设费。

由于存在海港和内河港的划分，在中转港征收港口建设费的做法，造成了货主在广州港中转比在香港中转需缴交的港口建设费更高。详细对比如表6所示。

表6　在广州港中转与在香港中转货主所需缴交的港口建设费对比

物流路径	缴交方式
国外→广州港南沙港区→佛山	1. 在南沙港区，船公司代理或驳船公司按照国外标准（96元/箱）垫付缴交港口建设费 2. 船公司代理或驳船公司因代垫港口建设费，在目的港向收货人收取10元以上/箱（100元封顶）的手续费；即通过南沙港区中转的外贸进口集装箱的港口建设费，收货人最终为此支付的费用为116元/箱或更多
国外→香港→佛山	在佛山的各小码头，按照外贸进口集装箱标准减半（48元/箱）缴交港口建设费，港口建设费由收货人直接支付

3. 引航服务收费和管理体制亟须改革

引航是广州港口的一大软肋，外籍大型货轮进出广州港都必须强制引航，广州南沙港和黄埔港引航距离为国内主要港口中最长引航距离，大船必须停在桂山锚地水域等候引水，从桂山到南沙港区引航距离达到45海里，到黄埔港区超过65海里。引航费是一种经营服务性收费，实行政府指导价也就是最高限价。目前广州港区引航工作均由港务局下属广州引航站提供服务，以不超过《港口收费计费办法》规定的上限按实际距离进行收取费用（经协调，南沙港区引航费工作日按八五折收取）。2016 年全市港口共收取引航费 1.83 亿元。引航费用高居不下，严重制约了港口的竞争力和远洋集装箱班轮航线的开拓。而广州引航站作为广州港务局下属的自收自支三类事业单位，尚未实行收支两条线管理，缺乏主动降低收费标准的动力。而附近深圳港部分港区引航距离只有 10 海里左右，部分港区引航要通过香港水域，同样距离较远，但深圳港为减负吸引外籍班轮和货源，将引航距离一律定为 10 海里，按照最低档收费，同时全港区实行八五折优惠计收。国内其余主要港口引航也基本实现了企业化和市场化运作。

引航体制改革必须做到三个保障：一是保障引航工作的安全高效；二是保障引航费用降低至合理区间，能够起到激励和引导作用，增强港口竞争力；三是保障引航员的生活待遇、引航设备的现代化和引航机构正常运转。要破解当下难题，关于引航费广州应尽快出台立竿见影的降费措施；但更要着眼长远，推动引航服务事业单位改制、采取收支两条线管理势在必行。

4. 市场地位决定了港口收费水平存在差异

珠三角港口群中仅亿吨港口就有 5 个，泊位将近 1300 个，同质化程度高，腹地高度重叠，竞争激烈。广州港是华南最大的综合性枢纽港，是传统的散杂货卸货大港，散杂货港口收费标准自然地成为区域内的标杆，周边港口是以广州港收费标准为基准下调以争取货源。而深圳港是区域内的集装箱大港，其集装箱收费标准是珠三角港口的标杆，广州港相对于香港、深圳，其集装箱业务起步较晚，且现在仍处于发展阶段，因此港口收费低成为主要竞争手段，广州港的集装箱港口收费标准远低于深圳港。

上海港作为目前世界第一大港口，航线密集且覆盖面广。上海港将外高桥集装箱码头与中远、马士基等国际大型班轮公司合资，并与南通、武汉、重庆等长江沿线城市开展不同层次的合作。深圳盐田和招商局下属港口则分别利用香港和黄、招商局集团的国际航运综合优势，充分布局国内沿海、粤东、粤西、珠江三角洲等各大码头，特别是深圳盐田码头经营历史较长（1994 年开始运营），“FOB 盐田”在欧美已形成品牌优势。相比之下，广州港与其他港口合作较少，仅限于广东省内。加上腹地产业分散、货源不成规模、航线数量少，广州港无船可定问题较为突出，致使隐性物流成本偏高，部分腹地货源流失到其他航线密集港口。截至2016年底，广州港国际集装箱航线不足90条，而深圳港为236条，上海港为280条，广州港国际集装箱航线数仅为上海的1/3、深圳的四成。集装箱航线整体偏少、欧美航线比例低对广州打造国际大港的制约性较大。

5. 货种结构仍待优化

广州港一直缺乏做强出口业务的基础，货源不成规模，散杂货航线少的现状仍未改善，船公司在广州港装货会提高运费或者因货源不足不愿加挂广州港，货主选择经广州港出口面临着运费成本较高或者无船可定，最后出现了广州港腹地货主“舍近求远”将货物运至上海港出口的窘境。

2016年，上海港完成货物吞吐量7.02亿吨，完成集装箱吞吐量3713万标准箱。深圳港完成货物吞吐量2.1亿吨，集装箱吞吐量为2398万标准箱。上海和深圳的集装箱吞吐量分别为广州港的2倍和1.3倍。因集装箱属装卸费用较高、港口盈利较大的货种，上海港和深圳港盈利水平更高，港口企业实力更强，在降低港口物流成本、提升港口服务、增强竞争力上形成了良性循环。

表7　港口货种结构对比（2016年）

吞吐类别	上海港	深圳港	广州港
货物吞吐量(亿吨)	7.02	2.1	5.2
集装箱吞吐量(万标准箱)	3713	2398	1858

6. 港口收费存在地域垄断及产业链垄断

经向航运企业了解，国内多地港口包括广州港，在市场化收费项目上均存在不同程度的垄断和强制服务。港务集团的地域垄断及产业链垄断必将影响收费水平和服务水平，形成“相对垄断经营”，为航运企业提供无可选择的服务或者过度服务，强制服务就是为航运企业提供无可选择的服务或者过度服务，如拖轮（大马力拖小船）、理货（简单服务高收费）和代理（强制代理）等。根据新加坡港口等港口的发展经验和做法，竞争性领域应完全放开，包括装卸作业队、理货公司、轮驳公司等，作为码头方，可参照装卸量收取码头使用费，以得投资回报，而不是遏制竞争，谋求垄断利益。

7. 航运中心产业生态有待优化

上海现已集聚了全球九大船级社的分支机构、20多家国内外知名航运经纪公司。经营国际海上运输及其辅助业的外商驻沪代表机构约为250家，在上海从事经营活动的国际海上运输及辅助经营单位约为1500家。深圳依托香港国际航运服务业的优势，近期规划在广东自贸区前海蛇口片区建成深港国际船舶运输中心、国际船舶管理中心和国际船舶代理中心。广州的航运服务产业主要集中在货运代理、船舶代理等附加值较低的下游，航运金融、海事保险、海事法律服务、船舶管理、航运经纪、航运咨询、公估公证等高端航运服务产业缺乏或发展滞后，且尚无航运国际组织入驻广州。

8. 港口管理体制亟待完善

横向来看，广州港口有港务、海事、海关、检验检疫、边防等行政管理部门；纵向来看，各部门都独立设立船舶、货物和人员进出境的申报、查验、缴费和放行管理程序。各管理体系都有独立行事规则，相互之间信息不共享，监管处理结果不共用，造成监管环节叠加，业内称为“五花大绑”，手续繁杂、程序冗长难免滋生灰色地带；企业迫于船期、“疏港”等因素，必然产生寻租空间。目前“单一窗口”建设与“三互”（监管互认、执法互助、信息互换）大通关改革已取得一定成效，但仅局限在业务领域，“单一窗口”投诉举报功能缺位，违法违规行为投诉无门，缺乏强有力的监督机制，政府部门公信力和政策执行力大打折扣，企业对此反响强烈。

广州在港口管理上具有得天独厚的优势，广州港务局作为全国主要港口城市唯一专门设立专责港口发展的政府机构，应该发挥统筹作用，继续完善由政府主导的多部门公共服务电子平台和“单窗口”通关和投诉模式；树立“大港口”思维，依法维护港口行业公平竞争秩序。

三 对广州港口供给侧改革降成本的若干建议

城因港兴，港因城用。从公元661年唐在广州设立市舶使起，广州港历宋、元、明三代，到清代的“一口通商”，十三行，五口通商，直到今天成为世界第六大港。广州自古就是全国最重要的贸易口岸，海上丝绸之路的起点，1356年广州港的历史就是一部中国对外贸易史。

近年来广州港口根据国家统一部署，出台实施一系列港口降费政策措施，取得了阶段性成果，广州港口展现了良好的发展势头和潜力。从供给侧改革降成本角度出发，进一步降低“制度成本”，恰逢其时，势在必行。按照“谁收费、谁降费、谁制定、谁实施”的原则，遵循“指方向”“划底线”的工作思路，坚持问题导向，坚持统筹推进、重点突破，落实主体责任，明确职责分工和时间安排。下阶段工作重点是针对广州港口收费的结构性矛盾，找准降费空间和切入点，出台政策“组合拳”，更加精准有效地实施定向降费和相机调整，在实现稳增长（货物和集装箱吞吐量增长）、调结构（优化外贸和远洋航线占比）双赢和促进广州港口行稳致远上持续发力。

（一）突破政策瓶颈 降低制度成本

针对广州港口政府规费总和推高港口收费水平问题，为规范和推进行业发展树立标杆作用，由广州港务局牵头制定降低广州市港口收费的具体政策，达到行政事业单位收取的港口费项整体减负20%的目标，并以市政府名义印发实施，两个月内完成。其中：

①免除货物港务费市留存部分，预计降费幅度50%；

②免除港口设施保安费公共统筹部分，预计降费幅度50%；

③引航费对集装箱班轮按《港口收费计费办法》规定的收费标准上限降低15%征收，下一步再研究出台进一步的降费措施。

（二）利用价格杠杆 由市场配置资源

通过经典供给学派“拉弗曲线”在港口经济学的应用，针对广州港口靠港船舶和班轮较少的现实，我们分析发现港口收费高过一定限度后，由于停泊此港的成本过高，母港船舶减少或停滞，收费基数减小，港口企业整体收入反而下降。这在经济学中称为费率禁区，当费率进入禁区后，费率与总收入呈反比关系，此时适度降低费率能降低航运企业在港成本，吸引更多船只来港，扩大收费基数，总收入和吞吐量都将增加。即减少收费、刺激商业活动、创造更多航线班轮，通过增量反而能在低费率的前提下增加港口收入。因此，广州港口企业应善用价格杠杆，有针对性地定向降费和相机调整，通过让步部分短期利润空间，使港口资源配置更加市场化，使港口的长远发展和远期综合收益得到保证。因此，我们拟通过港口企业制定企业收费方面的优惠减免措施，达到整体减负 15% 的目标。由广州港集团负责实施。其中：

①拖轮费对集装箱船舶降低 20% 计收；

②研究适当降低停泊费（非集装箱船舶），加大港口基础设施力度，提高管理水平，争取作业效率提高 10%，减少在港作业时间；

③港口作业包干费等（外贸出口件杂货、汽车）在现行收费标准基础上降低 15%。

（三）形成政策合力　优化管理体制

在广州市建设国际航运中心领导小组框架下，成立包括口岸、港务、海事、海关、边防、价格、港口企业、货代船代、航运企业、货主代表参加的港口收费清理专项工作组，定期会商，建立投诉举报“单一窗口”，一站式受理企业诉求，并分派协调相关部门尽快解决。畅通意见上行渠道，加强市场监管，引导实现行业自律，严肃查处针对航运企业集中反映的代理公司代收规费、货方费用向船方收取等收费乱象；争取港口管理体制综合改革试点，大胆创新、自费改革，突破广州港口发展的体制性瓶颈。

（四）突出规划引领　聚焦降本增效

将降低港口收费统一纳入广州市物流业降本增效专项行动方案，系统性完善物流相关行业的收费规范，按供给侧改革的思路去产能、降成本、补短板，整合统筹港口资源，统一规划、统一建设与统一开发，推进港口行业转型升级，提升整体发展水平，实现根本性降低港口物流企业成本的目标。不仅仅是港口企业的收费，还包括航运收费和代理收费，系统性地推进规范物流相关行业的收费，将港口物流收费的问题逐项加以研究解决，以实现根本性地降低港口物流企业成本。

（五）积极开拓货源航线，打造规模效应

航线方面，要增加政策补贴，重点支持港口企业争取三大国际集装箱联盟之一的 THE 联盟进驻广州。THE 联盟的运力在远东－北美航线上所占市场份额为 32.4%，在远东－北欧航线上所占市场份额为 23.7%。THE 联盟进驻南沙将助力广州港突破欧美干线少的瓶颈。同时也要积极争取海洋联盟、2M 联盟、马士基、达飞、地中海、中远海运等国际航运巨头在广州港开辟航线。货源方面，要支持港口企业通过参股或控股珠江水域上游企业及腹地货源企业的方式稳定和开拓货源、布点内陆港建设。

目前，部分工作已经取得了阶段性成果。一是在全国率先全面开放拖轮、理货和船代市场。广州港于 2017 年 12 月 26 日以公告形式率先宣告全面放开拖轮、理货和船代市场。此项举措打破了该部分服务必须由港口下属企业或指定企业提供的市场壁垒，在全国沿海 39 个港口中创下先例。二是着力降低港口收费制度性成本。2017 年 11 月，出台《关于广州港南沙港区集装箱班轮引航费优惠的批复》，明确引航费按照规定的收费降低 15% 征收，预计减负金额为 2200 万元。2018 年 3 月，出台《广州市港务局关于印发免除广州港货物港务费地方政府留存部分和港口设施保安费公共统筹部分的通知》，明确从 2018 年 1 月 1 日起降低货物港务费、港口设施保安费等收费标准，涉及地方政府留存或公共统筹的部分予以减免，预计全年降费规模 1.2 亿元。三是政策红利初步显现。自上述降费各项措施出台以来，经广州港口的进出口货物物流成本有效降低，据统计，2018 年广州港口货物吞吐量五年来首次跃居全国前三，增速位居全国第一，在港口降费政策实施座谈会上，广东船东协会叶伦秘书长对广州港口降费的各项政策措施给予充分肯

定，表示将面向成员单位大力宣讲广州降费政策，吸引更多航运企业落户广州。

广州港就是一面镜子，折射的是广州城市的前世今生。在社会主义市场经济体制下，最后还是要以中心城市来配置资源，广州所处的区位和竞争形势，决定国家中心城市的地位必须靠大家团结起来拼命干。在竞争性领域遏制竞争，谋取垄断利润是没有未来的，广州港只有在全国先行先试，突破性地自我革命，引入竞争打破垄断，激发市场主体的活力；突破性地自费改革，使政府让利给经营企业，打造物流成本价格优势；突破性地自我提升，从供给侧改革降成本出发，优化再造管理流程，才能转危为机，杀出一条血路。

（审稿人　潘其胜）

专题研究篇

Special Topics

B.21

加快将广州打造成为“全球定制之都”的对策研究*

广州大学广州发展研究院课题组**

摘　要： 广州市大规模定制服务起步较早，当前已具备打造“全球定制之都”的良好基础条件。广州应该抓住建设“中国制造2025”试点示范城市、国家服务型制造示范城市的历史机遇，强化规范引领，加大政策扶持力度，进一步打响“广州定制”品牌，使得国际设计之都、全球定制之都成为引领广州

* 本报告系广东省高校人文社科重点研究基地广州大学广州发展研究院、广州市首批新型智库建设试点单位、广东省高校创新团队项目“广州城市综合发展决策咨询团队”研究成果。

** 课题组成员：涂成林，广州大学二级研究员，博士生导师，国家“万人计划”领军人才；谭苑芳，广州大学广州发展研究院副院长，教授；曾恒皋，广州大学广州发展研究院所长；彭晓刚，广州大学广州发展研究院特聘研究员；周雨，广州大学广州发展研究院、助理研究员，博士；汪文姣，广州大学广州发展研究院所长，助理研究员，博士。执笔：谭苑芳。

制造业服务化发展的双引擎。

关键词： 定制产业 服务型制造 广州

2018年10月，广州、苏州等6个城市获工信部批准创建全国首批服务型制造示范城市。服务型制造（也称制造业服务化）就是“制造业企业通过创新优化生产组织形式、运营管理方式和商业发展模式，不断增加服务要素在投入和产出中的比重，从以加工组装为主向‘制造+服务’转型，从单纯出售产品向出售‘产品+服务’转变”①。大规模个性化定制是推动制造业服务化发展的一个重要方向。工信部、国家发改委、中国工程院共同牵头制定的《发展服务型制造专项行动指南》明确将推广定制化服务确定为发展服务型制造专项行动的一项主要内容，明确提出要积极培育定制化服务模式，支持开展大批量定制服务。

“个性定制”早在2010年就排在美国学界预测的“改变未来十大科技”中的首位。高度迎合了当下消费者个性化消费需求的定制服务正在成为一种消费时尚并得到快速普及。广州市在家居定制方面已走在全国前列，应该紧紧抓住当前创建国家服务型制造示范城市的重大机遇，大力发展定制经济与定制服务，加快将广州市打造成为具有国际影响力的“全球定制之都”。

一 广州打造“全球定制之都”的现实基础条件

定制经济的兴盛一般需要满足四个方面的基本条件：第一，生产力相对发达，社会产品相对丰富，产品同质化现象普遍；第二，信息化产业发达，

---

① 工业和信息化部、国家发改委、中国工程院：《发展服务型制造专项行动指南》，工业和信息化部网站，http：//www. miit. gov. cn/n1146295/n1652858/n1652930/n3757016/c5164359/content. html。

可以使得需求方和供应方在线交流与零距离协商；第三，人类自由消费意识觉醒，崇尚个性化；第四，物流配送、银行支付、商业信用等体系完备。① 从这个方面来看，当前我国许多大型城市都具备发展定制经济的条件。但要打造具有国际影响力的定制之都，则不仅需要有发达的制造业和生产服务业产业体系，还需要有良好的政策环境、国际化的营商环境、成熟的商业模式与充足的创新人才支撑。

（一）政策环境

传统制造业高速发展使得我国成为享誉全球的世界制造业中心，但也使我国产品市场近年来呈现出明显的买方市场特征，在一些领域甚至出现产能过剩的现象。由“中国制造”向“中国智造”“中国创造”转变，是振兴传统实体经济的必由之路。为推动我国制造业由大向强发展，习近平总书记2015 年在中央经济工作会议上的讲话中指出：“按照高端化、智能化、绿色化、服务化的方向，实施好《中国制造 2025》、‘互联网 +’行动计划。”随着制造强国“四化”战略的实施，国家工信部先后出台了《关于继续开展互联网与工业融合创新试点工作的通知》《关于深化制造业与互联网融合发展的指导意见》《发展服务型制造专项行动指南》等一系列政策文件。满足个性需求的制造模式创新，推动传统生产模式由大规模生产向规模化个性定制转变，大力发展个性化定制、服务型制造等新模式，成为开展互联网与工业融合创新试点的重点方向之一。相关政策明确鼓励日用消费品、纺织服装、家居建材、电子终端、机械装备和汽车等制造业企业发展，利用信息通信技术开展定制化服务，增强定制设计和用户参与设计能力。

2019 年 2 月，中共中央国务院发布的《粤港澳大湾区发展规划纲要》明确提出要将以香港、澳门、广州、深圳四大中心城市作为区域发展的核心引擎，将粤港澳大湾区打造成为“发展活力充沛、创新能力突出、产业结构优化、要素流动顺畅、生态环境优美的国际一流湾区和世界级城市群”。

---

① 胡立彪：《别对定制产生误读》，《大众标准化》2016 年第 11 期。

在产业发展方面，重点是推动互联网、大数据、人工智能和实体经济深度融合，大力推进制造业转型升级和优化发展，推动制造业从加工生产环节向研发、设计、品牌、营销、再制造等环节延伸，建设具有国际竞争力的先进制造业基地。聚焦服务业重点领域和发展短板，促进商务服务、流通服务等生产性服务业向专业化和价值链高端延伸发展。

同时，当前广州正在高标准建设“中国制造2025”试点示范城市和国家服务型制造示范城市，已明确将服务型制造作为产业转型升级的重点方向，大力实施“互联网+先进制造业”发展战略，通过国家战略联动厚植发展服务型制造优势，出台了工业互联网行动计划等一系列规划和行动计划，率先成立了工业互联网产业联盟和产业投资基金，加快引领制造业产业链、价值链向高端攀升。

由此可见，推动制造业服务化发展既是国家当前重要的战略导向，也是粤港澳大湾区最为核心的产业发展方向。广州作为粤港澳大湾区的重要中心城市，积极打造全球定制之都、大力推广定制化服务，与当下国家、省、市发展战略与规划高度吻合，属于典型鼓励发展的政策导向型产业。

（二）产业基础

定制产业是制造与服务融合发展的新型业态，其构成的四个核心要件是制造企业、面向用户、（基于本企业制造的）产品与增值服务。大规模个性化定制既包括基于制造的个性化服务，也包括面向服务的柔性化制造，制造业和生产性服务业是定制产业的核心市场主体与产业发展基石。而广州是国内少数同时在制造业和生产性服务业领域都具有强大产业规模和市场竞争力的超大型城市。

广州是“千年商都”，也是我国重要的工业城市，早在1980年工业总产值就突破了100亿元，成为全国第五个工业产值越过百亿元大关的大城市。当前，广州在汽车、电子产品、医药与健康产品等先进制造业领域已具有强大的竞争优势，在家具、服装、首饰等传统制造业领域也保留完整的产业体系和较强的国际竞争力，是国内四个一线城市中唯一入选“中国制造2025”试点示范城市的国际化大都市。其中在汽车领域，广州是国家汽车及零部件出口基地、国家节能与新能源汽车示范推广试点城市，2017年广州汽车产量达310.8万辆，占全国汽车产量的10.71%，整车产量规模国内排名第一。2018年全市汽车产量为296.5万辆，仅次于上海居全国城市第二位，年产值达到5490亿元，占全市规模以上工业总产值的30.1%。

表1　2015～2018年广州市规模以上主要工业产品产量

工业产品	单位	2015年	2016年	2017年	2018年
营养、保健食品	吨			558.08	462.45
果汁和蔬菜汁类饮料	万吨			34.47	29.68
彩色电视机	万部	694.07	935.85	814.48	1014.43
家用电冰箱	万台	349.74	373.50	277.89	329.84
房间空气调节器	万台		1244.22	709.62	732.32
汽车	万辆	220.97	262.88	310.81	296.52

资料来源：2015～2018年《广州市国民经济和社会发展统计公报》。

表2　2015～2018年广州市主要商品出口额

单位：亿元

商品	2015年	2016年	2017年	2018年
纺织品	194.91	188.68	225.70	193.98
服装	683.44	668.16	792.31	639.97
鞋	124.04	115.08	156.00	136.08
家具	181.62	172.29	186.10	177.85
首饰	251.52	246.87	260.16	265.47
船舶	160.46	134.60	105.94	99.92
箱包	181.12	200.83	234.74	209.72

资料来源：2015～2018年《广州市国民经济和社会发展统计公报》。

同时，广州在工业设计、工业互联网、现代物流、电子商务等生产性服务业领域发展水平也领先。2017年，广州的生产性服务业增加值已达到9038亿元，同比增长9.4%，占GDP的比重达42%，规模仅次于北京、上海，是粤港澳大湾区内生产性服务业发展水平最高的城市。根据 2018 年 3 月修订后的《广州市建设“中国制造 2025”试点示范城市实施方案》，广州将生产性服务业进一步明确为八大重点领域之一，要求到 2019 年底生产性服务业增加值达到 1.3 万亿元左右，占服务业增加值和 GDP 的比重分别达到 70% 和 49% 左右，生产性服务业对工业转型升级和经济提质增效的引领带动作用进一步增强。

随着“中国制造 2025”试点示范城市和国家服务型制造示范城市创建工作的深入推进，广州近年来工业和生产性服务业方面的发展后劲更加强劲。2018 年全市完成工业投资额 952 亿元，增长 53.8%，高于上年同期 50.7 个百分点。工业与信息化领域投资额 10 亿元以上的重大项目达到 44 个，预计投资总额 3325 亿元。2018 年广州成功创建了广东省唯一的国家制造业创新中心、唯一的智能网联汽车与智慧交通应用示范区，全省首个 4K 应用示范社区、工业互联网产业示范基地，工业互联网标识解析国家顶级节点（广州）正式开通，已有树根互联、阿里云等 20 多家工业互联网平台集聚广州，67 家企业入选“广东省工业互联网产业生态供给资源池”、国家级和省级贯标试点企业达到 395 家，数量均居全省首位，数字经济发展水平走在全国前列。广州在定制经济方面已拥有较为完善的产业链、供应链和创新链，产业基础优势势必将更加明显。

（三）发展水平

大规模定制模式在西方发达国家于 20 世纪 90 年代就已在汽车、计算机、通信等领域得到了广泛应用。国内企业起步要稍晚些，21 世纪初广州、青岛等一些城市的家具、家电企业开始逐渐引入互联网技术和大数据应用，由“先产后销的高库存模式”逐渐向“先销后产的零库存定制经济模式”转变，从追求大规模生产的低成本和生产收益向追求满足顾客多样化、差异化需求和服务收益转变，通过供应链、产业链的重塑来发展定制经济，进而推动大规模定制领域的产业化、数字化、智能化。如广州的索菲亚公司在 2003 年就开始生产销售定制衣柜，并于 2011 年在深交所成功上市，成为定制衣柜行业内首家 A 股上市公司。广州欧派集团也早在 2003 年就推出了“电脑互联设计系统”和“订单管理系统”生产销售模式，并在 2014 年正式启动“大家居战略”，整合衣柜、橱柜、木门、卫浴、墙饰、寝具、家具等各个种类成立“大家居事业部”，推动国内家具定制向全屋定制转型升级。广州的尚品宅配公司在 2004 年开创国内首个数码化定制家具并提出“免费量尺、免费设计、免费出效果图”服务，并于 2007 年打造一站式定制模式，推出了 3 室 2 厅全屋定制。近阶段又在不断与油烟机、床垫、床上用品、地板其他大型行业进行跨区域合作，在更广泛的范围中全面推行全屋定制。

在国内现有的 9 家从事家居定制的上市公司中，广州占了将近一半，2017 年总销售收入已达到 238.84 亿元。作为中国定制家居产业的发源地的广州，已成功打造出了“家具定制看广州”的响亮行业口碑。另外在设计定制服务领域，目前广州构建了国家、省、市三级工业设计中心创新能力建设体系，已培育出了 5 家国家级工业设计中心，数量位居全国前三。由此可以看出，广州在定制产业领域发展不仅起步较早，而且从一个城市的整体发展水平和品牌影响力来看，广州的定制产业无疑已走在全国前列。

表 3　定制家具上市公司 2018 年财务数据

企业名称	所在城市	营业收入(亿元)	资产总额(亿元)	净利润(亿元)
欧派家居	广东广州	115	111	15.7
索菲亚	广东广州	73.1	78.1	9.59
尚品宅配	广东广州	66.4	53.2	4.77
志邦股份	安徽合肥	24.3	27.8	2.73
好莱客	广东广州	21.3	28.8	3.82
皮阿诺	广东中山	11.1	15.8	1.42
我乐家居	江苏南京	10.8	12.9	1.02
顶固集创	广东中山	8.31	10.1	0.76
金牌厨柜	福建厦门	2.78	17.6	0.19

资料来源：各上市公司 2018 年年报。

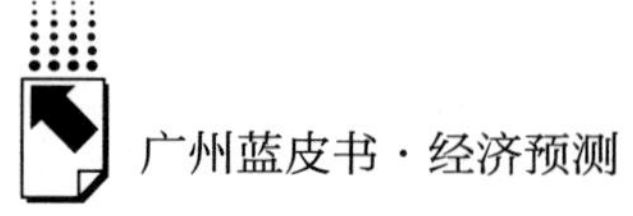

二 当前广州市发展定制产业存在的主要问题

（一）尚缺乏明确针对性的扶持政策，大规模定制产业发展缺乏整体性系统谋划

当前广州市工业和信息化部门出台的关于“中国制造2025”、服务型制造等一系列指导政策和行动计划中，虽然都或多或少提到了鼓励支持开展大批量定制服务。如2018年最新修订的《广州市建设“中国制造2025”试点示范城市实施方案》就将定制产业归于重点发展的都市消费工业领域，提出要将广州建成国内领先的智能家居基地、灯光音响基地、时尚服饰之城。“大力推动家电、家具产业向智能化、绿色化、定制化、健康化发展，支持物联网、云计算、大数据、人工智能等技术在家居产品的应用。”“鼓励皮革皮具、珠宝饰品产业向品牌化、个性化、时尚化发展。”并明确提出要实施大数据应用工程，“围绕乐金、视源、通用医疗等龙头企业，引导制造业企业利用大数据开展产品研发设计、智能制造、个性化定制，实现以数据驱动制造业产业升级，建设工业大数据标杆应用基地”。这些政策没有将家居产品定制、服饰产品定制、家电产品定制、新技术研发定制、新产品设计定制等进行系统谋划，不仅显得零散，而且由于针对性不强而政策扶持力度明显不足。

（二）大规模个性化定制服务整体发展水平不高，尚处于初级发展阶段

广州的大规模定制服务虽然起步较早，但定制产业整体发展水平并不高。在消费型定制服务方面，广州当前仅仅在家居定制方面取得了较好成果，服装、汽车、家用电器等制造业领域的优势并没有充分发挥出来，服装定制、汽车定制、家电定制、旅游定制、教育定制等领域尚未形成比较成熟

的定制服务模式和市场品牌，基本还处于企业自身摸索阶段。在生产型定制服务方面，虽然近年来广州大力推动工业互联网产业发展，但在新技术研发定制、新产品设计定制和新产品样式定制等方面都还仅仅处于起步发展的初级阶段，生产性定制服务规模较小。

（三）标准化工作推进缓慢，大规模定制行业缺乏标杆高度和规范引领

科学的大规模定制是“非标中的标准生产”，是运用标准化的规格组合满足消费者的个性化需求。标准化工作是大规模个性化定制的核心要素，是保障大规模个性化定制顺利实施的重要手段。“以客户为中心”的大规模定制不能以此为理由就放弃质量、安全的基本原则而对客户进行无底线的妥协，否则只会使定制产品成为粗制滥造的代名词，将整个行业推向万劫不复的深渊。

大规模定制行业发展比较成熟的家居定制近年来频频出现产品气味难闻、货不对板等质量与管理问题，已引发消费者与媒体对家居定制的不满与质疑，成为制约广州家居定制产业进一步提升发展的主要瓶颈。从定制家居上市公司近几年的财报看，2018 年以来家居定制企业的发展速度已明显下滑，增速从 2017 年颠覆期的 30% ~40% 下降至 2018 年的 10% ~20%。而整体市场空间拓展受阻，家居定制企业被迫打起了价格战，全屋定制套餐价格自 2017 年以来持续下降。2017 年，广州家居定制企业推出的 18 平方米的全屋套餐一般价格为 19800 元，而到了 2018 年，19800 元、16800 元、14800 元等各种价格的套餐纷沓而来，进而到 2019 年 19800 元的全屋套餐已从 18 平方米变为 22 平方米。

而频发的质量投诉、越来越激烈的价格战，最根本的产生原因就是家居定制行业缺乏标准引领与规范约束。“一流企业定标准、二流企业做品牌、三流企业做产品”，广州的大规模家居定制虽然起步早、规模大、品牌强，但占领标准高地的意识却不强，缺乏以标准引领全球行业发展的市场抱负与霸气。直到 2018 年 12 月广州市在强市办主导的“定制家居产品质量国际比

对研究提升工程”的推动下才推出了团体标准《定制家居产品　人造板定制衣柜》（T/GCHA 1）。相较而言，海尔集团在多年前就开始了家电业大规模定制流程、系统架构、技术、数据格式及应用方法等标准的研究与制定，联合中国电子技术标准化研究院主导编制了《家电业大规模定制通用技术规范》《支持大规模定制的工业云建设及应用规范》一系列家电业大规模定制标准，并于2017年12月通过了美国电气电子工程师学会（IEEE）的审查得以正式立项。

（四）产业布局较为零散，尚未形成真正的产业集聚效应与品牌示范效应

当前广州从事定制服务的企业虽然很多，但在区域分布上非常零散，企业与企业之间、制造业与服务业之间缺乏有效的联系与支撑平台（线上没有一个统一的信息化平台，线下没有一个融合集聚发展的产业园区），这种分离割裂使得大规模定制服务的产业链、供应链与创新链之间无法实现紧密衔接。同时，除欧派、索菲亚等少数几个家居定制企业已在行业内形成了一定的品牌效应外，大多数定制企业都还处于初级探索阶段。由于缺乏具有标志性的集聚发展平台进行示范引领，定制企业各自为战，这对在全国乃至全球打响“广州定制”品牌极为不利。

（五）生产性服务业总体发展水平还有待增强，内部结构急需优化

生产性服务业作为先进制造业必不可少的中间投入以及现代服务业发展的重要支撑，是促进制造业服务化与推进大规模定制服务发展的关键环节。在已经实现工业化的发达国家，制造业服务化的特征非常突出，普遍存在“两个70%”的现象，即服务业产值占国内生产总值的70%、制造服务业产值占整个服务业产值的70%。①广州市委市政府近年来高度重视生产性服

① 赵剑波：《服务型制造，渐成新型产业形态》，《人民日报》2016年5月24日。

务业的发展，在《广州市加快发展生产性服务业三年行动方案（2015～2017年）》的强力推动下，2017年全市生产性服务业增加值已达到9038亿元，占GDP的比重为42%，处于国内城市前列。但与欧美发达国家以及北京、上海比较，广州的差距还比较明显。如北京早在2013年就成为全国首个生产性服务业规模破万亿元的城市，自2015年以来生产性服务业规模就占到北京GDP的一半以上。2017年北京生产性服务业中的金融、科技、信息三大行业对地区GDP的贡献率就已高达65.9%。上海的生产性服务业增加值在2017年达到了13156.31亿元，占GDP比重达到43.66%，2018年这一比重进一步提高到了45.6%。

同时，广州的生产性服务业内部结构不尽合理，生产性服务业中的金融服务业，房地产租赁和商务服务业，交通运输、仓储和邮政业等三个行业的发展水平远远高于其他行业，这三个行业2016年对于服务业的增加值贡献率达到45.88%。[①] 而科学研究与技术服务业、信息传输与信息技术服务业等方面近年来虽然发展很快，但是依然存在产值偏低、规模偏小、市场竞争力偏弱等现象。这种不尽合理的产业结构削弱了对广州建设国家服务业制造示范城市、打造领先全球的大规模定制产业的支撑能力。

（六）高端复合型创新人才缺乏制约大规模定制产业发展

大规模定制是制造业与服务业融合创新发展的新型业态，不仅需要有一批具有战略眼光和国际化视野的产业领军人才引领行业发展，同时还需要有大量技术、设计、商业、服务方面的高端化、复合型创新人才支撑。近年来广州虽然在大力实施创新人才战略，出台了《关于加快集聚产业领军人才的意见》及4个配套文件、《广州市高层次人才服务保障方案》和《广州市高层次人才培养资助方案》等一系列人才新政，在高端创新人才引进方面取得了一定成效，但家具、服装、首饰等定制服务发展较好的行业多为传统

① 冯琴：《生产性服务业发展的比较研究——以广州市为例》，《行政事业资产与财务》2019年第5期。

的劳动密集型产业，企业规模较小，创新人才引进比较困难，在设计、制造和服务模式创新方面存在较大的人才瓶颈。

三 加快将广州打造成为“全球定制之都”的建议

通过前文分析可以看出，当前已具备打造“全球定制之都”的良好基础条件。广州应该紧紧抓住创建“中国制造 2025”示范城市、国家服务型制造示范城市的历史机遇，强化规范引领，加大政策扶持力度，打响“广州定制”品牌，使得国际设计之都、全球定制之都成为引领广州制造业服务化发展的双引擎，进一步巩固和提升广州在粤港澳大湾区建设中引领发展的城市地位，为将粤港澳大湾区建成世界先进制造业和现代服务业基地贡献独特力量。

（一）加强定制产业规划与标准引领

1. 加快制定大规模定制产业发展规划，整体谋划定制产业高质量发展

定制服务不但包括面向最终消费者的消费性定制服务，如家具定制、服装定制，也包括面向产业链下游企业的生产性定制服务，可分为新技术研发定制、新产品设计定制和新产品样式定制三个层次。生产性定制服务的本质是创新，因而比消费性定制服务有更为重要的意义。[①] 广州要打造全球定制之都，就不能只局限于家居定制一个狭窄的产业领域，仅仅靠一个家居定制是不足以支撑起“广州定制”的品牌形象的。当今信息化科技的发展带来了各行业的定制化浪潮，汽车、家电、轻工、通信、教育、旅游、交通出行等不同行业都在通过物联网、云计算、大数据、人工智能等最新互联网技术打造个性化服务。广州要充分利用本市乃至粤港澳大湾区发达制造业的产业基础优势，抓紧制定定制产业发展规划纲要，通过优化产业布局、确定重点

---

① 朱高峰、唐守廉、惠明、李燕、唐一薇：《制造业服务化发展战略研究》，《中国工程科学》2017 年第 3 期。

发展领域与发展方向等对定制产业进行系统性整体谋划。具体而言，在消费型定制服务方面，建议重点发展家居定制、汽车定制、服装定制、皮具箱包定制、珠宝首饰定制和家用电器定制，在生产型定制服务方面重点发展工业设计定制。

2. 加快推进定制行业的标准化工作进程，全面占领定制行业标准高地

广州要打造全球定制之都，关键一环就要占领行业、国家、国际定制标准高地，一方面通过标准制定掌握行业和国际话语权，另一方面通过标准化工作推动定制行业规范化、高质量发展，扭转传统制造企业在由大规模生产制造模式向大规模个性化定制生产转变的过程中面临的技术标准无径可循、无章可依的困境，维护好定制行业的产业生态环境。每个行业的大规模定制在用户交互、研发设计、模块采购、柔性生产、数字营销等诸多环节都需要有相应的标准规范。广州可以以家居定制国际化标准研究与制定为基础和起点，优先发展完善家居定制的标准化体系，彻底巩固广州在家居定制领域的行业领导地位。同时推动定制产业与广州质量检测研究院、广州市标准化研究院等相关科研机构进行深度合作，有组织有步骤地逐步推动汽车定制、服装定制、皮具箱包定制等重点发展领域的标准制定和国际化认证，最终形成能够获得行业和国际认同的“广州定制”生产与服务标准化体系。

（二）加大对定制产业的政策扶持力度

广州定制产业目前还处于幼稚期，创新能力、竞争能力、抗风险能力等都还比较弱。要破解广州定制产业布局分散、各自为战的局面，引导更多传统制造企业从传统制造模式向定制生产模式转变，就需要广州市委市政府在资金、土地、人才、技术等方面出台更加明确而强有力的扶持政策，推动定制产业加快成长。

第一，在广州“中国制造 2025”产业发展基金中设立定制产业专项发展基金，推动市发展改革委、科技创新委、商务委等部门的财政扶持专项向大规模定制产业中的重点领域、重点项目、重点企业适当倾斜，加大对定制

产业的财政资金扶持力度。

第二，根据2018年修订后的《广州市建设“中国制造2025”试点示范城市实施方案》，广州将每年安排不少于333.333公顷（约5000亩）的用地指标专门支持工业项目发展。当前广州定制产业正处于高速发展阶段，工业用地需求增长很快，因此建议广州市政府部门加大对定制产业的用地供给力度，在工业用地指标上优先安排定制产业项目，推动更多优质定制产业项目快速向广州集聚。

第三，在城市商务区设立“定制产业之都创意产业园”，吸引定制企业总部、科研服务、工业设计、信息服务、电子商务等相关企业在此集聚融合发展，促进定制行业的产业链、供应链、创新链紧密衔接，推动广州定制产业加快形成强大的产业集聚效应与品牌示范效应。

第四，定制产业的市场主体虽然是制造业企业，但在当今竞争激烈的定制化发展浪潮中，制造业企业要做好定制服务就离不开数控化、网络化、信息化、智能化等科技手段，唯有如此才能不断适应市场竞争跟上时代步伐。因此建议政府科技部门要大力支持定制企业科技创新，支持定制企业申报高科技企业，支持企业创建研发设计中心，促进传统产业与科技融合发展。同时建议设立定制产业产学研协同创新重大专项，推动定制企业与科研机构协同创新，加大对定制行业的制造、服务、质量保障等新模式、新技术创新的支持。

第五，加大对大规模定制服务创新人才的支持力度，重点支持定制产业领域的创新型企业领军人才、从事核心技术或关键技能岗位的技术人才和高校毕业生申报相关人才政策资助和补贴；鼓励推动定制企业与相关高校、科研院所、行业协会等合作开展有针对性的人才培养和培训工作。

（三）推动定制产业协同化、品牌化发展

第一，在广州市定制家具行业协会的基础上，联合粤港澳地区的定制企业发起成立粤港澳大湾区定制产业协会和粤港澳（国际）大规模定制产业联盟，促进定制企业资源共享与高质量协同发展，携手做大做强定制品牌。

第二，加大对定制消费、定制模式、定制文化、定制标准的宣传普及教育，全面强化企业、民众对定制经济的深入了解。充分利用媒体宣传、国际参展、举办论坛等方式加大对“广州定制”的品牌宣传力度，积极将“广州定制”品牌推广至全国乃至全世界。

（审稿人　魏绍琼）

B.22
广州市经济长期增长的动力机制研究

陈向阳　曾鹏聪*

摘　要： 本文在理论回顾的基础上，利用广州市2000~2018年的统计数据，实证分析各种污染物指标与经济增长之间的关系。研究结果表明，工业废水排放量与实际人均GDP之间呈现倒“N”形曲线关系；工业二氧化硫排放量与实际人均GDP之间呈“N”形曲线关系；工业废气排放总量、工业烟粉尘排放量及工业固体废物产生量与实际人均GDP之间呈“U”形曲线关系；道路交通噪声昼间平均等效声级与实际人均GDP之间呈倒“U”形曲线关系。在环境约束下维持经济可持续增长的决定性因素是人力资本存量与研发部门的产出效率。最后，本文提出激发广州市经济长期增长内在动力的政策措施。

关键词： 经济增长　环境污染　环境库兹涅茨曲线

一　引言

随着中国特色社会主义进入新时代，我国社会的主要矛盾转化为人民日益增长的美好生活需要与不平衡不充分的发展之间的矛盾。我国经济也由高速增长阶段向高质量发展阶段转变，既要创造更多物质和精神财富以满足人民对美好生活的需要，又要提供更多优质生态产品以满足人民对优美生态环境的需要。

* 陈向阳，广州大学经济与统计学院副教授；曾鹏聪。广州大学经济与统计学院本科生。

因此，形成经济发展与环境保护相协调的增长方式，还自然以宁静、和谐和美丽，推动绿色发展，具有重要的现实意义。那么加强环境保护、推动绿色发展，加强生态文明建设与发展经济是否正相关？随着经济的不断增长，环境资源也日益变得缺稀，环境问题也逐渐显现出来。环境是影响经济增长的一个重要因素，同时经济的增长也会在一定程度上影响环境质量，由此环境与经济增长之间应该存在着密切的联系，而环境与经济增长之间的关系也成为学术界研究的一个热点问题。实际上环境污染的产生由来已久，然而环境污染问题受到广泛关注却是从20世纪50年代才开始的。一系列的环境污染问题，对人们的生活产生了极大的影响，全球才开始广泛关注环境保护问题。此后出现了许多这方面的理论和实证研究文献，在实证研究中最重要的发现产生于20世纪90年代，美国经济学家Grossman和Krueger提出环境库兹涅茨曲线，认为经济增长与环境污染之间存在着一种倒“U”形的关系，环境质量在经济增长的初期会恶化，而随着经济的增长环境质量会逐渐得到改善。这一关系也在许多发达国家和工业化国家中得到了证实。这意味着经济增长可以改善经济发展初期对环境造成的不利影响，为了提高环境质量，经济发展是必需的。然而大多数文献认为环境库兹涅茨曲线是一种经验现象，是一种经验性的描述，在不同的国家和地区拟合的曲线形状不尽相同。国内外有许多学者不断对它进行实证研究，既证明了环境库兹涅茨曲线的存在性，也表明了经济增长与环境污染之间不一定呈倒“U”形曲线关系，还有可能呈“U”形、直线形、“N”形、倒“N”形等形状，经济增长与环境污染之间的关系曲线并不是唯一的。

党的十八届五中全会和“十三五”规划提出“创新、协调、绿色、开放、共享”的五大发展理念，其中创新是引领发展的第一动力，协调是经济可持续发展的内在要求，绿色是永续发展的必要条件和人民对美好生活追求的重要体现。在提高发展平衡性、包容性和可持续性的基础上，生态环境质量总体得到改善，发展空间格局得到优化，碳排放总量得到有效控制，主要污染物排放总量大幅减少。在这样的背景下，广州市的经济增长与环境污染之间的关系如何？广州如何实现经济长期增长与生态环境保护协调发展？从理论与实证上探讨在环境约束下广州经济长期增长的动力与动力机制，提出广州实现经济长期增长与生态环境协调发展的相关政策建议具有理论价值与现实意义。一是可以验证环境库兹涅茨曲线在广州市是否存在，如果存在，其形式是否与其他地区一样；二是目前专门研究广州市环境污染与经济增长之间关系的文献较少，因而研究两者之间的关系对促进环境与经济的协调发展，推动广州经济的绿色发展具有现实意义。

二 理论回顾与文献综述

20 世纪 70 年代，罗马俱乐部提出“增长的极限”假说，该假说认为环境资源的不可再生会制约经济增长，为了保护环境需要人为地降低经济增长的速度。从 20 世纪 90 年代以来，出现了许多关于经济增长与环境污染之间关系的理论与实证研究文献，从理论上来看，经济增长通过经济规模、技术与产业结构对环境污染产生影响。一是经济规模效应。随着经济规模的扩大，环境资源投入会增大，产生的环境污染也会增多。二是技术效应。随着经济增长，人们对优美环境的需求也越来越大，加大了对低碳技术的创新，提高了经济增长的能源利用效率，降低了环境污染。三是结构效应。产业结构决定环境污染的数量与质量，产生结构性环境污染，一定的产业结构形成一定的污染特征，随着经济发展，产业结构由低级向高级演变，清洁产业的发展降低了污染产业的比重，降低了污染物的排放量。四是收入效应。随着经济增长，人均收入提高，人们对优美环境的需求增加，环保意识加强，当经济主体效用函数中环境对物质消费品的边际替代弹性大于 1 时，经济增长会降低环境污染。五是政策效应。政府环境管制政策的实施会增加企业污染的成本，促使政府提高环保投入改善环境质量。目前，国内外学者相关的研究有：Lopez（1994）认为当生产者支付环境污染外部性产生的成本时，环境污染与收入之间的关系取决于技术和使用偏好的特征。Selden 和 Song（1995）认为对环境污染的治理投资是减少污染排放的关键，而这种现象只有在资本积累到一定程度时才会产生，因而环境污染与资本量之间存在倒“U”形曲线关系。John 和 Pecchenino（1994）利用重叠代模型研究发现在动态均衡时当治污投资由零转为正时，环境污染与经济增长之间的倒“U”形曲线成立。Copeland 和 Taylor（2003）从经济增长、收入效应、环境政策和减排技术方面对环境污染与经济增长之间的关系进行检验，研究发现高收入国家环境污染的减少来源于技术进步，给予一定前提条件，收入与环境污染之间呈现倒“U”形曲线关系。陈向阳（2017）在内生经济增长的框架下讨论了环境库兹涅茨曲线的形成机制，把环境资本引入生产和消费函数，运用动态优化方法求出经济的最优增长路径。研究发现当经济规模小时，环境资本丰富，人们很少考虑环境污染问题，工业化程度提高后环境治理投资才会被重视，如果没有充足的资本用于环境治理，在长期内经济增长会耗尽环境资本，最终经济增长会变为零，因此环境治理投资是环境库兹涅茨曲线形成的动力机制，只有当环境污染治理投资充足时，环境质量才会改善，这是环境污染与经济增长呈倒“U”形曲线关系的基础。

在实证研究方面，Grossman 和 Krueger（1993）研究北美自由贸易区协议的环境效应时，利用二氧化硫、烟尘等环境污染指标与收入进行实证研究，发现人均收入与环境污染指标之间存在倒“U”形的曲线关系，并且转折点在 4000～5000 美元，并首次提出了环境库兹涅茨曲线（EKC）的假说。该假说认为在经济发展的初期，环境污染程度会随着经济增长而提高，经济增长与更高程度的环境污染相伴随，当经济增长超过某个临界点后，污染排放量开始下降，环境质量开始得到改善。此后，国外又有许多学者对 EKC 的存在性进行实证检验。国内对环境污染与经济增长之间关系的研究主要集中在对 EKC 的实证检验上，这些实证研究基本上分为两种：一是以全国为研究对象来检验 EKC 的存在性，如包群和彭水军（2006）利用中国 30 个省份 1996～2000 年 6 种环境污染指标的面板数据，构建包括产出方程和污染方程的联立方程组，研究发现除了工业废水中污染物化学需氧量外，其他 5 类污染指标与人均 GDP 的关系均为倒“U”形曲线关系，在影响污染排放量的控制变量中，环保科研经费的投入、贸易开放度、产业结构均是影响污染排放的重要因素。陈向阳（2017）利用中国 30 个省份（西藏除外）2004～2011 年的面板数据，在理论研究的基础上通过联立方程模型来对我国 EKC 的变化进行实证分析，结果表明人均 GDP 与工业废水排放量呈“N”形曲线关系；与工业烟尘排放量呈倒“N”形曲线关系；与工业粉尘排放量、工业二氧化硫排放量都呈“U”形曲线关系；与工业废水中化学需氧量排放量呈递减关系；与工业固体废物产生量呈递增关系。研究进一步发现，2004 年以来我国只有东部地区工业烟尘排放量和工业固体废物产生量随经济增长处于上升阶段，大部分地区的工业废水排放量、工业烟尘排放量、工业二氧化硫排放量和工业废水中化学需氧量排放量处于曲线的下降阶段，经济增长会抑制这些污染物的排放。但是随着我国各地区经济规模的扩大和第二个转折点的到来，环境污染并不会因经济发展而自动得到控制，因此必须进一步转变经济增长方式，开发和使用清洁生产技术，提高第三产业比重，推动环境保护的市场化。二是以省市为研究对象采用时间序列数据进行分析。如：刘晓伟（2010）利用上海市 1986～2007 年的数据，对上海市环境污染与经济增长之间的关系进行检验，发现倒“U”形的环境库兹涅茨曲线在上海市并不成立，同时通过格兰杰因果关系检验发现工业三废的排放量对上海的 GDP 几乎没有影响。吴丹和吴仁海（2011）采用 VAR 模型对广州、佛山、肇庆经济圈进行计量分析，结果发现处于工业化后期的广州，经济增长会导致工业废气排放量上升，而佛山和肇庆的经济增长会导致污染物排放量的整体上升。方伟成和孙成访（2012）利用深圳市 1996～2009 年的数据，对环境污染与经济增长的关系以及影响环境污染的因素进行了实证分析，研究发现 4 种环境污染指标与人均 GDP 之间都呈倒“U”形曲线关系，并且均已越过拐点，同时发现影响环境质量的因素还包括环保投资、技术进步、恩格尔系数等。孙倩倩（2014）利用天津市 1999～2012 年的人均 GDP 和环境污染数据，采用 VAR 模型、广义脉冲和方差分解方法实证研究了环境污染与经济增长之间的关系，研究发现环境污染与经济增长之间存在双向影响机制，同时它们之间的关系曲线也同样并非只呈倒“U”形。

目前，虽然国内研究环境污染与经济增长之间关系的实证研究比较多，但是采用动态经济学方法研究其形成机制的理论文献不多，专门实证研究广州市的环境库兹涅茨曲线存在性的文献也不多。本文以陈向阳（2017）的理论研究结论为指导，运用广州市经济增长、环境污染与相关控制变量的时间序列数据进行实证检验，并以此来探讨广州市经济长期增长的动力机制。

三　广州市经济增长与环境污染关系的实证分析

以下利用广州市2000～2018年的时间序列数据对广州市EKC的变化进行实证分析，试图找出广州市环境与经济之间复杂的联系，检验是否存在EKC曲线，揭示广州市经济增长与环境污染之间的内在作用机制，为探讨广州市经济长期增长的动力机制提供科学依据。

（一）计量模型

本文采用的计量模型如下：

$$P_t = c + \beta_1 Y_t + \beta_2 Y_t^2 + \beta_3 Y_t^3 + \beta_{4k} X_{kt} + e_t \tag{1}$$

式（1）中 P_t 表示各环境污染指标；Y_t 表示经济增长水平；X_{kt} 表示影响环境污染的其他控制变量；c 为截距项，e_t 为随机误差项，k 表示控制变量个数。待定参数 β_1、β_2 和 β_3 取不同值会产生不同形态的曲线，可分为以下几种情况：①当 $\beta_1 > 0$ 且 $\beta_2 = \beta_3 = 0$ 时，环境污染与经济增长呈单调递增关系；②当 $\beta_1 < 0$ 且 $\beta_2 = \beta_3 = 0$ 时，环境污染与经济增长呈单调递减关系；③当 $\beta_1 > 0$，$\beta_2 < 0$ 和 $\beta_3 = 0$ 时，环境污染与经济增长之间呈倒“U”形曲线关系，即EKC；④当 $\beta_1 < 0$，$\beta_2 > 0$ 和 $\beta_3 = 0$ 时，环境污染与经济增长之间呈现出“U”形曲线关系；⑤当 $\beta_1 > 0$，$\beta_2 < 0$ 和 $\beta_3 > 0$ 时，环境污染与经济增长之间呈“N”形曲线关系；⑥当 $\beta_1 < 0$，$\beta_2 > 0$ 和 $\beta_3 < 0$ 时，环境污染与经济增长之间呈倒“N”形曲线关系。其拐点为 $-\beta_1/(2\beta_2)$。

（二）指标选取与数据来源

经济增长指标一般采用人均实际GDP来描述，能表现环境污染水平的环境指标有两类：存量指标和流量指标。存量指标包括某地区空气、水环境污染中污染物的浓度；流量指标则包括工业废气、工业废水、固体废物和其他污染物排放量。根据相关文献，污染物排放量最适合用于衡量环境质量和环境污染程度。选取广州市 2000 ~2018 年的工业废水排放量、工业废气排放量、工业二氧化硫排放量、工业固体废物产生量、工业烟粉尘排放量作为研究指标，考虑到广州市部分地区也存在噪声污染，因此增加一项道路交通噪声昼间平均等效声级。由此，用以上 6 个指标来表示环境污染，用广州市人均 GDP 来代表经济增长。样本数据采用 2000 ~2018 年的年度数据，数据来源于《中国统计年鉴》及《广州统计年鉴》等。人均 GDP 是以 2000 年为基期计算，消除通货膨胀影响的实际人均 GDP。

影响污染的其他控制变量包括：①人口结构。人口结构可以是按照年龄结构区分，也可以按照性别区分。本文选择按城镇与农村人口区分，因为城乡人口结构可以反映城市化的进程，同时城市化也是反映工业化的指标。一般来说，城镇人口的比重越大，表明城市化程度越高，工业化程度也越高，经济发展越快，而环境污染就越严重。本文选取广州市年末常住城镇人口占常住总人口的比例来度量人口结构。②技术进步。技术进步可降低污染排放量，本文以各年的专利授权量代表技术进步。③贸易开放度。国际贸易使污染严重的产业从发达国家转移到了发展中国家或者环境管制较松的国家，由此会存在国际贸易对环境污染活动的替代效应。本文用进出口总额/GDP 来代表贸易开放程度。④产业结构。产业结构一般指的是第一、第二、第三产业占国民经济的比例。产业结构可以更直观地体现工业化程度，而在工业化发展的后期，第二产业比重将会不变或者降低，第三产业的比重将会持续升高。本文选取第二产业占 GDP 的比重及第三产业占 GDP 的比重来代表产业结构。

表 1 各变量名称、单位及表示符号

序号	变量名称	单位	文中采用记号
1	实际人均 GDP	万元/人	*lnGDP*
2	工业废水排放量	亿吨	*lnwater*
3	工业废气排放量	亿标立方米	*lngas*
4	工业二氧化硫排放量	万吨	$lnSO_2$
5	工业烟粉尘排放量	万吨	*lndust*

续表

序号	变量名称	单位	文中采用记号
6	工业固体废物产生量	万吨	*lnsolid*
7	道路交通噪声昼间平均等效声级	分贝	*lnnoise*
8	城镇人口比重	%	*lnpop*
9	专利授权量	项	*lntech*
10	进出口总额与 GDP 之比	%	*lnopen*
11	第二产业占 GDP 比重	%	*lnsecond*
12	第三产业占 GDP 比重	%	*lnthird*

（三）平稳性检验

利用时间序列数据进行回归分析时，当时间序列数据非平稳时，就会出现伪回归，因此必须对数据的平稳性进行检验。如果时间序列是非平稳的，则需要寻找新的处理方法。近年来发展起来的协整理论就是处理非平稳经济变量关系的有效办法，用于检验时间序列数据是否存在长期均衡关系，另外协整检验要求时间序列是同阶单整的。

1. 单位根检验

采用软件 Eviews 8 进行单位根检验，利用 ADF 方法检验上述选取的变量及它们的一阶差分的平稳性，检验结果如表 2 所示。

表 2　各变量的平稳性检验结果

变量	(C,T,K)	ADF 检验值	临界值(5%)	结论
lnwater	(C,0,1)	-1.0039	-3.0989	不平稳
Δlnwater	(C,T,0)	-4.9442	-3.7912	平稳
lngas	(C,0,0)	-1.2763	-3.0810	不平稳
Δlngas	(C,T,0)	-4.3105	-3.0989	平稳
$lnSO_2$	(C,0,0)	0.4773	-3.0810	不平稳
$\Delta lnSO_2$	(C,T,3)	-5.2117	-3.9334	平稳
lnsolid	(C,0,0)	-2.4696	-3.0810	不平稳
Δlnsolid	(C,T,0)	-6.2281	-3.7912	平稳
lndust	(C,0,0)	-0.3289	-3.1449	不平稳

续表

变量	(C,T,K)	ADF 检验值	临界值(5%)	结论
Δ*lndust*	(C,T,0)	-7.3378	-3.7912	平稳
lnNoise	(C,0,0)	-1.9821	-3.0810	不平稳
Δ*lnnoise*	(C,0,0)	-3.2534	-3.0989	平稳
lnGDP	(C,0,0)	-0.9540	-3.0810	不平稳
Δ*lnGDP*	(C,0,0)	-4.2151	-3.0989	平稳
lnpop	(C,0,0)	-2.5537	-3.0810	不平稳
Δ*lnpop*	(C,T,0)	-3.8215	-3.7912	平稳
lntech	(C,0,0)	0.9024	-3.0810	不平稳
Δ*lntech*	(C,0,0)	-4.4244	-3.0989	平稳
lnopen	(C,0,0)	-0.1669	-3.0810	不平稳
Δ*lnopen*	(C,0,0)	-3.4284	-3.0989	平稳
lnsecond	(C,0,0)	0.8173	-3.0810	不平稳
Δ*lnsecond*	(C,T,1)	-7.2134	-3.8290	平稳
lnthird	(C,0,0)	0.2208	-3.0810	不平稳
Δ*lnthird*	(C,0,0)	-3.3356	-3.0989	平稳

由表 2 可知所有指标原序列都是不平稳的，因此不能直接对它们进行回归，但它们的一阶差分都是平稳的，也就是说它们是一阶单整的，所以我们可以考虑对它们进行协整检验，检验它们之间是否存在长期均衡。

2. Johansen 协整检验

所谓的协整是指尽管多个序列变量是非平稳的，但它们的某些线性组合却有可能是平稳的。因此当多个非平稳变量具有协整性时，则这些变量可以合成一个平稳序列，这个平稳序列可以用来描述原变量之间的均衡关系。而 Johansen 协整检验，便是基于 VAR 模型的一种检验方法，可直接用于多变量间的协整检验。由表 2 可以得知，*lnwater*、*lngas*、$lnSO_2$、*lnsolid*、*lndust*、*lnnoise* 及 *lnGDP* 都是一阶单整的，以下就对其进行协整检验，结果如表 3 所示。

由表 3 的检验结果可知，所有污染变量均与 *lnGDP* 之间存在协整关系，说明 GDP 与工业废水排放量、工业废气排放量、工业 SO_2 排放量、工业固体废物产生量、工业烟粉尘排放量和道路交通噪声昼间平均等效声级之间存在长期稳定的关系。

表 3　各污染指标与 *lnGDP* 之间的协整检验结果

污染变量	原假设	迹统计量	临界值(5%)	最大特征值	临界值(5%)	结果
Lnwater	None At most 1	18. 9471 1. 2854	15. 4947 3. 8415	17. 6617 1. 2854	14. 2646 3. 8415	协整
Lngas	None At most 1	24. 5736 7. 7135	15. 4947 3. 8415	16. 8600 7. 7135	14. 2646 3. 8415	协整
lnSO2	None At most 1	15. 2585 0. 3821	12. 3209 4. 1299	14. 8764 0. 3821	11. 2248 4. 1299	协整
Lnsolid	None At most 1	22. 1776 7. 5116	15. 4947 3. 8415	14. 6660 7. 5116	14. 2646 3. 8415	协整
Lndust	None At most 1	24. 9036 9. 3862	15. 4947 3. 8415	15. 5174 9. 3862	14. 2646 3. 8415	协整
Lnnoise	None At most 1	22. 0921 3. 0893	15. 4947 3. 8415	19. 0028 3. 0893	14. 2646 3. 8415	协整

从表 2 可以发现，选取的控制变量原序列也同样是非平稳的，但是它们的一阶差分都是平稳的，和各污染指标之间同样是一阶单整的，因此还需要对控制变量与污染指标进行协整检验，以此来避免伪回归，结果如表 4 所示。

表 4　各污染指标与控制变量之间的协整检验结果

	lnwater					*lngas*				
控制变量	λtrace	5%临界值	λmax	5%临界值	结果	λtrace	5%临界值	λmax	5%临界值	结果
lnpop	28. 420	15. 495	25. 394	14. 265	协整	28. 001	15. 495	24. 640	14. 265	协整
	3. 025	3. 841	3. 025	3. 841	协整	3. 362	3. 841	3. 362	3. 841	协整
lntech	19. 404	15. 495	18. 728	14. 265	协整	20. 809	15. 495	19. 159	14. 265	协整
	0. 676	3. 841	0. 676	3. 841	协整	1. 650	3. 841	1. 650	3. 841	协整
lnopen	27. 410	15. 495	21. 657	14. 265	协整	21. 340	15. 495	17. 883	14. 265	协整
	5. 752	3. 841	5. 752	3. 841	协整	3. 457	3. 841	3. 457	3. 841	协整
lnsecond	21. 701	15. 495	20. 226	14. 265	协整	21. 377	15. 495	16. 831	14. 265	协整
	1. 476	3. 841	1. 476	3. 841	协整	4. 546	3. 841	4. 546	3. 841	协整
lnthird	27. 102	15. 495	25. 580	14. 265	协整	16. 982	15. 495	15. 975	14. 265	协整
	1. 522	3. 841	1. 522	3. 841	协整	1. 007	3. 841	1. 007	3. 841	协整

续表

控制变量	$lnSO_2$ λtrace	5%临界值	λmax	5%临界值	结果	lnsolid λtrace	5%临界值	λmax	5%临界值	结果
lnpop	32. 970	15. 495	31. 875	14. 265	协整	34. 200	15. 495	23. 705	14. 265	协整
	1. 096	3. 841	1. 096	3. 841	协整	10. 495	3. 841	10. 495	3. 841	协整
lntech	32. 387	15. 495	32. 203	14. 265	协整	29. 678	15. 495	29. 653	14. 265	协整
	0. 184	3. 841	0. 184	3. 841	协整	0. 024	3. 841	0. 024	3. 841	协整
lnopen	18. 190	15. 495	18. 126	14. 265	协整	17. 145	15. 495	11. 784	14. 265	协整
	0. 064	3. 841	0. 064	3. 841	协整	5. 361	3. 841	5. 361	3. 841	协整
lnsecond	20. 082	15. 495	20. 055	14. 265	协整	20. 094	15. 495	19. 804	14. 265	协整
	0. 027	3. 841	0. 027	3. 841	协整	0. 290	3. 841	0. 290	3. 841	协整
lnthird	18. 577	15. 495	18. 184	14. 265	协整	20. 174	15. 495	19. 155	14. 265	协整
	0. 393	3. 841	0. 393	3. 841	协整	1. 019	3. 841	1. 019	3. 841	协整

控制变量	lndust λtrace	5%临界值	λmax	5%临界值	结果	lnnoise λtrace	5%临界值	λmax	5%临界值	结果
lnpop	30. 679	15. 495	28. 636	14. 265	协整	20. 740	15. 495	17. 480	14. 265	协整
	2. 043	3. 841	2. 043	3. 841	协整	3. 259	3. 841	3. 259	3. 841	协整
lntech	23. 000	15. 495	20. 522	14. 265	协整	18. 290	15. 495	18. 240	14. 265	协整
	2. 478	3. 841	2. 478	3. 841	协整	0. 049	3. 841	0. 049	3. 841	协整
lnopen	32. 754	15. 495	32. 484	14. 265	协整	34. 023	15. 495	33. 551	14. 265	协整
	0. 270	3. 841	0. 270	3. 841	协整	0. 471	3. 841	0. 471	3. 841	协整
lnsecond	36. 306	15. 495	33. 681	14. 265	协整	17. 704	15. 495	15. 824	14. 265	协整
	2. 625	3. 841	2. 625	3. 841	协整	1. 880	3. 841	1. 880	3. 841	协整
lnthird	39. 044	15. 495	36. 502	14. 265	协整	18. 553	15. 495	16. 125	14. 265	协整
	2. 543	3. 841	2. 543	3. 841	协整	2. 429	3. 841	2. 429	3. 841	协整

由表4的检验结果可知，所有控制变量与所有污染指标之间均存在协整关系，说明它们存在长期稳定的关系，可以直接进行回归分析。

（四）计量结果与分析

本文回归的步骤是：首先利用式（1）包含人均GDP的立方项及平方项的模型进行回归，然后判断模型拟合的形状是否为“N”形或者倒“N”形曲线，当立方项不显著时，便剔除立方项，然后重新进行回归。回归结果如表 5 所示。

由表 5 可见，工业废水排放量与人均 GDP 之间的关系呈倒“N”形曲线，人均 GDP 对数的两个拐点分别为 0.966 万元和 1.152 万元时，即当人均 GDP 小于 0.966 万元以及大于 1.152 万元时工业废水排放量会随经济增长而减少；实际人均 GDP 处于 0.966 万元和 1.152 万元之间时，工业废水排放量会随经济增长而增加。目前广州市的实际人均 GDP 的对数已经越过了 1.152 万元这个拐点，因此随着经济增长，工业废水排放量将会减少。

表 5　计量模型估计结果

	水污染	大气污染			固体废物	噪声污染
变量	*lnwater*	*lngas*	$lnSO_2$	*lndust*	*lnsolid*	*lnnoise*
C	333.246 (1.956)*	55.4511 (1.979)*	-223.692 (-2.300)*	6.323 (2.174)*	33.100 (2.494)**	2.8175 (6.124)***
lngdp	-967.146 (-1.962)*	-62.388 (-2.118)*	695.758 (2.473)**	-22.570 (-2.591)**	-2.119 (-2.152)*	1.780 (3.680)***
$(lngdp)^2$	920.510 (1.978)*	30.310 (2.228)*	-674.873 (-2.543)**	12.716 (1.922)*	0.271 (2.042)*	-0.818 (-3.661)***
$(lngdp)^3$	-289.781 (-1.985)*		216.491 (2.600)**			
lnpop	0.954 (2.236)*	-0.256 (-0.314)	0.100 (0.240)	-1.283 (-2.218)*	0.095 (0.247)	-0.009 (-1.929)*
lntech	-0.697 (-2.464)**	-0.047 (-0.127)	-0.427 (-2.786)**	-0.573 (-2.188)*	0.145 (0.820)	0.004 (0.587)
lnopen	-0.649 (-1.905)*	0.402 (1.987)*	0.023 (0.091)	0.315 (1.416)	-0.069 (-0.251)	0.004 (0.404)
lnsecond	-5.861 (-0.711)	8.016 (1.985)*	3.849 (1.962)*	-4.535 (-0.342)	15.580 (3.222)**	-0.224 (-1.939)*
lnthird	-8.079 (-0.708)	14.270 (1.989)*	6.602 (2.068)*	-8.794 (-0.471)	21.430 (3.137)**	-0.395 (-2.067)*
$Adj-R^2$	0.554	0.765	0.989	0.870	0.908	0.616
D. W.	2.180	2.155	2.929	2.246	2.440	2.363
曲线形状	倒 N 形	U 形	N 形	U 形	U 形	倒 U 形
拐点	0.966 1.152	1.029	0.947 1.131	0.887	3.906	1.088

注：括号内为估计系数的 t 统计量，其中 ***、**、* 分别代表 1%、5%、10% 的显著性水平。

工业废气排放总量与人均 GDP 之间呈“U”形曲线关系，人均 GDP 对数的拐点在 1.029 万元的位置。在拐点左边经济增长会导致工业废气排放总量降低，在拐点右边经济增长会导致工业废气排放总量提高。目前广州市人均 GDP 的对数位于拐点右边，经济增长将会带来工业废气排放总量的提高。

工业二氧化硫排放量与人均 GDP 之间呈“N”形曲线关系，人均 GDP 对数的两个拐点分别为0.947 万元和1.131 万元。实际人均 GDP 在0.947 万元与1.131 万元之间时，经济增长会使工业二氧化硫排放量减少从而实现环境质量与经济增长“双赢”；实际人均 GDP 在这之外时，工业二氧化硫排放量会随着经济水平提高而提高。目前广州市人均 GDP 对数位于第二个拐点右侧，经济增长会导致工业二氧化硫排放量的增加。

工业烟粉尘排放量与人均 GDP 之间呈“U”形曲线关系，转折点是在实际人均 GDP 的对数为0.887 万元的位置。当人均 GDP 对数小于0.887 万元时，工业烟粉尘排放量会随着经济增长而减少；当人均 GDP 对数大于0.887 万元时，工业烟粉尘排放量会随着经济增长而增加。2016 年广州市实际人均 GDP 的对数大于0.887 万元，因此目前工业烟粉尘排放量会因为经济增长而增加。

工业固体废物产生量与人均 GDP 之间呈“U”形曲线关系，人均 GDP 对数的拐点是3.906 万元。目前广州市人均 GDP 对数远小于这个拐点，工业固体废物产生量会因经济增长而降低。

道路交通噪声昼间平均等效声级与人均 GDP 之间呈倒“U”形曲线关系，符合典型的倒“U”形环境库兹涅茨曲线，转折点为1.088 万元。目前广州市经济水平位于转折点的右边，即噪声污染会随着经济增长而降低。

在控制变量中，城镇人口比重对工业废水排放量有显著的正向影响，而对工业烟粉尘排放量和噪声污染有显著的负向影响。技术创新对工业废水排放量、工业二氧化硫排放量和工业烟粉尘排放量有显著的负向影响，说明技术创新有利于降低环境污染。进出口贸易对工业废水排放量有显著的负向影响，而对工业废气排放总量存在显著的正向影响，说明“污染天堂”假说是存在的。第二产业占 GDP 的比重对工业废气排放总量、工业二氧化硫排放量和工业固体废物产生量有显著的正向影响，而对噪声污染有显著的负向影响；第三产业占 GDP 的比重对工业废气排放总量、工业二氧化硫排放量和工业固体废物产生量有显著的正向影响，对噪声污染有显著的负向影响，说明产业结构确实影响着环境污染，存在结构性环境污染，广州市经济结构中第二产业和第三产业中交通运输业等比重的增大会使广州市面临的环境污染压力加大。

四　新时代广州市经济长期增长的动力机制

经济增长的动力机制是在经济增长过程中各种动力的作用原理与传导过程，反映的是经济增长动力与经济增长的内在联系。经济与环境的可持续发展需要新的动力，动力强大，经济的长期增长就会加速与持续，动力减弱，经济增长就迟延甚至倒退，并且动力的指向决定了经济增长的方向。由以上实证结果可知，广州市目前工业废气排放总量、工业二氧化硫排放量和工业烟粉尘排放量与经济增长呈现正相关关系，工业废水排放量、工业固体废物产生量和噪声污染虽然与经济增长呈现出负相关关系，但它们并不会自动降低，说明广州市现有的经济增长方式受到环境的约束越来越大，以能源消耗密集型的重工业生产为外生动力的经济增长是不可持续的，新时代要保持广州市经济长期增长必须寻找新的动力机制。在新时代绿色发展已经成为时代主题，经济增长的动力分为内生动力和外生动力，外生的资源要素与以资源消耗为主的产业结构无法促进经济的可持续发展，从实证结果来看由于"污染天堂"假说的存在，广州市经济的长期增长不能再过度依赖出口和投资，要促进经济的可持续增长必须从内生动力要素方面进行探讨，而影响经济增长的最主要内生要素就是技术创新和人力资本。陈向阳（2017）在生产和效用函数中引入环境要素研究发现绿色技术进步是经济可持续增长的动力机制，维持经济可持续增长的决定性因素是人力资本存量与研发部门的产出效率。因此，可通过政府的政策干预来扶持绿色生产技术的开发和人力资本积累，使用资源密集度低的生产方式替代能源、污染密集度高的生产，提高生产的效益和质量，维持广州市经济的长期增长。但是要激发广州市经济长期增长的内在动力不是一个抽象概念，而是一个系统工程，需要加强诸多领域的制度设计，以改革来促进体制机制的完善。

（1）要激发内生动力，必须使市场机制成为环境资源配置的基础。为此应推进市场类型的环境管制手段，如环境税、碳排放权交易和市场化的许可证制度，通过环境保护的市场化来提高环境质量的价值，对环境质量价值通过市场机制进行合理的评估，可以激发企业进行绿色生产技术的研发。要加大行政管理体制、绿色金融、环境税制和大型国有企业改革，减少市场扭曲和环境资源流动壁垒，释放市场的动力、活力和潜力，促进环境资源的优化配置。

（2）要激发内生动力，必须使企业成为绿色发展的主体和绿色技术创新的主体。广州市经济的长期增长需要企业的产品和价值来支撑，经过多年的改革开放，广州市涌现出一批有竞争力的企业，但在价值含量、绿色技术自主创新等方面与先进城市相比还有一定的差距，经济增长质量还没有真正提高。为此，广州市需要厘清发展思路和规划，以好的政策和环境促进企业成长，鼓励企业进行绿色技术创新、管理创新，发展自主品牌提高附加值，同时放宽市场准入重视发展科技含量高的中小微企业。

（3）要激发内生动力，必须进行产业结构的调整和清洁产业的集聚。由实证研究发现广州市存在结构性污染，产业结构的优化需要合理的产业政策引导，在新时代广州市的产业政策应以环境管制为目标，综合运用财政金融、行政指导等手段，定期对产业政策的实施进行环境效率评估和改进，引导产业向清洁生产产业发展。目前广州市知识密集生产性服务业比重偏低，为此，广州市应大力发展教育提高人力资本价值，增加知识劳动力的供给，大力发展知识密集型产业。由于城市经济的本质特征是空间集聚，集聚是城市经济发展的根本内生动力，集聚过程是流入效应、流出效应和乘数效应交互作用的结果，而要素禀赋是聚集动力传导过程的开始，是产生流入效应的基础。广州应通过政策优惠和创造良好的创新环境，如：加强产权保护、完善各类要素市场等，吸引绿色发展生产要素的流入，在流入效应的作用下使清洁生产产业在广州聚集，在乘数效应的作用下形成新的流入效应，在集聚动力作用下推动广州城市经济不断绿色发展。

（4）要激发内生动力，必须立足于生态文明的要求转变各级政府的增长价值观。深入开展资源环境成本的经济核算，各级政府的增长价值观应实现增长的经济价值和环境价值的统一，在经济增长的同时实现生态协调发展，以增长的力量来优化环境，在增长中实现环境保护。在制度安排上，树立经济环境协调发展的政绩观，把环境成本纳入绩效考核体系，综合考核经济增长率、单位产值能耗、单位产值“三废”排放量和全要素生产率等指标。加强环境法治建设，注重用新的制度和机制、方法解决经济发展中的问题。

（5）要激发内生动力，必须坚持内需驱动经济发展的方针。实证研究证明，广州市存在“污染天堂”假说，不能再过度依赖出口和投资来驱动经济增长，要注重发挥消费的基础作用。应继续调整收入分配结构、提高劳动者报酬所占比重，加快社会保障制度规范化和统一化、完善社保资金的给付制度，建立居民个人的征信制度，刺激信用消费，提高居民消费能力、增强居民消费意愿、改善消费环境和稳定消费预期。加强广州城区生态基础设施建设，如建设城市绿道、环境友好的生态园区等，推进以人为核心的新型城镇化，以保持投资合理增长。

（6）要激发内生动力，必须提高环境污染治理投资。减污活动投资是环境约束下保持经济可持续增长的必要条件，而环境污染又具有明显的公共产品性质，因此减污活动投资由政府提供更有效率。各级政府作为公共产品的最后供给方，有必要持续扩大环境投资规模、改善环境投资结构，提高环保技术研发投入效率，保证绿色技术创新的持续性，为改善环境质量提供动力源泉。

参考文献

［1］Copeland，B. R.，Taylor M. S，*Trade and the Environment*：*Theory and Evidence*，

Princeton: Princeton University Press, 2003.

[2] Grossman, G. M. and Krueger, A. B., "Environmental Impacts of a North American Free Trade Agreement", in P. M. Garber (ed.), *The Mexico – U. S. Free Trade Agreement*, Cambridge, MA: MIT Press, 1993.

[3] John, A., and Pecchenino R., "An Overlapping Generations Model of Growth and the Environment", *The Economic Journal*, 1994, 104.

[4] Lopez R., "The Environment as a Factor of Production: The Effects of Economic Growth and Trade Liberalization", *Journal of Environmental Economics and Management*, 1994, 27.

[5] Selden T., Song D., "Neoclassical Growth, the J Curve for Abatement, and the Inverted U Curve for Pollution", *Journal of Environmental Economics and Management*, 1995, 29.

[6] 包群、彭水军:《经济增长与环境污染：基于面板数据的联立方程估计》，《世界经济》2006 年第 11 期。

[7] 陈向阳:《环境成本内部化下的经济增长研究》，社会科学文献出版社，2017。

[8] 刘晓伟:《上海市经济增长与环境污染关系的实证研究》，《黑龙江对外经贸》2010 年第 12 期。

[9] 吴丹、吴仁海:《不同地区经济增长与环境污染关系的 VAR 模型分析——基于广州、佛山、肇庆经济圈的实证研究》，《环境科学学报》2011 年第 4 期。

[10] 孙倩倩:《天津市经济增长与环境污染关系的实证分析与对策研究》，天津财经大学硕士学位论文，2014。

[11] 方伟成、孙成访:《深圳市环境污染与经济增长关系的实证研究》，《再生资源与循环经济》2012 年第 5 期。

（审稿　肖特兵）

B.23

关于加快从化区现代农业发展的研究

郑建国*

摘　要： 产业兴旺是乡村振兴战略的重点。通过实地调研，对从化区农业产业现状进行综合分析，发现农业发展在用地、资金、人才、基础设施等方面存在薄弱环节。建议通过创新用地政策、加大资金扶持力度、完善基础设施、强化人才支撑、推动产业融合、健全服务体系等措施，补齐农业发展短板，不断提高农村产业发展水平，加快实现产业兴旺。

关键词： 从化区　乡村振兴　农业发展

实施乡村振兴战略是党的十九大的重大部署，而促进产业兴旺、加快发展现代农业是实现该战略的关键环节。为贯彻落实《广州市实施乡村振兴战略从化示范区建设三年（2018~2020）行动方案》，从化区府办会同区农业局于2018年8月走访了从化区农业龙头企业、种养大户，区农业专业合作社、村委会、村民，调研农业发展现状、存在问题，并针对问题提出加快现代农业发展的对策建议。

一　从化区农业发展现状及成效

近年来，在从化区委、区政府的正确领导下，从化区的农业得到了较好

* 郑建国，广州市从化区人民政府办公室。

的发展。2017 年末从化区耕地保有量为 34.45 万亩。基本农田保有量为 25.57 万亩。2018 年，从化区户籍人口中乡村人口为 426980 万人，全年实现农林牧渔业总产值 42.9 亿元，农村常住居民人均可支配收入 29746 元。主要有以下特点。

（一）农业生产规模大

2018 年全年粮食作物播种面积 19.27 万亩，总产量 6.56 万吨，其中稻谷种植面积 18 万亩，产量 6.19 万吨。蔬菜种植面积 20.58 万亩，产量 29.11 万吨。水果种植面积 38.86 万亩，产量 13.86 万吨，其中荔枝种植面积 20.53 万亩，产量 5.7 万吨。年末生猪存栏 8.7 万头，家禽存栏 311.1 万只，其中蛋鸡存栏 94.42 万只。全年生猪出栏 15.7 万头，家禽出栏 634.43 万只。

（二）重大项目进展顺利

广州市华美牛奶公司从化青龙基地现代化牧场累计完成投资 19103.2 万元，完成一期建设，奶牛存栏 3490 头，年产鲜奶 14000 吨。广州市奶牛研究所有限公司太平良种奶牛繁育基地建设项目投资约 5000 万元，完成项目建设，引进良种奶牛共 551 头，预计年产值达 1100 万元。三天鲜等大型现代化蛋鸡养殖场投产，总投资 7000 多万元，目前蛋鸡存栏 95 万羽，年产鸡蛋约 5500 吨，年产值 8500 万元。

（三）特色产业蓬勃发展

2017 年，从化区重点打造荔枝、花卉、甜蜜蜂业、农村电商、屠宰、马业、种业等七大特色产业。建立 4 个优质荔枝高位嫁接示范基地，改接面积达 8000 多亩；花卉种植面积达 2.61 万亩，花卉产值 5.26 亿元，增长 13.6%；京东·从化馆正式运营，多个农村淘宝购物节交易量全省第一，手机淘宝客户端从化家乡版 App 综合指数居全国前三，114 家村级淘宝服务站销售额 1.02 亿元，农村电商交易额 1.67 亿元，增长 19.29%。

（四）品牌建设取得成效

稳步发展无公害、绿色、有机和地理标志农产品，申报“从化荔枝蜜”“从化荔枝”“从化流溪娟鱼”等地理性标志品牌，积极打造从化贡米、从化艾米、从化流溪桂味、从化钱岗糯米糍、从化井岗红荔、从化农艺菜心等12大名优区域性农产品品牌。全年共引进、示范主要农作物优新品种76个，新增3个农产品获得省名牌称号，8个农产品省名牌称号复审通过，目前全区共有22个农产品获得省名牌称号。

（五）经营主体不断壮大

目前区级以上农业龙头企业共55家（含国家级1家、省级6家、市级16家），全年农业龙头企业生产、收购、加工、销售农产品共12.3万吨，实现年销售总收入12.5亿元，带动当地农户6.5万户，辐射面积18.5万亩，招收当地农民工4000人。农民专业合作社达362家，国家级示范合作社有4家，省级示范合作社有11家，市级示范合作社有21家，区级示范合作社有35家。培训新型职业农民及科技人员3000多人次。

二　从化区农业发展存在问题和制约因素

从化区农业发展虽然取得了一定成效，但对照新时代新要求和人民群众的期望，现代农业发展仍不充分，传统农业仍占据主导地位，农村人口占户籍人口的66.8%，上规模的农业企业仅16家，农业品牌少，农产品商品化率低，且附加值不高。相关问题及原因如下。

（一）用地因素制约明显

在调研中，无论是企业还是农户，反映最多的就是农业用地问题。企业缺少耕种、建设等用地，而农户则关注土地的租金、流转费用等土地收益，具体问题集中在三个方面。一是土地流转难。调研中很多企业反映很难流转到足够面积的土地，而农民因为流转费用低（每亩约 200 元）对流转没有兴趣。如艾米农场这两年一直想再寻找一块 300 亩以上的连片耕地，有的企业流转的土地有很多钉子户，如宝趣玫瑰园等，影响了土地使用。据统计，从化区现有耕地 30.03 万亩，园地 35.55 万亩，流转的土地面积为 5.78 万亩，绝对数、比例都小于农业发达地区，其直接导致了全区现代农业企业发展不足，规模化、标准化经营水平低。二是建设用地缺乏。现代农业发展离不开建设用地，但因为建设用地的限制，很多农业项目落地难。如西和风情小镇，建成以来仅有建设用地 28 亩。从化区的优质农业企业清香农产有限公司，60 亩的建设用地 10 多年一直没批。相对于工业企业，涉农企业建设用地更加紧张。三是设施农业用地紧张。设施农业用地可分为生产设施用地、附属设施用地以及配套设施用地，在现代农业生产中起着越来越重要的作用，但因街镇、企业等对政策不熟悉、运用不灵活，全区的设施农业用地无法满足现代农业的发展。

（二）资金支持力度不足

制约农业发展的瓶颈之一是资金，从化区在推进资本要素向现代农业快速集聚方面仍然存在较大短板。一方面，财政扶持效果不理想。从化区对农业的扶持主要有“以奖代补”、贴息、“政银保”等方式，但存在门槛太高、补助太低、范围太窄、手续太烦琐等问题。例如，“以奖代补”只针对农业经营主体购置农产品生产加工设备、基础设施建设等进行补贴，补贴金额对菜篮子项目、省重点项目最高可达到总投入的 45%，一般不超过总投入的 1/3，且手续较为复杂，除去税点后的补贴低，因此不少农业经营主体对申请补贴缺乏积极性。另一方面，农业经营主体贷款融资困难。农业经营主体贷款困难的症结是缺乏有效抵押物，农业经营主体拥有的最具价值的资产是土地承包经营权，但是以经营权作为贷款抵押品评估难、转手难，无法快速变现，再加上没有财政资金做担保，金融机构并不积极。此外，农业经营主体分散，数量多、贷款金额少，贷前评估难、贷后监管难，金融机构管理成本高企。例如，区内农业经营主体向金融机构贷款，皆被要求以固定资产等为抵押物，不能以土地经营权作为抵押物，贷款成功的较少，即便成功贷款的，数额也不大。

（三）农业基础设施不完善

虽然近年来从化区加大了对农村基础设施建设的投入，但农村基础设施水平仍然没有根本性的改变，依旧是制约现代农业发展的“瓶颈”，在能源、供排水、交易平台、道路交通等方面尤为明显。一是用电设施建设落后于经济发展水平。随着农业产业化发展和人口的不均衡流动，有的农村地区用电需求量大增，有的需求减少，现有的用电网络无法满足农村生活生产需求。如西塘童话小镇现代农业发展较快，供电设备虽然由原来的220V升级为380V，但是仍无法满足企业生产的需求，间接性停电给西塘村的农民生活和企业生产带来影响。二是排水排洪设施建设不完善。从化雨量充沛，上半年平均降雨量（约1648毫米）为广州各区之最，但是排水设施相对滞后，无法满足正常需求。如宝趣玫瑰世界所在区域排水排洪设施不完善，降雨量大时经常出现雨水淹没种植区的情况，给玫瑰种植造成损失。三是交易市场布局不合理。农产品的销售是从化区广大农民增收和现代农业发展的重要一环，但全区交易市场建设和布局仍不完善。例如，佳荔公司反映神岗交易市场存在“过秤费”、规模小等问题，又如温泉镇新南村反映其附近有3个荔枝种植大村却无相应配套的交易市场或销售点，导致附近的农产品不能被大规模收购、装运。四是道路建设和维护不足。道路建设是现代农业发展的重要基础。道路畅通，农产品的销路才能拓宽，农民的收入才能增加。当前从化区虽然落实了道路村村通工程，道路网基本完善，但是仍存在一些村社道路问题，如道路未及时维护等，交易旺季经常出现交通拥堵，加大了农产品销售的成本。

（四）科技及人才支撑不够

当前从化区对农业科技投入不足，科技成果的转化和推广力度不够，科技人员、新型职业农民、高素质的返乡创业者等数量不多，人才瓶颈突出。

具体表现在：一是财政对科技创新项目支持不足。目前从化区农业科技创新项目申报较少，部分优质成长型的农业科技创新项目立项没达到广州市申报标准，无法得到广州市的扶持，同时也没能得到区一级立项、财政支持。二是对高新技术企业扶持力度不足，当前，从化区拿到高新技术企业认证的农业企业数量偏少，共有 9 家。三是农业人才引进难。由于农业收益相对较低，易受气候条件影响，加上地缘、经济、配套等因素影响，广州对农业专业人才吸引力不强。我们从万汇园、华隆果蔬等企业了解到，目前农业种植、深加工以及农村电商、数据分析、市场营销方面的人才紧缺，专业人才引进难问题凸显。同时，从化区农业领军人物相对不足，发挥带动作用不明显，制约农业向高质量发展。四是农业从业人员培训存在局限性。在农业人员队伍培训方面，企业培训项目得到的政府扶持不足，未能较好提升农业技术人员队伍能力；新型职业农民培训虽然逐步开展，但由于农村青壮年劳动力普遍外出务工，受训群体年龄较大、学习能力较差，培训效果不理想。

（五）第一、第二、第三产业融合不深入

一是加工环节不畅。目前从化区农产品加工较为粗放低端，深精加工比较缺乏，农产品附加值不高，农业发展经济效益有待提升。缺乏全区性的农产品加工产业园，加工产业集聚化、规模化程度不高。农产品加工的许可认证、监管等环节有待优化提升。二是销售渠道不畅。农产品对外销售面临物流成本较高的问题，万汇园、仙居农庄等多家企业反映，物流成本一般是农产品价格的 3 ~5 倍（以桂味荔枝为例，2018 年市场销售价约 3 元/斤，但物流成本为 10 元/斤），导致产品在外省销售价格太高，严重影响产品市场竞争力，而当前政府给予企业的物流费用补贴有限（农业经营主体申请销售荔枝的快递物流费用最低基数为 3 万元，按总数 10% 的比例给予补贴），相较清远等地区对物流费用给予 10% ~20% 的补贴力度，从化区补贴力度明显偏低。三是文旅融合度有待提升。调研中不少企业反映，目前从化区以旅游、文化带动观光农业产业发展力度不足，特别是受建设用地的制约，缺乏产品展示、创新孵化、住宿休憩的载体，导致旅游农业附加值低。

三 对策建议

（一）创新农业用地政策

规模化、集约化经营是实现农业现代化的必由之路，盘活农业用地是规模化、集约化经营的前提。一是在维护农民土地承包权及相关权益的前提下，加大土地流转力度，提升财政对土地流转的补贴数额，如每亩提升至500元，促进土地向农业龙头企业、农民专业合作社、专业大户等新型经营主体集中。二是加大农业项目建设用地供给，可以在全区年度建设用地大盘子里，优先考虑优质农业项目的建设用地，划定一定的比例，如不低于5%，以保证农业项目的落地。三是深入研究现有农业用地政策，积极借鉴现代农业先进地区的经验，探索调剂、整理和置换等办法，采用点状供地、木屋、集装箱等形式，形成从化区农业建设用地、设施用地的操作指引办法，并积极向各相关部门、街镇园区、企业宣讲，优先安排农产品加工、物流企业用地，重点保障农产品加工园建设用地，合理安排旅游用地，灵活保障设施农业用地。

（二）加大资金扶持力度

一方面，增加区级财政扶持资金总量，适度提升“以奖代补”等各类补贴的基数和比例，同时降低申请补贴的门槛，简化申请手续和流程，增强农业经营主体申请的积极性；拓宽补贴种类，对水肥一体化、有机肥使用等科技型、资源节约型、环境友好型的农业生产方式给予适度补贴支持；推广政策性农业灾害强制性保险，鼓励农业经营主体全面参保，由区财政对保费给予补贴，建立农业生产自然风险管控体系。另一方面，切实破解贷款融资难题，由区财政设立专项风险担保金，并作为第三方为农业经营主体增信，对农业经营主体的贷款进行贴息；支持涉农龙头企业、合作社与农户签订带贫协议，农户以小额贷款入股，每年分红，农户获得稳定收入，同时使农业经营主体所需资金得到解决；引入和鼓励涉农龙头企业，在与下游供应商形成稳定购销关系的同时，为他们出面做融资担保，以订单合作的形式提供融资服务。此外，对被新认定或监测合格的国家、省、市、区级的农业龙头企业，分别给予奖励50万元、30万元、10万元和5万元。鼓励农业龙头企业创建自主品牌，申报和推介著名商标、名牌产品，对新获得国家、省、市名牌产品或著名商标称号的企业，分别给予一次性奖励10万元、5万元、2万元。

（三）完善农业基础设施

加大财政资金对农业基础设施的投入，对公共性的基础设施由政府出资修建，对于倾向私有的设施，简化手续，由申请建设者、受益者、财政分担建设资金。一是加强电网规划、建设和改造。由政府财政出资，供电部门牵头，丰富电源结构，优化电源布局，推动用电设施设备的更新换代。结合区里实际情况因地因网制宜，做好电力需求预测、节能分析和网络规划等工作，加快提高电力设施改造升级落实程度。二是建设安全可靠的排水排洪设施。由政府财政出资，加快水利基础设施建设的进程。积极引导企业合理利用基础水利设施，在保持设施正常运作的前提下，将基础水利设施融入观光旅游中，政府把设施的后期管理和维护工作相应转移给企业，并定期检查运作情况，促进政府转型。三是科学合理规划交易市场选点。对于人口集中、农产品产量较大的地区缺乏乡镇农贸市场问题，加强政策解读和资金扶持；对于不完善的乡镇农贸市场，适度扩大市场规模、规范管理，方便企业和果农进行贸易。四是加大对道路建设和维护的投入力度。由交通部门牵头合理规划建设道路，保障村道的运行需求，为农业发展提供便利。

（四）强化人才和科技支撑

一是支持农业企业开展科技创新。切实解决农业企业申报科技项目少、获得财政资金支持难的问题，由区农业局、区科工商信局牵头，研究出台相关办法，促成每年农业科技或创新项目不少于科技或创新项目总申报数的5%～10%，并参照增城、花都等周边地区做法，加大对科技或创新项目的财政资金支持力度。加强对农业企业的知识产权保护，解决企业主体不能单独申报知识产权项目的问题（目前只能以行政、事业单位名义申报）。二是鼓励有条件的企业申请高新技术认证。简化认证手续，加强对农业高新技术企业的扶持力度，对每年产值排行全区前列（例如前10名）的高新技术企业给予一定资金奖励，调动企业科技创新的积极性。三是切实破解人才制约问题。研究制定有关农业产业科技人才引进办法，给予高层次人才相关政策优惠，增强对高端人才的吸引力，完善营商环境、生活配套，增强人才留在从化发展的信心。每年组织有关企业组团参加市、区两级专场招聘、人才推荐活动，加大对紧缺专业人才的招聘力度。鼓励高校毕业生、中青年农民工返乡创业，壮大农业发展力量。四是加大农业技术培训支持力度。对农业企业申报的技术培训项目给予一定资金支持。完善新型职业农民培育方式方法，整合各渠道培训资金资源，依托科研机构、驻从化高校等资源，大力开展针对农业管理人才、农技推广人员、农村实用人才和农民的职业技能培训。

（五）促进第一、第二、第三产业深度融合

一是壮大新型农业经营主体。充分利用有优势的农业资源，集聚农业生产要素，以农业龙头企业等新型农业经营主体为载体，统筹规划农业全产业链建设，大力发展休闲农业、观光农业、体验农业等新兴产业。二是支持发展农业深加工。统筹现有农产品加工和技改有关补助资金，将从化区农产品加工企业和农业龙头企业纳入技改政策重点扶持范围，带动发展农业深加工、精加工。探索筹建全区性的农产品加工产业园，促进农业加工产业集聚化、规模化。优化农产品加工的许可认证、监管等环节，真正惠及农户、提升加工水平和确保产品质量。三是切实打通、畅通销售环节，解决物流成本高的问题。针对当前政府给予5%的物流费用补贴偏低的情况，由区政府和物流公司探索建立战略合作关系，使农业经营主体享受物流费用的减免优惠，或适当将物流补贴比例提至20%左右。对新鲜度要求较高的农产品，划拨一定资金支持冷库冷链方面的建设。四是推动农业和文旅融合发展。争

取省、市政策和资金支持，规划建设三个省级现代农业产业园（即争创省级荔枝现代农业产业园、花卉现代产业园、壹号蛋鸡产业园），突出从化农业发展特色，鼓励企业积极参与进驻，将它们打造成为展示从化区农业发展成果和品牌的示范窗口、农业文化博览平台、观光旅游目的地。以产业园为平台，将农业示范、生态旅游、产品生产、休闲度假四方面的项目有机联系起来，创造比独立经营更高的经济效益、社会效益和生态效益。同时每年适当安排一定比例的用地指标，解决农业文旅建设用地问题。

（六）健全生产服务体系

一是结合“扫黑除恶”专项工作，全面清除农村“黑恶”势力，巩固党和政府对农村基层政权的掌控，坚持推行村务公开民主议事，向村民普及法律法规，公正及时地排解矛盾纠纷，在农村营造自强、稳定、团结、干净、法治的干事创业环境。二是加大对从化区特色农产品的宣传推广力度，找准策划宣传报道方向，结合农产品的发展历史、规模现状、营养价值，深入挖掘农产品文化内涵；鼓励生产经营主体注册品牌商标，提升品牌知名度，在新媒体、电商方向发力，全方位向广大网民呈现宣传内容。三是建立资源整合服务平台，加强农业信息服务的顶层设计，综合多种信息服务资源、技术和渠道，融合全区农产品市场、农业科技、政策法规、专家、农企等资源，促进信息转化为现代农业产业发展的动力；引入或培育有资质的农业资源利用专业机构，搭建农业资源供需双方的桥梁，例如在全区推广种养循环，实现资源的优化配置、高效利用，及与环境的协调发展。

（审稿人　魏绍琼）

B.24

广州市荔湾区建设健康产业强区的路径思考

李俊　伍英*

摘　要： “健康中国战略”大背景下，健康产业正成为中国经济发展和转型的新引擎。荔湾区作为广州中心城区，积极融入粤港澳大湾区战略布局，以建设广州国际医药港和大坦沙健康生态岛为依托，支持和服务大湾区，做大做强健康产业。本文根据健康产业最新统计分类标准，分析荔湾区健康产业发展现状，了解荔湾区的优势与不足，提出荔湾区建设健康产业强区、服务粤港澳大湾区的对策建议，供政府决策参考。

关键词： 荔湾区　健康产业　粤港澳大湾区

一　荔湾区规模以上健康产业[①]发展现状

（一）从“四上”企业来看，健康产业企业集聚超1/5的企业户数、近五成营业收入、近四成利润、近1/4的从业人员，是荔湾区“四上”企业的重要组成部分；健康产业中，九五成的企业户数、超九成的营业收入、超七成利润、近九成的从业人员都来自健康服务业

近年来，荔湾区健康产业发展较快，主要分布在健康服务业、健康制造

* 李俊，广州市统计局主任科员；伍英，广州市荔湾区统计局科长。

① 本文健康产业分类依据国家统计局研制的《健康产业统计分类（2018）》（征求意见稿），包括健康服务业、制造业、建筑业、农业四大方面。根据荔湾区产业特征，本文统计范围主要是规模以上工业和其他服务业、限额以上批发零售业，简称规模以上健康产业。

业，规模较为可观，在全区经济中占据重要的一席之地，其中药品及其他健康产品流通服务业（以下简称医药流通服务业）、医药制造业已集聚一批龙头企业，产业发展基础较好。

健康产业集聚全区超1/5的“四上”企业，其中九五成集中在健康服务业。2017年，荔湾区共有规模以上健康产业企业180家，同比增长16.9%；占全部“四上”企业（不含烟厂）① 的21.3%，比重较上年提高0.3个百分点。从行业分布来看，规模以上健康产业企业主要集中在健康服务业，合计171家，占比95.0%；健康制造业为9家，占比5.0%。健康服务业中，超七成的企业集中在药品及其他健康产品流通服务业（批发零售业）、其他与健康相关服务业，分别为87家和38家，分别占健康服务业的50.9%和22.2%（见图1）。

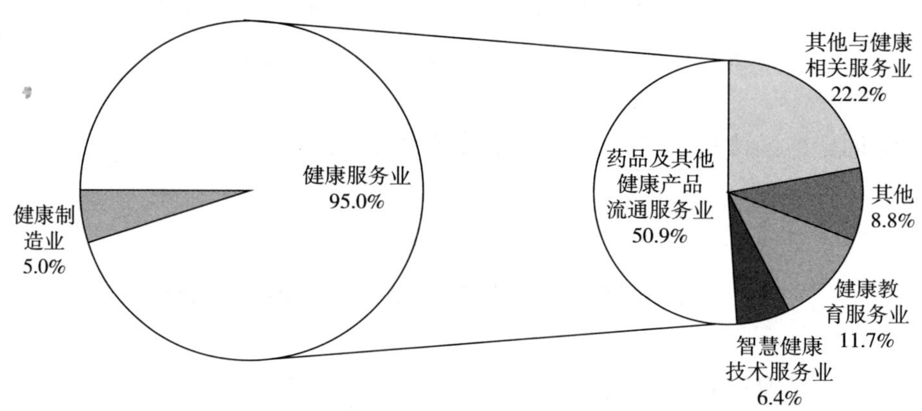

图1　荔湾区规模以上健康产业单位行业分布情况

健康产业企业实现全区“四上”企业近五成的营业收入、近四成的利润，其中超九五成的营业收入、超七成的营业利润均集中在健康服务业企业。2017年，荔湾区规模以上健康产业企业实现营业收入1311.96亿元，利润总额47.88亿元，分别占全部“四上”企业的49.0%和35.6%。其中，

① 因工业龙头企业广州卷烟厂体量大，且生产经营具有很强的计划指令性，为更准确了解健康产业在全区经济中的比重情况，本文的全区“四上”企业相关数据均不包含该企业。

健康服务业企业实现营业收入 1264. 90 亿元、利润总额 35. 68 亿元，占全区健康产业企业的比重分别达 96. 4% 和 74. 5% 。健康制造业企业实现营业收入 47. 06 亿元、利润总额 12. 20 亿元，分别占全区健康产业的 3. 6% 和 25. 5% （见图 2）。

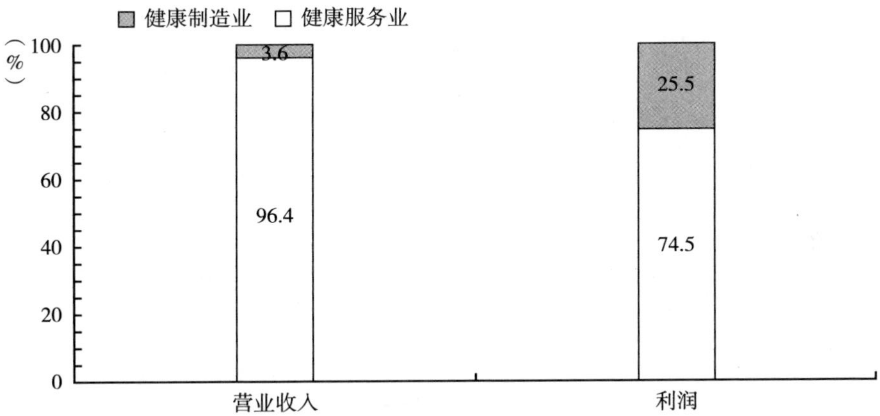

图 2　荔湾区规模以上健康产业营业收入和利润分布情况

健康产业企业集中全区“四上”企业近 1/4 的从业人员，其中，近九成集中在健康服务业。2017 年末，荔湾区规模以上健康产业企业从业人员 3. 46 万人，同比增长 19. 2% ；占全部“四上”企业的比重为 23. 9% ，比重较上年提高 1. 2 个百分点。从行业分布来看，健康服务业集中近九成的从业人员，占比为 87. 4% ，健康制造业从业人员占比为 12. 6% 。

（二）健康服务业中，药品及其他健康产品流通服务业贡献超九成五营业收入、超五成利润；智慧健康技术服务业营业收入利润率高达32. 6%

2017 年，荔湾区规模以上健康服务业企业实现营业收入 1264. 90 亿元，其中医药流通服务业企业实现营业收入 1159. 07 亿元，占健康服务业企业营业收入的 91. 6% ；规模以上健康服务业企业实现利润总额 35. 68 亿元，其中，医药流通服务业、智慧健康技术服务业实现利润占比分别达 50. 5% 和 39. 9% （见图 3）。

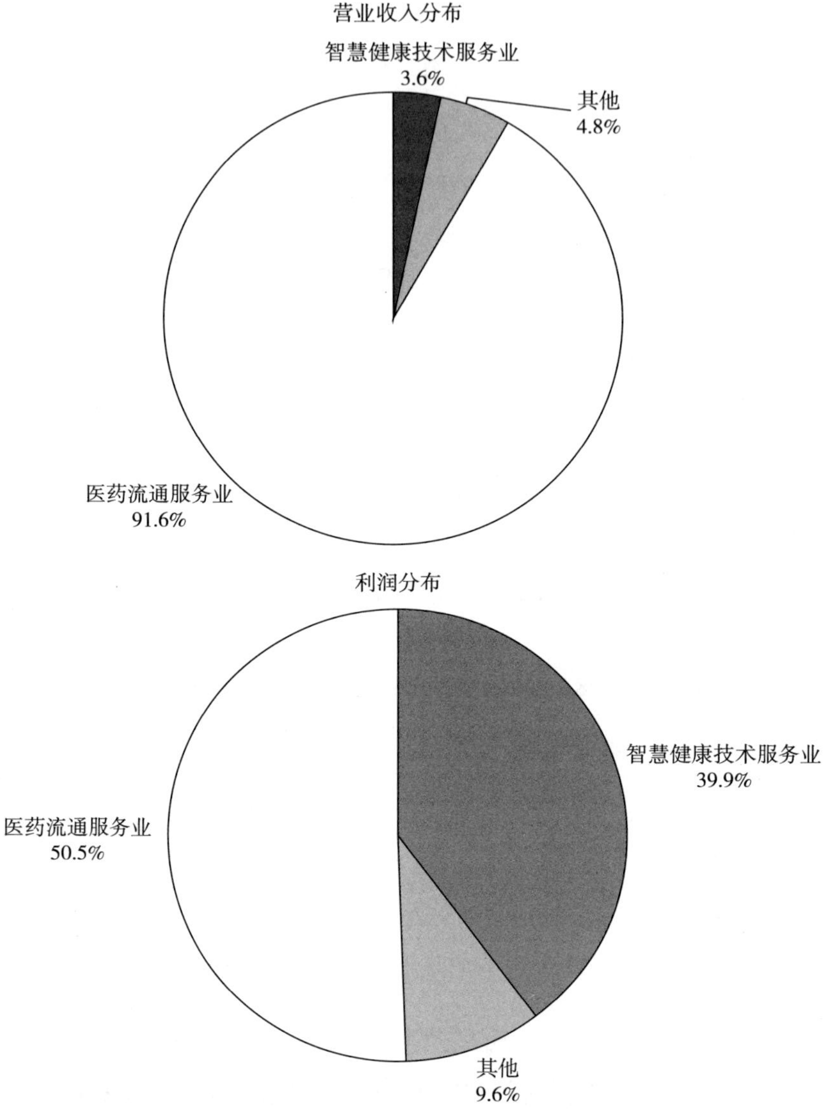

图 3　荔湾区规模以上健康服务业企业营业收入和利润分布情况

医药流通服务业优势显著、增势良好。2017 年，荔湾区医药流通服务业有 87 家企业，实现批发零售业商品销售额 1305. 82 亿元，占全区限额以上批发和零售业商品零售额的 64. 0%；增长 15. 5%，增速快于全区限额以上批发和零售业平均水平；实现利润总额 18. 01 亿元，增长 47. 5%，远高于限额以上批发和零售业平均水平，企业经营效益较好。

新兴健康服务业释放新动能。人们日益增长的健康需求催生新兴健康服务业增长强劲，2017 年，智慧健康技术服务业企业共 11 家，比 2016 年增加 4 家；从业人员 5337 人，同比增长 1.5 倍；合计分别实现营业收入和营业利润 43.60 亿元和 14.22 亿元，同比分别增长 2.8 倍和 70.5%，营业收入利润率高达 32.6%，是荔湾区健康服务业增长的主要动能。

（三）健康制造业集聚发展，九家医药制造业企业集中全区近1/4的工业总产值

医药制造是健康产业的核心。2017 年，荔湾区共有规模以上健康制造业企业 9 家，这九家企业均属于医药制造业，合计实现工业总产值 43.69 亿元，占全区规模以上工业总产值（不含烟厂，下同）的比重为 22.6%。其中，白云山医药集团、乐陶陶药业、广州敬修堂（药业）、广州市药材公司中药饮片厂、百特侨光医疗用品公司、广东和翔制药等 6 家医药制造业企业位列全区工业企业 20 强。全区规模以上健康制造业企业实现营业收入和利润总额分别为 47.06 亿元和 13.60 亿元，营业收入利润率达 28.9%，远高于全区规模以上工业平均水平。

二　荔湾区建设健康产业强区的比较优势

（一）区位优势明显

荔湾区作为广州市中心城区和核心功能区，地理位置优越，交通便利，辐射范围广，不仅毗邻佛山、对接珠江西岸“六市一区”，也是珠江西岸城市群核心区，与整个珠江三角洲紧密连接，是粤港澳大湾区内实现区域合作的重要节点。区内医疗卫生资源丰富，社区卫生服务机构综合改革走在全市前列。据统计，2017 年末，全区拥有医疗卫生机构 204 家，全年医疗卫生机构总诊疗 539.66 万人次，占全市诊疗数的 3.5%，增长 4.7%，增速高于

全市平均水平。荔湾区可充分利用地缘优势，积极融入粤港澳大湾区，依托现有优质健康医疗资源，以广州国际医药港和大坦沙健康生态岛为创新发展载体，整合集聚发展，主动对接粤港澳大湾区的健康产业需求，支持和服务珠江西岸，打造健康产业强区。

（二）政策环境有利

新常态下为实施健康中国大战略，广州市在国家、广东省若干促进和推动健康产业发展的政策文件基础上，结合自身实际制定出台了一系列政策规划，为大力发展健康产业提供良好的政策环境。如 2016 年广州提出实施“IAB”计划，针对生物医药产业先后发布了《广州市生物医药产业发展五年行动计划（2017～2021 年）》《广州市加快生物医药产业发展若干规定（试行）》《广州市健康及养老产业行动计划（2017～2020 年）》等指导性文件，进一步明确了广州市健康医疗产业发展重点领域以及政策措施，为全市健康产业发展创造了重大机遇，为荔湾区做强做优做大健康产业提供良好的政策环境。

（三）全产业链发展基础扎实

目前荔湾区已拥有一批健康产业龙头企业，包括广州医药集团、国药控股广州有限公司、国药集团（广州）医疗器械有限公司、大参林连锁药业、大翔药业等，一流企业聚集，带来的强大的产业集聚效应和雁阵效应正在不断凸显。其中，广州医药集团连续七年稳居中国制药工业企业百强第一名，其下属企业白云山医药集团为荔湾区医药制造业龙头企业；大参林连锁药业在 2017～2018 年度中国连锁药店综合实力百强中位居第三名。充分发挥电子商务优势，区内医药电商企业七乐康在全国电商医药类企业销量排名中位居第一。大力引进“互联网+医疗”大白门诊项目、360 大健康的“互联网+大健康”项目、“互联网+社区医疗服务”等互联网健康产业项目及精准医疗项目，拥有全市唯一的 3D 打印产业园，推动全区健康产业朝着医药生产、医疗器械、互联网医疗、精准医疗、医疗服务全产业链集聚方向发展。

（四）重点项目带动发展

近年来，荔湾区不断加大对健康产业的投入力度。2017 年，荔湾区健康产业固定资产投资额 31.34 亿元，占全区固定资产投资[①]的比重为 46.4%，占比接近五成；投资主要集中在药品及其他健康产品流通服务业、健康教育服务业和健康环境管理服务业，三大行业投资占全区健康产业投资的比重分别为 37.2%、34.9% 和 11.9%。其中，荔湾区的广州国际医药港、大坦沙国际健康岛以打造国际一流生物科技和大健康产业基地为目标，是广州 IAB 战略中现代生物医药科技创新的重要抓手和平台。广州国际医药港定位为粤港澳大湾区国际智慧健康城，将打造成为“一带一路”国际大健康产业门户和枢纽。目前由广东日化巨头立白集团投资控股主导建设，项目总投资超过 200 亿元，首期规划的综合大健康购物体验中心预计在 2019 年建成使用，已与英国国际医疗集团（简称 IHG）达成战略合作，签约启动 Medical Mall 项目，这是国内第二个 Medical Mall 项目。大坦沙国际健康岛参照新加坡健康岛全产业链打造，以具备国际领先水平的广州呼吸中心为核心，打造集智慧医疗、康复治疗、健康管理、养老养生、第三方医学服务、健康旅游、健康金融等为一体的国际高端健康中心。

三　荔湾区健康产业发展中存在的主要问题

（一）健康制造业结构单一、高端化不足

虽然荔湾区健康制造产业已形成一定规模，但是产业结构较单一，医药制造业仍以低技术附加值的医药中间体和原料药为主，分别是中药饮片加工企业 6 家、化学药品制剂制造企业 2 家、中成药生产企业 1 家，缺乏生物药品制造业、医疗仪器设备及器械制造业等技术含量高、附加值高、

① 本文固定资产投资额不包括房地产开发投资额。

领域前沿的企业，健康制造业产业结构有待进一步优化。同时，医药企业研究开发投入不足，产业持续发展能力较弱。2017 年医药制造业企业研发投入 5597 万元，占主营业务收入的比重仅为 0.2%。医药企业的研发投入严重不足，技术创新不足，高技术附加值的药品占比很低，不利于医药制造业高端化发展。

（二）健康服务业发展不均衡、联动不足

目前，荔湾区健康服务业仍以医药流通服务业（医药商品批发和零售业）为绝对主导，其他如以治疗康复为主的医疗服务，以休闲旅游保健养老为主的健康促进服务，以物联网健康基数、健康大数据等为主的智慧健康基数服务等细分领域规模尚小或空白，且各相关产业也缺乏联动、协作和共享，尚未形成完整的产业链。而在医疗卫生服务、健康管理和技术支持服务等领域，仍以非企业单位为主，高端的国际化诊所和民营医院较少，广州伊丽莎白妇产医院是荔湾区为数不多的民营高端医院。

（三）创新资源相对缺乏、产业集聚不足

荔湾区健康产业创新和集群化发展水平还需进一步提升。区内现有健康产业龙头企业研发投入水平仍偏低，缺乏具有国际影响力的技术成果和创新成果，大部分企业仅依靠一两款明星产品实现增长，发展后劲不足。目前仍缺少世界一流的创新载体，研发服务方面的功能性机构资源相对不足，科技创新综合能力水平尚需提升，缺少科研院所、企业技术中心、试验中心等专业研发服务平台。健康产业专业化人才相对匮乏，队伍建设相对滞后。

四　荔湾区加快健康产业发展的对策建议

（一）立足优势，主动对接粤港澳大湾区健康需求

一是积极抢抓当前机遇，率先建立粤港澳大湾区医疗卫生和健康产业合

作机制。主动争取与健康产业相关的政策资源和试点授权，依托广州国际医药港和大坦沙健康生态岛建设粤港澳大湾区国际智慧健康城，发挥广州医药集团、广州医药港、广州呼吸中心等重点企业和重点项目的辐射带动作用，推动成立粤港澳大湾区医药健康产业联盟。二是持续深耕大健康产业，加强大湾区医疗交流与合作。建立大湾区高端健康产业机构与人才落户机制，开辟执业绿色通道，合力把荔湾区打造成对接粤港澳大湾区的医疗服务中心和国际医疗服务外包基地，助力健康产业发展。大力引进高端医疗、医疗旅游、养老服务、医疗服务外包等综合性健康项目，学习港澳地区及国外先进管理理念和服务模式，提供国际水平的标准化服务产品，满足粤港澳大湾区居民在医疗、养老等健康领域的需求。

（二）科学规划，构建完备政策支撑体系

一是把健康产业作为支柱产业抓紧抓实。把健康产业上升到战略层面来培育和发展，将健康产业作为推动荔湾区经济转型发展、培育经济新增长点的重要领域和重要抓手。二是尽快制定发展规划。围绕荔湾区发展大健康产业的定位，高起点、大手笔编制规划。鼓励传统健康企业加大改革创新力度，升级产品与服务；对符合发展方向的中小微及新兴健康产业企业、新业态等加大扶持力度。三是鼓励民间、外资进入健康产业。建立健全准入机制，优化政策环境，吸引民间资本和外资外商，破除不合理限制和隐性壁垒。鼓励民营医疗机构向专业化、高端化、精细化方向发展，引进品牌医疗集团、高端诊所、康养中心等，推动非公立医疗机构高水平、规模化发展，与非企业医疗机构实现优势互补、错位发展。四是打造健康强区国际“名片”。强化健康产业宣传，整合提升现有各种节会平台，主动举办或承办各类高端健康类学术论坛、健康产业博览会、健康体育赛事等活动，扩大荔湾区健康产业知名度，并将健康产业作为招商引资的重要手段，吸引全球健康领域优势资源，助力健康强区建设。五是强化金融支撑健康产业发展。紧抓白鹅潭产业金融创新服务区建设，引导金融机构集聚，为健康产业提供信贷等金融支撑，促进健康产业做大做强。

（三）创新发展，打造现代健康产业体系

围绕健康产业完整产业链，依托健康产业高端平台，推动健康制造业与健康服务业高度融合，促进产业高端化、集群化发展，全面提升健康产业等级和内涵。一是通过科技创新，驱动现有医药制造企业加快转型升级，调整产品结构，加强创新药和中药的研发生产。二是引入生物医药、医疗器械、基因科技类领军企业。积极吸引一批高水平的创新型生物医药企业，有市场前景的保健康复器械、可穿戴设备的医疗器械制造企业等落户荔湾，加大生物制药、现代中药、新西药制剂、检验检测产品等研发力度，加大对保健食品、医药化妆品的支持力度，做大做强荔湾区健康制造业。三是均衡发展健康服务业。积极引导社会资本进入健康服务业各个领域，建立涵盖医疗服务、养老康健、健康咨询服务管理、健康教育、健康保险、智慧医疗、精准医疗与预测、健康休闲等的健康服务体系，构建移动化、智能化、个性化、可定制的商业模式和服务模式，满足居民多层次、多样化健康需求。尤其要充分发挥荔湾区拥有的“广府文化”“粤剧”“老西关”“荔枝湾涌”“西关大屋”“西关美食”等独特民俗文化和饮食文化资源，结合粤港澳大湾区的文化认同和情感融合，打造具有荔湾特色的健康旅游、医疗康健、高端养老等健康服务项目。

（四）筑巢引凤，推动健康人才队伍建设

高层次、专业化的人才是促进荔湾区健康产业可持续发展的关键。要把健康产业类人才纳入荔湾区人才工作规划，打造健康产业人才基地，设立健康产业发展专项基金，在住房、医疗、子女教育等方面出台政策优惠，引进和培养一批在创新研发、健康服务业经营管理等方面的领军型人才，打造高水平健康产业人才队伍。此外，还要积极开展健康产业专业人才教育培训，尤其是加大紧缺人才和高层次人才的培养培训力度，满足健康产业发展对人才的持续需求。

（审稿人　汪文姣）

附　　录

Appendies

B.25

附表1　2018年广州市主要经济指标

附表1　2018 年广州市主要经济指标

指标	单位	绝对数	比上年增长(%)
年末户籍总人口	万人	927.69	3.3
年末常住人口	万人	1490.44	2.8
年末社会从业人员	万人	896.54	4.0
地区生产总值	亿元	22859.35	6.2
第一产业	亿元	223.44	2.5
第二产业	亿元	6234.07	5.4
#工业增加值	亿元	5621.73	5.5
第三产业	亿元	16401.84	6.6
固定资产投资额	亿元	5938.40	8.2
社会消费品零售总额	亿元	9256.19	7.6
外商直接投资实际使用外资	亿美元	66.11	5.1
商品进口总值	亿元	4202.57	7.1
商品出口总值	亿元	5607.58	-3.2
地方财政一般公共预算收入	亿元	1632.30	6.5

续表

指标	单位	绝对数	比上年增长(%)
地方财政一般公共预算支出	亿元	2505.84	14.6
货运量	亿吨	12.78	8.8
客运量	亿人次	4.80	6.1
港口货物吞吐量	亿吨	6.12	3.7
邮电业务收入	亿元	882.36	16.7
金融机构本外币存款余额	亿元	54788.09	6.7
金融机构本外币贷款余额	亿元	40749.32	19.4
城市居民消费价格总指数(上年=100)	%	102.4	2.4
城镇常住居民人均可支配收入	元	59982	8.3
农村常住居民人均可支配收入	元	26020	10.8

注：①地区生产总值、规模以上工业总产值增长速度按可比价格计算。
②商品进口总值、出口总值自2014年起改用人民币计价。

B.26

附表2　2018年全国十大城市主要经济指标对比

附表 2　2018 年全国十大城市主要经济指标对比

指标	单位	广州	北京	天津	上海	深圳
规模以上工业总产值(当年价)	亿元	18234. 91	19212. 91		34841. 84	34603. 77
比上年增长	%	3. 8	4. 4	6. 8	1. 4	9. 4
固定资产投资额	亿元	5938. 40				6191. 01
比上年增长	%	8. 2	-9. 9	-5. 6	5. 2	20. 6
社会消费品零售总额	亿元	9256. 19	11747. 70		12668. 69	6168. 87
比上年增长	%	7. 6	2. 7	1. 7	7. 9	7. 6
商品进口总值	亿元	4202. 57	22303. 93	4869. 85	20343. 08	13703. 70
比上年增长	%	7. 1	24. 1	3. 8	6. 4	19. 4
商品出口总值	亿元	5607. 58	4878. 54	3207. 16	13666. 85	16270. 19
比上年增长	%	-3. 2	23. 0	8. 6	4. 2	-1. 6
实际利用外资额(外商直接投资)	亿美元	66. 11		48. 50	173. 00	82. 03
比上年增长	%	5. 1			1. 7	10. 8
金融机构本外币存款余额	亿元	54788. 09	157000. 00	30983. 17	121112. 33	72550. 36
金融机构本外币贷款余额	亿元	40749. 32	71000. 00	34084. 90	73272. 35	52539. 79
城市居民消费价格总指数	%	102. 4	102. 5	102. 0	101. 6	102. 8
指标	单位	重庆	武汉	成都	苏州	杭州
规模以上工业总产值(当年价)	亿元				33080. 22	
比上年增长	%				6. 1	
全社会固定资产投资额	亿元					
比上年增长	%	7. 0	10. 6	10. 0	4. 5	10. 8
社会消费品零售总额	亿元		6843. 90	6801. 80	5746. 90	5715. 00
比上年增长	%	8. 7	10. 5	10. 0	7. 4	9. 0
商品进口总值	亿元	1827. 34	873. 30	2236. 30	9718. 68	1828. 20
比上年增长	%	12. 5	12. 2	19. 2	11. 4	11. 8
商品出口总值	亿元	3395. 28	1272. 70	2746. 90	13656. 91	3417. 10

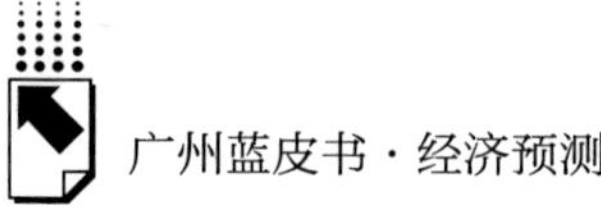

续表

指标	单位	重庆	武汉	成都	苏州	杭州
比上年增长	%	17.7	10.0	33.0	7.8	-1.0
实际利用外资额(外商直接投资)	亿美元	32.50	109.27	76.30	45.25	68.30
比上年增长	%	43.8	13.3	17.5	0.5	3.3
金融机构本外币存款余额	亿元	36887.34	26331.62	37826.00	30629.37	39810.50
金融机构本外币贷款余额	亿元	32247.75	28270.77	32637.00	27308.31	36598.30
城市居民消费价格总指数	%	102.0	101.9	101.4	102.6	102.3

注：数据来源于城市对比月报（2018 年 12 月）。工业总产值为年主营业收入 2000 万元以上工业企业，比上年增长按可比价格计算。商品进口总值、出口总值自 2014 年改用人民币计价。

B.27
附表3　2018年珠江三角洲主要城市主要经济指标对比

附表 3　2018 年珠江三角洲主要城市主要经济指标对比

指标	单位	广州	深圳	珠海	佛山	惠州
规模以上工业总产值(当年价)	亿元	18234.91	34603.77	4459.68		
比上年增长	%	3.8	9.4	13.3		
全社会固定资产投资额	亿元	5938.40	6191.01	1858.57	3759.10	1822.56
比上年增长	%	8.2	20.6	20.7	5.6	3.1
社会消费品零售总额	亿元	9256.19	6168.87	1160.64	3287.54	1478.97
比上年增长	%	7.6	7.6	7.4	8.9	9.5
商品进口总值	亿元	4202.57	13703.70	1359.14	1071.91	1125.79
比上年增长	%	7.1	19.4	22.5	-11.0	-4.8
商品出口总值	亿元	5607.58	16270.19	1887.13	3527.43	2208.86
比上年增长	%	-3.2	-1.6	0.2	11.9	-1.1
实际利用外资额(外商直接投资)	亿元	395.00	514.56	156.31	45.73	63.49
比上年增长	%	9.1	8.2	26.9	1.4	-8.1
金融机构本外币存款余额	亿元	54788.09	72550.36	7542.91	15372.81	6171.35
金融机构本外币贷款余额	亿元	40749.32	52539.79	5238.24	10457.65	4886.82
城市居民消费价格总指数	%	102.4	102.8	102.3	102.0	101.8

指标	单位	东莞	中山	江门	肇庆	
规模以上工业总产值(当年价)	亿元					
比上年增长	%					
全社会固定资产投资额	亿元	1811.43	1116.39	1716.20	1343.01	
比上年增长	%	5.8	5.5	9.5	10.0	
社会消费品零售总额	亿元	2905.61	1490.79	1407.58	866.70	
比上年增长	%	8.1	4.5	10.0	10.2	
商品进口总值	亿元	5463.06	539.91	350.16	152.23	
比上年增长	%	4.3	2.6	13.1	12.2	
商品出口总值	亿元	7955.64	1801.97	1123.10	237.65	

续表

指标	单位	东莞	中山	江门	肇庆	
比上年增长	%	13.3	-12.3	4.4	6.9	
实际利用外资额(外商直接投资)	亿元	83.49	35.28	47.45	9.44	
比上年增长	%	-48.0	5.0	72.2	62.6	
金融机构本外币存款余额	亿元	14157.22	5930.49	4528.88	2495.80	
金融机构本外币贷款余额	亿元	8209.70	4036.39	3140.85	1825.47	
城市居民消费价格总指数	%	102.5	101.4	101.7	101.5	

注：①广州、深圳、珠海、佛山、东莞数据来源于城市对比月报（2018 年 12 月），惠州、肇庆、江门、中山数据来源于广东宏观经济监测月报。

②工业总产值为年主营业收入 2000 万元以上工业企业，比上年增长按可比价格计算。商品进口总值、出口总值自 2014 年改用人民币计价。

Abstract

Analysis and Forecast on Economy of Guangzhou in China (2019) is co-edited by Guangzhou University, the Association of Guangdong Blue Book Research of the Regional Development, the Policy Research Office in Guangzhou Municipal Government, and Guangzhou Statistics Bureau. It is one of the Guangzhou Blue Book series included in the Social Sciences Academic Press (China) and for the national public offering. This report is composed of nine parts covering general report, industrial development, private economy, finance and taxation, regional development, shipping port, Bay area research, special topics and appendix. It brings together the latest research achievements of many experts, scholars and related departments on social issues from research institutes, universities and government agents in Guangzhou. It provides important references on the Guangzhou economic operation and related analysis and prediction.

In 2018, with the leadership of the municipal Party committee and the municipal government, Guangzhou adhered to the general tone of steady progress, implemented new development concepts, and fulfilled the requirements of high-quality development. The economy operated smoothly in the process of transformation, upgrading and power transformation, tended to be better in the process of stability, nurtured new in the process of stability, and accumulated favorable conditions for high-quality development.

In 2019, Guangzhou's economic development will face a more complex domestic and foreign environment, stable growth, seeking breakthroughs and fostering new momentum of economic development will become a key task. Thus, Guangzhou will focus on participating in the construction of Guangdong, Hong Kong and Macao Greater Bay Area, speed up the construction of a modern industrial system, promote economic growth with large projects, give full play to the advantages of private economy, guide and promote the transformation of consumption, and promote the high-quality development of Guangzhou's economy.

Keywords: Guangdong; Hongkong and Macau Greater Bay Area; High-quality Development; Guangzhou

Contents

Ⅰ General Report

Abstract: In 2018, Guangzhou adhered to the general tone of steady progress, implemented new development concepts, and fulfilled the requirements of high-quality development. The economy operated smoothly in the process of transformation, upgrading and power transformation, tended to be better in the process of stability, nurtured new in the process of stability, and accumulated favorable conditions for high-quality development. In 2019, Guangzhou will focus on participating in the construction of Guangdong, Hong Kong and Macao Greater Bay Area, speed up the construction of a modern industrial system, promote economic growth with large projects, give full play to the advantages of private economy, guide and promote the transformation of consumption, and promote the high-quality development of Guangzhou's economy.

Keywords: Economic Situation; High Quality Development; Modern Industrial System; Guangzhou

Ⅱ Industrial Development

B. 2 Research on the Development of Integration of Informatization and Industrialization in Guangzhou in 2018

Liu Xiaolong, Sun Yanming and Peng Bei / 026

Abstract: The report summarizes the four stages and main policy measures of integration development at home and abroad. Based on the self-assessment score of integration, it depicts the development status, trend, development focus, characteristic mode and key indicators of integration in Guangzhou in 2018. The report puts forward the evaluation model of integration development of regional and enterprise levels, and summarizes the four aspects of integration problems found in the evaluation practice: (1) the policy iteration is too fast, the driving effect needs to be improved; (2) the initiative of integration of partial regions is insufficient, and the level of compliance needs to be improved; (3) the foundation of industrial Internet is relatively weak, and the level of integration needs to be improved. Key areas of technology to break through; (4) the integration of enterprise integration investment is high, poor coordination, lack of dedicated personnel. The report compares the strengths and weaknesses of Guangzhou's integration development, puts forward the guiding ideology, development direction and realization path of Guangzhou's sustainable integration, and probes into the policy suggestions for further promotion of integration development.

Keywords: Intelligent Manufacturing; Integration of Industrialization and Informatization; Guangzhou

B. 3 Development of Industry and Information Technology in Guangzhou in 2018 and Prospects for 2019 *Xiao Zejun* / 055

Abstract: In 2018, Guangzhou's industrial and informatization development was generally stable, with solid progress in high-quality development. Industrial investment was 95. 150 billion yuan, up 53. 8% year-on-year, leading the province in growth. Software and information services achieved revenue of 359. 8 billion yuan, up 15. 56% year-on-year. Advanced manufacturing added value accounted for more than scale manufacturing industry. The proportion of added value reached 66. 1%. Successfully established the province's only national manufacturing innovation center, the only Intelligent Network Auto and Intelligent Transportation Application Demonstration Zone, the province's first 4K television application demonstration community, industrial Internet industry base, the digital economic development index ranks third in the country. In 2019, we will fully implement the spirit of General Secretary Xi Jinping's important speech and instructions to Guangdong, seize the great opportunities for the construction of Guangdong, Hong Kong, Macao and the Great Bay Area, carry out the strategy of "making a strong city" in depth, promote the high-quality development of manufacturing industry, accelerate the construction of a modern industrial system with international competitiveness, and promote the realization of Guangzhou in the new era. New vitality of old cities.

Keywords: Industry and Informatization; Digital Economy; High Quality Development; Guangzhou

B. 4 Promote the Construction and Support of High-Quality Modern Industrial System of Guangzhou

Peng Jianguo, *Zhu Hongbin* / 063

Abstract: Guangzhou's economy is in the key stage of transformation and upgrading. We should fully recognize the advantages and shortcomings of the industrial system construction, scientifically establish the Countermeasures of building a modern industrial system, and speed up the construction of a modern industrial system.

Keywords: Modern Industrial System; High Quality Development; Countermeasure

B. 5 Research on High Quality Development of Guangzhou Industrial Economy

Chen Bei / 072

Abstract: As an important part of the national economy, industrial economy is a key area in which high-quality development needs to focus on changing the way, optimizing the structure and transforming the power. Taking Guangzhou as an example, starting from the present situation of high-quality development of Guangzhou's industrial economy, referring to the index system of high-quality development of industrial economy proposed by the Industrial Department of the National Bureau of Statistics, this paper chooses 25 representative indicators as the evaluation index of high-quality development of Guangzhou's industrial economy, and tries to draw a conclusion that the high-quality development of Guangzhou's industrial economy in recent years has been improved. The rising index is used to analyze the highlights, difficulties and problems of Guangzhou's industrial economy in high-quality development, and to put forward relevant policy recommendations.

Keywords: Industrial Economy; High Quality Development; Entropy Method

B. 6 Analysis on the Operation of Guangzhou Real Estate Market in 2018

Xie Xuan, *Wang Fangdong* / 094

Abstract: In 2018, Guangzhou adhered to the goal of real estate regulation and control, and on the basis of unshakable and unrestrained efforts, according to the city's policy, classified guidance, market operation is mainly stable. The year-round development investment is running smoothly, the enterprises have enough funds in place, the sales market tends to be calm, and the regional development is relaxed. However, there are still some problems such as insufficient support for investment growth in real estate development. It is suggested that more measures should be taken simultaneously to ensure the healthy and stable operation of the market.

Keywords: Real Estate; Development Investment; In-place Funds; Regional Development

Abstract: In recent years, service enterprises above designated size of Beijing, Shanghai, Guangzhou and Shenzhen is developing fast, and the supporting function of Service Enterprises Above Designated Size on economic growth is becoming more and more prominent in the first-tier cities. The four major urban sectors are the same, but each industry has its own emphasis on Transport, Storage and Post; Information Transmission, Software and Information Technology Services; Leasing and Business Services; Scientific Research and Technology Services, which are the four main urban sectors, together account for more than 87. 0 percent of the total business income of the four sectors. The service industry in Guangzhou has the fastest growth rate among the four major cities, and the added value accounts for the high proportion of GDP, but the total scale does not have the advantage. The gap between headquarters economy and Beijing and Shanghai is obvious, and the innovation ability of R&D is relatively weak. Through the comparative analysis of the four major cities, the gap and the short board are found, which can be used for reference to promote the development of the service industry in Guangzhou, to promote the high-quality development of the economy and to improve the comprehensive competitiveness of the city.

Keywords: Service Enterprises above Designated Size; Economic Growth; Beijing; Shanghai; Guangzhou and Shenzhen

Ⅲ Private Economy

Abstract: As the "Millennium Commercial City", Guangzhou's private business economy has been relatively prosperous. In recent years, with the deepening of the reform and opening-up policy and the continuous advancement of the structural reform on the supply side, Guangzhou's private business economy has developed rapidly, and new business forms have risen rapidly. Private business and trade industry has made progress in stabilizing economic growth, improving people's livelihood, increasing tax revenue and employment, promoting the development of related industries and improving urban functions. Society contributes a lot. Based on the analysis of the development structure of Guangzhou's private business from 2012 to 2018 and the comparative analysis with the whole province and Shenzhen, this paper finds out the achievements and gaps, and puts forward countermeasures and suggestions for the main problems existing in Guangzhou's private business.

Keywords: Private Business Economy; New Form; New Kinetic Energy; Guangzhou

Abstract: China's economy has turned from the stage of rapid growth to high-quality development. Enterprises as the main body of micro market, especially the private enterprises which are highly dynamic and have large Numbers in the real economy and the new economy, play an important role in exploring high-quality development. However, the potential of high-quality development of private economy in the exploratory stage has not been fully released. This paper is based on the accessibility of data and the focus of this research, mainly from the enterprise technological innovation, industrial structure, supply quality and other aspects, analysis the status quo and development path of Guangzhou private economy high-quality development, focuses on manufacturing and the problems of Guangzhou private economy development in the new economy sector, from the development of advanced manufacturing industry, give play to the principal status of enterprise technological innovation, strengthen the publicity of the city, reduce barriers to talent inflow, improve the financing market construction for enterprises, five dimensions, put forward some specific and practical policies and suggestions.

Keywords: Private Enterprise; High Quality Development; Manufacturing Industry

Abstract: Based on the number, scale, employees and industry composition of private enterprises in Guangzhou in recent years, this paper analyzes the current situation of private economy in Guangzhou in the fields of economic aggregate, transformation and upgrading, innovative development, etc. , then deeply analyzes the five existing problems, and puts forward countermeasures and Suggestions for the development and expansion of private economy.

Keywords: Guangzhou; Private Economy; Private Investment

B. 11 Analysis and Consideration on the Situation of Private Biomedical Industry in Guangzhou

Guangzhou Federation of Industry and Commerce

Research and Information Department / 171

Abstract: Guangzhou will have an important opportunity to become a national and global biomedical industry center for it has excellent urban development environment, complete biological industry supporting system, efficient and convenient government services, abundant scientific and educational resources and ubiquitous international cooperation opportunities. The private biomedical industry in Guangzhou is still faced with outstanding problems such as the lack of key core technologies, the small number of high-end innovation subjects and the inadequacy of policies and regulations that facilitate the entry of new technologies and products into the market. All that need to strengthen overall planning and policy support, innovate ideas for development, and speed up the development of the biomedical industry as an emerging pillar industry.

Keywords: Guangzhou; Private Industry; Biomedicine Industry

Ⅳ Finance and Taxation

Abstract: At present, attracting investment has become an important component and strong support in the development of urban economy. Guangzhou Huangpu District has formed 28 national, provincial and municipal industrial bases and parks, bringing together a strong industrial cluster, relying on its geographical advantages at the forefront of reform and opening up, its geographical advantages adjacent to Hong Kong, Macao and Taiwan, and its pioneering spirit. Based on the above background, starting from the current situation of investment promotion and capital introduction in Huangpu District, this paper selects Huangpu W Park and makes an in-depth analysis from the perspective of tax contribution, and puts forward relevant suggestions on further innovating the concept of investment promotion and capital introduction and effectively improving the efficiency of investment promotion and capital introduction in Huangpu District.

Keywords: Attracting Investment; Industrial Structure; Tax Contribution

Abstract: In 2018, Guangzhou will further deepen its reform and opening-up, focus on building a strong city with advanced manufacturing industry, promote the shortcomings in the field of infrastructure, and properly develop the scale of fixed assets investment in the city, which has played an important role in optimizing the economic structure and improving people's lives. From the perspective of investment field, the three major areas of investment are "two growing and one holding"; from the perspective of investors, the growth rate of state-owned investment and foreign investment is obviously accelerated; from the perspective of investment area, investment in Liwan District is growing faster, and investment in Huangpu District is larger. At the same time, this paper also pays attention to the insufficient vitality of Guangzhou's private investment, the singular growth of industrial investment, and the shortage of funds in place compared with the previous year, and puts forward suggestions for the sustainable operation of investment.

Keywords: Fixed Assets Investment; Private Investment; Guangzhou

B. 14 Analysis of Financing Situation of Small and Medium-sized Enterprises in Guangzhou and Countermeasures

Research Group of Guangzhou Financial Services Agency / 206

Abstract: Small and medium-sized enterprises (SMEs) are important sources of fostering new economic momentum and play an important role in promoting economic growth, increasing employment and stimulating innovation vitality. At the end of 2017, small and micro enterprises and individual businesses accounted for more than 90% of the total market. Small and medium-sized enterprises contributed 80% of employment, 60% of GDP and 50% of tax revenue, and completed 65% of invention patents and 80% of new product development. Strengthening the financial services of small and medium-sized enterprises is an important part of financial support for the real economy, stable employment and encouraging entrepreneurship, which is related to the overall economic and social development and has very important strategic significance. In order to implement the directive spirit of the provincial leaders, this paper makes an in-depth analysis of the financing situation of small and medium-sized enterprises in Guangzhou, finds out the existing problems, studies and puts forward countermeasures and suggestions.

Keywords: Small and Medium-sized Enterprises; Financing; Financial Services

V Bay Area Research

Abstract: Based on the theory and method of World Urban Network (WCN) research, this paper uses social network analysis to study the urban network of Greater Bay Area of Guangdong, Hong Kong and Macao through the corporate network of advanced producer service industry as the driving force of globalization. The studies shows that in the Greater Bay Area, the overall connectivity of Guangzhou is far lower than the connectivity of Hong Kong and Shenzhen. However, from the connectivity of several other industries (including the law, Advertising and management consulting industry), Guangzhou has the highest connectivity, reflecting Guangzhou's dominating role in the advanced producer service industry except the financial sector.

Keywords: World Urban Network; Public Firm; Centrality; Guangzhou; Greater Bay Area

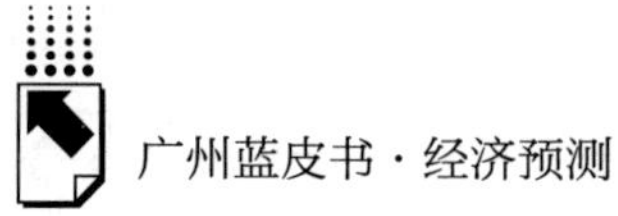

B. 16 Research on the Development of Guangdong, Hong Kong and Macau Greater Bay Area and Guangzhou's Action

Abstract: The construction of Guangdong, Hong Kong and Macau Greater Bay Area is an important measure for China to participate in global competition. It is an important starting point for promoting the construction of "one belt and one road" and a new practice to promote the development of "one country, two systems". With the report of the Nineteenth National Congress and the publication of the Outline of the Development Planning of Guangdong, Hong Kong and Macao Greater Bay Area, as an important national strategy, the development goals and Implementation Paths of Guangdong, Hong Kong and Macao Greater Bay Area are gradually clear. As a regional core city, Guangzhou has a comprehensive and stable industrial structure, broad external links and transportation, and outstanding innovative talent resources. It is the "Bellwethers" in the development of the Bay Area since the reform and opening up. In order to cope with the increasingly fierce competition among the core cities in the region at this stage, this paper studies the co-construction and sharing mechanism of Guangzhou, Hong Kong and Macao in the cooperation platform, the interconnection and interoperability between Guangzhou, Foshan and Shenzhen, and the pre-research of Guangzhou's future actions in the Bay Area.

Keywords: Guangdong, Hong Kong and Macao Greater Bay Area; Guangzhou; Regional Integration of Core Cities

B. 17 The Research of Tax Coordination on Guangdong-Hong Kong-Macao Greater Bay Area

Guangzhou Tax Service, State Taxation Administration Research Group / 244

Abstract: In July 2017, the National Development and Reform Commission signed the Framework Agreement on Deepening Guangdong-Hong Kong-Macao Cooperation in the Development of the Greater Bay Area with the People's Government of Guangdong Province, the Hong Kong SAR Government and the Macao SAR Government on the occasion of the 20th Anniversary of Hong Kong's Return to the Motherland. Three months later, Xi Jinping pointed out at the 19th National Congress of the Communist Party of China (CPC), 'We will give priority to the development of the Guangdong-Hong Kong-Macao Greater Bay Area, cooperation between Guangdong, Hong Kong, and Macao, and regional cooperation in the pan-Pearl River Delta, thus fully advancing mutually beneficial cooperation between the mainland and the two regions. We will formulate and improve policies and measures to make it more convenient for people from Hong Kong and Macao to develop careers on the mainland. The status of the Greater Bay Area has been elevated from regional development to a national-level long-term development. This article draws on the achievements of New York Bay, San Francisco Bay and Tokyo Bay, bring forward some suggestions on tax coordination for development strategies of the Greater Bay Area, based on the dominant industries and the Function Position of Guangdong, Hong Kong and Macao.

Keywords: Guangdong-Hong Kong-Macao Greater Bay Area; International Experience; Tax Coordination

Ⅵ Shipping Port

Abstract: By analyzing the current situation of Guangzhou shipping hub construction, this paper gives some enlightenment to the advanced shipping hubs at home and abroad, such as Biao London, Rotterdam, Singapore, Hong Kong, Shanghai, Ningbo, and combs their development experience, and puts forward some countermeasures and suggestions for speeding up the construction of Guangzhou international shipping hub.

Keywords: International Shipping Hub; Port Construction; Guangzhou

Abstract: This paper introduces the operation experience and successful practices of Tokyo, Dubai, London and other mature international free trade ports and international shipping centers, and puts forward some countermeasures and suggestions for Guangzhou to build a free trade port.

Keywords: Guangzhou; Free Trade Port; International Trade Centre

Abstract: Guangzhou Port's throughput ranks sixth in the world and fourth in the country, but it has been facing severe pressure of survival and competition. Institutional costs are high, ocean-going routes are few, and long pilotage distance has become the three major constraints to Guangzhou Port's leapfrog development. How to use price leverage to introduce competition to break monopoly, enhance the core competitiveness of ports, and build an important carrier and platform for Guangdong, Hong Kong and Macao Greater Bay Area? The author combs the logistics cost situation of Guangzhou port comprehensively, analyses the main shortcomings of Guangzhou logistics links, and puts forward countermeasures and suggestions.

Keywords: Port; Guangzhou; Guangdong, Hong Kong and Macao Greater Bay Area

Ⅶ Special Topics

Abstract: Mass custom-made service in Guangzhou started early, and now it has good basic conditions to build a "global custom-made city". We should seize the historical opportunity for Guangzhou to build a pilot demonstration city and a national service-oriented manufacturing demonstration city, strengthen the normative leadership, increase policy support, and further promote the brand of "custom-made Guangzhou", and make the international design capital and the global customization capital become the two engines leading the service-oriented development of Guangzhou manufacturing industry.

Keywords: Custom-made Industry; Service-oriented Manufacturing; Guangzhou

B. 22 Study on the Motive Mechanism of Long-term Economic Growth in Guangzhou *Chen Xiangyang*, *Zeng Pengcong* / 316

Abstract: Based on the theoretical review, this paper uses statistical data during 2000 – 2018 to analyze the relationship between various pollutants and economic growth of Guangzhou. The results show that the relationship between the discharge of industrial wastewater and GDP per capita is inverted N-shaped relationship. The relationship between industrial sulfur dioxide emissions and GDP per capita is N-shaped. Then, the relationship between the emission of industrial smoke dust and GDP per capita and the relationship between the output of industrial solid waste and the actual GDP per capita is U-shaped. However, the relationship between total emissions of industrial emissions and the actual GDP per capita is U-shaped. The relationship between road traffic noise daily average equivalent sound level and the actual per capita GDP is inverted U-shaped. Technological innovation and human capital accumulation are the endogenous drivers of sustainable economic growth under environmental constraints. Finally, we present some concluding remarks and discuss their policy implications.

Keywords: Economic Growth; Environmental Pollution; Environmental Kuznets Curve

B. 23 Study on Accelerating the Development of Modern Agriculture in Conghua District *Zheng Jianguo* / 333

Abstract: Industrial prosperity is the focus of Rural Revitalization strategy.

Through on-the-spot investigation and comprehensive analysis of the current situation of agricultural industry in industrialized areas, it is found that there are weak links in the use of land, funds, talents, infrastructure and other aspects of agricultural development. It is suggested that the shortcomings of agricultural development should be supplemented by innovative land use policies, increasing financial support, improving infrastructure, strengthening talent support, promoting industrial integration and improving service system, so as to continuously improve the level of rural industrial development and accelerate the realization of industrial prosperity.

Keywords: Conghua District; Rural Revitalization; Agricultural Development

Abstract: under the background of Health China Strategy, the health industry is becoming a new engine of China's economic development and transition. Liwan district, one of the central urban districts of Guangzhou, is actively integrated into the strategic layout of Guangdong-Hong Kong-Macao Greater Bay Area. Relying on the construction of Guangzhou International Medical Port and Datansha Healthy Ecological Island, it supports and serves the greater bay area and makes the health industry bigger and stronger. Based on the latest statistical classification standards of the health industry, this paper analyzes the development status of the health industry in liwan district, understands its own advantages and disadvantages, and puts forward countermeasures and suggestions for building a strong health industry area and serving the Guangdong-Hong Kong-Macao greater bay area, so as to provide reference for the government's decision-making.

Keywords: Liwan District; Health Industry; Greater Bay Area

Ⅷ Appendies

✤ 皮书起源 ✤

“皮书”起源于十七、十八世纪的英国，主要指官方或社会组织正式发表的重要文件或报告,多以“白皮书”命名。在中国,“皮书”这一概念被社会广泛接受，并被成功运作、发展成为一种全新的出版形态，则源于中国社会科学院社会科学文献出版社。

✤ 皮书定义 ✤

皮书是对中国与世界发展状况和热点问题进行年度监测，以专业的角度、专家的视野和实证研究方法，针对某一领域或区域现状与发展态势展开分析和预测，具备原创性、实证性、专业性、连续性、前沿性、时效性等特点的公开出版物，由一系列权威研究报告组成。

✤ 皮书作者 ✤

皮书系列的作者以中国社会科学院、著名高校、地方社会科学院的研究人员为主，多为国内一流研究机构的权威专家学者，他们的看法和观点代表了学界对中国与世界的现实和未来最高水平的解读与分析。

✤ 皮书荣誉 ✤

皮书系列已成为社会科学文献出版社的著名图书品牌和中国社会科学院的知名学术品牌。2016 年，皮书系列正式列入“十三五”国家重点出版规划项目；2013~2019 年，重点皮书列入中国社会科学院承担的国家哲学社会科学创新工程项目;2019 年,64 种院外皮书使用“中国社会科学院创新工程学术出版项目”标识。

中国皮书网

（网址：www.pishu.cn）

发布皮书研创资讯，传播皮书精彩内容
引领皮书出版潮流，打造皮书服务平台

栏目设置

关于皮书：何谓皮书、皮书分类、皮书大事记、皮书荣誉、皮书出版第一人、皮书编辑部

最新资讯：通知公告、新闻动态、媒体聚焦、网站专题、视频直播、下载专区

皮书研创：皮书规范、皮书选题、皮书出版、皮书研究、研创团队

皮书评奖评价：指标体系、皮书评价、皮书评奖

互动专区：皮书说、社科数托邦、皮书微博、留言板

所获荣誉

2008 年、2011 年，中国皮书网均在全国新闻出版业网站荣誉评选中获得“最具商业价值网站”称号；

2012 年，获得“出版业网站百强”称号。

网库合一

2014 年，中国皮书网与皮书数据库端口合一，实现资源共享。

S 基本子库
UB DATABASE

中国社会发展数据库（下设 12 个子库）

全面整合国内外中国社会发展研究成果，汇聚独家统计数据、深度分析报告，涉及社会、人口、政治、教育、法律等 12 个领域，为了解中国社会发展动态、跟踪社会核心热点、分析社会发展趋势提供一站式资源搜索和数据分析与挖掘服务。

中国经济发展数据库（下设 12 个子库）

基于“皮书系列”中涉及中国经济发展的研究资料构建，内容涵盖宏观经济、农业经济、工业经济、产业经济等 12 个重点经济领域，为实时掌控经济运行态势、把握经济发展规律、洞察经济形势、进行经济决策提供参考和依据。

中国行业发展数据库（下设 17 个子库）

以中国国民经济行业分类为依据，覆盖金融业、旅游、医疗卫生、交通运输、能源矿产等 100 多个行业，跟踪分析国民经济相关行业市场运行状况和政策导向，汇集行业发展前沿资讯，为投资、从业及各种经济决策提供理论基础和实践指导。

中国区域发展数据库（下设 6 个子库）

对中国特定区域内的经济、社会、文化等领域现状与发展情况进行深度分析和预测，研究层级至县及县以下行政区，涉及地区、区域经济体、城市、农村等不同维度。为地方经济社会宏观态势研究、发展经验研究、案例分析提供数据服务。

中国文化传媒数据库（下设 18 个子库）

汇聚文化传媒领域专家观点、热点资讯，梳理国内外中国文化发展相关学术研究成果、一手统计数据，涵盖文化产业、新闻传播、电影娱乐、文学艺术、群众文化等 18 个重点研究领域。为文化传媒研究提供相关数据、研究报告和综合分析服务。

世界经济与国际关系数据库（下设 6 个子库）

立足“皮书系列”世界经济、国际关系相关学术资源，整合世界经济、国际政治、世界文化与科技、全球性问题、国际组织与国际法、区域研究 6 大领域研究成果，为世界经济与国际关系研究提供全方位数据分析，为决策和形势研判提供参考。

法律声明

“皮书系列”（含蓝皮书、绿皮书、黄皮书）之品牌由社会科学文献出版社最早使用并持续至今，现已被中国图书市场所熟知。“皮书系列”的相关商标已在中华人民共和国国家工商行政管理总局商标局注册，如LOGO（ ）、皮书、Pishu、经济蓝皮书、社会蓝皮书等。“皮书系列”图书的注册商标专用权及封面设计、版式设计的著作权均为社会科学文献出版社所有。未经社会科学文献出版社书面授权许可，任何使用与“皮书系列”图书注册商标、封面设计、版式设计相同或者近似的文字、图形或其组合的行为均系侵权行为。

经作者授权，本书的专有出版权及信息网络传播权等为社会科学文献出版社享有。未经社会科学文献出版社书面授权许可，任何就本书内容的复制、发行或以数字形式进行网络传播的行为均系侵权行为。

社会科学文献出版社将通过法律途径追究上述侵权行为的法律责任，维护自身合法权益。

欢迎社会各界人士对侵犯社会科学文献出版社上述权利的侵权行为进行举报。电话：010-59367121，电子邮箱：fawubu@ssap.cn。

社会科学文献出版社